U0501897

XIAOQIYE KUAIJI

江苏省本科优秀培育教材
江苏省高等学校重点教材

小企业会计
（第三版）

主　编　卢新国

高等教育出版社·北京

内容提要

本书是江苏省本科优秀培育教材,江苏省高等学校重点教材。

全书共十五章,分别是总论、货币资金、应收及预付款项、存货、对外投资、固定资产、无形资产与长期待摊费用、流动负债、非流动负债、所有者权益、收入与费用、利润与利润分配、财务报表、特殊会计业务、纳税申报。

本书体系完整、习题丰富,设置了大量二维码资源,帮助读者学习相关涉税法规。本书既可作为高等学校会计学与财务管理专业教材,也可作为社会人士自学用书。

图书在版编目(CIP)数据

小企业会计/卢新国主编. —3 版. —北京:高
等教育出版社,2021.9
　ISBN 978 - 7 - 04 - 056277 - 4

Ⅰ.①小…　Ⅱ.①卢…　Ⅲ.①中小企业-会计-高等
学校-教材　Ⅳ.①F276.3

中国版本图书馆 CIP 数据核字(2021)第 118560 号

| 策划编辑 | 张正阳 | 责任编辑 | 张正阳 | 封面设计 | 张文豪 | 责任印制 | 高忠富 |

出版发行	高等教育出版社	网　　址	http://www.hep.edu.cn
社　　址	北京市西城区德外大街 4 号		http://www.hep.com.cn
邮政编码	100120		http://www.hep.com.cn/shanghai
印　　刷	上海天地海设计印刷有限公司	网上订购	http://www.hepmall.com.cn
开　　本	787 mm×1092 mm　1/16		http://www.hepmall.com
印　　张	23.75		http://www.hepmall.cn
字　　数	563 千字	版　　次	2014 年 6 月第 1 版
			2021 年 9 月第 3 版
购书热线	010 - 58581118	印　　次	2021 年 9 月第 1 次印刷
咨询电话	400 - 810 - 0598	定　　价	50.00 元

本书如有缺页、倒页、脱页等质量问题,请到所购图书销售部门联系调换
版权所有　侵权必究
物 料 号　56277-00

教师教学资源服务指南

教师可扫描下方二维码，关注微信公众号"高教财经教学研究"，免费申请课件和样书、下载试卷、观看师资培训课程和直播录像等。

课件申请

点击导航栏中的"教学服务"，点击子菜单中的"课件申请"，填写相关信息即可免费申请课件。

样书申请

点击导航栏中的"教学服务"，点击子菜单中的"免费样书"，填写相关信息即可免费申请样书。

试卷下载

点击导航栏中的"教学服务"，点击子菜单中的"免费试卷"，填写相关信息即可免费下载试卷，试卷涵盖基础会计学、中级财务会计、审计学、税法等多门课程。

教师培训

点击导航栏中的"教师培训"，点击子菜单中的"培训课程"，即可选择相应课程进行学习：
①点击"培训专栏"可以观看教师培训课程，由名师分享财会类课程的教学重点、难点及经验。
②点击"直播回放"可以回看"名师谈教学与科研直播讲堂"的直播录像。

前　言

　　《小企业会计》("十二五"江苏省高等学校重点教材)自 2014 年第一版面世以来,得到了使用学校教师、学生和广大小企业会计人员的一致好评。2017 年针对我国增值税政策的重大调整,教材作了全面更新后再版。但随着近几年国家加大对小微企业减税降费扶持力度,大量的涉税法规层出不穷,加之移动支付手段的普及(如部分会计人员来信咨询支付宝和微信等支付方式下小企业如何进行会计核算等等),已经影响了教材中部分内容的时代性和科学性。为了更加全面反映新技术对小企业影响,完美地将小企业最新会计核算规范呈现给广大读者,在对《小企业会计》(第二版)内容进行了系统梳理的基础上,增补了相关内容,对关联度不高的涉税法规做了精简。2020 年,本教材在高等学校首届全国教材建设奖遴选推荐工作中获评为江苏省本科优秀培育教材。教材中的不妥之处,敬请各位批评指正。同时对各位师生持续关注本教材表示衷心的感谢!

　　本版主要作了如下调整:

　　(1) 所有涉税法规更新到 2021 年 4 月,删除已经作废的涉税法规。

　　(2) 按照工业和信息化部对小企业的最新划分标准进行了修订。

　　(3) 全书中对涉及增值税的税率、抵扣要求、会计处理按照最新规定做了系统调整。

　　(4) 增加了支付宝、微信等第三方支付会计处理。

　　(5) 增加了环境保护税的相关内容。

　　(6) 对外币业务按照最新的汇率作了调整。

　　(7) 对增值税加计抵减和增量留抵内容进行补充。

　　(8) 对每一章后面的练习题作了同步更新。

　　(9) 为减少教材篇幅,删除了不动产增值税分期抵扣的内容以及与相关内容关联度小的涉税法规。

　　本次修订由卢新国教授负责完成,仲之祥副教授对每章课件及习题解答进行了相应地修改与完善,在此一并表示感谢,敬请广大读者提出宝贵意见,以便进一步完善。

卢新国

2021 年 7 月

目 录

第一章　总论 …………………………………………………………………… 1

　第一节　小企业与小型微利企业的界定／1

　第二节　小企业的特点／4

　第三节　小企业会计规范／5

　练习题／10

第二章　货币资金 ……………………………………………………………… 12

　第一节　库存现金／12

　第二节　银行存款／16

　第三节　其他货币资金／22

　第四节　外币业务／27

　练习题／32

第三章　应收及预付款项 ……………………………………………………… 35

　第一节　应收票据／35

　第二节　应收账款／39

　第三节　预付账款与其他应收款／41

　第四节　坏账损失确认及处理／43

　练习题／44

第四章　存货 …………………………………………………………………… 47

　第一节　存货概述／47

　第二节　原材料／55

　第三节　生产成本与库存商品／64

　第四节　周转材料／87

　第五节　消耗性生物资产／91

　第六节　存货清查／97

　练习题／98

第五章　对外投资 ·· 104
　　第一节　对外投资概述／104
　　第二节　短期投资／105
　　第三节　长期债券投资／110
　　第四节　长期股权投资／113
　　练习题／117

第六章　固定资产 ·· 121
　　第一节　固定资产概述／121
　　第二节　固定资产取得／122
　　第三节　固定资产折旧／129
　　第四节　固定资产修理与改建／133
　　第五节　固定资产减少／134
　　第六节　生产性生物资产／137
　　练习题／141

第七章　无形资产与长期待摊费用 ··· 148
　　第一节　无形资产概述／148
　　第二节　无形资产取得／151
　　第三节　无形资产摊销及处置／155
　　第四节　长期待摊费用／157
　　练习题／159

第八章　流动负债 ·· 163
　　第一节　短期借款／164
　　第二节　应付及预收款项／165
　　第三节　应付职工薪酬／169
　　第四节　应交税费／178
　　第五节　应付利息及应付利润／212
　　练习题／213

第九章　非流动负债 ·· 221
　　第一节　长期借款／221
　　第二节　长期应付款／223
　　练习题／225

第十章　所有者权益 ·· 228
　　第一节　实收资本与资本公积／228

第二节 留存收益/ 233
练习题/ 238

第十一章 收入与费用 ……………………………………………………………… 241
第一节 收入与费用概述/ 241
第二节 销售商品收入/ 243
第三节 劳务与服务收入/ 252
第四节 费用/ 263
练习题/ 271

第十二章 利润与利润分配 ……………………………………………………… 279
第一节 利润的形成/ 279
第二节 所得税费用/ 289
第三节 利润分配/ 298
练习题/ 300

第十三章 财务报表 …………………………………………………………………… 306
第一节 资产负债表/ 307
第二节 利润表/ 315
第三节 现金流量表/ 321
第四节 外币报表折算/ 333
第五节 财务报表附注/ 339
练习题/ 345

第十四章 特殊会计业务 ………………………………………………………… 349
第一节 会计政策变更/ 349
第二节 会计估计变更/ 351
第三节 会计差错更正/ 353
练习题/ 358

第十五章 纳税申报 …………………………………………………………………… 361
第一节 纳税申报概述/ 361
第二节 常见税种的申报/ 363
练习题/ 367

主要参考文献 …………………………………………………………………………… 369

第一章 总 论

【学习目标】
....

1. 了解小企业的特点和小型微利企业的概念；

2. 熟悉工业和信息化部《中小企业划型标准规定》中小微企业的界定标准和小企业会计规范的内容；

3. 掌握小企业会计准则的特点及小企业常见的会计科目。

第一节 小企业与小型微利企业的界定

企业是依法自主经营、自负盈亏、独立核算的从事生产、流通与服务等经济活动的营利性组织，企业通过各种生产经营活动创造物质财富，提供满足社会公众物质和文化生活需要的产品服务，在市场经济中占有非常重要的地位。从法律的角度看，凡是经合法登记注册、拥有固定地址而相对稳定的经营组织，都属于企业。

企业的基本职能就是从事生产、流通和服务等经济活动，向社会提供产品与服务，以满足社会需要。企业的根本任务是根据市场需求，有效地利用其拥有或经营管理的财产，发展生产，创造财富，实现资产增值，增加积累，同时依法缴纳税金、费用，满足社会日益增长的物质和文化生活需要。企业作为一个由人组成的、发挥特定功能的系统，是一个能动适应外部环境变化，自我运作与发展，具有诞生、成长、成熟与衰亡寿命周期的生命有机体。作为一个生态有机体，企业有着多种属性与复杂形态。因此企业可以按照不同的标准划分为不同类型：如根据财产组织形式可分为个体企业、合伙企业、公司制企业等；根据行业性质可分为工业生产企业、商品流通企业、服务企业等；根据规模可分为大型企业、中型企业、小型企业、微型企业等。

一、小企业的界定

小企业是指符合工业和信息化部发布的《中小企业划型标准规定（修订征求意见

稿)》中小型和微型企业划分标准的企业。为贯彻落实《中华人民共和国中小企业促进法》和《国务院关于进一步促进中小企业发展的若干意见》(国发〔2009〕36 号),2011 年 6 月 18 日,工业和信息化部联合国家统计局、发展改革委、财政部等四部委以工信部联企业〔2011〕300 号文的形式发布了《中小企业划型标准规定》。

2021 年 4 月 23 日,工业和信息化部中小企业局印发了"关于公开征求《中小企业划型标准规定(修订征求意见稿)》意见的通知",将中小企业划分为中型、小型、微型三种类型,具体标准根据企业从业人员、营业收入、资产总额等指标以及企业控股等情况,结合行业特点制定。小微企业具体划分如下:

(1) 农、林、牧、渔业。营业收入 3 000 万元以下的为小微型企业。其中:营业收入 300 万元以下的为微型企业;营业收入 3 000 万元以下的为小型企业。

(2) 工业(采矿业,制造业,电力、热力、燃气及水生产和供应业),交通运输、仓储和邮政业。从业人员 1 000 人以下且营业收入 2 亿元以下的为小微型企业。其中:从业人员 20 人以下且营业收入 2 000 万元以下的为微型企业;从业人员 300 人以下且营业收入 2 亿元以下的为小型企业。

(3) 建筑业,组织管理服务。营业收入 8 000 万元以下且资产总额 1 亿元以下的为中小微型企业。其中:营业收入 800 万元以下且资产总额 1 000 万元以下的为微型企业;营业收入 8 000 万元以下且资产总额 1 亿元以下的为小型企业。

(4) 批发业。从业人员 20 人以下且营业收入 2 亿元以下的为小微型企业。其中:从业人员 5 人以下且营业收入 2 000 万元以下的为微型企业;从业人员 20 人以下且营业收入 2 亿元以下的为小型企业。

(5) 零售业。从业人员 50 人以下且营业收入 5 000 万元以下的为小微型企业。其中:从业人员 10 人以下且营业收入 500 万元以下的为微型企业;从业人员 50 人以下且营业收入 5 000 万元以下的为小型企业。

(6) 住宿和餐饮业。从业人员 100 人以下且营业收入 4 000 万元以下的为小微型企业。其中:从业人员 10 人以下且营业收入 200 万元以下的为微型企业;从业人员 100 人以下且营业收入 4 000 万元以下的为小型企业。

(7) 信息传输、软件和信息技术服务业。从业人员 100 人以下且营业收入 1 亿元以下的为小微型企业。其中:从业人员 10 人以下且营业收入 1 000 万元以下的为微型企业;从业人员 100 人以下且营业收入 1 亿元以下的为小型企业。

(8) 房地产开发经营。营业收入 1 亿元以下且资产总额 5 亿元以下的为小微型企业。其中:营业收入 1 000 万元以下且资产总额 5 000 万元以下的为微型企业;营业收入 1 亿元以下且资产总额 5 亿元以下的为小型企业。

(9) 房地产业(不含房地产开发经营),租赁和商务服务业(不含组织管理服务),科学研究和技术服务业,水利、环境和公共设施管理业,居民服务、修理和其他服务业,教育,卫生和社会工作,文化、体育和娱乐业。从业人员 100 人以下且营业收入 5 000 万元以下的为小微型企业。其中:从业人员 10 人以下且营业收入 500 万元以下的为微型企业;从业人员 100 人以下且营业收入 5 000 万元以下的为小型企业。

企业规模类型划分以企业有关指标上年度数据为定量依据。没有上年度完整数据的企业规模类型划分,从业人员、资产总额以划型时的数据为定量依据,营业收入按照以下公式计算：

营业收入（年）＝企业实际存续期间营业收入/企业实际存续月数 * 12。

企业规模类型采用自我声明的方式,企业对自我声明内容的真实性负责。虽然符合小微企业划型定量标准,但有下列情形之一的,视同大中型企业:①单个大中型企业或大中型企业全资子公司直接控股超过50％的企业;②两个以上大中型企业或大中型企业全资子公司直接控股超过50％的企业;③与大中型企业或大中型企业全资子公司的法定代表人为同一人的企业。

由于《小企业会计准则》第八十九条规定,符合《中小企业划型标准规定(修订征求意见稿)》所规定的微型企业标准的企业参照执行本准则。因此,本书中的小企业既包含上述划分标准界定的小企业,也包含上述微型企业。

二、小型微利企业的界定

小型微利企业是税法上的概念,最早来源于《中华人民共和国企业所得税法》(2007年第63号主席令)和《中华人民共和国企业所得税法实施条例》。税法上的小型微利企业,是指符合企业所得税法及其实施条例以及相关税收政策规定从事国家非限制和禁止行业,并符合条件的企业(如果是工业企业,则界定为年度应纳税所得额不超过30万元,从业人数不超过100人,资产总额不超过3 000万元;如果是其他企业,则为年度应纳税所得额不超过30万元,从业人数不超过80人,资产总额不超过1 000万元)。但是10多年来,税法执行了动态的"小型微利企业"标准,从2008年开始,税法上"小型微利企业"先后经过了2010年、2012年、2014年、2015年、2016年、2017年、2018年多次修改更迭,目前执行的政策为《财政部　税务总局关于实施小微企业普惠性税收减免政策的通知》(财税〔2019〕13号)中的规定:自2019年1月1日至2021年12月31日,小型微利企业的标准为:企业从业人数不超过300人,资产总额不超过5 000万元。对年应纳税所得额不超过100万元的部分,减按25％计入应纳税所得额,按20％的税率缴纳企业所得税;对年应纳税所得额超过100万元但不超过300万元的部分,减按50％计入应纳税所得额,按20％的税率缴纳企业所得税。

税法中小型微利企业必须同时满足4个条件:一是企业所属行业判定,企业不能从事国家限制和禁止的行业,需要对照国家发改委颁布的《产业结构调整指导目录》(目前是2019年本)进行判断;二是企业盈利水平判定,也就是企业的年度应纳税所得额不得超过认定标准限制;三是企业从业人数判定,即企业的从业人数是所属纳税年度内,与企业形成劳动关系的平均或者相对固定的职工人数不得超过认定标准限制;四是企业资产总额判定,这里的资产总额是指企业所拥有的所有资产,等于企业所有者权益和负债的总和,这个总和不得超过认定标准限制。

企业所得税法中小型微利企业的"小型"是指规模小,"微利"是指应纳税所得额少。可见,企业所得税法中的小型微利企业如果按工业和信息化部口径划分可能是小企业,也可能是微型企业,还可能是中型企业。

第二节 小企业的特点

　　小企业是国民经济基本细胞,是社会发展的生力军,是扩大就业、改善民生、促进创业创新的重要力量,在稳增长、促改革、调结构、惠民生、防风险中发挥着重要作用。国务院副总理刘鹤曾提出了我国的中小企业"五六七八九"的说法,中小企业贡献了 50% 以上税收,60% 以上的 GDP,70% 以上的技术创新,80% 以上的城镇劳动就业,90% 以上的企业数量。因此小企业能够得以生存并强劲地发展,有其客观必然性。小企业除了具有职工人数少、销售额不多、资产总额较低的特点外,还具有结构灵活,信息反馈时间短,比较适应多变的经济环境,能够迅速地抓住市场的需求变化,快速地生产、经营顾客所需要的产品,从而获得占领市场的竞争优势,或及时逃避灾难等优势。这些优势常常是反应迟钝的大中型企业所不具备的。

　　当然,小企业经济基础相对薄弱、科研能力总体偏低,但却是企业中比例最大的群体,也是弱势群体。小企业具有以下特点:

　　(1)受环境影响及经营风险大。据美国有关资料统计,美国全国 1/3 甚至 1/2 的小企业将在 3 年内关闭,特别是在经济衰退时期,小企业关闭率更高。只是由于小企业的开办率更高,才使企业总数逐年不断增长。但这丝毫也不能掩盖小企业的易变性和其巨大的经营风险。我国小微企业平均生命周期只有 2.7 年,其中存活 10 年以上的不到 2%。

　　(2)资产少,负债能力有限。一般而言,企业的负债能力是由其资产的大小决定的,通常为资产的一个百分比例数(由法律规定),如 60% 或 50% 等。小企业资产少,相应地负债能力也就比较低。从各国的情况来看,美国的小企业强调独立自主和自我奋斗精神,因此,企业的负债水平较低,一般都在 50% 以下;而意大利、法国等欧洲国家比较注重团队精神和社会力量,提倡相互协助,小企业的负债水平较高,一般在 50% 以上。

　　(3)投资主体和出资来源多元化。小企业投资主体可以是大中专毕业生、返乡农民工、下岗失业人员,也可以是退伍复员军人、城乡无业居民等。小企业出资大多为自有资金、亲戚朋友借款,正式的融资渠道少。

　　(4)行业分布广,资金需求批量小频率高。小企业分布在各行各业,以多样化著称,资金需求也具有一次性量小、频率高的特点。

　　(5)大部分小企业内部管理欠规范。小企业员工大部分来自亲戚朋友、家庭成员,员工的薪酬往往通过口头协议确立等,显然其内部管理欠规范。

　　(6)是企业群体中的弱势群体,也是最需要政府给予扶持的群体。小企业经营规模小,大多数技术相对简单,从事劳动密集型产业或服务业,是需要政府重点扶持的对象。

　　此外,小企业单位投资的就业容量和单位产值使用劳动力弹性明显高于大中型企业,具有创业成本低,就业弹性空间大,就业方式灵活等特点,是吸纳社会就业的重要渠道。大力发展小企业是解决就业的重要措施。

　　2012 年 4 月 8 日,中国银行业协会副会长杨再平在"中国小微企业融资——创新与发展高层论坛(浙江新昌)"上,归纳小微企业具有 10 大特点:单个小微,总和重要;融资不能完全依靠市场;一般处于创业初期;寿命较短;具有很高的成长性;治理结构不够规范;财务报表不够规范;融资需求"急、小、短";融资成本高;融资风险高。

第三节　小企业会计规范

会计规范是指人们从事会计活动所遵循的约束性或指导性的行为准则。小企业的会计工作必须遵循会计规范。由于我国小企业的会计信息对外最主要服务于税务部门以及银行,因此,小企业的会计规范主要包括《中华人民共和国会计法》《中华人民共和国税收征收管理法》《中华人民共和国企业所得税法》《中华人民共和国中小企业促进法》《中华人民共和国公司法》等法律层次规范,和《中华人民共和国企业所得税法实施条例》《中华人民共和国增值税暂行条例》《中华人民共和国消费税暂行条例》《国务院关于进一步促进中小企业发展的若干意见》《鼓励支持和引导个体私营等非公有制经济发展的若干意见》《企业会计准则》《小企业会计准则》《中华人民共和国增值税暂行条例实施细则》《中华人民共和国消费税暂行条例实施细则》等行政法规和规章,并已形成了以《中华人民共和国会计法》为核心的小企业会计规范体系。

一、中华人民共和国会计法

《中华人民共和国会计法》(以下简称《会计法》),是我国会计工作的根本法,是会计法规体系中权威性最高、最具法律规范效力的法律规范,是制定各层次会计法律规范的基本依据。我国的《会计法》是1985年1月21日第六届全国人民代表大会常务委员会第九次会议通过颁布的,并于1993年12月29日根据第八届全国人民代表大会常务委员会第五次会议《关于修改〈中华人民共和国会计法〉的决定》而修改的,又于1999年10月31日经第九届全国人民代表大会常务委员会第十二次会议、2017年11月4日第十二届全国人民代表大会常务委员会第三十次会议两次修订2019年10月21日财政部办公厅发布《中华人民共和国会计法修订草案(征求意见稿)》。

《会计法》以规范会计行为,保证会计资料真实、完整,加强经济管理和财务管理,提高经济效益,维护社会主义市场经济秩序为宗旨,明确了单位负责人必须对本单位的会计工作和会计资料的真实性、完整性负责;规定了单位负责人必须在对外提供的财务报表上签名并盖章,承担相应的法律责任;同时规定单位负责人必须保证会计机构、会计人员依法履行职责,对各单位会计工作中的违法行为,除追究直接责任人员的法律责任外,还要追究单位负责人的责任。

二、中华人民共和国企业所得税法

《中华人民共和国企业所得税法》(以下简称《企业所得税法》),是第十届全国人民代表大会第五次会议于2007年3月16日通过颁布的,自2008年8月1日起施行。2017年2月24日第十二届全国人民代表大会常务委员会第二十六次会议《关于修改

〈中华人民共和国企业所得税法〉的决定》第一次修正,2018 年 12 月 29 日第十三届全国人民代表大会常务委员会第七次会议第二次修正。在中华人民共和国境内,企业和其他取得收入的组织(以下统称企业)为企业所得税的纳税人,依照本法的规定缴纳企业所得税。

《企业所得税法》共分为八章六十条,对企业的应纳税所得额、应纳税额、税收优惠、源泉扣缴、特别纳税调整、税收的征收管理等作了全面规范。如一般企业所得税税率为 25%,小型微利企业减按 20% 的税率缴纳企业所得税。对从业人数不超过 300 人,资产总额不超过 5 000 万元小微企业,年应纳税所得额不超过 100 万元的部分,减按 25% 计入应纳税所得额,按 20% 的税率缴纳企业所得税;对年应纳税所得额超过 100 万元但不超过 300 万元的部分,减按 50% 计入应纳税所得额,按 20% 的税率缴纳企业所得税。由于税务部门是小企业会计信息的主要使用者,税务部门主要利用小企业会计信息做出税收决策,包括是否给予税收优惠政策、采取何种征税方式、应征税额等,因此,小企业会计规范尽可能减少了与企业所得税法的差异,体现了企业所得税法的精神。

三、中华人民共和国中小企业促进法

《中华人民共和国中小企业促进法》(以下简称《中小企业促进法》),是 2002 年 6 月 29 日第九届全国人民代表大会常务委员会第二十八次会议通过颁布的,2017 年 9 月 1 日第十二届全国人民代表大会常务委员会第二十九次会议做了修订,自 2018 年 1 月 1 日起施行。这是我国为了改善中小企业经营环境,促进中小企业健康发展,扩大城乡就业,发挥中小企业在国民经济和社会发展中的重要作用而制定的扶持和促进中小企业发展的第一部专门法律。

《中小企业促进法》共分为十章六十一条,对中小企业的财税支持、融资促进、创业扶持、创新支持、市场开拓、服务措施、权益保护、监督检查做了系统规范。我国政府对小企业的发展非常重视,近年来依据该法,国家出台了若干政策扶持中小企业特别是小企业,从构建小企业社会化服务体系、优化融资环境、加大税收和财政扶持力度、加快小企业创业基地建设、依靠科技服务促进小企业产业升级、促进小企业与大企业的协作配套等方面着手,优化小企业的政策环境。如 2019 年 4 月 7 日,中共中央办公厅、国务院办公厅印发了《关于促进中小企业健康发展的指导意见》,在市场准入、审批许可、招标投标、军民融合发展等方面打造公平竞争环境,给小企业提供充足市场空间。对小企业发展中遇到的困难,要“一企一策”给予帮助。避免在安监、环保等领域微观执法和金融机构去杠杆中对小企业采取简单粗暴的处置措施。严格禁止各种刁难限制小企业发展的行为,对违反规定的问责追责。

四、中华人民共和国公司法

《中华人民共和国公司法》(以下简称《公司法》),于 1993 年 12 月 29 日由第八届全国人民代表大会常务委员会第五次会议通过并颁布实施,1999 年 12 月 25 日第九届全国人民代表大会常务委员会第十三次会议《关于修改〈中华人民共和国公司法〉的决定》第一次修正,2004 年 8 月 28 日第十届全国人民代表大会常务委员会第十一次会议《关于修改〈中华人民共和国公司法〉的决定》第二次修正,2005 年 10 月 27 日第十届全国人民代表大会常务委员会第十八次会议第三次修订。2013 年 12 月 28 日第十二届全国人民代表大会常务委员会第六次会议修订。2018 年 10 月 26 日第十三届全国人民代表大会常务委员会第六次会议《关于修改〈中华人民共和国公司法〉的决定》第四次修正。

《公司法》共分为十三章二百一十八条,对有限责任公司的设立和组织机构、有限责任公司的股权转让、股份有限公司的设立和组织机构、股份有限公司的股份发行和转让、公司董事与监事及高级管理人员的资格和义务、公司债券、公司财务与会计、公司合并与分立及增减资、公司解散和清算、外国公司的分支机构、法律责任等作了详细规范。之所以将公司法作为小企业会计规范,是因为公司制是现代企业制度的主要形式,且部分小企业将来也会成长为大中型企业并可能走向上市。

五、企业会计准则

会计准则是会计人员从事会计确认、计量、记录以及财务会计报告工作时所必须遵循的基本原则,是会计行为的规范,也是会计工作法制化的重要组成部分,会计准则是一种技术性规范,规范对象主要是会计实务。会计准则作为整个会计体系的重要组成部分,以会计目标为基础,并服务于会计目标。1992 年 11 月 30 日,以财政部部长令形式正式发布了我国第 1 号《企业会计准则》,并自 1993 年 7 月 1 日起在全国正式实施。从1992 年《企业会计准则》发布以后,财政部即着手草拟制定具体会计准则,到 2001 年先后修订、颁发了 16 项具体会计准则。2006 年 2 月 15 日,财政部在人民大会堂隆重颁发了 1项基本准则和 38 项具体准则,标志着我国较为完整的企业会计准则体系形成了。2014年以来,财政部又先后印发和修订了多项企业会计准则。

企业会计准则的制定颁布和实施,规范了我国会计实务的核算,大大改善了我国上市公司的会计信息质量和企业财务状况的透明度,为企业经营机制的转换和证券市场的发展、国际经济技术交流起到了积极的推动作用。

小企业会计核算一般执行《小企业会计准则》,但《小企业会计准则》中没有规范的特殊事项参照《企业会计准则》执行,当然会计核算水平较高的小企业也可直接选择执行《企业会计准则》。

六、小企业会计准则

为了规范小企业会计确认、计量和报告行为,促进小企业可持续发展,发挥小企业在国民经济和社会发展中的重要作用,根据《会计法》及其他有关法律和法规,2011 年 10 月18 日,财政部以财会〔2011〕17 号文的形式印发了《小企业会计准则》,自 2013 年 1 月 1 日起施行。

（一）主要特点

《小企业会计准则》分总则、资产、负债、所有者权益、收入、费用、利润及利润分配、外币业务、财务报表、附则共十章九十条。

《小企业会计准则》适用于经营规模较小的小企业和微型企业。《小企业会计准则》第二条明确规定：本准则适用于在中华人民共和国境内依法设立的、符合《中小企业划型标准规定》所规定的小型企业标准的企业。第八十九条规定符合《中小企业划型标准规定》所规定的微型企业参照执行本准则。下列三类小企业除外：①股票或债券在市场上公开交易的小企业。②金融机构或其他具有金融性质的小企业。③企业集团内的母公司和子公司。

符合执行《小企业会计准则》所规定的小企业标准的企业应当同时具备以下三个条件：

(1) 经营规模较小。经营规模较小是指符合国家四部委发布的《中小企业划型标准规定》所规定的小企业标准或微型企业标准。《小企业会计准则》的适用范围并不区分所有制形式，不管是国有小企业还是集体或民营小企业，不管是内资还是外资小企业，不管是从事第一、第二还是第三产业，不管是公司制还是非公司制小企业，也不管是否具有企业形式，只要形成的会计主体符合《小企业会计准则》第二条和第八十九条适用范围的企业，均应执行《小企业会计准则》。

(2) 不发行股票或债券，不是金融机构或具有其他金融性质的企业。这一规定其实是指执行《小企业会计准则》的小企业"不承担社会公众责任"。承担社会公众责任主要包括两种情形：一是企业的股票或债券在市场上公开交易，如上市公司和发行企业债的非上市企业、准备上市的公司和准备发行企业债的非上市企业；二是受托持有和管理财务资源的金融机构或其他企业，如非上市金融机构、具有金融性质的基金等其他企业（或主体）。"不承担社会公众责任"的提法是国际通用的，承担以上两项社会公众责任的企业不能执行《小企业会计准则》。

(3) 既不是企业集团内的母公司也不是子公司。由于考虑到小企业会计信息的使用者主要是税务及银行，不是投资人，所以，纳入《小企业会计准则》核算范围内的小企业，应该既不是企业集团内的母公司，也不是企业集团内的子公司。如果一个企业已经是母公司了，能够控制其他企业，其股东就成为会计信息的主要使用者，那么就需要编制合并报表，对该企业从高要求，集团内的母公司和子公司均应当执行《企业会计准则》。

《小企业会计准则》对小企业的作用是多元的，它有利于小企业加强内部管理，强化税收征管，降低小企业纳税成本。2011年10月26日财政部联合工业和信息化部、国家税务总局、国家工商总局、银监会共五个部委以财会〔2011〕20号文的形式发布了"关于贯彻实施《小企业会计准则》的指导意见"，提出了深刻领会实施《小企业会计准则》的重要意义，全面提升小企业内部管理水平，切实做好《小企业会计准则》实施配套工作，营造《小企业会计准则》实施的良好氛围，共同服务于小企业的健康可持续发展等具体要求。

（二）会计科目

根据《小企业会计准则》规定，小企业应规范设置和使用会计科目，常用的会计科目按照资产、负债、所有者权益、成本、损益分成五大类，共66个一级科目，其内容如表1-1所示。

表 1-1　小企业会计科目表

顺序号	编　号	会计科目名称	顺序号	编　号	会计科目名称
		一、资产类	32	1901	待处理财产损溢
1	1001	库存现金			二、负债类
2	1002	银行存款	33	2001	短期借款
3	1012	其他货币资金	34	2201	应付票据
4	1101	短期投资	35	2202	应付账款
5	1121	应收票据	36	2203	预收账款
6	1122	应收账款	37	2211	应付职工薪酬
7	1123	预付账款	38	2221	应交税费
8	1131	应收股利	39	2231	应付利息
9	1132	应收利息	40	2232	应付利润
10	1221	其他应收款	41	2241	其他应付款
11	1401	材料采购	42	2401	递延收益
12	1402	在途物资	43	2501	长期借款
13	1403	原材料	44	2701	长期应付款
14	1404	材料成本差异			三、所有者权益类
15	1405	库存商品	45	3001	实收资本
16	1407	商品进销差价	46	3002	资本公积
17	1408	委托加工物资	47	3101	盈余公积
18	1411	周转材料	48	3103	本年利润
19	1421	消耗性生物资产	49	3104	利润分配
20	1501	长期债券投资			四、成本类
21	1511	长期股权投资	50	4001	生产成本
22	1601	固定资产	51	4101	制造费用
23	1602	累计折旧	52	4301	研发支出
24	1604	在建工程	53	4401	工程施工
25	1605	工程物资	54	4403	机械作业
26	1606	固定资产清理			五、损益类
27	1621	生产性生物资产	55	5001	主营业务收入
28	1622	生产性生物资产累计折旧	56	5051	其他业务收入
29	1701	无形资产	57	5111	投资收益
30	1702	累计摊销	58	5301	营业外收入
31	1801	长期待摊费用	59	5401	主营业务成本

续　表

顺序号	编　号	会计科目名称	顺序号	编　号	会计科目名称
60	5402	其他业务成本	64	5603	财务费用
61	5403	税金及附加	65	5711	营业外支出
62	5601	销售费用	66	5801	所得税费用
63	5602	管理费用			

说明：

(1) 小企业会计科目的编号采用四位纯数字表示,其中:第一位数字(即千位)表示会计科目的类别,其中:1 表示资产类,2 表示负债类,3 表示所有者权益类,4 表示成本类,5 为损益类;第二位数字(即百位)划分大类下面小类;剩余两码为流水号。为便于会计科目的增减,编码考虑到未来的扩展性,在编码间,留有一定的间隔。会计科目编号供小企业填制会计凭证、登记会计账簿、查阅会计账目、采用会计软件系统参考,小企业可结合本企业的实际情况自行确定其他会计科目的编号。

(2) 小企业在不违反《小企业会计准则》中确认、计量和报告规定的前提下,可以根据本企业的实际情况自行增设、分拆、合并会计科目。

(3) 小企业不存在的交易或者事项,可不设置相关会计科目。

(4) 对于明细科目,小企业可以比照《小企业会计准则》附录中的规定自行设置。

练　习　题

一、单项选择题

1. 税法上的"小企业"通常是指(　　　)。

A. 小型微利企业　　　　　　　　　　B. 小微企业

C. 规模较小企业的统称　　　　　　　D. 与统计口径一致小企业

2.《中小企业划型标准规定(修订征求意见稿)》中企业规模类型采用(　　　)方式。

A. 自我声明　　　　　　　　　　　　B. 统计认定

C. 工业和信息化部门认定　　　　　　D. 统计评定

3. 下列各项中,不属于《小企业会计准则》规范内容的是(　　　)。

A. 利润及利润分配　　　　　　　　　B. 非货币性资产交换

C. 外币业务　　　　　　　　　　　　D. 财务报表

二、多项选择题

1. 小企业的会计规范主要包括(　　　)等几个层次。

A. 法律层次　　　　　　　　　　　　B. 法规层次

C. 规章层次　　　　　　　　　　　　D. 行业制度层次

2. 下列各项中,属于小企业会计基本假设的有(　　　)。

A. 会计主体　　　　B. 持续经营　　　　C. 会计分期　　　　D. 货币计量

3. 下列属于小企业的特点有(　　　)。

A. 投资主体多元化　　　　　　　　　B. 治理结构不规范

C. 企业群体中处于弱势　　　　　　　D. 企业寿命较长

4.《小企业会计准则》规定,小企业的财务报表至少应当包括(　　　)。

A. 资产负债表　　　　B. 利润表　　　　C. 现金流量表　　　　D. 附注

三、判断题

1. 企业可根据自身情况,选择执行《企业会计准则》或《小企业会计准则》,或以一个准则为主,同时选择另外一个准则的有关原则。 （ ）

2. 执行《小企业会计准则》的小企业,发生的交易或者事项《小企业会计准则》未作规范的,可以参照《企业会计准则》中的相关规定进行处理。 （ ）

3. 符合《中小企业划型标准规定》所规定的微型企业标准的企业应参照执行《小企业会计准则》。 （ ）

4. 符合《小企业会计准则》适用范围的小企业,必须执行《小企业会计准则》。 （ ）

5. 集团公司内部母子公司分属不同规模的情况下,集团内小企业可以执行《小企业会计准则》。 （ ）

6. 已执行《企业会计准则》的上市公司、大中型企业,因经营规模或企业性质发生变化,可以转为执行《小企业会计准则》。 （ ）

7. 财务会计报告要满足财务报告的使用者的需要,小企业会计准则主要是考虑投资者的需要。 （ ）

8.《小企业会计准则》所界定的小企业不同于《中华人民共和国企业所得税法》所界定的小型微利企业。 （ ）

9. 税务部门和银行均是小企业外部会计信息的主要使用者。 （ ）

第二章　货币资金

【学习目标】

1. 了解库存现金的管理原则、银行存款账户的管理规定、记账本位币的确定、即期汇率与平均汇率的概念、外币财务报表折算；

2. 理解银行结算方式、现金收支和银行存款增减的核算、现金和银行存款清查的核算；

3. 掌握现金的开支范围、库存现金限额的核定原则和方法、其他货币资金的概念及核算、备用金(备用金定额管理)的核算和外币交易的会计处理。

货币资金指小企业生产经营过程中处于货币形态的资产，也是资产中流动性最强的一类。根据存放地点和用途不同，小企业的货币资金分为库存现金、银行存款和其他货币资金。

第一节　库存现金

库存现金是指小企业存放于财会部门、通常由出纳人员经管的货币，包括人民币现金和外币现金。

一、库存现金的管理

库存现金流动性强，容易被挪用和侵吞，因此，小企业在严格遵守国家有关现金管理制度的同时，必须建立一套完善而严密的现金管理制度，正确进行现金收支的核算，监督现金使用的合法性与合理性，以确保现金的安全与完整。

（一）库存现金管理原则

按照国务院发布的《现金管理暂行条例》及中国人民银行发布的《现金管理暂行条例

实施细则》,库存现金管理原则为:

(1) 库存现金一律实行限额管理。

(2) 收入的现金不准作为储蓄存款存储,不准将单位收入的库存现金以个人名义存储,不准保留账外公款,即不得私设"小金库"。收入现金应及时送存银行,当天送存确有困难的,应由开户银行确定送存时间。

(3) 不准编造用途套取现金和擅自坐支现金。小企业要严格按照国家规定的现金开支范围使用现金,在使用范围和限额内需要现金,应从开户银行提取,提取时应写明用途,不得编造用途套取现金。小企业支付现金,可以从本企业库存现金中支付或者从开户银行提取,不得从本企业的现金收入中直接支付,即不得坐支现金。

(二) 现金的使用范围

小企业在日常资金结算工作中,应严格控制现金支出。依据《现金管理暂行条例》规定,开户单位可以在下列范围内使用现金:

(1) 职工工资、津贴;

(2) 个人劳务报酬;

(3) 根据国家规定颁发给个人的科学技术、文化艺术、体育等各种奖金;

(4) 各种劳保、福利费用以及国家规定的对个人的其他支出;

(5) 向个人收购农副产品和其他物资的价款;

(6) 出差人员必须随身携带的差旅费;

(7) 结算起点(1 000 元)以下的零星支出;

(8) 中国人民银行确定需要支付现金的其他支出。

除按规定可用现金支付的上述项目外,小企业一切付款均应通过银行转账结算(含支付宝、微信等新型结算方式)。从开户银行提取现金,应当写明用途,由本单位财会部门负责人签字盖章,经开户银行审核后,予以支付现金。

(三) 库存现金限额的核定原则和方法

库存现金限额,是指为保证小企业日常零星开支按规定允许留存现金的最高数额。库存现金的限额,由开户行根据小企业的实际需要和距离银行远近等情况核定。其限额一般按照小企业 3~5 日日常零星开支所需现金确定。远离银行机构或交通不便的小企业可依据实际情况适当放宽,但最高不得超过 15 天的业务需要量。

凡在银行开户的独立核算单位都要核定库存现金限额;独立核算的附属单位,由于没有在银行开户,但需要保留现金,也要核定库存现金限额,其限额可包括在其上级单位库存限额内。

库存现金限额的计算方式一般是:

库存现金限额＝前一个月的平均每天支付的数额(不含每月平均职工薪酬数额)×限定天数

小企业库存现金限额一经核定,就必须按规定的限额控制库存现金,超过库存限额部分的现金必须在当天或次日上午解交银行,以保证库存现金的安全。

小企业支付现金,可以从库存现金限额中支付或者从开户银行提取,因采购地点不确定、交通不便、抢险救灾及其他特殊情况必须使用现金的,应向开户银行提出书面申请,由本单位财会部门负责人签字盖章,并经开户银行审查批准后予以支付。

小企业应设置"库存现金日记账",所发生的现金收支业务必须通过出纳人员,由出纳人员根据收付凭证,按业务发生的顺序,逐笔登记"库存现金日记账"。现金日记账的收入和支出金额,应根据审核无误后的收款凭证、付款凭证登记。"库存现金日记账"必须做到日清月结,账款相符,严禁"白条"抵充库存现金。每日终了,应计算全天的现金收入合计数、现金支出合计数和现金结余数,并将结余数与实际库存数进行核对,做到账款相符。如果发现账款不符,应及时查明原因,进行处理。月份终了,"库存现金日记账"的余额应与"库存现金"总账的余额核对相符。有外币现金的,应当分别人民币和各种外币设置"库存现金日记账"进行明细核算。

二、现金收支及清查的账务处理

(一)现金收支的核算

为了总括地反映库存现金的收支和结存情况,小企业应设置"库存现金"科目,该科目的借方反映库存现金的增加,贷方反映库存现金的减少,月末借方余额反映小企业持有的库存现金。"库存现金"科目可以根据现金收付款凭证和银行付款凭证直接登记,如果日常现金收支业务量比较大,为了简化核算工作,小企业可以根据实际情况,采用汇总记账凭证、科目汇总表等核算形式登记入账。

从银行提取现金,根据支票存根记载的提取金额,借记"库存现金"科目,贷记"银行存款"科目;将库存现金存入银行,根据银行退回给收款单位的收款凭证联,借记"银行存款"科目,贷记"库存现金"科目。

小企业应当设置"库存现金日记账",由出纳人员根据收付款凭证,按照业务发生顺序逐笔登记。每日终了,应当计算当日的现金收入合计额、现金支出合计额和结余额,将结余额与实际库存额核对,做到账款相符。

【例2-1】　2020年6月1日,甲小企业开出现金支票一张,从银行提取现金2 500元备用。则甲小企业按支票存根记载的提取金额编制会计分录为:

借:库存现金　　　　　　　　　　　　　　　　　　　　　　2 500

　　贷:银行存款　　　　　　　　　　　　　　　　　　　　　2 500

小企业因支付职工出差费用等原因所需的现金,按支出凭证所记载的金额,借记"其他应收款"等科目,贷记"库存现金"科目;收到出差人员交回的差旅费剩余款并结算时,按实际收回的现金,借记"库存现金"科目,按差旅费的支出类别,借记"管理费用"等科目,按实际借出的现金,贷记"其他应收款"科目。

【例2-2】　甲小企业2020年6月份发生如下现金支出业务:

5日采购员王平出差预借差旅费3 000元。甲小企业按借款凭证所记载的金额:

借:其他应收款——王平　　　　　　　　　　　　　　　　3 000

　　贷:库存现金　　　　　　　　　　　　　　　　　　　　3 000

11日采购员王平出差回来报销差旅费2 782元(其中,从一般纳税人取得住宿费增值税专用发票,按照规定可抵扣 6% 增值税,计 132.79 元,假设增值税发票已认证;取得王平动车票票面金额 436 元,按照规定可抵扣 9% 增值税,计 36 元),应付王平出差补助 200 元,甲小企业收到交回的差旅费剩余款 18 元并结算时:

```
借:管理费用                                  2 813.21
    应交税费——应交增值税(进项税额)               168.79
    库存现金                                     18
    贷:其他应收款——王平                                3 000
```

(二)现金清查的核算

小企业现金清查一般采用实地盘点法。对于现金清查的结果应当编制库存现金盘点报告单,如果有挪用现金、白条抵库的情况,应及时予以纠正;对于超限额留存的现金应及时送存银行。小企业每日终了结算现金收支、财产清查等发现的有待查明原因的现金短缺或溢余,应通过"待处理财产损溢"科目核算:属于现金短缺,应按照实际短缺的金额,借记"待处理财产损溢——待处理流动资产损溢"科目,贷记"库存现金"科目,查明原因后属于应由责任人赔偿的部分,借记"其他应收款"或"库存现金"等科目,按实际短缺的金额扣除应由责任人赔偿的部分后的金额,借记"营业外支出"科目,贷记"待处理财产损溢——待处理流动资产损溢"科目;属于现金溢余,按照实际溢余的金额,借记"库存现金"科目,贷记"待处理财产损溢——待处理流动资产损溢"科目。待查明原因后借记"待处理财产损溢——待处理流动资产损溢"科目,属于应支付给有关人员或单位的,贷记"其他应付款"科目,现金溢余金额超过应付给有关单位或人员的部分,贷记"营业外收入"科目。

【例 2-3】 2020 年 6 月 30 日,甲小企业在财产清查时发现销货款多出现金 190 元,原因不明。会计分录为:

```
借:库存现金                                     190
    贷:待处理财产损溢——待处理流动资产损溢               190
```

7 月 2 日,经查明 100 元为应支付本单位江某款项,其余 90 元无法查明原因,则会计分录为:

```
借:待处理财产损溢——待处理流动资产损溢             190
    贷:营业外收入                                  90
        其他应付款——江某                          100
```

【例 2-4】 2020 年 6 月 30 日,甲小企业在财产清查时发现现金短少 1 500 元,原因不明,会计分录为:

```
借:待处理财产损溢——待处理流动资产损溢             1 500
    贷:库存现金                                  1 500
```

7 月 2 日查明主要是责任人张三个人的原因,经研究由张三个人赔偿 1 200 元,其余由企业承担。则会计分录为:

```
借:其他应收款——张三                             1 200
    营业外支出                                   300
    贷:待处理财产损溢——待处理流动资产损溢             1 500
```

甲小企业收到张三赔付的现金时,会计分录为:

借:库存现金　　　　　　　　　　　　　　　　　　　1 200

　　贷:其他应收款——张三　　　　　　　　　　　　　　　1 200

第二节　银行存款

银行存款是小企业存入银行或其他金融机构的货币资金。按规定,凡独立核算的单位都必须在当地银行开设账户,进行存款、取款以及各种收支转账业务的结算。

一、银行存款账户的管理

中国人民银行《人民币银行结算账户管理办法》将存款账户分为四类,即基本存款账户、一般存款账户、临时存款账户和专用存款账户。

企业开立、变更、撤销基本存款账户、临时存款账户实行备案制。一个企业只能在银行开立一个基本存款账户,不得开立两个(含)以上基本存款账户,主要用于办理日常的转账结算和现金收付。小企业申请开立基本存款账户,银行通过人民币银行结算账户管理系统审核企业基本存款账户唯一性,并要在系统中准确录入企业名称、统一社会信用代码、注册地地区代码等信息。小企业的工资、奖金等现金的支取,只能通过该账户办理。小企业可在其他银行的一个营业机构开立一般存款账户,该账户可办理转账结算和存入现金,但不能支取现金。临时存款账户是存款人因临时经营活动需要开立的账户,如异地产品展销、临时性采购资金等。专用存款账户是小企业因特定用途需要开立的账户,如基本建设项目专项资金、农副产品资金等,小企业的销货款不得转入专用存款账户。

二、银行结算方式

目前,我国可以选择使用的结算方式主要包括银行汇票、商业汇票、银行本票、支票、汇兑、委托收款、信用卡、信用证等。采用的支付结算方式不同,其处理手续及有关会计核算也有所不同。

(一)银行汇票

银行汇票是指单位或个人将款项交存开户银行,由出票银行签发凭其在见票时按照实际结算金额无条件支付给收款人或者持票人的票据。适用于先收款后发货或钱货两清的商品交易,同城或异地结算都可以使用。银行汇票属记名式汇票,可以提取现金,也可以转账,具有使用灵活、票随人到、兑现性强等特点。银行汇票允许背书转让,无须在汇票上填明代理付款地点。对转账银行汇票除人民银行代理兑付的商业银行向设有机构地区签发的,不应填写代理付款行名称。

银行汇票的付款期限为1个月。收款人或持票人超过期限提示付款,代理付款银行不予受理,申请人因超过付款提示期限或其他原因,可向出票银行作出说明并提供有关证件请求付款或退款;银行汇票丧失,失票人可凭人民法院出具的其享有票据权利的证明向出票银行请示付款或退款。

（二）银行本票

银行本票是银行签发的,承诺其在见票时无条件支付确定金额给收款人或者持票人的票据。银行本票的出票人为经中国人民银行当地分支行批准办理银行本票业务的银行机构。银行本票由银行签发,见票即付,其出票人为票据的主债务人,负有无条件支付票款的责任。

申请人和收款人均为个人才可申请办理现金银行本票。注明"现金"字样的银行本票只能向出票银行支取现金。

银行本票可分为定额本票和不定额本票,定额银行本票面额有 1 000 元、5 000 元、10 000 元和 50 000 元。银行本票的提示付款期自出票日起最长不得超过 2 个月。

填明"现金"字样的银行本票可以挂失止付,未填明"现金"字样的银行本票不得挂失止付,银行本票丧失,失票人可以凭人民法院出具的其享有票据权利的证明,向出票银行请求付款或退款。跨系统银行本票的兑付,持票人开户银行可根据中国人民银行规定的同业往来利率向出票银行收取利息。

（三）商业汇票

商业汇票是出票人签发的,委托付款人在指定日期无条件支付确定的金额给收款人或者持票人的票据。在银行开立存款账户的法人以及其他组织之间,具有真实的交易关系或债权债务关系,均可使用商业汇票。

商业汇票的付款日期有定日付款、出票后定期付款、见票后定期付款三种。定日付款的汇票付款期限自出票日起计算,并在汇票上记载具体的到期日;出票后定期付款的汇票付款期限自出票日起按月计算,并在汇票上记载;见票后定期付款的汇票付款期限自承兑或拒绝承兑日起按月计算,并在汇票上记载。商业汇票的付款期限最长不得超过 6 个月。商业汇票的提示付款期限为自汇票到期日起 10 日内。商业汇票可以贴现、转贴现、再贴现。持票人必须提供与其直接前手之间的增值税发票和商品发运单据复印件才能向银行申请贴现。贴现银行办理转贴现、再贴现时,也必须提供贴现申请人与其直接前手之间的增值税发票和商品发运单据复印件。承兑人在异地的,贴现、转贴现和再贴现的期限以及贴现利息的计算另加 3 天的划款日期。

商业汇票按承兑人不同可分为商业承兑汇票和银行承兑汇票两种。

1. 商业承兑汇票

商业承兑汇票是由银行以外的付款人承兑,一般由购货人承兑。

开户银行收到商业承兑汇票,应将汇票留存并通知付款人,付款人在收到通知的当日再通知银行付款,购货企业应在汇票到期前将票款足额交存至其开户银行。

2. 银行承兑汇票

银行承兑汇票由银行承兑,由在承兑银行开立存款账户的存款人签发。承兑银行按票面金额向出票人收取万分之五的手续费。

收款单位将未到期的商业汇票向银行申请贴现时,应按规定填制贴现凭证,连同汇票一并送交银行,根据银行的收账通知,编制收款凭证。

(四) 支票

支票是出票人(单位或个人)签发的,委托办理支票存款业务的银行在见票时无条件支付确定的金额给收款人或持票人的票据。单位和个人在同一票据交换区域的各种款项结算,均可以使用支票。

支票的出票人预留银行签章是银行审核支票付款的依据,银行也可以与出票人约定使用支付密码作为银行审核支付金额的条件。

持票人通过其开户银行收款,应作委托收款背书,直接向出票人开户银行提示付款,并在支票的背面签章;持票人为个人的需交验本人身份证,并在支票背面注明证件名称、号码及发证机关。支票的提示付款期限自出票日起 10 天,超过提示付款期的,持票人开户银行不予受理,付款人不予付款。支票上印有"现金"字样的为现金支票,印有"转账"字样的为转账支票,未印"现金""转账"的为普通支票。普通支票左上角划两条平行线的为转账支票;不划线的为现金支票。转账支票只能转账,不能提取现金。

出纳人员在签发支票前,应认真查明银行存款的账面结余数额,防止签发空头支票。出票人签发空头支票、签章与预留银行签章不符或者支付密码错误的支票,银行予以退票,并由银行按票面金额处以 5% 但不低于 1 000 元的罚款外,持票人有权要求出票人赔偿支票金额 2% 的赔偿金。

(五) 汇兑

汇兑是汇款人委托银行将其款项支付给收款人的结算方式。汇兑分为信汇和电汇两种。适用于异地之间的各种款项结算。

汇款人和收款人为个人,需要在汇入行支取现金的,方可办理现金汇兑;未在银行开立账户的收款人,其转账汇兑款严禁转入储蓄和信用卡账户。

汇款人对汇出银行尚未汇出的款项可以申请撤销,转汇银行不得受理汇款人或汇出银行对汇款的撤销。汇出银行已经汇出的款项退汇的,在汇入行开立存款账户的收款人,由汇款人与收款人自行联系;未在汇入行开立存款账户的收款人,汇款人应出具正式函件或本人身份证件以及原信、电汇回单由汇出行通知汇入行,经汇入行核实汇款确未支付,方可退汇。汇兑的委托日期,指汇款人向汇出银行提交汇兑凭证的当日。

(六) 委托收款

委托收款是收款人委托银行向付款人收取款项的结算方式。适用于单位和个人凭已承兑商业汇票、债券、存单等付款人债务证明办理款项的结算。

委托收款结算方式允许全额付款或全部拒绝付款。

委托收款结算款项划回方式分为邮寄和电报两种。收款人办理委托收款时,采取邮寄划款的,应填制邮划委托收款凭证。

(七) 信用卡

信用卡是指商业银行向个人和单位发行的,凭以向特约单位购物、消费和向银行存取现金,且具有消费信用的特制载体卡片。信用卡按使用对象分为单位卡和个人卡。

信用卡主要用于消费性支出,不得用于 10 万元以上的商品交易,为便于持卡人的一些零星支付,允许用于较小的商品交易、劳务供应的款项结算。

单位卡账户的资金一律从其基本存款账户转账存入,不得交存现金,不得将其他存款账户和销售收入的款项转入其账户,严禁将单位的款项存入个人卡账户。单位卡一律不得支取现金,个人卡可以在银行和自动柜员机上支取现金,但超过支付限额的,代理银行应向发卡银行索权。

信用卡可以善意透支,金卡最高不得超过 10 000 元,普通卡最高不得超过 5 000 元,透支期限最长不得超过 60 天。信用卡透支利息,自签单日或银行记账日起 15 日内按日息万分之五计算,超过 15 日按日息万分之十计算,超过 30 日或透支金额超过规定限额的,按日息万分之十五计算。透支计息不分段,按最后期限或者最高透支额的最高利率档次计息。持卡人使用信用卡不得发生恶意透支。

单位申请使用信用卡,应按发卡银行规定向发卡银行填写申请表,连同支票和进账单一并送交发卡银行,根据银行盖章退回的进账单第一联,编制付款凭证。

（八）信用证

信用证是指开证行依照申请人的申请开出的,凭符合信用证条款的单据支付的付款承诺,并明确规定该信用证为不可撤销、不可转让的跟单信用证。信用证属于银行信用,采用信用证支付,对销货方安全收回货款较有保障;对购货方来说,由于货款的支付是以取得符合信用证规定的货运单据为条件,避免了预付货款的风险。

信用证不受购销合同的约束。虽然信用证的开立是以购销合同为基础,购销双方要受合同约束,但信用证一经开出,在信用证业务处理过程中,各当事人的责任与权利都以信用证为准,即开证银行只对信用证负责,只凭信用证所定的而又完全符合条款的单据付款。开证行付款时仅审核单证与信用证规定的单证是否相符,而不管销货方是否履行合同以及履行的程度如何。

信用证业务只处理单据,一切都以单据为准。信用证业务实质上是一种单据的买卖,银行是凭相符单据付款,而对货物的真假、好坏不负责任,对货物是否已装运,是否中途损失,是否到达目的地都不负责任。也就是说,即使单据上表示的货物与实际货物在数量、质量上有所不同,只要单据内容符合信用证规定银行照样接受。如果购货方发现货物的数量、质量与单证不符,有对受益人提出索赔的理由,但开证银行不能以购货方进口商提出的货物与单证不符作为拒付的理由,因此,在信用证方式下受益人要保证收款就一定要提供相符单据,开证行要拒付也一定要以单据上的不符点为理由。

三、银行存款增加和减少的核算

为了核算和反映存入银行或其他金融机构的各种存款,小企业应设置"银行存款"科目,该科目的借方反映存款的增加,贷方反映存款的减少,借方余额反映期末存在银行或其他金融机构的各种款项。小企业应严格按照《小企业会计准则》的规定进行核算和管理,以库存现金存入银行,应根据银行盖章退回的交款回单及时编制现金付款凭证,据以登记"库存现金日记账"和"银行存款日记账"。向银行提取现金,根据支票存根编制银行存款付款凭证,据以登记"银行存款日记账"和"库存现金日记账"。

有外币银行存款的小企业,还应当分别按照人民币和外币进行明细核算。

小企业发生的存款利息,根据银行通知及时编制收款凭证,借记"银行存款"科目,贷记"财务费用"科目;如为购置、建造固定资产、无形资产和经过 12 个月以上的建造才能达到可销售状态的存货发生借款的,在有关资产购置、建造期间发生的合理的借款费用,符合资本化条件时,应当作为资本性支出计入有关资产的成本,其他借款费用应当在发生时根据其发生额确认为费用,计入当期损益。

【例 2-5】 甲小企业发生如下银行存款收支业务:

(1) 收到乙企业开来的转账支票一张,为乙企业不履行合同而支付的违约金 20 000 元,甲小企业凭进账单入账。

借:银行存款		20 000
贷:营业外收入		20 000

(2) 采用汇兑结算方式,通过银行汇出 20 000 元给丙企业,支付上月所欠货款。甲小企业凭汇兑凭证回单入账。

借:应付账款——丙企业		20 000
贷:银行存款		20 000

(3) 接银行通知,收到存款利息 890 元,编制收款凭证。

借:银行存款		890
贷:财务费用		890

小企业应按开户银行和其他金融机构、存款种类等,分别设置"银行存款日记账",由出纳人员根据收、付款凭证,按照业务的发生顺序逐笔登记,每日终了应结出余额。"银行存款日记账"应定期与"银行对账单"核对,至少每月核对一次。

四、银行存款的清查

银行存款的清查,是小企业将本单位的银行存款日记账与银行送来的对账单逐笔核对增减额和同一日期的余额,以查明账实是否相符。

银行存款的核对主要包括账证核对、账账核对、账实核对。

(一)账证核对

收付凭证是登记小企业银行存款日记账的依据,账目和凭证应该是完全一致的,但是在记账过程中,由于各种原因,往往会发生重记、漏记、记错方向或记错数字等情况。账证核对主要按照业务发生的顺序一笔一笔进行,检查的项目主要是:①核对凭证的编号;②检查记账凭证与原始凭证,看两者是否完全相符;③查对账证金额与方向的一致性。检查中发现差错,要立即按照规定方法更正,以确保账证完全一致。

(二)账账核对

小企业的银行存款日记账是根据收付凭证逐项登记的,银行存款总账是根据收付凭证汇总登记的,记账依据是相同的,记录结果应一致。但由于两种账簿是不同人员分别记账的,而且总账一般是汇总登记的,在汇总登记过程中,都有可能发生差错。日记账是一笔一笔地登记的,记录次数多,难免会发生差错。平时要经常核对两账的余额,每月终了结账后,总账各科目的借方发生额,贷方发生额以及月末余额都已试算平衡,一定还要将其分别同银行存款日记账中的本月收入合计数、支出合计数和余额相互核对。如果不符,先应查出差错在哪一方,如果借方发生额出现差错,应查找银行存款收款凭证和银行存款收入一方的账目。反之,则查找银行存款付款凭证和银行存款付出一方的账目。找出差错,应立即加以更正,做到账账相符。

（三）账实核对

小企业在银行中的存款实有数是通过"银行对账单"来反映的,所以账实核对是银行存款日记账定期与"银行对账单"核对,至少每月一次,这是出纳人员的一项重要日常工作。

理论上讲,"银行存款日记账"的记录与银行开出的"银行存款对账单"无论是发生额,还是期末余额都应是完全一致的,因为它是同一账号存款的记录,但是通过核对,会发现双方的账目经常出现不一致的情况,原因有两个:一是双方账目可能发生记录或计算上的错误,如单位记账是漏记、重记、银行对账单串户等,这种错误应由双方及时查明原因,予以更正。二是有"未达账项"。所谓"未达账项"是指由于期末银行结算凭证传递时间的差异,而造成的银行与开户单位之间一方已入账,另一方尚未入账的账项。未达账项的原因有以下 4 种情况:①存入银行的款项,小企业已记作银行存款增加,而银行尚未办理入账手续;②开出转账支票或其他付款凭证,小企业已记银行存款减少,而银行尚未支付入账的款项;③银行代划收的款项已经收妥入账,银行已记作企业存款增加,而小企业尚未接到收款通知,尚未记账的款项;④银行代划付的款项已经划出并记账,银行已记作企业存款减少,而小企业尚未接到付款通知,尚未记账的款项。无论是记录有误,还是有"未达账项",都要通过小企业银行存款日记账的记录与银行开出的"银行存款对账单"进行逐笔"核对"才能发现。若有"未达账项",应编制"银行存款余额调节表"进行调节,使双方余额相等。

"银行存款余额调节表"是小企业为了核对本企业与银行双方的存款账面余额而编制的列有双方未达账项的一种表格。具体编制方法是在银行与开户单位的账面余额的基础上,加上各自的未收款减去各自的未付款,然后再计算出双方余额,通过余额调节表调节后的余额才是小企业银行存款实存数。

【例 2-6】 甲小企业 2020 年 11 月 30 日银行存款日记账的余额为 854 730 元,银行对账单的余额为 881 530 元,经核对,发现有下列未达账项:

（1）11 月 29 日,甲小企业销售产品收到转账支票一张计 24 470 元,甲小企业已登记入账,而银行尚未入账;

（2）11 月 28 日,甲小企业支付货款开出转账支票一张计 16 000 元,甲小企业已登记入账,银行尚未登记入账;

（3）11 月 30 日,银行代甲小企业支付水电费 1 430 元,银行已登记入账,甲小企业尚未入账;

（4）11 月 30 日，银行收到甲小企业委托收款 36 700 元，银行已登记入账，甲小企业尚未入账。

根据上述资料，编制银行存款余额调节表如表 2-1 所示。

表 2-1　银行存款余额调节表　　　　　　　　　　　　　　　　单位：元

项　　目	金额	项　　目	金额
银行存款日记账余额	854 730	银行对账单余额	881 530
加：银行已收甲企业未收	36 700	加：甲企业已收银行未收	24 470
减：银行已付甲企业未付	1 430	减：甲企业已付银行未付	16 000
调节后余额	890 000	调节后余额	890 000

涉税法规链接及提示

小企业在对银行存款进行清查时，如果有确凿证据表明存在银行或其他金融机构的款项已经全部或部分不能收回，如吸收存款的单位已宣告破产，其破产财产不足以清偿的部分，或者全部不能清偿的，应当作为当期损失，冲减银行存款，借记"营业外支出"科目，贷记"银行存款"科目。

第三节　其他货币资金

小企业的其他货币资金主要包括外埠存款、银行汇票存款、银行本票存款、信用卡存款、信用证保证金存款、备用金、支付宝和微信等。

小企业应设置"其他货币资金"科目，并在其下面设置"外埠存款""银行汇票""银行本票""信用卡""信用证保证金""备用金""支付宝""微信"等明细科目，并按照银行汇票或本票、信用卡发放银行、信用证的收款单位，外埠存款及支付宝和微信的开户银行，分别进行明细核算。小企业应加强对其他货币资金的管理，定期与支付宝、微信等第三方支付公司核对账目，及时办理结算，对于逾期尚未办理结算的银行汇票、银行本票等，应按规定及时转回。

一、外埠存款

外埠存款是指小企业到外地进行临时或零星采购时，汇往采购地银行开立采购专户的款项。将款项汇往外地时，应填写汇款委托书，委托开户银行办理汇款。汇入地银行以汇款单位名义开立临时采购账户，该账户的存款不计利息、只付不收、付完清户，除了采购人员可从中提取少量现金外，一律采用转账结算。将款项汇往外地开立采购专用账户时，根据汇出款项凭证，编制付款凭证，进行账务处理，借记"其他货币资金——外埠存款"科目，贷记"银行存款"科目；收到采购人员转来供应单位发票账单等报销凭证时，借记"材料采购"或"原材料""库存商品""应交税费——应交增值税（进项税额）"等科目，贷记"其他货币资金——外埠存款"科目；采购完毕收回剩余款项时，根据银行的收账通知，借记"银行存款"科目，贷记"其他货币资金——外埠存款"科目。

二、银行汇票存款

银行汇票存款是指小企业为取得银行汇票按规定存入银行的款项。汇款单位(即申请人)使用银行汇票,应向出票银行填写"银行汇票申请书",填明收款人名称、汇票金额、申请人名称、申请日期等事项并签章,签章为其预留银行的签章。收款人可以将银行汇票背书转让给被背书人。银行汇票的背书转让以不超过出票金额的实际结算金额为准。

小企业在填送"银行汇票申请书"并将款项交存银行,取得银行汇票后,根据银行盖章退回的申请书存根联,借记"其他货币资金——银行汇票"科目,贷记"银行存款"科目。使用银行汇票后,根据发票账单等有关凭证,借记"材料采购""原材料""库存商品""应交税费——应交增值税(进项税额)"等科目,贷记"其他货币资金——银行汇票"科目;如有多余款或因汇票超过付款期等原因而退回款项,根据开户行转来的银行汇票第四联(多余款收账通知),借记"银行存款"科目,贷记"其他货币资金——银行汇票"科目。

【例 2-7】　甲小企业采购员王民为了到外地丁企业采购商品,到银行办理银行汇票一张,汇出款项 50 000 元。则企业会计分录为:

借:其他货币资金——银行汇票　　　　　　　　　　　　50 000
　　贷:银行存款　　　　　　　　　　　　　　　　　　　　50 000

甲小企业收到向丁企业采购商品的多余款收账通知,内列实际结算货款 46 000 元,多余 4 000 元划回。则企业会计分录为:

借:银行存款　　　　　　　　　　　　　　　　　　　　4 000
　　贷:其他货币资金——银行汇票　　　　　　　　　　　　4 000

三、银行本票存款

银行本票存款是指小企业为取得银行本票按规定存入银行的款项。申请人使用银行本票,应向银行填写"银行本票申请书"。申请人或收款人为单位的,不得申请签发现金银行本票。出票银行受理银行本票申请书,收妥款项后签发银行本票,在本票上签章后交给申请人。申请人应将银行本票交付给本票上记明的收款人。收款人可以将银行本票背书转让给被背书人。

向银行提交"银行本票申请书"并将款项交存银行,取得银行本票后,根据银行盖章退回的申请书存根联,借记"其他货币资金——银行本票"科目,贷记"银行存款"科目。使用银行本票后,根据发票账单等有关凭证,借记"材料采购""原材料""库存商品""应交税费——应交增值税(进项税额)"等科目,贷记"其他货币资金——银行本票"科目。因本票超过付款期等原因而要求退款时,应当填制进账单一式两联,连同本票一并送交银行,根据银行盖章退回的进账单第一联,借记"银行存款"科目,贷记"其他货币资金——银行本票"科目。

四、信用卡存款

凡在中国境内金融机构开立基本存款账户的单位可申领单位信用卡。单位信用卡可申领若干张,单位信用卡账户的资金一律从其基本存款账户转账存入,不得交存现金,不得将销货收入的款项存入其账户。

小企业应填制"信用卡申请表",连同支票和有关资料一并送存发卡银行,根据银行盖章退回的进账单第一联,借记"其他货币资金——信用卡"科目,贷记"银行存款"科目;小企业用信用卡购物或支付有关费用,收到开户银行转来的信用卡存款的付款凭证及所附发票账单,借记"管理费用"等科目,贷记"其他货币资金——信用卡"科目;小企业信用卡在使用过程中,需要向其账户续存资金的,借记"其他货币资金——信用卡"科目,贷记"银行存款"科目;小企业的持卡人如不需要继续使用信用卡时,应持信用卡主动到发卡银行办理销户,销卡时,单位卡科目余额转入小企业基本存款户,不得提取现金,借记"银行存款"科目,贷记"其他货币资金——信用卡"科目。

【例 2-8】　甲小企业在中国建设银行申请领用信用卡,按要求于 3 月 8 日向银行交存备用金 50 000 元。3 月 10 日使用信用卡支付 2 月份的电话费 2 000 元(未取得增值税专用发票)。甲小企业会计分录为:

存入中国建设银行开立信用卡时:

借:其他货币资金——信用卡　　　　　　　　　　　　　　　　　50 000

　　贷:银行存款　　　　　　　　　　　　　　　　　　　　　　　　50 000

支付电话费时:

借:管理费用　　　　　　　　　　　　　　　　　　　　　　　　2 000

　　贷:其他货币资金——信用卡　　　　　　　　　　　　　　　　　2 000

五、信用证保证金存款

信用证保证金存款是指小企业为取得信用证按规定存入银行的保证金。小企业填写"信用证申请书",将信用证保证金交存银行时,应根据银行盖章退回的"信用证申请书"回单,借记"其他货币资金——信用证保证金"科目,贷记"银行存款"科目。小企业接到开证行通知,根据供货单位信用证结算凭证及所附发票账单,借记"材料采购"或"原材料""库存商品""应交税费——应交增值税(进项税额)"等科目,贷记"其他货币资金——信用证保证金"科目;将未用完的信用证保证金存款余额转回开户银行时,借记"银行存款"科目,贷记"其他货币资金——信用证保证金"科目。

六、支付宝与微信

支付宝(中国)网络技术有限公司是我国使用范围最广的第三方支付平台,也是目前全球最大的移动支付厂商。支付宝公司与国内外 180 多家银行以及 VISA、MasterCard 国际组织等机构建立战略合作关系,是金融机构在电子支付领域最为信任的合作伙伴之一。

微信是腾讯公司于 2011 年 1 月推出的一个为智能终端提供服务的免费应用程序。微信支付是集成在微信客户端的支付功能。2018 年 12 月 11 日,国家税务总局深圳市税务局联合腾讯公司共建的"智税实验室"成功将区块链发票系统与微信支付平台联通,面向开通微信支付且存在发票使用需求的中小微企业上线微信支付开具区块链发票功能。2018 年 12 月 18 日起,国家税务总局、中国人民银行正式联合微信支付开展智慧税务合作推出扫码缴税费功能,纳税人可通过微信支付扫码一键交纳税费。

支付宝与微信等第三方支付,性质上属于非现金支付方式。小企业在开通这些支付(收取)功能时,均需要先绑定小企业一个银行账户,第三方收取(支付)资金也均通过该绑定的企业银行账户结算。因此,小企业收到客户支付宝或微信支付信息,应将打印的收款明细账单截图作为原始凭证进行账务处理,借记"其他货币资金——支付宝""其他货币资金——微信"科目,贷记"主营业务收入""应交税费——应交增值税(销项税额)""应收账款""其他应收款"等科目。小企业用支付宝或微信支付款项时,应将打印出来的付款明细账单截图作为原始凭证进行账务处理,借记"原材料""应交税费——应交增值税(进项税额)""管理费用"等科目,贷记"其他货币资金——支付宝"或"其他货币资金——微信"科目。收(付)款时发生的由小企业负担的支付宝或微信支付手续费计入"财务费用"科目。

【例 2-9】　甲小企业 2020 年 6 月份发生如下经济业务:

(1)8 日,零星销售甲产品 500 件给 A 公司,单价 10 元,价款 5 000 元,增值税税率 13%。甲小企业收到 A 公司支付宝转账付款通知,根据打印的收款明细账单截图,编制如下会计分录:

借:其他货币资金——支付宝　　　　　　　　　　　　5 650
　　贷:主营业务收入　　　　　　　　　　　　　　　　5 000
　　　　应交税费——应交增值税(销项税额)　　　　　　650

(2)13 日,用微信支付公司办公室固定电话费 500 元,增值税专用发票注明增值税 41.28 元,增值税税率 9%。甲小企业根据打印的付款明细账单截图,编制如下会计分录:

借:管理费用　　　　　　　　　　　　　　　　　　458.72
　　应交税费——应交增值税(进项税额)　　　　　　 41.28
　　贷:其他货币资金——微信　　　　　　　　　　　　500

(3)16 日,公司销售科李明报销差旅费,取得注明李明身份信息的公路客票 400 元(按照规定可抵扣 3% 增值税),应公司规定付出差补助 80 元,以支付宝支付。会计分录如下:

借:销售费用　　　　　　　　　　　　　　　　　　468.35
　　应交税费——应交增值税(进项税额)　　　　　　 11.65
　　贷:其他货币资金——支付宝　　　　　　　　　　　480

七、备用金

备用金是小企业拨付给非独立核算的内部部门或职工备作差旅费、零星采购、零星开支等用途的款项。备用金应指定专人负责管理,按照规定用途使用,不得转借给他人或挪作他用。小企业对于零星开支用的备用金,可实行定额备用金制度,即由指定的备用金负责人按照规定的数额领取,支用后按规定手续报销,补足原定额。

（一）备用金定额管理

备用金定额管理是指小企业按用款部门的实际需要,核定备用金定额,并按定额拨付现金的管理办法。小企业的用款部门按规定的开支范围支用备用金后,凭有关支出凭证向财会部门报销,财会部门如数付给现金,使备用金仍与定额保持一致。一般对用于费用开支的小额备用金,实行定额管理的办法;对用于销售找零用的备用金,按营业柜组核定定额,并拨给现金。各柜组可从销货款中经常保留核定的找零款,不存在支出和报销的问题。

实行定额备用金制度的小企业,备用金领用部门支用备用金后,应根据各种费用凭证编制费用明细表,定期向财会部门报销,领回所支用的备用金。对于预支的备用金,拨付时记入"备用金"(或"其他货币资金——备用金")科目的借方;核销和收回余款时记入该科目的贷方。在实行定额备用金制度的小企业,除拨付、增加或减少备用金定额时通过"备用金"(或"其他货币资金——备用金")科目核算外,日常支用报销补足定额时,都无须通过该科目而将支用数直接记入有关成本类科目、费用类科目。

【例 2-10】 某流通小企业的储运部门发生与备用金有关的经济业务如下:

核定定额备用金 50 000 元时:

借:其他货币资金——备用金——储运部门	50 000
贷:库存现金	50 000

储运部门报销运费 24 000 元(经认证的增值税专用发票所载增值税 2 160 元,适用税率为 9%),以现金补足定额时:

借:销售费用——运费	24 000
应交税费——应交增值税(进项税额)	2 160
贷:库存现金	26 160

储运部门将备用金的余额 23 840 元交回财会部门,注销定额备用金时:

借:库存现金	23 840
贷:其他货币资金——备用金——储运部门	23 840

（二）个人零星借款

没有实行定额备用金管理的小企业,对职工个人预借备作差旅费等用途的零星借款,一般按估计需用数额预先借取,支用后一次报销,多退少补。前账未清,不得继续预借。

小企业的用款个人根据实际需要向财会部门办理借款手续,凭有关支出凭证向财会部门报销时,作为减少个人借款处理,直到用完为止。如需补充借款,再另行办理借款手续。个人零星借款不需通过"其他货币资金"科目,直接通过"其他应收款"科目核算。

【例 2-11】 某生产型小企业采购员张某出差预借现金 5 000 元,会计分录如下:

借:其他应收款——张某	5 000
贷:库存现金	5 000

张某出差回企业报销差旅费 3 000 元(假设只取得普通发票),将余款 2 000 元交回财会部门时:

借:管理费用 3 000
　库存现金 2 000
　贷:其他应收款——张某 5 000

第四节　外币业务

小企业的外币业务由外币交易业务和外币财务报表折算两部分构成。

一、外币交易

外币交易是指以外币计价或者结算的交易,主要包括买入或者卖出以外币计价的商品或者劳务、借入或者借出外币资金和其他以外币计价或者结算的交易。外币,是指记账本位币以外的货币。

（一）记账本位币的确定

记账本位币是指小企业经营所处的主要经济环境中的货币。《会计法》规定,业务收支以人民币以外的货币为主的单位,可以选定其中一种货币作为记账本位币,但是编报的财务报告应当折算为人民币。通常情况下小企业选定记账本位币,应当考虑下列因素:一是该货币主要影响商品和劳务销售价格,通常以该货币进行商品和劳务销售价格的计价和结算;二是该货币主要影响商品和劳务所需人工、材料和其他费用,通常以该货币进行上述费用的计价和结算。《小企业会计准则》规定,小企业应当选择人民币作为记账本位币。业务收支以人民币以外的货币为主的小企业,可以选定其中一种货币作为记账本位币,但编报的财务报表应当折算为人民币财务报表。小企业记账本位币一经确定,不得随意变更,但小企业经营所处的主要经济环境发生重大变化除外。小企业因经营所处的主要经济环境发生重大变化,确需变更记账本位币的,应当采用变更当日的即期汇率(中国人民银行公布的当日人民币外汇牌价的中间价)将所有项目折算为变更后的记账本位币。

（二）即期汇率与平均汇率

汇率指两种货币相兑换的比率,是一种货币单位用另一种货币单位所表示的价格。根据表示方式的不同,汇率可以分为直接汇率和间接汇率,直接汇率是一定数量的其他货币单位折算为本国货币的金额,间接汇率是指一定数量的本国货币折算为其他货币的金额。通常情况下,人民币汇率是以直接汇率表示,在银行的汇率有3种表示方式:买入价、卖出价和中间价。买入价指银行买入其他货币的价格,卖出价指银行出售其他货币的价格,中间价是银行买入价与卖出价的平均价,银行的卖出价一般高于买入价,以获取其中的差价。

无论买入价还是卖出价,均是立即交付的结算价格,也就是即期汇率,即期汇率是相对于远期汇率而言的,远期汇率是小企业在未来某一日交付时的结算价格。即期汇率一般指当日中国人民银行公布的人民币汇率的中间价。小企业发生单纯的货币兑换交易或涉及货币兑换的交易时,仅用中间价不能反映货币买卖的损益,需要使用买入价或卖出价折算。

平均汇率是指某一期间的简单平均或加权平均汇率。例如,以美元兑人民币的周平均汇率为例,假定美元兑人民币每天的即期汇率为:周一6.98,周二6.99,周三7.02,周四7.01,周五6.98,周平均汇率为$(6.98+6.99+7.02+7.01+6.98)\div5=6.996$。月平均汇率的计算方法与周平均汇率的计算方法相同。月加权平均汇率需要采用当月外币交易的外币金额作为权重进行计算。

(三)外币交易的会计处理

《小企业会计准则》规定的外币交易包括:买入或者卖出以外币计价的商品或者劳务;借入或者借出外币资金;其他以外币计价或者结算的交易。

买入或者卖出以外币计价的商品或者劳务,通常情况下指小企业以外币买卖商品,或者以外币结算劳务合同。这里所说的商品,可以是有实物形态的存货、固定资产等,也可以是无实物形态的无形资产、债权或股权等。例如,小企业以人民币为记账本位币的国内甲公司向国外乙公司出口商品,以美元结算货款;小企业与银行发生货币兑换业务,都属于外币交易。

借入或者借出外币资金,指小企业向银行或非银行金融机构借入以记账本位币以外的货币表示的资金,或者银行或非银行金融机构向人民银行、其他银行或非银行金融机构借贷以记账本位币以外的货币表示的资金,以及发行以外币计价或结算的债券等。

其他以外币计价或者结算的交易,指以记账本位币以外的货币计价或结算的其他交易。例如,接受外币现金捐赠等。

外币交易的会计处理主要包括两个方面,一是在交易日对外币交易进行初始确认,将外币金额折算为记账本位币金额;二是在资产负债表日对相关项目进行折算,因汇率变动产生的差额记入当期损益。

《小企业会计准则》第七十六条规定,小企业对于发生的外币交易,应当将外币金额折算为记账本位币金额。外币交易在初始确认时,采用交易发生日的即期汇率将外币金额折算为记账本位币金额;也可以采用交易当期平均汇率折算。小企业收到投资者以外币投入的资本,应当采用交易发生日即期汇率折算,不得采用合同约定汇率和交易当期平均汇率折算。

《小企业会计准则》第七十七条规定,小企业在资产负债表日,应当按照下列规定对外币货币性项目和外币非货币性项目进行会计处理:外币货币性项目,采用资产负债表日的即期汇率折算。因资产负债表日即期汇率与初始确认时或者前一资产负债表日即期汇率不同而产生的汇兑差额,计入当期损益;以历史成本计量的外币非货币性项目,仍采用交易发生日的即期汇率折算,不改变其记账本位币金额。

货币性项目指小企业持有的货币资金和将以固定或可确定的金额收取的资产或者偿付的负债。货币性项目分为货币性资产和货币性负债。货币性资产包括库存现金、银行存款、应收账款、其他应收款等;货币性负债包括短期借款、应付账款、其他应付款、长期借款、长期应付款等。非货币性项目指货币性项目以外的项目,包括存货、长期股权投资、固定资产、无形资产等。

1. 交易日的会计处理

小企业发生外币交易的,应当在初始确认时采用交易日的即期汇率将外币金额折算为记账本位币金额。

【例2-12】　国内甲小企业的记账本位币为人民币。2020年2月1日,向国外B公司出口商品一批,货款共计12 000美元,尚未收到。当日汇率为1美元=6.94元人民币。假定不考虑增值税等相关税费。甲小企业会计分录为:

借:应收账款——B公司(美元)　　　　　　(12 000×6.94)83 280
　　贷:主营业务收入　　　　　　　　　　　　　　　　　　83 280

【例2-13】　国内乙小企业选定的记账本位币是人民币。2020年2月7日从中国银行借入8 000欧元,期限为6个月,年利率为6%,当日的即期汇率为1欧元=7.662 8元人民币。假定借入的欧元暂存银行,则会计分录如下:

借:银行存款——中国银行(欧元)　　　　　(8 000×7.662 8)61 302.4
　　贷:短期借款——中国银行(欧元)　　　　　(8 000×7.662 8)61 302.4

【例2-14】　国内甲小企业的记账本位币为人民币,属于增值税一般纳税企业。2020年2月3日,从国外购入某原材料,共计5 000美元,当日的即期汇率为1美元=6.924 9元人民币,按照规定计算应缴纳的进口关税为3 800元人民币,支付的进口增值税为7 210元人民币(已论证),货款尚未支付,进口关税及增值税已由银行存款支付。会计分录如下:

借:原材料　　　　　　　　　　　　　　　　　　38 424.5
　　应交税费——应交增值税(进项税额)　　　　　7 210
　　贷:应付账款——××单位(美元)　　　　　　(5 000×6.924 9)34 624.5
　　　　银行存款——××银行(人民币)　　　　　　　　　　　11 010

小企业收到投资者以外币投入的资本,无论是否有合同约定汇率,均不得采用合同约定汇率和平均汇率,而是采用交易日即期汇率折算,外币投入资本与相应的货币性项目的记账本位币金额相等,不产生外币资本折算差额。

【例2-15】　国内M小企业的记账本位币为人民币。2020年1月10日,与某外商签订投资合同,共投资100 000美元,分两次到账(1月10日和2月7日),假定投资合同约定汇率为1美元=6.93元人民币。1月10日收到外商投入资本50 000美元,当日汇率为1美元=6.935 1元人民币,M企业的会计分录为:

借:银行存款——××银行(美元)　　　　　　(50 000×6.935 1)346 755
　　贷:实收资本　　　　　　　　　　　　　　　　　　346 755

2月7日收到外商投入资本50 000美元,当日汇率为1美元=6.976 8元人民币,M企业的会计分录为:

借:银行存款——××银行(美元)　　　　　　(50 000×6.976 8)348 840
　　贷:实收资本　　　　　　　　　　　　　　　　　　348 840

2. 资产负债表日的会计处理

资产负债表日,小企业应当分别外币货币性项目和外币非货币性项目进行处理。

(1) 货币性项目的处理。

货币性项目是小企业持有的货币和将以固定或可确定金额的货币收取的资产或者偿付的负债。货币性项目分为货币性资产和货币性负债,货币性资产包括库存现金、银行存款、应收账款和其他应收款等;货币性负债包括短期借款、应付账款、其他应付款、长期借款、长期应付款等。

对于外币货币性项目,资产负债表日或结算日,因汇率波动而产生的汇兑差额作为财务费用处理,同时调增或调减外币货币性项目的记账本位币金额。汇兑差额指的是对同样数量的外币金额采用不同的汇率折算为记账本位币金额所产生的差额。例如,资产负债表日以不同于交易日即期汇率或前一资产负债表日即期汇率的汇率折算同一外币金额产生的差额即为汇兑差额。

因资产负债表日即期汇率与初始确认时的即期汇率(或交易当期平均汇率)或者前一资产负债表日即期汇率不同而产生的汇兑差额,计入当期损益,其中汇兑收益计入营业外收入,汇兑损失计入财务费用。

【例 2-16】 国内 A 小企业的记账本位币为人民币。2020 年 1 月 10 日,向国外 B 企业出口商品一批,货款共计 5 000 美元,货款尚未收到,当日即期汇率为 1 美元＝6.935 1 元人民币。1 月 10 日,向国外 C 供货商购入商品一批,商品已经验收入库。根据双方供货合同,货款共计 7 000 美元,货到后 10 日内 A 企业付清所有货款。同日向中国银行借入短期借款 10 000 美元,存入银行,借款期限 2 个月,利率 6%。假定 2020 年 1 月 31 日的即期汇率为 1 美元＝6.936 4 元人民币(假定不考虑增值税等相关税费)。计算结果如下:

(1) 对该笔交易产生的外币货币性项目"应收账款"采用 2020 年 1 月 31 日的即期汇率 1 美元＝6.936 4 元人民币折算为记账本位币为 34 682 元人民币(5 000×6.936 4),与其交易日折算为记账本位币的金额 34 675.5 元人民币的差额为 6.5 元人民币,应当作为汇兑收益计入营业外收入,同时调整货币性项目的原记账本位币金额。

(2) "应付账款"折算为记账本位币为 48 554.8 元人民币(7 000×6.936 4),与其交易日折算为记账本位币的金额 48 545.7 元人民币(7 000×6.935 1)的差额为 9.1 元人民币,应计入当期损益。

(3) "短期借款"折算为记账本位币为 69 364 元人民币(10 000×6.936 4),与其交易日折算为记账本位币的金额 69 351 元人民币(10 000×6.935 1)的差额为 13 元人民币,应计入当期损益。

1 月 31 日的会计分录为:

借:应收账款——B 企业(美元)	6.5	
贷:营业外收入——汇兑收益		6.5
借:财务费用——汇兑差额	9.1	
贷:应付账款——C 单位(美元)		9.1
借:财务费用——汇兑差额	13	
贷:短期借款——中国银行(美元)		13
或者:借:应收账款——B 企业(美元)	6.5	
财务费用——汇兑差额	22.1	

　　贷:应付账款——C 单位(美元)　　　　　　　　　　　　　　　　　9.1

　　　　短期借款——中国银行(美元)　　　　　　　　　　　　　　　　13

　　　　营业外收入——汇兑收益　　　　　　　　　　　　　　　　　　6.5

　　假定 2020 年 3 月 11 日收到 B 企业所欠货款 5 000 美元,当日的即期汇率为 1 美元＝6.999 8 元人民币,A 小企业实际收到的货款 5 000 美元折算为人民币应当是 34 999(5 000×6.999 8)元人民币,与当日应收账款中该笔货币资金的账面金额 34 682 元人民币的差额为 317 元人民币。当日 A 小企业应作会计分录:

　　借:银行存款——中国银行(美元)　　　　　　　　　　　　　　　34 999

　　　　贷:应收账款——B 企业(美元)　　　　　　　　　　　　　　34 682

　　　　　　营业外收入——汇兑收益　　　　　　　　　　　　　　　　317

　　3 月 28 日,A 小企业根据供货合同以自有美元存款付清 C 单位所有货款。当日的即期汇率为 1 美元＝6.998 8 元人民币。A 小企业应作会计分录:

　　借:应付账款——C 单位(美元)　　　　　　　　　　　　　　48 554.8

　　　　财务费用——汇兑差额　　　　　　　　　　　　　　　　　　436.8

　　　　贷:银行存款——中国银行(美元)　　　　　　　　　　　　48 991.6

　　(2) 非货币性项目的处理。

　　非货币性项目是小企业货币性项目以外的项目,如存货、长期股权投资、固定资产、无形资产等。根据《小企业会计准则》,对于外币非货币性项目,已在交易发生日按当日即期汇率折算,资产负债表日不应改变其原记账本位币金额,不产生汇兑差额。因为这些项目在取得时已按取得时日即期汇率折算,从而构成这些项目的历史成本,如果再按资产负债表日的即期汇率折算,就会导致这些项目价值不断变动,从而使这些项目的折旧、摊销金额不断地随之变动。这与这些项目的实际情况不符。

　　【例 2-17】　国内 A 小企业的记账本位币为人民币。2020 年 6 月 15 日,进口一台机器设备,设备价款 20 000 美元,尚未支付,当日的即期汇率为 1 美元＝6.999 5 元人民币。6 月 21 日以每吨 100 美元的价格从美国某供货商手中购入 Y 材料 10 吨,并于当日支付了相应货款(假定 A 小企业有美元存款,当日的即期汇率为 1 美元＝6.999 9 元人民币)。2020 年 6 月 30 日的即期汇率为 1 美元＝6.700 2 元人民币。假定不考虑其他相关税费,该项设备属于小企业的固定资产,在购入时已按当日即期汇率折算为人民币 139 990 元。同理 1 000 美元"原材料"在购入时已按当日即期汇率折算为人民币 6 999.9 元。由于固定资产、原材料均属于非货币性项目,因此,6 月 30 日,均不需要按当日即期汇率进行调整,但应付账款、银行存款等货币性项目在 6 月 30 日仍需要调整,具体方法见"货币性项目的处理"。

　　(四) 货币兑换的折算

　　小企业发生的外币兑换业务或涉及外币兑换的交易事项,应当以交易实际采用的汇率,即银行买入价或卖出价折算。由于汇率变动产生的折算损失计入财务费用,收益计入营业外收入。

　　【例 2-18】　A 小企业的记账本位币为人民币,2020 年 6 月 25 日以人民币向中国银行买入 1 000 美元,A 小企业以中国人民银行公布的人民币汇率中间价作为即期汇率,当日的即期汇率为 1 美元＝6.999 2 元人民币,中国银行当日美元卖出价为 1 美元＝7.000 2 元人民币。A 小企业当日应编制会计分录为:

借:银行存款——中国银行(美元)　　　　　　　　　　　6 992.2

　　财务费用——汇兑差额　　　　　　　　　　　　　　　 8

　　贷:银行存款——中国银行(人民币)　　　　　　　　 7 000.2

涉税法规链
接及提示

二、外币财务报表折算

《小企业会计准则》第七十八条规定,小企业对外币财务报表进行折算时,应当采用资产负债表日的即期汇率(中国人民银行公布的当日人民币外汇牌价的中间价)对外币资产负债表、利润表和现金流量表的所有项目进行折算。由于外币财务报表折算均采用资产负债表日的即期汇率,相当于把外币资产负债表、利润表和现金流量表的所有项目统一乘以一个系数,这样三张表中的项目均扩大了一定的倍数,也不存在差额问题。外币财务报表折算内容详见本书第十三章第四节。

练习题

一、单项选择题

1. 由指定的备用金负责人按照规定的数额领取,支用后按规定手续报销,补足原定额。这种备用金的管理方式称为(　　)。

A. 临时性备用金　　B. 一次性备用金　　C. 定额备用金　　　D. 非定额备用金

2.《小企业会计准则》中纳入其他货币资金核算内容的是(　　)。

A. 支票　　　　　　B. 商业汇票　　　　C. 委托收款　　　　D. 备用金

3. 某小企业进行现金清查时,发现现金实有数比账面余额多 100 元。经反复核查,长款原因不明。正确的处理方法是(　　)。

A. 归出纳员个人所有　　　　　　　　B. 冲减管理费用

C. 确认为其他业务收入　　　　　　　D. 确认为营业外收入

4. 小企业收到投资者以外币投入的资本,应当采用(　　)进行折算。

A. 合同约定汇率　　　　　　　　　　B. 交易当期平均汇率折算

C. 交易发生日即期汇率　　　　　　　D. 收到投资期初汇率

5. 下列各项中,不属于小企业外币货币性项目的是(　　)。

A. 应收账款　　　　B. 短期借款　　　　C. 其他应付款　　　D. 长期股权投资

6. 小企业将款项汇往外地开立采购专用账户时,应借记的会计科目是(　　)。

A. 材料采购　　　　B. 在途物资　　　　C. 预付账款　　　　D. 其他货币资金

7. 根据《现金管理暂行条例》规定,下列经济业务中,一般不应用现金支付的是(　　)。

A. 支付职工薪酬 4 000 元　　　　　　B. 支付零星办公用品购置费 900 元

C. 支付物资采购货款 9 300 元　　　　D. 支付职工差旅费 5 000 元

8. 某小企业外币业务采用发生时的市场汇率核算。该企业本月月初持有 30 000 美元,月初市场汇率为1美元＝6.3元人民币。本月10日将其中的10 000美元售给中国银行,当日中国银行美元买入价为1美元＝6.20元人民币,市场汇率为1美元＝6.24元人民币。企业售出该笔美元时应确认的汇兑收益为(　　)元。

  A. －1 000   B. －600   C. －400   D. 0

  9. 小企业日常经营活动的资金收付及其工资、奖金和现金的支取,应通过(　　)办理。

  A. 基本存款账户 B. 一般存款账户 C. 临时存款账户 D. 专项存款账户

  10. 小企业支付的银行承兑汇票手续费应计入(　　)。

  A. 管理费用   B. 财务费用   C. 营业外支出   D. 其他业务成本

二、多项选择题

  1. 下列各项支出中,可以使用现金支付的有(　　)。

  A. 个人劳动报酬

  B. 根据国家规定颁发给个人的科学技术、文化艺术、体育等各种资金

  C. 向个人收购农副产品和其他物资的价款

  D. 1 000元以上的购买设备支出

  2. 小企业可以在银行开立的银行存款账户有(　　)。

  A. 基本存款账户 B. 一般存款账户 C. 临时存款账户 D. 专项存款账户

  3. 下列各项中,属于外币交易的有(　　)。

  A. 买入以外币计价的商品和服务

  B. 卖出以外币计价的商品和服务

  C. 向国外销售以记账本位币计价和结算的商品

  D. 取得外币借款

  4. 下列未达账项中,会导致银行存款对账单余额大于银行存款日记账余额的有(　　)。

  A. 企业已开出但银行尚未兑付的支票

  B. 企业已收但尚未存入银行的转账支票

  C. 银行收到委托款项但尚未通知企业

  D. 银行划付电话费但未将通知单送达企业

  5. 下列关于小企业现金清查说法正确的有(　　)。

  A. 现金清查一般采用实地盘点法

  B. 对于现金清查结果,应编制现金盘点报告表

  C. 对于无法查明的现金短缺,经过批准后应计入营业外支出

  D. 对于超限额留存的现金应及时送存银行

  6. 按照承兑人不同,商业汇票可以分为(　　)。

  A. 商业承兑汇票 B. 带息票据 C. 银行承兑汇票 D. 不带息票据

  7. 按照结算办法规定可以背书转让的票据有(　　)。

  A. 银行汇票   B. 银行本票   C. 现金支票   D. 商业承兑汇票

  8. 下列各项中,属于外币货币性项目的有(　　)。

  A. 银行存款   B. 应收账款   C. 其他应付款   D. 长期借款

9. 下列各项中,不需要按照期末当日即期利率进行折算的有( )。

A. 资本公积　　　　B. 实收资本　　　　C. 未分配利润　　　　D. 应收账款

10. 对小企业发生的汇兑损益,下列说法中正确的有( )。

A. 企业的外币兑换业务所发生的汇兑损失,应计入当期营业外支出

B. 外币专门借款发生的汇兑损失,应计入购建固定资产期间的财务费用

C. 企业因外币交易业务所形成的应收应付款发生的汇兑损失,应计入当期财务费用

D. 企业的外币银行存款发生的汇兑收益,应计入当期营业外收入

三、判断题

1. 小企业的"银行存款日记账"与"银行对账单"应至少每月核对一次。 ( )

2. 我国会计上所说的现金仅指企业库存的人民币现金,不包括外币现金。 ( )

3. 企业现金清查中,对于无法查明原因的现金溢余,经过批准后应计入管理费用。

( )

4. 小企业现金清查应组成清查小组,并负责具体工作,清查人员清点现金时出纳人员必须在场。 ( )

5. 现金清查时不能用借条等单据来抵充现金。 ( )

6. 小企业存入其他金融机构的存款,也在"银行存款"科目内核算。 ( )

7. 小企业收到投资者以外币投入的资本,可以采用合同约定的汇率或即期汇率的近似汇率折算。 ( )

8. 一个小企业只能选择一家银行的一个营业机构开立一个基本存款账户,用于办理日常的转账结算和现金收付。 ( )

9. 银行汇票的付款期限为 1 个月,银行本票的提示付款期自出票日起最长不得超过 2 个月。 ( )

10. 小企业由于汇率变动产生的折算损失计入财务费用,收益计入营业外收入。

( )

四、业务题

1. 甲小企业 2020 年 12 月发生如下经济业务:

(1) 职工李平出差,预借差旅费 2 000 元,以支付宝支付。

(2) 向乙企业采购原材料方钢一批,收到的增值税专用发票上注明价款 10 000 元,增值税税额 1 300 元,乙企业采用银行汇票结算方式将 11 300 元款项付款。方钢已验收入库。

(3) 职工李平出差回来报销差旅费,原借款 2 000 元,实报销 1 850 元(其中,取得注明李平身份证信息的普通公路发票 700 元,增值税普通住宿发票 1 050 元),余款 150 元通过微信转账收回。

(4) 甲小企业在财产清查时发现现金短少 500 元,原因不明。后经查明主要是责任人张三的原因,经研究由张三个人赔偿 400 元。

要求:编制甲小企业上述业务的会计分录。

2. 某流通小企业的储运部门实行定额备用金制度,2020 年 12 月有关的经济业务如下:(1) 12 月 1 日,核定定额备用金 50 000 元;

(2) 12 月 15 日,储运部门报销运费 24 000 元(取得普通发票),以支付宝转账补足定额。

要求:根据上述业务编制相关会计分录。

第三章　应收及预付款项

【学习目标】

1. 了解应收股利、应收利息、预付账款以及其他应收款的核算；
2. 熟悉取得应收票据和收回到期票款的核算、应收票据贴现及转让的核算；
3. 掌握应收账款入账价值的确定、应收账款的会计处理、坏账损失的确认及账务处理。

应收及预付款项是指小企业在日常生产经营过程中发生的各项债权，包括应收票据、应收账款、应收股利、应收利息和其他应收款等，以及小企业按照合同规定预付的款项，如预付账款等。

第一节　应收票据

应收票据是指小企业因销售商品、提供劳务等而收到的商业汇票。

一、会计科目设置

在我国，除商业汇票外，大部分票据是即期票据，不需要作为应收票据核算。因此，小企业设置"应收票据"科目只核算其因销售商品（产成品或材料）、提供劳务等日常生产经营活动而收到的商业汇票（银行承兑汇票和商业承兑汇票）。"应收票据"科目借方登记小企业因销售商品、提供劳务等而收到开出、承兑的商业汇票的票面金额，贷方登记到期实际收到的商业汇票、向银行贴现未到期的商业汇票（银行无追索权情况下）和持有背书转让商业汇票的票面金额，以及到期不能收回应收票据或付款人无力支付票款的商业汇票票面金额，期末借方余额，反映小企业持有的商业汇票的票面金额。本科目可按照开出、承兑商业汇票的单位进行明细核算，并设置"应收票据备查簿"，逐笔登记商业汇票的种类、号数和出票日、票面金额、交易合同号和付款人、承兑人、背书人的姓名或单位名称、到期日、背书转让日、贴现日、贴现率和贴现净额以及收款日和收回金额、退票情况等资料。商业汇票到期结清票款或退票后,在备查簿中应予注销。

二、取得应收票据和收回到期票款的核算

小企业应在收到开出承兑的商业汇票时,按应收票据的票面价值入账。不带息应收票据的到期值等于应收票据的面值,带息票据到期值为面值加利息。

$$应收票据到期值=票据面值×(1+票面利率×票据期限)$$

如无特别指明,应收票据上注明的利率一般指年利率,按 360 天计算,每个月不分实际天数,均按 30 天计算。

票据期限有两种表示方式:一是以"天数"表示,即采用票据签发日与到期日"算头不算尾"或"算尾不算头"的方法,按照实际天数计算到期日。二是以"月数"表示。在这一方式中,票据到期日以签发日数月后的对日计算,而不论各月份实际日历天数多少。如果票据签发日为某月份的最后一天,其到期日应为若干月后的最后一天,如 1 月 31 日签发的、1 个月期限的商业汇票,到期日为 2 月 28 日或 29 日。

如一张 3 月 8 日签发、面值为 50 000 元、利率为 8%、90 天到期的商业汇票,其到期日为 6 月 6 日。其到期值为 51 000 元[50 000×(1+8%×90÷360)]。

应收票据取得的原因不同,其会计处理亦有所区别。小企业因销售商品(产成品或材料)、提供劳务等而收到的商业汇票,借记"应收票据"科目,贷记"主营业务收入""应交税费——应交增值税(销项税额)"或"应交税费——简易计税"等科目;因债务人抵偿前欠货款而取得的应收票据,借记"应收票据"科目,贷记"应收账款"科目;商业汇票到期收回款项时,应按实际收到的金额,借记"银行存款"科目,贷记"应收票据"科目;因付款人无力支付票款,或到期不能收回应收票据,应按照商业汇票的票面金额,借记"应收账款"科目,贷记"应收票据"科目。

【例 3-1】 甲小企业 2020 年 4 月 20 日销售商品一批,专用发票上注明的货款 50 000 元,增值税税额 6 500 元,收到乙企业当日开出并承兑的 3 个月不带息商业承兑汇票一张,面值 56 500 元。

会计分录为:

借:应收票据	56 500	
贷:主营业务收入		50 000
应交税费——应交增值税(销项税额)		6 500

3 个月到期,收到款项存入银行:

借:银行存款	56 500	
贷:应收票据		56 500

若到期乙企业无力支付票款,则甲小企业会计分录为:

借:应收账款	56 500	
贷:应收票据		56 500

【例 3-2】 甲小企业 2020 年 5 月 1 日向乙企业销售一批产品,货款为 10 000 元,尚

未收到,已办妥收款手续,适用增值税税率为13%。则甲企业应编制如下会计分录:

借:应收账款　　　　　　　　　　　　　　　　　　　　　11 300
　贷:主营业务收入　　　　　　　　　　　　　　　　　　　　10 000
　　　应交税费——应交增值税(销项税额)　　　　　　　　　　 1 300

5月5日,甲小企业收到乙企业寄来一张3个月期的商业承兑汇票,面值为11 300元,抵付货款。甲小企业应编制如下会计分录:

借:应收票据　　　　　　　　　　　　　　　　　　　　　　11 300
　贷:应收账款　　　　　　　　　　　　　　　　　　　　　　11 300

三、应收票据贴现

贴现,是指商业汇票的持票人,将未到期的商业汇票转让给银行或非银行金融机构,银行或非银行金融机构按票面金额扣除贴现利息后,将余额付给持票人的票据融资行为。

商业汇票的持有人办理贴现须符合《票据法》、国务院《票据管理实施办法》和中国人民银行《支付结算办法》的规定,满足下述3个方面的要求:其一,票据的签发、取得和转让,应当遵循诚实信用的原则,具有真实的交易关系和债权债务关系;其二,向银行申请办理票据贴现的商业汇票持票人必须在银行开立存款账户;其三,商业汇票的持票人向银行办理贴现必须提供与其直接前手之间的增值税发票和商品发送单据复印件。

商业汇票贴现办理流程:申请与受理→商业汇票贴现调查→贴现审查与审批→贴现办理→贴现按期收回。

票据贴现的计算:

$$贴现息=票据到期价值×贴现率×贴现天数÷360$$

$$贴现天数=贴现日至票据到期日实际天数-1$$

$$贴现所得金额=票据到期价值-贴现息$$

如果小企业贴现的票据为带息票据,贴现息要按票据到期时的本利之和计算,贴现净额应从本利之和中扣除贴现息。

【例3-3】　某小企业于4月1日将2月1日开出并承兑的面值为100 000元、5月1日到期的不带息商业承兑汇票向银行贴现(银行无追索权),贴现率为10%,则贴现息和贴现所得计算如下:

$$票据到期值=100 000(元)$$

$$贴现息=100 000×10\%×30÷360=833(元)$$

$$贴现所得金额=100 000-833=99 167(元)$$

会计分录为:

借:银行存款　　　　　　　　　　　　　　　　　　　　　99 167
　财务费用　　　　　　　　　　　　　　　　　　　　　　　833

$\qquad$　贷：应收票据　　　　　　　　　　　　　　　　　　　　　　　　　　100 000

　　【例3-4】　甲小企业 2020 年 1 月份销售 A 商品给乙企业，货已发出，甲小企业开具的增值税专用发票上注明的商品价款为 10 000 元，增值税销项税额为 1 300 元。当日收到乙企业签发的不带息商业承兑汇票一张，该票据的期限为 3 个月。A 商品销售符合《小企业会计准则》规定的收入确认条件。

　　甲小企业的相关会计分录如下：

　　（1）A 商品销售实现时

　　借：应收票据——乙企业　　　　　　　　　　　　　　　　　　　　11 300

　　　　贷：主营业务收入——A 商品　　　　　　　　　　　　　　　　　　10 000

　　　　　　应交税费——应交增值税（销项税额）　　　　　　　　　　　　　1 300

　　（2）3 个月后，应收票据到期，甲企业收回款项 11 300 元，存入银行

　　借：银行存款　　　　　　　　　　　　　　　　　　　　　　　　　11 300

　　　　贷：应收票据——乙企业　　　　　　　　　　　　　　　　　　　　11 300

　　（3）如果甲企业在该票据到期前向银行贴现，且银行拥有追索权，则甲企业应按票据面值确认短期借款，按实际收到的金额（即减去贴现息后的净额）与票据面值之间的差额确认为财务费用。假定甲小企业该票据贴现获得现金净额 11 187 元，则相关会计分录如下：

　　借：银行存款　　　　　　　　　　　　　　　　　　　　　　　　　11 187

　　　　财务费用——票据贴现　　　　　　　　　　　　　　　　　　　　　113

　　　　贷：短期借款——××银行　　　　　　　　　　　　　　　　　　11 300

四、应收票据转让

　　小企业可以将自己持有的商业汇票背书转让。背书是票据权利转移的重要方式。背书按其目的可以分为两类：一是转让背书，即以转让票据权利为目的的背书；二是非转让背书，即以设立委托收款或票据质押为目的的背书。商业汇票均可以背书转让，背书人承担保证其后手付款的责任。背书必须记载被背书人名称和背书人签章，未记载上述事项之一的，背书无效。背书时应当记载背书日期，未记载背书日期的，视为在汇票到期日前背书。背书记载"委托收款"字样，被背书人有权利代背书人行使被委托的汇票权利。但是，被背书人不得再以背书转让汇票权利。票据出票人在票据正面记载"不得转让"字样的，票据不得转让（即丧失流通性）。其直接后手再背书转让的，出票人对其直接后手的被背书人不承担保证责任，对被背书人提示付款或委托收款的票据，银行不予以受理。

　　背书人在汇票得不到承兑或付款时，应当向持票人清偿下列金额和费用：被拒绝付款的汇票金额；汇票金额自到期日或者提示付款日起至清偿日止，按照中国人民银行规定的利率计算的利息；取得有关拒绝证明和发出通知书的费用。被追索人清偿债务时，持票人应当交出汇票和有关拒绝证明，并出具所收到利息和费用的收据。被追索人依照上述规定清偿后，可以向其他汇票债务人行使再追索权，请求其他汇票债务人支付已清偿的全部金额；行使再追索权的被追索人获得清偿时，应当交出汇票和有关拒绝证明，并出具所收到利息和费用的收据。

小企业将持有的应收票据背书转让取得所需物资时,应将持有的商业汇票背书转让以取得所需物资,按照应计入取得物资成本的金额,借记"材料采购"或"原材料""库存商品"等科目,按照商业汇票的票面金额,贷记"应收票据"科目,如有差额,借记或贷记"银行存款"等科目。涉及按照税法规定可抵扣的增值税进项税额的,还应当借记"应交税费——应交增值税(进项税额)"科目。

【例 3-5】 2020 年 3 月 1 日,甲小企业收到 B 企业当日开出的商业承兑汇票 1 张,用以抵偿所欠的货款 100 000 元。该商业汇票为期限 3 个月的不带息票据。

2020 年 3 月 1 日收到商业汇票时,会计分录为:

借:应收票据——B 企业　　　　　　　　　　　　　100 000

　　贷:应收账款——B 企业　　　　　　　　　　　　　100 000

如果甲小企业于 2020 年 5 月 1 日将该票据背书转让给丁企业,换回 B 材料,经认证的增值税专用发票上列明价款 80 000 元,增值税为 10 400 元,收回差额 9 600 元存入银行。则会计分录为:

借:材料采购　　　　　　　　　　　　　　　　　　80 000

　　应交税费——应交增值税(进项税额)　　　　　　10 400

　　银行存款　　　　　　　　　　　　　　　　　　9 600

　　贷:应收票据——B 企业　　　　　　　　　　　　　100 000

第二节　应收账款

应收账款是指小企业因销售商品、产品、提供劳务与销售服务等应向购货单位或接受劳务(服务)单位收取的款项。不单独设置"预收账款"科目的小企业,预收的款项也在应收账款科目核算。

一、应收账款入账价值的确定

应收账款是因小企业销售商品或提供劳务(销售服务)等产生的债权,应当按照实际发生额记账。其入账价值包括:销售货物或提供劳务(销售服务)的价款以及代购货方垫付的包装费、运杂费等。在确认应收账款的入账价值时,应当考虑有关的折扣因素。

（一）商业折扣

商业折扣是指小企业为了促进商品销售而在商品标价上给予的价格扣除,它对应收账款的入账价值没有什么实质性的影响,小企业只需按扣除商业折扣后的净额确认应收账款。

（二）现金折扣

现金折扣是债权人为了鼓励债务人在规定的期限内付款,而向债务人提供的债务扣除。现金折扣通常发生在以赊销方式销售商品及提供劳务(销售服务)的交易中,小企业为了鼓励客户提前偿付货款,通常与债务人达成协议,债务人在不同的期限内付款可享受不同比例的折扣。现金折扣一般用符号"折扣率/付款期限"来表示。例如,"2/10, 1/20,N/30"分别表示:如果买方在 10 天内付款,销货企业将按商品售价给客户(即购货企业)2%的折扣;如果买方在 20 天内付款,企业可按售价给客户 1% 的折扣;如果小企业允许客户最长的付款期限为 30 天,但客户在 21 天至 30 天内付款,将不能享受到现金折扣。

现金折扣使销货企业应收账款的实际数额随客户的付款时间而异,《小企业会计准则》规定,应收账款入账价值的确定采用总价法。即将未扣减现金折扣前的金额(即总价)作为实际售价,据以确认应收账款的入账价值。在这种方法下,将实际发生的现金折扣视为销货企业为了鼓励客户提早付款而发生的融资费用(在现金折扣实际发生时计入财务费用)。

二、应收账款的会计处理

小企业发生应收账款时,按应收金额,借记"应收账款"科目,按实现的销售收入,贷记"主营业务收入"等科目,按专用发票上注明的增值税税额,贷记"应交税费——应交增值税(销项税额)"科目;收回应收账款时,借记"银行存款"等科目,贷记"应收账款"科目。

小企业代购货单位垫付的包装费、运杂费等,借记"应收账款"科目,贷记"银行存款"等科目;收回代垫费用时,借记"银行存款"科目,贷记"应收账款"科目。

如果小企业应收账款改用商业汇票结算,在收到承兑的商业汇票时,按票面价值,借记"应收票据"科目,贷记"应收账款"科目。

【例 3-6】　甲小企业采用委托收款结算方式向 B 公司销售商品一批,货款 50 000 元,增值税税额 6 500 元,以银行存款代垫运杂费 500 元,已发出商品并办妥了收款手续(符合收入确认条件)。应编制如下会计分录:

借:应收账款　　　　　　　　　　　　　　　　　　　　　57 000
　　贷:主营业务收入　　　　　　　　　　　　　　　　　　50 000
　　　　应交税费——应交增值税(销项税额)　　　　　　　6 500
　　　　银行存款　　　　　　　　　　　　　　　　　　　　　500

甲企业收到 B 公司交来商业汇票 1 张,面值 57 000 元,用以偿还其前欠货款。甲企业应编制如下会计分录:

借:应收票据　　　　　　　　　　　　　　　　　　　　　57 000
　　贷:应收账款　　　　　　　　　　　　　　　　　　　　57 000

甲企业接到银行收款通知,收到上述应收 B 公司款项时:

借:银行存款　　　　　　　　　　　　　　　　　　　　　57 000
　　贷:应收票据　　　　　　　　　　　　　　　　　　　　57 000

【例 3-7】　某小企业在 2020 年 5 月 1 日采用委托收款结算方式销售一批商品 100 件,增值税专用发票上注明售价 10 000 元,增值税税额 1 300 元。已发出商品并办妥了收款手续。企业为了及早收回货款而在合同中规定的现金折扣条件为:2/10,1/20, N/30。其会计分录如下:

5月1日销售实现时,应按总售价确认收入。

```
借:应收账款                                        11 300
    贷:主营业务收入                                     10 000
        应交税费——应交增值税(销项税额)                   1 300
```

若5月9日买方付清货款,则按售价11 300元(其中税款1 300元不享受折扣)的2%享受200(10 000×2%)元的现金折扣,实际付款11 100(11 300—200)元。

```
借:银行存款                                        11 100
    财务费用                                           200
    贷:应收账款                                         11 300
```

若5月18日买方付清货款,则应享受的现金折扣为100元(10 000×1%),实际付款11 200元。

```
借:银行存款                                        11 200
    财务费用                                           100
    贷:应收账款                                         11 300
```

若买方在5月底收到款项:

```
借:银行存款                                        11 300
    贷:应收账款                                         11 300
```

第三节　预付账款与其他应收款

一、预付账款

预付账款核算小企业按照合同规定预付的款项。包括:根据合同规定预付的购货款、租金、工程款等。预付款项情况不多的小企业,也可以不设置"预付账款"科目,将预付的款项直接记入"应付账款"科目借方。小企业进行在建工程预付的工程价款,也通过"预付账款"科目核算。

小企业因购货而预付的款项,借记"预付账款"科目,贷记"银行存款"等科目。收到所购物资,按照应计入购入物资成本的金额,借记"在途物资"或"原材料""库存商品"等科目,按照税法规定可抵扣的增值税进项税额,借记"应交税费——应交增值税(进项税额)"科目,按照应支付的金额,贷记"预付账款"科目。补付的款项,借记"预付账款"科目,贷记"银行存款"等科目;退回多付的款项,编制相反的会计分录。

出包工程按照合同规定预付的工程价款,借记"预付账款"科目,贷记"银行存款"等科目。按照工程进度和合同规定结算的工程价款,借记"在建工程"科目,贷记"预付账款""银行存款"等科目。

按照《小企业会计准则》规定确认预付账款实际发生的坏账损失,应当按照可收回的金额,借记"银行存款"等科目,按照其账面余额,贷记"预付账款"科目,按照其差额,借记"营业外支出"科目。"预付账款"科目期末借方余额,反映小企业预付的各种款项,并按照对方单位(或个人)进行明细核算。

【例3-8】 甲小企业向乙公司采购材料 5 000 吨,单价 10 元,所需支付的款项总额 50 000 元。按照合同规定向乙公司预付货款的 50%,验收货物后补付其余款项。甲小企业应编制如下会计分录:

预付 50%的货款时:

借:预付账款——乙公司   25 000

  贷:银行存款   25 000

收到乙公司发来的 5 000 吨材料,验收无误,经认证的增值税专用发票记载的货款为 50 000 元,增值税税额为 6 500 元。甲小企业以银行存款补付所欠款项 31 500 元。

借:原材料   50 000

  应交税费——应交增值税(进项税额)   6 500

  贷:预付账款——乙公司   56 500

借:预付账款——乙公司   31 500

  贷:银行存款   31 500

二、其他应收款

其他应收款核算小企业除应收票据、应收账款、预付账款、应收股利、应收利息以外的其他各种应收、暂付款项。主要包括:应收的各种赔款、罚款;应收出租包装物租金;应向职工收取的各种垫付款项;存出保证金,如租入包装物支付的押金;其他各种应收、暂付款项。

小企业发生其他各种应收款项时,借记"其他应收款"科目,贷记"库存现金""银行存款""固定资产清理"等科目;出口产品或商品按照税法规定应予退回的增值税款,借记"其他应收款"科目,贷记"应交税费——应交增值税(出口退税)"科目。收回各种款项时,借记"库存现金""银行存款""应付职工薪酬"等科目,贷记"其他应收款"科目。"其他应收款"科目应按其他应收款的项目分类,并按不同的债务人设置明细账,进行明细核算。该科目期末借方余额,反映小企业尚未收回的其他应收款。

按照《小企业会计准则》规定确认其他应收款实际发生的坏账损失,应当按照可收回的金额,借记"银行存款"等科目,按照其账面余额,贷记"其他应收款"科目,按照其差额,借记"营业外支出"科目。

【例3-9】 甲小企业以支付宝支付方式替副总经理垫付应由其个人负担的医疗费 3 000 元,拟从其薪酬中扣回,相关会计分录如下:

(1) 垫支时:

借:其他应收款   3 000

  贷:其他货币资金——支付宝   3 000

(2) 扣款时:

借:应付职工薪酬   3 000

  贷:其他应收款   3 000

【例3-10】 甲小企业租入包装物一批,以银行存款向出租方支付押金 8 000 元,相关会计分录如下:

（1）支付押金时

借：其他应收款——存出保证金 8 000

　　贷：银行存款 8 000

（2）租入包装物按期如数退回，甲企业收到出租方退还的押金 8 000 元，并存入银行。

借：银行存款 8 000

　　贷：其他应收款——存出保证金 8 000

小企业应当定期或者至少于每年年度终了，对其他应收款进行全面检查，对于实际发生的坏账损失，按照第四节坏账损失的相关规定处理。

第四节　坏账损失确认及处理

坏账是指小企业无法收回或收回的可能性极小的应收及预付款项。由于发生坏账而产生的损失，称为坏账损失。

一、坏账损失的确认

《财政部　国家税务总局关于企业资产损失税前扣除政策的通知》（财税〔2009〕57号）及《小企业会计准则》规定，小企业的坏账损失应在实际发生时确认，不能预计或预先提取。小企业应收及预付款项符合下列条件之一的，减除可收回的金额后确认的无法收回的应收及预付款项，作为坏账损失。

（1）债务人依法宣告破产、关闭、解散、被撤销，或者被依法注销、吊销营业执照，其清算财产不足清偿的。

（2）债务人死亡，或者依法被宣告失踪、死亡，其财产或者遗产不足清偿的。

（3）债务人逾期 3 年以上未清偿，且有确凿证据证明已无力清偿债务的。

（4）与债务人达成债务重组协议或法院批准破产重整计划后，无法追偿的。

（5）因自然灾害、战争等不可抗力导致无法收回的。

（6）国务院财政、税务主管部门规定的其他条件。

小企业的应收及预付款项出现上述所列条件之一时，要积极与债务人协商，努力收回相关款项，经过努力后如果确实无法再收回，应当将应收及预付款项账面余额减除可收回金额后的净额作为坏账损失。

涉税法规链接及提示

二、坏账损失的处理

小企业的应收及预付款项发生坏账损失应采用直接转销法，即日常核算中应收及预付款项可能发生的坏账损失不予考虑，只有在实际发生坏账损失时，才作为损失计入营业外支出，同时冲销应收及预付款项。

【例3-11】 2020 年 10 月 5 日，因债务人死亡，甲小企业将一笔金额为 12 000 元的应收账款全部确认为坏账损失。甲企业的会计分录：

借：营业外支出　　　　　　　　　　　　　　　　　　　　12 000

　　贷：应收账款　　　　　　　　　　　　　　　　　　　　　　　12 000

涉税法规链
接及提示

练 习 题

一、单项选择题

1. 在我国,小企业收到的商业汇票应以(　　)计价。

　A. 到期值的现值　　B. 票据到期值　　　　C. 票据面值　　　　　D. 票据贴现值

2. 应收账款应按(　　)记账。

　A. 估计金额　　　　　　　　　　　　　B. 实际发生的金额

　C. 双方协商的金额　　　　　　　　　　D. 计划金额

3. 应收账款的入账价值不包括(　　)。

　A. 销售货物或提供劳务(销售服务)的货款

　B. 代购货方垫付的运杂费

　C. 应收客户违约的罚款

　D. 销售货物或提供劳务(销售服务)应收的增值税

4. 应收账款是由(　　)而产生的。

　A. 现销业务　　　　B. 租赁业务　　　　C. 赊销业务　　　　D. 其他销售业务

5. 预付款项情况不多的小企业,也可以不设置"预付账款"科目,将预付的款项直接
记入(　　)科目的借方。

　A. "应收账款"　　　B. "其他应收款"　　　C. "应付账款"　　　D. "应收票据"

6. 某小企业赊销商品一批,按价目表的价格计算,货款金额 10 000 元,给购买方的商
业折扣为 5%,规定的付款条件为 2/10、N/30,适用的增值税税率为 13%。则该企业"应
收账款"科目的入账金额为(　　)元。

　A. 12 500　　　　　B. 11 300　　　　　C. 11 115　　　　　D. 11 575

7. 销货方按商品售价给予客户的现金折扣,会计上应该作为(　　)处理。

　A. 增加营业外支出　　B. 冲减销售收入　　C. 增加财务费用　　　D. 增加销售费用

8. 商业汇票到期,如果因付款人无力支付票款,票据由银行退回,收款单位应
(　　)。

　A. 转作管理费用　　B. 转作应收账款　　C. 转作营业外支出　　D. 转作营业外收入

9. 应收票据在贴现时,其贴现息应该计入(　　)。

　A. 财务费用　　　　B. 银行承兑汇票　　C. 商业承兑汇票　　　D. 应收票据

10. 3 月 15 日某小企业销售产品一批,应收账款为 100 000 元,规定对方付款条件为
2/10, 1/20, N/30,购货单位已于 3 月 22 日付款,该企业实际收到的金额为(　　)元。

　A. 90 000　　　　　B. 100 000　　　　　C. 98 000　　　　　D. 80 000

二、多项选择题

1. 小企业作为应收票据核算的票据有(　　)。

　A. 支票　　　　　　B. 银行汇票　　　　C. 商业承兑汇票　　　D. 银行承兑汇票

2. 小企业因销售商品发生的应收账款,其入账价值应当包括(　　　　)。

A. 销售商品的价款　　　　　　　　B. 增值税销项税额

C. 代购方垫付的包装费　　　　　　D. 代购方垫付的运杂费

3. 下列各项中,应通过"其他应收款"科目核算的有(　　　　)。

A. 应收的各种赔款

B. 出口产品按照税法规定应予退回的增值税款

C. 预付给供应单位货款

D. 应收股利

4. 下列各项,会引起小企业期末应收账款账面价值发生变化的有(　　　　)。

A. 收回应收账款　　　　　　　　　B. 收回已转销的坏账损失

C. 计提坏账准备　　　　　　　　　D. 结转到期不能收回的应收票据

5. 下列各项,构成应收账款入账价值的有(　　　　)。

A. 确认商品销售收入时尚未收到的增值税销项税额

B. 代购货方垫付的运杂费

C. 销售货物发生的商业折扣

D. 确认商品销售收入时尚未收到的价款

6. 小企业作为坏账损失的条件有(　　　　)。

A. 债务人依法宣告破产、关闭、解散、被撤销,或者被依法注销、吊销营业执照,其清算财产不足清偿的

B. 债务人死亡,或者依法被宣告失踪、死亡,其财产或者遗产不足清偿的

C. 债务人逾期 3 年以上未清偿,且有确凿证据证明已无力清偿债务的

D. 与债务人达成债务重组协议或法院批准破产重整计划后,无法追偿的

三、判断题

1. 小企业持商业汇票向银行等金融机构贴现,应将办理贴现的手续费计入"财务费用"科目。　　　　　　　　　　　　　　　　　　　　　　　　　　(　　　)

2. 现金折扣和商业折让,均应在实际发生时计入当期财务费用。　　　　(　　　)

3. 小企业支付的包装物押金和收取的包装物押金均应通过"其他应收款"科目核算。　　　　　　　　　　　　　　　　　　　　　　　　　　　　　　　(　　　)

4. 小企业销售一笔金额为 15 万元的货物(不含税),规定销货的现金折扣条件为 2/20,N/30,购货单位于第 15 天付款,该企业实际收到的款项金额为 14.8 万元。
　　　　　　　　　　　　　　　　　　　　　　　　　　　　　　　　(　　　)

5. 小企业为客户提供的现金折扣应在实际发生时冲减当期收入。　　　(　　　)

6. 应收款项的坏账损失应当于实际发生时计入营业外支出,同时冲减应收款项。
　　　　　　　　　　　　　　　　　　　　　　　　　　　　　　　　(　　　)

四、业务题

甲小企业为增值税一般纳税人,适用的增值税税率为 13%。2020 年 12 月发生经济业务如下:

1. 12 月 5 日,向乙企业赊销商品一批,按商品价目表标明的价格计算的金额为 20 万元(不含增值税),由于是成批销售,甲小企业给予乙企业 10% 的商业折扣。

2. 12 月 9 日,一客户破产,根据清算程序,有应收账款 8 万元不能收回,确认为坏账损失。

3. 12 月 11 日,收到乙企业的货款 10 万元,存入银行。

4. 12 月 20 日,收回上年度已确认并转销丙公司坏账损失 2 万元。

5. 12 月 21 日,收到丙公司交来商业承兑汇票一张,面值 1 万元,用以偿还其前欠货款。

6. 12 月 30 日,向丙企业销售商品一批,增值税专用发票上注明的售价为 20 万元,增值税税额为 2.6 万元。甲企业为了及早收回货款在合同中规定的现金折扣条件为 2/10,1/20,N/30。假定现金折扣不考虑增值税。

要求:逐笔编制甲企业上述业务的会计分录。(不需要编制结转成本的分录,相关可以抵扣的增值税专用发票均已获认证)

第四章　存　货

【学习目标】
....

1. 了解存货的概念及分类、原材料与产品成本核算设置的会计科目、生产成本的含义、成本核算的基础工作和一般程序、生物资产的分类;

2. 理解存货成本的构成、通过进一步加工取得以及投资者投入存货成本和提供劳务成本的确定、存货盘盈与盘亏及毁损的核算、生产费用在完工产品与在产品之间的分配、产品成本计算的品种法和分批法;

3. 掌握周转材料的核算、自行栽培及营造与繁殖或养殖的消耗性生物资产成本的确定、消耗性生物资产取得和减少的核算、存货发出的计价方法及核算、原材料取得以及通过进一步加工和投资者投入材料的核算、材料按计划成本计价的核算、生产要素费用的归结和分配、完工产品成本的结转。

第一节　存货概述

一、存货的概念与确认

（一）存货的概念

存货,是指小企业在日常生产经营过程中持有以备出售的产成品或商品、处在生产过程中的在产品、将在生产过程或提供劳务过程中耗用的材料和物料等,以及小企业(农、林、牧、渔业)为出售而持有的或在将来收获为农产品的消耗性生物资产。

（二）存货的确认

存货的确认,除应确定其性质上是否属于存货外,还应确定是否属于小企业的存货。通常以是否拥有所有权作为判断标准,凡所有权属于小企业,不论企业是否已收到或持有,均应作为本企业的存货;反之,若无所有权,即使存放于企业,也不能作为本企业的存货。例如,已经售出但客户尚未提货还在小企业的仓库中存放的产成品,因所有权已非本企业所有,则不应包括在小企业存货之内。

二、存货的分类

存货种类繁多,它们在生产经营过程中的用途不同,所起的作用也不尽一致。为了正确组织存货的核算,加强存货的管理,有必要对存货进行科学的分类。小企业存货一般有以下几种分类方法:

(一)按存货的经济用途分类

存货按其经济用途可分为以下 8 类:

(1)原材料,是指小企业在生产过程中经加工改变其形态或性质并构成产品主要实体的各种原料及主要材料、辅助材料、外购半成品(外购件)、修理用备件(备品备件)、包装材料、燃料等。

(2)在产品,是指小企业正在制造尚未完工的产品。包括:正在各个生产工序加工的产品,以及已加工完毕但尚未检验或已检验但尚未办理入库手续的产品。

(3)半成品,是指小企业经过一定生产过程并已检验合格交付半成品仓库保管,但尚未制造完工成为产成品,仍需进一步加工的中间产品。半成品与在产品的主要区别是半成品已经交付半成品仓库保管,而在产品尚未办理入库手续,此外,有的半成品可以单独对外出售或委托外单位加工。

(4)产成品,是指小企业已经完成全部生产过程并已验收入库,符合标准规格和技术条件,可以按照合同规定的条件送交订货单位,或者可以作为商品对外销售的产品。

(5)商品,是指小企业(批发业、零售业)外购或委托加工完成并已验收入库用于销售的各种商品。商品与产成品的主要区别是商品主要针对批发业和零售业商品流通小企业,产成品主要针对工业、房地产、农、林、牧、渔业等非流通企业,此外,商品一般是外购的,而产成品是自制的。

(6)周转材料,是指小企业能够多次使用、逐渐转移其价值但仍保持原有形态且不确认为固定资产的材料。包括:包装物、低值易耗品、小企业(建筑业)的钢模板、木模板、脚手架等。

(7)委托加工物资,是指小企业委托外单位加工的各种材料、商品等物资。

(8)消耗性生物资产,是指小企业(农、林、牧、渔业)生长中的大田作物、蔬菜、用材林以及存栏待售的牲畜等。

(二)按存货的存放地点分类

存货按其存放地点可分为以下 5 类。

(1)库存存货,是指已经运达小企业或加工完成并已验收入库的各种材料、商品、半成品、产成品等,包括已发运尚未向银行办妥托收手续的产品。

(2)在途存货,是指小企业购入的正在运输途中的或货已运到但尚未验收入库的各种存货。

（3）加工中存货，是指小企业自行生产加工以及委托其他单位加工改制中的各种存货，包括用自有材料加工的在制品、半成品；用订货者来料加工尚未完工的代制品；委托外单位加工的产品、材料等。

（4）生长中存货，是指农、林、牧、渔业小企业自行栽培、营造、繁殖或养殖的存货。

（5）委托代销存货，是指存放在受托单位，并委托其代为销售的存货。

（三）按存货的来源分类

存货按其来源可分为以下 5 类。

（1）外购存货，主要指小企业从外单位购入并已验收入库的材料、商品等存货。

（2）自制存货，指小企业自备材料加工完成并验收入库的材料、半成品、产成品等存货，以及自行栽培、营造、繁殖或养殖的存货。

（3）接受捐赠存货，指外单位或个人捐赠的材料、产品等存货。

（4）投资者投入存货，指投资者投入的材料、产品等存货。

（5）其他来源存货，如债务重组形成的存货、提供的劳务、销售服务等。

三、存货初始成本的计量

《小企业会计准则》规定，小企业取得的各种存货，应当按照成本进行计量。各种存货按取得时的实际成本确定入账价值。存货成本包括采购成本、加工成本和其他成本。

（一）存货采购成本的确定

（1）存货的采购成本，包括购买价款、相关税费、运输费、装卸费、保险费以及其他可归属于存货采购成本的费用。其中，存货的购买价款是指小企业购入的材料或商品的发票账单上列明的价款，但不包括按规定可以抵扣的增值税税额。存货的相关税费是指小企业购买存货发生的进口税费、消费税、资源税和不能抵扣的增值税进项税额以及相应的教育费附加等应计入存货采购成本的税费。属于增值税一般纳税人的小企业，外购存货需支付的增值税进项税额应单独核算，不包括在购入存货成本中。小规模纳税人和外购存货不能取得增值税专用发票的小企业，购入存货支付的不可抵扣的增值税进项税额，计入所购存货的成本。其他可归属于存货采购成本的费用是指采购成本中除上述各项以外的可归属于存货采购的费用，如在存货采购过程中发生的仓储费、包装费、运输途中的合理损耗，入库前的挑选整理费用等。对于不能分清负担对象的，应选择合理的分摊方法，计入各种存货的实际成本。

运输途中的合理损耗是指有些物资，在运输途中会发生一定的短缺和损耗，除合理的损耗应当计入物资的采购成本外，能确定由过失人负责的，应向责任单位或过失人索取赔偿，不计入采购成本。从供货单位、外部运输机构等收回的物资短缺或其他赔款，应冲减所购物资的采购成本。至于因意外灾害（指自然灾害，以及各种意外事故等）而发生的意外损失或尚未查明原因的途中损耗，先通过"待处理财产损溢"科目进行核算，待查明原因后进行处理。对自然灾害造成的损失，减去保险赔偿款和可以收回的残值作价后的净额，应作为营业外支出处理，不得计入进货成本。

入库前的挑选整理费用,指购入的物资需要经过挑选整理才能使用,因而在挑选整理过程中发生的工资、费用支出,以及挑选整理过程中所发生的数量损耗的价值(包括挑选整理中发生的人工支出和必要的损耗,并减去回收的下脚废料价值)。

(2) 存货的加工成本。存货的加工成本是指在存货的加工过程中发生的追加费用,包括直接人工以及按照一定方法分配的制造费用。直接人工是指小企业在生产产品和提供劳务过程中发生的直接从事产品生产和劳务提供人员的职工薪酬。制造费用是指小企业为生产产品和提供劳务而发生的各项间接费用。

(3) 存货的其他成本。存货的其他成本是指除采购成本、加工成本以外的,使存货达到目前场所和状态所发生的其他支出。如小企业为特定客户设计产品所发生的、可直接确定的设计费用应计入存货的成本。

存货实际成本的计量因其来源不同而有所不同,具体按以下原则确定:

(1) 外购存货的成本包括:购买价款、相关税费、运输费、装卸费、保险费以及在外购存货过程发生的其他直接费用,但不含按照税法规定可以抵扣的增值税进项税额。

(2) 通过进一步加工取得存货的成本包括:直接材料、直接人工以及按照一定方法分配的制造费用。经过 1 年期以上的制造才能达到预定可销售状态的存货发生的借款费用,也计入存货的成本。借款费用,是指小企业因借款而发生的利息及其他相关成本。包括借款利息、辅助费用以及因外币借款而发生的汇兑损失等。

(3) 投资者投入存货的成本,应当按照评估价值确定。

(4) 提供劳务及销售服务的成本包括:与劳务提供及销售服务直接相关的人工费、材料费和应分摊的间接费用。

(5) 自行栽培、营造、繁殖或养殖的消耗性生物资产的成本,应当按照下列规定确定:

① 自行栽培的大田作物和蔬菜的成本包括:在收获前耗用的种子、肥料、农药等材料费、人工费和应分摊的间接费用。

② 自行营造的林木类消耗性生物资产的成本包括:郁闭前发生的造林费、抚育费、营林设施费、良种试验费、调查设计费和应分摊的间接费用。

③ 自行繁殖的育肥畜的成本包括:出售前发生的饲料费、人工费和应分摊的间接费用。

④ 水产养殖的动物和植物的成本包括:在出售或入库前耗用的苗种、饲料、肥料等材料费、人工费和应分摊的间接费用。

(6) 盘盈存货的成本,应当按照同类或类似存货的市场价格或评估价值确定。

应特别说明的是,批发业、零售业小企业在购买商品过程中发生的费用(包括运输费、装卸费、包装费、保险费、运输途中的合理损耗和入库前的挑选整理费等)直接计入"销售费用"科目,不计入存货的采购成本。小企业在存货采购入库后发生的储存费用,应在发生时计入当期损益;非正常消耗的直接材料、直接人工和制造费用,应在发生时计入当期损益,不计入存货成本。

(二) 通过进一步加工取得存货成本的确定

小企业通过进一步加工取得的存货包括在产品、半成品、产成品、委托加工物资等,它们的成本由采购成本加加工成本构成。存货加工成本包括直接人工和制造费用两个部分。直接人工是小企业生产产品过程中直接从事产品生产工人的职工薪酬。制造费用是指小企业生产车间(部门)为生产产品和提供劳务而发生的各项间接费用,主要包括小企业生产车间(部门)管理人员的职工薪酬、折旧费、机物料消耗、固定资产修理费、办公费、水电费、劳动保护费、季节性和修理期间的停工损失等。

（三）投资者投入存货成本的确定

根据《公司法》规定,投资者可以用货币出资,也可以用实物、知识产权、土地使用权等可以用货币估价并可以依法转让的非货币财产作价出资,对作为出资的非货币财产应当评估作价,核实财产,不得高估或者低估作价。因此,投资者投入存货的成本,应当按照评估价值作为其成本。

（四）提供劳务与销售服务成本的确定

提供劳务与销售服务的成本由直接相关的材料费、人工费和应分摊的间接费用构成。

在确定提供劳务与销售服务的成本时,要强调直接相关原则,只有与某项劳务或服务提供直接相关的材料费和人工费才能计入劳务的成本,否则计入当期管理费用。间接费用主要包括所使用固定资产折旧费和修理费等。上述三项费用,如果是几项劳务或服务共同耗用,则应当采用科学合理一致的方法在几项劳务或服务中进行分配。分配方法一经确定,不得随意变更。

（五）自行栽培、营造、繁殖或养殖的消耗性生物资产成本的确定

自行栽培、营造、繁殖或养殖的消耗性生物资产主要指农、林、牧、渔业小企业生长中的大田作物、蔬菜、用材林以及存栏待售的牲畜等。这类存货成本的确认应把握直接相关性(自行繁殖或营造过程中发生的直接相关的直接材料、直接人工、其他直接费用和应分摊的间接费用)原则和时间性(在收获前、在郁闭前、在出售前、在入库前这些时点之前发生的支出可以计入存货成本,否则应计入当期管理费用)原则。

1. 自行栽培的大田作物和蔬菜成本的确定

自行栽培的大田作物和蔬菜成本包括在收获前耗用的种子、肥料、农药等材料费、人工费和应分摊的间接费用。其中,直接人工指农、林、牧、渔业小企业在生产过程中直接从事农业生产的工人和管理人员的职工薪酬。应分摊的间接费用主要包括应负担的农业机械的折旧费、修理费、灌溉发生的水电费等。

2. 自行营造的林木类消耗性生物资产成本的确定

自行营造的林木类消耗性生物资产的成本包括:郁闭前发生的造林费、抚育费、营林设施费、良种试验费、调查设计费和应分摊的间接费用。应分摊的间接费用主要包括应负担的林业机械的折旧费、修理费、灌溉发生的水电费、工人和管理人员的职工薪酬等。

郁闭是林木类消耗性生物资产成本确定中的一个重要界限。郁闭为林学概念,通常是指一块林地上的林木树干、树冠生长达到一定标准,林木存活率和保持率达到一定的技术规程要求。郁闭通常是指林木类消耗性生物资产的郁闭度达到 2.0 以上(含 2.0)。

郁闭度通常以单位面积上林冠覆盖林地面积与林地总面积之比。用 1.0、0.9、0.8、……、0.1 等表示。林冠覆盖林地面积可用林冠的垂直投影求得。郁闭度一般分为以下几个等级：1.0～0.9 称高度郁闭；0.8～0.7 称中度郁闭；0.6～0.5 称弱度郁闭；0.4～0.3 称极弱度郁闭；0.3 以下则为疏林。

郁闭是判断林木类消耗性生物资产相关支出资本化或者是费用化的时点。郁闭前林木类消耗性生物资产需要发生较多的造林费、抚育费、营林设施费、良种试验费、调查设计费等相关支出，这些支出应予资本化计入存货成本；郁闭后林木类消耗性生物资产基本可以比较稳定地成活，主要依靠林木本身的自然生长，一般只需要发生较少的管护费用，可以直接计入管理费用。

3. 自行繁殖的育肥畜成本的确定

自行繁殖的育肥畜的成本包括出售前发生的饲料费、人工费和应分摊的间接费用。其中人工费指农、林、牧、渔业小企业在养殖过程中直接从事养殖的工人和管理人员的职工薪酬。应分摊的间接费用主要包括应负担的固定资产（猪圈、鸡舍、牛棚、马厩等）的折旧费、修理费、水电费、卫生防疫费等。

4. 水产养殖的动物和植物成本的确定

水产养殖的动物和植物的成本包括在出售或入库前耗用的苗种、饲料、肥料等材料费、人工费和应分摊的间接费用。其中，人工费指农、林、牧、渔业小企业在养殖过程中直接从事养殖的工人和管理人员的职工薪酬。应分摊的间接费用主要包括应负担的固定资产（网箱等）的折旧费、修理费、水电费、捕捞费等。

（六）盘盈存货成本的确定

盘盈的存货，按照同类或类似存货的市场价格或评估价格作为实际成本。

市场价格指熟悉情况的买卖双方在公平交易的条件下所确定的价格，或无关联的双方在公平交易的条件下一项资产可以达成的交易价格。《小企业会计准则》规定，市场价格通常指存货接受企业所在地的不含增值税的购买价格。小企业应首先将该项存货的市场价格作为盘盈存货的成本，如果该项存货不存在市场价格，则应当选择该类存货的市场价格作为盘盈存货的成本，如果该类存货也不存在市场价格，只能选择类似存货的市场价格作为盘盈存货的成本。如果盘盈的存货不存在市场价格，应当采用评估价格确定盘盈存货的成本。也就是说市场价格优先，评估价格其次。

四、存货发出的处理

《小企业会计准则》规定，小企业应当采用先进先出法、加权平均法（含月末一次加权平均和移动平均）或者个别计价法确定发出存货的实际成本。计价方法一经选用，不得随意变更。

（一）存货发出的计价方法

1. 先进先出法
先进先出法是指以先购入的存货先发出（销售或耗用）为假设条件，按照货物购入的先后顺序确定发出存货和期末存货实际成本的方法。具体方法是:收入存货时,逐笔登记收入存货的数量、单价和金额,发出存货时,按照先进先出的原则逐笔登记存货的发出成本和结存金额。

【例4-1】 某小企业2021年3月1日结存甲种材料300千克,每千克实际成本为10元;3月5日和3月15日分别购入该材料900千克和600千克,每千克实际成本分别为11元和12元;3月10日和3月25日分别发出该材料1 050千克和600千克,按先进先出法计价核算时,发出和结存材料的成本如表4-1所示。

表 4-1 甲材料明细账

单位:元

2021年		凭证号数	摘要	收入			发出			结存		
月	日			数量	单价	金额	数量	单价	金额	数量	单价	金额
3	1	略	期初结存							300	10	3 000
	5		购入	900	11	9 900				300 900	10 11	3 000 9 900
	10		发出				300 750	10 11	3 000 8 250	150	11	1 650
	15		购入	600	12	7 200				150 600	11 12	1 650 7 200
	25		发出				150 450	11 12	1 650 5 400	150	12	1 800
	31		合计	1 500		17 100	1 650		18 300	150	12	1 800

先进先出法可以随时结转存货发出成本,但较烦琐;如果存货收发业务较多且存货单价不稳定时,其工作量较大。在物价持续上升时,期末存货成本接近于市价,而发出成本偏低,利润偏高。

2. 月末一次加权平均法

月末一次加权平均法是指以本月全部进货数量加上月初存货数量作为权数,去除本月全部进货成本加上月初存货成本,计算出存货的加权平均单位成本,以此为基础计算本月发出存货的成本和期末存货的成本的一种方法。计算公式如下:

存货单位成本＝[月初库存存货的实际成本＋∑(本月各批进货的实际单位成本×本月各批进货的数量)]÷(月初库存存货数量＋本月各批存货进货数量之和)

本月发出存货成本＝本月发出存货的数量×存货单位成本

本月月末库存存货成本＝月末库存存货的数量×存货单位成本

或本月月末库存存货成本＝月初库存存货的实际成本＋本月收入存货的实际成本－本月发出存货的实际成本

【例4-2】 沿用【例4-1】资料,按加权平均法计价核算时,发出和结存材料的成本如

表4-2所示。

表4-2　甲材料明细账　　　　　　　　　　　　　　　　单位:元

2021年		凭证号数	摘要	收入			发出			结存		
月	日			数量	单价	金额	数量	单价	金额	数量	单价	金额
3	1	略	期初结存							300	10	3 000
	5		购入	900	11	9 900						
	10		发出				1 050					
	15		购入	600	12	7 200						
	25		发出				600					
	31		合计	1 500		17 100	1 650	11.17	18 430.5	150	11.13	1 669.5

加权平均单价＝(3 000＋17 100)÷(300＋1 500)＝11.17(元)

本期发出存货实际成本＝1 650×11.17＝18 430.50(元)

期末结存存货实际成本＝3 000＋17 100－18 430.50＝1 669.50(元)

加权平均法与上述两种方法相比,较为简便,有利于简化成本计算工作,但由于平时无法从账上提供发出和结存存货的单价及金额,因此不利于存货成本的日常管理与控制。

3. 移动平均法

移动平均法也称移动加权平均法,它是指在每次进货以后,立即为存货计算出新的平均单位成本,作为下次发货计价基础的一种方法。

存货单位成本＝(原有库存存货的实际成本＋本次进货的实际成本)
÷(原有库存存货数量＋本次进货数量)

本次发出存货的成本＝本次发出存货数量×本次发货前存货的单位成本

本月月末库存存货成本＝月末库存存货的数量×本月月末存货单位成本

【例4-3】　沿用【例4-1】资料,按移动平均法计价核算时,发出和结存材料的成本如表4-3所示。

表4-3　甲材料明细账　　　　　　　　　　　　　　　　单位:元

2021年		凭证号数	摘要	收入			发出			结存		
月	日			数量	单价	金额	数量	单价	金额	数量	单价	金额
3	1	略	期初结存							300	10	3 000
	5		购入	900	11	9 900				1 200	10.75	12 900
	10		发出				1 050	10.75	11 287.5	150	10.75	1 612.5
	15		购入	600	12	7 200				750	11.75	8 812.5
	25		发出				600	11.75	7 050	150	11.75	1 762.5
	31		合计	1 500		17 100	1 650		18 337.5	150	11.50	1 762.5

采用移动平均法能够使小企业管理者及时了解存货的结存情况,计算的平均单位成本以及发出和结存的存货成本比较客观。但由于每次收货都要计算一次平均单价,计算工作量较大,对收发货较频繁的小企业不适用。

4. 个别计价法

个别计价法是指每次发出存货的实际成本按其购入时的实际成本分别计价的方法。个别计价法的成本计算准确,符合实际情况,但在存货收发频繁情况下,其发出成本分辨的工作量较大。《小企业会计准则》规定,对于不能替代使用的存货、为特定项目专门购入的存货、为特定项目制造的存货以及提供的劳务这四种存货,只能采用个别计价法确定发出存货的成本。随着信息技术的普及,越来越多的小企业采用计算机信息系统进行会计处理,个别计价法的使用会更加广泛。

小企业应根据各类存货的实物流转方式、企业管理的要求、存货的性质等实际情况,合理选择发出存货成本的计算方法,合理确定发出存货成本。

在实际工作中,很多小企业先按计划成本对存货的收发及结存进行核算,并及时计算存货实际成本与计划成本的差异。月份终了,再按照一定比例将上述差异分配到发出存货的成本中,将已发出存货的计划成本调整为实际成本。

涉税法规链接及提示

(二)存货发出的会计处理

小企业存货发出时,对于性质和用途相似的存货,应当采用相同的成本计算方法确定发出存货的成本,不得采用不同的方法。如果存货的性质和用途方式变化,允许小企业改变存货成本计价方法。对于周转材料,采用一次转销法进行会计处理,在领用时按其成本计入生产成本或当期损益;金额较大("金额较大"的标准由小企业根据实际情况自行确定,但是一经确定,在同一会计年度的各月和前后各年度不得随意变更)的周转材料,也可以采用分次摊销法进行会计处理。出租或出借周转材料,不需要结转其成本,但应当进行备查登记。对于已售存货,应当将其成本结转为营业成本。

第二节　原材料

原材料是指小企业直接用于产品生产并构成产品实体的原料及主要材料、辅助材料、外购半成品(外购件)、修理用备件(备品备件)、燃料、包装材料等。

原材料的日常收发及结存,可以按照实际成本计价核算,也可以按照计划成本计价核算。材料采用实际成本计价核算时,由于材料的收发结存均以实际成本计价,反映不出材料成本是节约还是超支,从而不能反映和考核物资采购业务的经营成果。因此,这种方法适用于材料收发业务较少的小企业。对于材料收发业务较多且计划成本资料较为健全、准确的小企业,可以采用计划成本进行材料收发结存的核算。

一、设置的会计科目

（一）"在途物资"科目

"在途物资"科目核算小企业采用实际成本进行材料、商品等物资的日常核算、尚未到达或尚未验收入库的各种物资的实际采购成本。批发业、零售业小企业在购买商品过程中发生的费用(包括运输费、装卸费、包装费、保险费、运输途中的合理损耗和入库前的挑选整理费等)，在"销售费用"科目核算，不在本科目核算。"在途物资"科目借方核算小企业外购材料、商品等物资的实际成本，贷方登记验收入库材料、商品的实际成本。"在途物资"科目期末借方余额，反映小企业已经收到发票账单、但材料或商品尚未到达或尚未验收入库的在途材料、商品等物资的采购成本。"在途物资"科目应按照供应单位和物资品种进行明细核算。

（二）"材料采购"科目

"材料采购"科目核算小企业采用计划成本进行材料日常核算、购入材料的采购成本。"材料采购"科目借方核算小企业外购材料实际成本，贷方登记收回材料计划成本和向供应单位、运输机构等收回的材料短缺或其他应冲减材料采购成本。期末将实际成本大于计划成本的差异(超支差异)，转入"材料成本差异"科目借方；实际成本小于计划成本的差异(节约差异)转入"材料成本差异"科目贷方。"材料采购"科目期末借方余额，反映小企业已经收到发票账单、但材料尚未到达或尚未验收入库的在途材料的采购成本。"材料采购"科目应按照供应单位和材料品种进行明细核算。

（三）"原材料"科目

"原材料"科目核算小企业库存的各种材料。包括原料及主要材料、辅助材料、外购半成品(外购件)、修理用备件(备品备件)、包装材料、燃料等的实际成本或计划成本。购入的工程用材料，在"工程物资"科目核算，不在本科目核算。"原材料"科目借方核算小企业购入、自制、投资者投入等各种情况增加并已验收入库材料的实际成本(按计划成本核算时为计划成本)，贷方核算生产经营领用、出售、发给外单位加工等各种情况发出各种材料的实际成本，"原材料"科目期末借方余额，反映小企业库存材料的实际成本或计划成本。"原材料"科目应按照材料的保管地点(仓库)、材料的类别、品种和规格等进行明细核算。

（四）"材料成本差异"科目

"材料成本差异"科目核算小企业采用计划成本进行日常核算的材料计划成本与实际成本的差额。小企业也可以在"原材料""周转材料"等科目设置"成本差异"明细科目，不设置"材料成本差异"总账科目。"材料成本差异"科目借方核算小企业验收入库材料发生的实际成本大于计划成本的超支差异，以及结转发出材料应负担的实际成本小于计划成本的节约差异；贷方核算小企业验收入库材料发生的实际成本小于计划成本的节约差异,以及结转发出材料应负担的实际成本大于计划成本的超支差异。"材料成本差异"科目期末借方余额,反映小企业库存材料等的实际成本大于计划成本的超支差异;贷方余额反映小企业库存材料等的实际成本小于计划成本的节约差异。"材料成本差异"科目可以分别对应"原材料""周转材料"等科目,按照类别或品种进行明细核算。

（五）"委托加工物资"科目

"委托加工物资"科目核算小企业委托外单位加工的各种材料、商品等物资的实际成本。"委托加工物资"科目借方核算小企业发给外单位加工物资的实际成本,贷方核算加工完成验收入库的物资和剩余物资的实际成本,期末借方余额,反映小企业委托外单位加工尚未完成物资的实际成本。"委托加工物资"科目应按照加工合同、受托加工单位以及加工物资的品种等进行明细核算。

（六）"周转材料"科目

"周转材料"科目核算小企业库存的周转材料的实际成本或计划成本。包括包装物、低值易耗品,以及小企业(建筑业)的钢模板、木模板、脚手架等。各种包装材料,如纸、绳、铁丝、铁皮等,应在"原材料"科目内核算;用于储存和保管产品、材料而不对外出售的包装物,应按照价值大小和使用年限长短,分别在"固定资产"科目或本科目核算。小企业的包装物、低值易耗品,也可以单独设置"1412 包装物""1413 低值易耗品"科目。包装物数量不多的小企业,也可以不设置本科目,将包装物并入"原材料"科目核算。"周转材料"科目借方核算小企业购入、自制、清查盘盈、委托外单位加工完成并验收入库周转材料的实际成本或计划成本,贷方核算小企业生产、施工领用、随同产品出售领用等发出周转材料的实际成本,"周转材料"科目的期末余额,反映小企业在库、出租、出借周转材料的实际成本或计划成本以及在用周转材料的摊余价值。"周转材料"科目应按照周转材料的种类,分别使用"在库""在用"和"摊销"进行明细核算。

二、原材料按实际成本计价的核算

（一）外购材料

小企业外购的原材料,按买价加运输费、装卸费、保险费、包装费、仓储费等费用、运输途中的合理损耗、入库前的挑选整理费用和按规定应计入成本的税金以及其他费用,作为实际成本。

小企业购入并已验收入库的材料,按实际成本,借记"原材料"科目,按已认证专用发票上注明的增值税税额,借记"应交税费——应交增值税(进项税额)"科目,贷记"银行存款""应付账款"等科目。原已记入"在途物资"科目的材料或商品,在验收入库时,借记"原材料"科目,贷记"在途物资"科目。

由于支付方式不同,原材料入库的时间与付款的时间可能一致,也可能不一致,在会计处理上也有所不同。

一般纳税人购进货物,按应计入相关成本的金额,借记"在途物资""原材料""库存商品"等科目,按当月已认证的可抵扣增值税税额,借记"应交税费——应交增值税(进项税额)"科目,按当月未认证的可抵扣增值税税额,借记"应交税费——待认证进项税额"科目,按应付或实际支付的金额,贷记"应付账款""应付票据""银行存款"等科目。发生退货的,如原增值税专用发票已做认证,应根据税务机关开具的红字增值税专用发票做相反的会计分录;如原增值税专用发票未做认证,应将发票退回并做相反的会计分录。

一般纳税人购进货物用于简易计税方法计税项目、免征增值税项目、集体福利或个人消费等,其进项税额按照现行增值税制度规定不得从销项税额中抵扣的,取得增值税专用发票时,应借记相关成本费用或资产科目,借记"应交税费——待认证进项税额"科目,贷记"银行存款""应付账款"等科目,经税务机关认证后,应借记相关成本费用或资产科目,贷记"应交税费——应交增值税(进项税额转出)"科目。

货物等已验收入库但尚未取得增值税扣税凭证的账务处理。一般纳税人购进的货物等已到达并验收入库,但尚未收到增值税扣税凭证并未付款的,应在月末按货物清单或相关合同协议上的价格暂估入账,不需要将增值税的进项税额暂估入账。下月初,用红字冲销原暂估入账金额,待取得相关增值税扣税凭证并经认证后,按应计入相关成本的金额,借记"原材料""库存商品"等科目,按可抵扣的增值税额,借记"应交税费——应交增值税(进项税额)"科目,按应付金额,贷记"应付账款"等科目。

小规模纳税人购买物资取得增值税专用发票上注明的增值税应计入相关成本,不通过"应交税费——应交增值税"科目核算。

(1) 材料已验收入库,货款同时支付或开出商业汇票。

【例 4-4】 2020 年 12 月 5 日,甲小企业购入 A 材料一批,经认证的增值税专用发票上记载的货款为 10 000 元,可抵扣的增值税税额 1 300 元,为对方代垫包装费 100 元(未取得增值税专用发票),全部款项已用银行汇票支付,材料已验收入库。相关会计分录如下:

借:原材料——A 材料	10 100
应交税费——应交增值税(进项税额)	1 300
贷:其他货币资金——银行汇票	11 400

(2) 货款已经支付或已开出商业汇票,材料尚未到达或尚未验收入库。

【例 4-5】 2020 年 11 月 10 日,甲小企业采用银行本票结算方式购入 B 材料一批,发票及账单已收到,增值税专用发票上记载的货款为 20 000 元,增值税税额 2 600 元,增值税专用发票未认证。支付保险费 900 元(未取得增值税专用发票),材料尚未到达。

借:在途物资	20 900
应交税费——待认证进项税额	2 600
贷:其他货币资金——银行本票	23 500

12 月 19 日上述购入的 B 材料已收到,并验收入库,增值税专用发票已认证。

借:原材料	20 900
贷:在途物资	20 900

同时做如下处理:

借:应交税费——应交增值税(进项税额) 2 600
　　贷:应交税费——待认证进项税额 2 600

(3) 材料已经验收入库,货款尚未支付。

【例4-6】 2020年12月15日,甲小企业采用委托收款结算方式购入A材料一批,经认证的增值税专用发票上记载的货款为30 000元,增值税税额3 900元,对方代垫包装费1 000元(未取得增值税专用发票),银行转来的结算凭证已到,款项尚未支付,材料已验收入库。

借:原材料——A材料 31 000
　　应交税费——应交增值税(进项税额) 3 900
　　贷:应付账款 34 900

(4) 货款已经预付,材料尚未验收入库。

【例4-7】 2020年6月15日,甲小企业与乙公司签订购销合同规定,甲企业为购买B材料通过汇兑方式向该公司预付30 000元购货款。6月20日收到乙公司发运来的B材料,经认证的增值税专用发票上记载的货款为4 0000元,增值税税额5 200元,对方代垫包装费1 000元(未取得增值税专用发票)。B材料已验收入库,所欠款项以银行存款付讫。

① 6月15日预付购货款时:

借:预付账款——乙公司 30 000
　　贷:银行存款 30 000

② 6月20日材料入库时:

借:原材料——B材料 41 000
　　应交税费——应交增值税(进项税额) 5 200
　　贷:预付账款——乙公司 46 200

③ 补付货款时:

借:预付账款——乙公司 16 200
　　贷:银行存款 16 200

【例4-8】 甲小企业发生如下购入C材料的业务,因该材料是占比较大的主要材料,甲企业对此材料采用实际成本核算。

① 购入C材料100吨,增值税发票上列明C材料每吨2 000元,税率13%。另以存款支付了5 000元的运费(增值税专用发票列明的抵扣金额为412.8元,税率9%),发票账单已到,当即到银行办理银行汇票支付货款。增值税专用发票已认证。

借:在途物资 204 587.2
　　应交税费——应交增值税(进项税额) 26 412.8
　　贷:银行存款 231 000

② 几天后,甲企业购入的C材料100吨已运到,验收时发现短少0.1吨,经查系自然损耗。

借:原材料——C材料 204 587.2
　　贷:在途物资 204 587.2

③ 甲企业购入10吨的C材料已入库,单价每吨1 980元,税率13%。款项当即以银行承兑汇票抵付,增值税专用发票已论证。

涉税法规链接及提示

借:原材料——C 材料	19 800
应交税费——应交增值税(进项税额)	2 574
贷:应付票据	22 374

④ 甲小企业于月末又收到另外购入的 C 材料 50 吨,验收入库,发票账单还未到达。月末暂按每吨 2 000 元估价入账:

| 借:原材料 | 100 000 |
| 　　贷:应付账款——暂估应付账款 | 100 000 |

下月初用红字作相同的会计分录予以冲回,待发票账单到达后按常规业务处理:

| 借:原材料 | 100 000 |
| 　　贷:应付账款——暂估应付账款 | 100 000 |

涉税法规链
接及提示

(二) 通过进一步加工取得的材料

小企业通过进一步加工取得的材料主要包括委托加工物资等。委托加工物资应按实际耗用的材料或者半成品以及加工费、运输费、装卸费和保险费等费用和按规定应计入成本的税金(包括委托加工材料所应负担的增值税和消费税),作为实际成本。

凡属加工材料用于应交增值税项目并取得了增值税专用发票的一般纳税人,其加工材料所应负担的增值税可作为进项税额,不计入加工材料成本;凡属加工材料用于非应纳增值税项目或免征增值税项目,以及未取得增值税专用发票的一般纳税人和小规模纳税人的加工材料,应将这部分增值税计入加工材料成本。

发给外单位加工的物资,按实际成本,借记"委托加工物资"科目,贷记"原材料""库存商品"等科目。按售价核算库存商品的,还应同时结转商品进销差价。

小企业支付的加工费用,应负担的运杂费等,按经认证的增值税专用发票借记"委托加工物资"科目,"应交税费——应交增值税(进项税额)"等科目,贷记"银行存款"等科目。

需要交纳消费税的委托加工物资,其由受托方代收代交的消费税,应分别按以下情况处理:

(1) 凡属加工材料收回后直接用于销售的,应将受托方代收代交的消费税计入委托加工物资的成本,借记"委托加工物资"科目,贷记"应付账款""银行存款"等科目。

(2) 如果收回后用于连续生产的,应将所负担的消费税先计入"应交税费——应交消费税"科目的借方,按规定用以抵扣加工的消费品销售后所负担的消费税。即借记"应交税费——应交消费税"科目,贷记"应付账款""银行存款"等科目。

加工完成验收入库的材料、物资,按收回物资的实际成本和剩余物资的实际成本,借记"原材料""周转材料""库存商品"等科目,贷记"委托加工物资"科目。

【例 4-9】　甲小企业将 C 材料委托 M 企业加工成 B 周转材料,拨出 C 材料 50 吨,实际单位成本为 58 元。加工过程中支付运杂费 200 元,加工费 700 元,消费税税率为 10%,货物增值税税率为 13%,运费增值税税率 9%。加工费及税金已用存款支付,增值税专用发票均已认证。加工完成后收回 B 周转材料 40 吨,验收入库,用于继续再生产。相关会计分录如下:

① 发出材料

借：委托加工物资　　　　　　　　　　　　　　　2 900

　　贷：原材料——C 材料　　　　　　　　　　　　　　　　2 900

② 支付加工费及相关税金

消费税的组成计税价格＝(2 900＋700)÷(1－10％)＝4 000(元)

受托方代扣代交的消费税＝4 000×10％＝400(元)

应纳的增值税＝700×13％＝91(元)

借：委托加工物资　　　　　　　　　　　　　　　700

　　应交税费——应交增值税(进项税额)　　　　　　91

　　　　　　　——应交消费税　　　　　　　　　　400

　　贷：银行存款　　　　　　　　　　　　　　　　　　1 191

③ 支付运费

借：委托加工物资　　　　　　　　　　　　　　　200

　　应交税费——应交增值税(进项税额)　　　　　　18

　　贷：银行存款　　　　　　　　　　　　　　　　　　218

④ 收回 B 材料

借：周转材料——B 材料　　　　　　　　　　　　3 800

　　贷：委托加工物资　　　　　　　　　　　　　　　　3 800

委托加工的应税消费品,用于连续生产的,所纳的消费税计入应交税费,准予抵扣;若上例委托加工的应税消费品直接出售的,所纳的消费税计入委托加工物资成本。

① 支付加工费及相关税金：

借：委托加工物资　　　　　　　　　　　　　　　1 100

　　应交税费——应交增值税(进项税额)　　　　　　91

　　贷：银行存款　　　　　　　　　　　　　　　　　　1 191

② 支付运费：

借：委托加工物资　　　　　　　　　　　　　　　200

　　应交税费——应交增值税(进项税额)　　　　　　18

　　贷：银行存款　　　　　　　　　　　　　　　　　　218

③ 收回 B 周转材料：

借：周转材料——B 材料　　　　　　　　　　　　4 200

　　贷：委托加工物资　　　　　　　　　　　　　　　　4 200

（三）投资者投入的材料

投资者投入的材料,应当按照评估价值作为其成本,借记"原材料""周转材料"等科目,按经认证的专用发票上注明可以抵扣的增值税税额,借记"应交税费——应交增值税(进项税额)"科目,按两者之和,贷记"实收资本"等科目。

【例 4-10】　甲小企业接受 F 企业投入的 A 材料 500 吨,经认证的增值税专用发票上列明税金为 19 500 元,中介机构评估确认的价值为 150 000 元。

涉税法规链
接及提示

借:原材料——A 材料　　　　　　　　　　　　　　　　　　150 000
　　应交税费——应交增值税(进项税额)　　　　　　　　　　19 500
　　贷:实收资本　　　　　　　　　　　　　　　　　　　　　　　　169 500

三、原材料按计划成本计价的核算

计划成本核算方法一般适用于存货品种繁多、收发频繁的小企业,基本步骤如下。

(1) 小企业应先制定各种材料的计划成本目录。规定材料的分类、名称、规格、编号、计量单位和计划单位成本。计划单位成本在年度内一般不做调整。

(2) 平时收到材料时,应按计划单位成本计算出收入材料的计划成本填入收料单内,并将实际成本与计划成本的差额,作为"材料成本差异"分类登记。

(3) 平时领用、发出的材料,都按计划成本计算,月份终了再将本月发出材料应负担的成本差异进行分摊,随同本月发出材料的计划成本记入有关账户,将发出材料的计划成本调整为实际成本。实际成本大于计划成本的差异,借记有关科目,贷记"材料成本差异"科目,实际成本小于计划成本的差异,做相反的会计分录。发出材料应负担的成本差异,必须按月分摊,不得在季末或年末一次计算。

发出材料应负担的成本差异,除委托外部加工发出材料可按上月的差异率计算外,都应使用当月的实际差异率;如果上月的成本差异率与本月成本差异率相差不大的,也可按上月的成本差异率计算。计算方法一经确定,不得任意变动。材料成本差异率的计算公式如下:

本月材料成本差异率=(月初结存材料成本差异额+本月收入材料成本差异额)
　　　　　　　　÷(月初结存材料计划成本+本月收入材料计划成本)×100%

上月材料成本差异率=月初结存材料成本差异额÷月初结存材料计划成本×100%

本月发出材料应分摊的成本差异额=本月发出材料的计划成本×本月材料成本差异率

四、材料发出的核算

月末,小企业根据领料单等编制"发料凭证汇总表"结转发出材料的实际成本,小企业生产经营过程中领用材料,应当根据所发出材料的用途,按实际成本,借记"生产成本""制造费用""销售费用""管理费用"等科目,贷记"原材料"科目。

小企业材料发出时,对于性质和用途相似的材料,应当采用相同的成本计算方法确定发出材料的成本,不得采用不同的方法。对于不能替代使用的材料、为特定项目专门购入的材料,采用个别计价法确定其成本。对于周转材料,采用一次转销法进行会计处理,在领用时按其成本计入生产成本或当期损益;金额较大的周转材料,也可以采用分次摊销法进行会计处理。出租或出借周转材料,不需要结转其成本,但应当进行备查登记。对于已售材料,应当将其成本结转为营业成本。

【例 4-11】　某小企业为增值税一般纳税人,该企业采用计划成本进行材料的核算,2020 年 8 月发生的经济业务如下:

① 月初，原材料账面计划成本为 30 000 元，材料成本差异的借方余额 1 500 元。

② 7 日，购入原材料一批，取得的增值税专用发票上注明的材料价款 130 000 元，增值税税额为 16 900 元。外地运费为 9 000 元，增值税税额为 810 元。有关款项已通过银行存款支付，增值税专用发票已认证。

③ 上述材料的计划成本为 138 000 元，材料已验收入库。

④ 20 日，购入材料一批，材料已运到，并验收入库，但发票等结算凭证尚未收到，货款尚未支付。该批材料的计划成本为 56 000 元。

⑤ 本月领用材料的计划成本为 37 000 元，其中，生产领用 25 000 元，车间管理部门领用 4 000 元，厂部管理部门领用 8 000 元。

该企业 8 月份会计分录如下。

① 7 日购进材料时：

借：材料采购 139 000

　　应交税费——应交增值税（进项税额） 17 710

　　贷：银行存款 156 710

② 材料验收入库时：

借：原材料 138 000

　　材料成本差异 1 000

　　贷：材料采购 139 000

③ 20 日暂不账务分录，月末按计划成本暂估入账：

借：原材料 56 000

　　贷：应付账款——暂估应付款 56 000

④ 本月领用材料时：

借：生产成本 25 000

　　制造费用 4 000

　　管理费用 8 000

　　贷：原材料 37 000

⑤ 材料成本差异率＝(1 500＋1 000)÷(30 000＋138 000)＝1.49%

领用材料应分摊的材料成本差异：

生产成本分摊：25 000×1.49%＝372.50(元)

制造费用分摊：4 000×1.49%＝59.60(元)

管理费用分摊：8 000×1.49%＝119.20(元)

借：生产成本 372.50

　　制造费用 59.60

　　管理费用 119.20

　　贷：材料成本差异 551.30

【例 4-12】 2020 年 6 月甲小企业根据"发料凭证汇总表"的记录，相关车间、部门领用材料为：基本生产车间领用 20 000 元，辅助生产车间领用 6 000 元，车间管理部门领用 2 500 元，企业行政管理部门领用 5 000 元。企业相关会计分录如下：

借：生产成本——基本生产成本　　　　　　　　　　　　　　20 000

　　　　　　　——辅助生产成本　　　　　　　　　　　　　　6 000

　　制造费用　　　　　　　　　　　　　　　　　　　　　　2 500

　　管理费用　　　　　　　　　　　　　　　　　　　　　　5 000

　　贷：原材料　　　　　　　　　　　　　　　　　　　　　　　33 500

　　小企业出售材料,按已收或应收的价款,借记"银行存款""应收账款"等科目,按实现的销售收入,贷记"其他业务收入"等科目,按专用发票上注明的增值税税额,贷记"应交税费——应交增值税(销项税额)"科目。月度终了,按出售材料的实际成本,借记"其他业务成本"科目,贷记"原材料"科目。

　　【例4-13】　某小企业销售一批多余不用材料,实际成本3 000元,售价5 000元,增值税专用发票注明的增值税税额为850元,价款收存银行。企业相关会计分录如下：

　　借：银行存款　　　　　　　　　　　　　　　　　　　　5 850

　　　贷：其他业务收入　　　　　　　　　　　　　　　　　　5 000

　　　　应交税费——应交增值税(销项税额)　　　　　　　　850

　　同时结转成本：

　　借：其他业务成本　　　　　　　　　　　　　　　　　　3 000

　　　贷：原材料　　　　　　　　　　　　　　　　　　　　　3 000

第三节　生产成本与库存商品

一、生产成本的含义

　　成本有广义和狭义之分。广义的成本泛指取得资产的代价。取得固定资产的代价就是固定资产的成本,购买材料的代价就是材料成本,生产产品所花费的代价,就是产品成本,如此等等。

　　狭义的成本,仅指产品制造成本。产品制造成本即产品生产成本,是为生产某一种产品而发生的费用,它与一定种类和数量的产品相联系,由直接材料、直接人工、其他直接费用和制造费用几个部分组成。

　　(1) 直接材料,指小企业在生产产品和提供劳务过程中所消耗的,直接用于产品生产,构成产品实体的原料及主要材料、外购半成品(外购件)、修理用备件(备品配件)、包装材料、有助于产品形成的辅助材料以及其他直接材料。

　　(2) 直接人工,指小企业在生产产品和提供劳务过程中,直接从事产品生产工人的职工薪酬。

　　(3) 其他直接费用。指小企业发生的除直接材料费用和直接人工费用以外的,与生产商品或提供劳务有直接关系的费用。直接费用应当根据实际发生数进行核算,并按照成本计算对象进行归集,直接计入产品的生产成本。

　　(4) 制造费用,指小企业为生产产品和提供劳务而发生的各项间接费用,包括职工薪酬、折旧费、修理费、办公费、水电费、机物料消耗、劳动保护费、季节性和修理期间的停工损失等。但不包括小企业行政管理部门为组织和管理生产经营活动而发生的管理费用。

二、成本核算的目标

成本核算是指对小企业在生产经营活动中发生的生产费用和生产出的产品(包括提供的工业性劳务)的成本进行的计算。成本核算要根据成本核算的目的和生产工艺的特点,确定适当的成本计算对象,选择合理的成本计算方法,严格划分各种费用间的界限,以成本计算对象为中心对生产费用进行归集和分配,最后计算出产品总成本和单位成本。

三、成本核算的基础工作

成本核算是否科学合理,是否真实准确,是否易于查核验证,对小企业产品价格制定和小企业的应税所得准确真实与否具有特别重要的意义。因此,针对小企业的生产经营特点,做好成本核算的基础工作非常重要。

小企业成本核算的基础工作主要是建立健全各项原始记录。

原始记录,是指按照规定的格式,对小企业的生产经营活动的具体事项所做的书面记录。健全原始记录是保证产品成本核算真实准确的前提条件。与产品成本核算有关的原始记录主要有以下 4 种。

(一)登记原材料消耗的原始记录

小企业可以根据生产经营特点和规模大小,设置领料单、限额领料单、领料登记簿等。在材料出库时,要及时登记领料的日期、种类、金额及材料用途等。有条件的小企业,应逐日逐笔登记,保证产品成本核算的需要。领料单格式如表4-4。

表 4-4　领料单位:加工车间

领 料 单

编号:

用途:修理设备用　　　　　　　　　2020 年 10 月 8 日　　　　　　　　　仓库:2号库

材料编号	材料名称及规格	计量单位	数量		价格		备　注
			请领	实领	单价	金额	
Yc101	轴承	套	20	20			
Yc102	三角皮带	根	30	30			

领料单位负责人:张三　　　　　领料人:李四　　　　　发料人:赵五　　　　　制单:赵五

(二)登记薪酬费用的原始记录

小企业要设置职工薪酬结算表(工资单)和职工薪酬结算汇总表,作为反映职工薪酬费用的记录。职工薪酬结算表上要设置领取薪酬的人员姓名、应发金额、实发金额、代扣款项等栏目。工资单上"实发金额"栏后必须要有领取人的签章。职工薪酬结算表(工资单)和职工薪酬结算汇总表格式分别如表 4-5、表 4-6 所示。

表 4-5　职工薪酬结算表

单位名称：　　　　　　　　　　　年　月　日

编号	姓名	基本工资	经常性奖金	津贴和补贴	加班加点工资	应发薪酬	扣　款						实发金额	签字
							个人所得税	养老保险	失业保险	医疗保险	住房公积金	病事假		

审批人：　　　　　　　　　审核人：　　　　　　　　　　　制表人：

表 4-6　盐城市 AB 公司职工薪酬结算汇总表
2020 年 12 月

部门人员类别		职工人数	基本工资	经常性奖金	津贴和补贴			应扣薪酬		应付薪酬	代扣款项				实发金额
					物价补贴	夜班补贴	住房补贴	病假	事假		水电费	房租费	保险费	小计	
生产车间	生产工人	100	51 000.00	9 500.00	5 000.00	3 000.00	2 000.00	300.00	200.00	生产工人700 元/人	3 000.00	4 000.00	2 000.00	9 000.00	61 000.00
	管理人员	15	3 700.00	1 000.00	100.00	150.00	100.00	—	50.00	5 000.00	600.00	500.00	300.00	1 400.00	3 600.00
	小计	115	54 700.00	10 500.00	5 100.00	3 150.00	2 100.00	300.00	250.00	75 000.00	3 600.00	4 500.00	2 300.00	10 400.00	64 600.00
企业管理人员		20	7 300.00	1 000.00	400.00	—	400.00	60.00	40.00	管理人员450 元/人	1 400.00	1 300.00	400.00	31 000.00	5 900.00
合　计			62 000.00	11 500.00	5 500.00	3 150.00	2 500.00	360.00	290.00	84 000.00	5 000.00	5 800.00	2 700.00	13 500.00	70 500.00

劳资主管：张民　　　　审核：李飞　　　　制表：李平　　　　会计主管：王五　　　　核算：张六

(三)记载其他费用支出的原始记录

记载其他费用支出的原始记录,如支付的房租、水费、电费、煤气费等凭证、发票、账单等。对于外来的原始凭证,应按规定粘贴保管好,以备查验。对于没有外来原始凭证的费用项目,可以使用自制的原始凭证代替。自制的原始凭证要有费用的名称、金额、支付的单位、支付的日期及简要说明,同时要由有关负责人签名,以证实其真实性和准确性。

（四）其他原始记录

其他原始记录，包括记录产品收发的凭证、有关材料物资和产成品盘点的记录等。这些记录也要由有关负责人签名证实。

小企业的原始记录，可根据实际需要自行设计印制，但要保证格式规范、字体清晰、易于保管和查验。重要的原始记录，也可由财税部门按照一定要求统一印制或监制。

四、成本核算的一般程序

成本核算程序，一般从审核原始记录和原始凭证开始，按照成本计算期归集分配材料、工资等生产费用，最后按照成本核算对象和成本项目，确定各成本核算对象的总成本和单位成本的过程。主要可分为以下几个步骤。

（一）确定成本核算对象

成本核算对象，是指生产费用归集的对象，小企业应根据生产特点和成本管理的要求确定成本核算对象。产品是生产费用的最终承担者，也就是最终的成本核算对象。一般而言，小企业的规模较小，产品成本核算按照产品的品种或类别确定成本核算对象就可以了。如果小企业生产的产品有不同的批别，也可以按照批次设置成本核算对象。如果小企业生产步骤较为复杂，也可以按照生产步骤设置成本核算对象。

（二）确定成本计算期

成本计算期，是指小企业归集分配生产费用和计算产品成本的时间间隔，也就是每隔多长时间归集分配一次生产费用，每隔多长时间计算一次产品成本。小企业生产费用的核算，应与会计报表的编制期间相一致。产品成本是由其生产期间发生的各项费用累积而成的，从理论上讲，产品成本的计算期与产品的生产周期一致是最为适当的。即在产品完工时，对产品生产期发生的全部生产费用进行归集和分配，计算确定产成品成本。但是，考虑到小企业要按月编制会计报表，因此，必须在月度末归集分配生产费用，计算产品成本。

（三）确定成本项目

成本项目，是指小企业在产品生产过程中发生的各项费用支出，按照一定的标志（如经济用途等）进行的分类。小企业可以设置"直接材料""直接人工""其他直接费用"和"制造费用"四个成本项目，也可以将"直接材料"项目进一步细化，如分设为原料、燃料动力等项目。通过成本项目可以分析产品成本的构成，查证产品成本是否真实准确，说明产品成本升降的原因。

（四）归集分配生产费用

根据小企业会计准则和有关成本核算规定，小企业应首先确定作为产品成本的生产费用,其次将材料费用、燃料和动力费用、薪酬费用、折旧费用等可以计入产品成本的生产费用,按照一定的原则、程序和方法归集起来,然后再分配到各个产品成本核算对象中去。设置生产成本明细账、制造费用明细账、产成品和自制半成品明细账等。在归集和分配生产费用时,小企业要注意正确处理待摊和预提费用。

（五）计算本期产品的总成本和单位产品成本

在计算产品成本时,如果所有产品均已完工,则分配计入的各项生产费用之和,就构成了该种完工产品的总成本,除以完工产品的数量即可得到单位产品成本。如果一部分产品完工,一部分产品未完工,则要确定是否需要计算在产品的成本。不需要计算在产品成本的,就将本期该种产品的全部生产费用都作为本期完工产品的成本,在产品不分配成本;需要计算在产品成本的,应将生产费用在本期完工产品和在产品间进行分配。

（六）结转产成品成本

计算出完工产品成本后,应编制产品成本计算表,结转产成品成本。

五、产品成本核算的科目设置

（一）"生产成本"科目

按照《小企业会计准则》规定,小企业应设置"生产成本"科目,核算小企业进行工业性生产发生的各项生产成本。包括:生产各种产品(产成品、自制半成品等)、自制材料、自制工具、自制设备等。本科目应当设置以下明细科目:基本生产成本、辅助生产成本。若小企业以对外提供劳务为主,可将本科目改为"4001 劳务成本"科目,或单独设置"4002 劳务成本"科目进行核算。

（二）"制造费用"科目

"制造费用"科目核算小企业生产车间(部门)为生产产品和提供劳务而发生的各项间接费用。包括职工薪酬、折旧费、修理费、办公费、水电费、机物料消耗、劳动保护费、季节性和修理期间的停工损失等。小企业经过 1 年期以上的制造才能达到预定可销售状态的产品发生的借款费用,也在本科目核算。小企业行政管理部门为组织和管理生产经营活动而发生的管理费用,在"管理费用"科目核算,不在本科目核算。

六、生产要素费用的归集与分配

小企业基本生产车间发生的各项要素费用,最终都要计入产品生产成本。

生产车间发生材料、动力、职工薪酬等各种要素费用时,对于直接用于产品生产、专门设有成本项目的费用,应单独记入"生产成本——基本生产成本"科目。如果是某种产品直接耗用的费用,应直接计入这种产品成本明细账的相关成本项目;如果是几种产品共同耗用的费用,则应采用适当的分配方法,分配计入这几种产品成本明细账的相关成本项目。基本生产车间发生的直接用于产品生产、但没有专门设立成本项目的费用,以及间接用于产品生产的费用,应先记入"制造费用"科目及其相应明细科目;月末,再将归集的全部制造费用转入"生产成本——基本生产成本"科目。辅助生产车间发生的各项要素费用的分配方法,与基本生产车间基本相同。

通过上述要素费用的归集和分配,在"生产成本——基本生产成本"科目和所属各种产品成本明细账的各个成本项目中,就归集了应由本月基本生产车间的各种产品负担的全部生产费用。将这些费用加上月初在产品成本,在完工产品和月末在产品之间进行分配,就可算出各种完工产品和月末在产品的成本。

（一）基本生产费用

1. 外购材料费用的核算

基本生产车间发生的直接用于产品生产的材料费用,应专门设置"直接材料"成本项目。这些原料和主要材料一般分产品领用,应根据领退料凭证直接计入某种产品成本的"直接材料"项目。如果是几种产品共同耗用的材料费用,则应采用适当的分配方法,分配计入各有关产品成本的"直接材料"成本项目。

分配共同耗用材料的常用方法有定额耗用量法、产量比例法、产品重量比例分配法等,小企业可以根据具体情况选用。下面介绍定额耗用量法和产品重量比例分配法两种方法。

（1）定额耗用量法。定额耗用量法是指以各种产品耗用该种材料的定额消耗量为分配标准,对实际消耗的材料进行分配的一种方法。这种方法比较科学准确,但是采用该方法的前提条件要科学合理地制定各种产品的消耗定额。

某产品的材料定额耗用量＝该产品的消耗定额×该产品的实际产量

材料费用分配率＝待分配的材料费用金额÷各种产品的定额耗用量总计

某产品应负担的材料费用＝该种产品的材料定额耗用量×材料费用分配率

【例4-14】　某小企业本期生产甲产品10件,生产乙产品20件。共同耗用A材料120千克,每千克A材料单价为100元。甲产品的消耗定额为4千克/件,乙产品消耗定额为1千克/件。A材料按定额耗用量法应做如下分配:

各种产品的耗用量总计＝(4×10)＋(1×20)＝60(千克)

分配率＝120×100÷60＝200(元/千克)

甲产品应分配的材料费用＝4×10×200＝8 000(元)

乙产品应分配的材料费用＝1×20×200＝4 000(元)

（2）产品重量比例分配法。产品重量比例分配法是指按产品的重量作为材料费用分配标准的一种分配方法。它适用于产品耗用的材料与产品的重量间存在比较密切的比例关系,并且对产品的重量能够进行准确计量的情况。

材料费用分配率＝待分配的材料费用金额÷各种产品的重量之和

某产品应负担的材料费用＝该产品的总重量×材料费用分配率

【例 4-15】 某小企业本期生产甲产品 10 件,生产乙产品 20 件,共同耗用 A 材料 120 千克,每千克 A 材料单价为 100 元。甲产品每件 8 千克,乙产品每件 2 千克。A 材料按产品重量比例分配法做如下分配:

$$各种产品的重量总计 = 8 \times 10 + 2 \times 20 = 120(千克)$$

$$分配率 = 120 \times 100 \div 120 = 100(元/千克)$$

$$甲产品应分配的材料费用 = 8 \times 10 \times 100 = 8\ 000(元)$$

$$乙产品应分配的材料费用 = 2 \times 20 \times 100 = 4\ 000(元)$$

直接用于产品生产、专设成本项目的各种材料费用,应借记"生产成本——基本生产成本"科目及其所属各产品成本明细账"直接材料"成本项目。小企业应根据发出材料的费用总额,贷记"原材料"科目。

2. 人工费用的核算

直接进行产品生产的生产工人薪酬,应单独记入"生产成本——基本生产成本"科目和所属产品成本明细账的借方(在明细账中记入"直接人工"成本项目);直接进行辅助生产的生产工人的薪酬,应记入"生产成本——辅助生产成本"科目和所属明细账的借方;基本生产车间和辅助生产车间管理人员的薪酬,应记入"制造费用"科目和所属明细账的借方;在借记以上科目的同时,贷记"应付职工薪酬"科目。不计入产品成本的职工薪酬,应分别借记"管理费用""销售费用""在建工程"等科目及所属明细账;同时,贷记"应付职工薪酬"科目。

3. 折旧费用的核算

折旧费用的核算包括折旧费用的计算和分配。生产车间的固定资产折旧应该作为折旧费用计入产品成本。折旧费用一般应按使用固定资产的车间计提,借记"制造费用"科目及其明细账"折旧费"项目;同时,贷记"累计折旧"科目。

4. 其他费用的核算

小企业要素费用中的其他费用,是指除了前面所述各项要素费用以外的费用,包括邮电费、租赁费、印刷费、办公用品费、试验检验费、环境保护税、差旅费、误餐补助费、交通费补贴、保险费、职工技术培训费等。这些费用都不专设成本项目,而是在费用发生时,按照发生的车间进行分配。

小企业的各种要素费用通过以上分配后,计入产品成本的费用就按照费用的用途分别记入了"生产成本——基本生产成本""生产成本——辅助生产成本""制造费用"等科目的借方。

(二)辅助生产费用

1. 辅助生产费用的归集

小企业的辅助生产,是指为基本生产服务而进行的产品生产和劳务供应。其中,有的只生产一种产品或提供一种劳务,如供电、供水、供气、供风、运输等辅助生产;有的则生产多种产品或提供多种劳务,如从事工具、模具、修理用备件的制造,以及机器设备的修理等辅助生产。辅助生产提供的产品和劳务,有时也对外销售,但这不是辅助生产的主要任务。

辅助生产费用的归集和分配,是通过"生产成本——辅助生产成本"科目进行的。该科目一般应按车间以及产品和劳务设立明细账,明细账中按照成本项目设立专栏或专行,进行明细核算。

辅助生产车间发生的各项费用中,直接用于辅助生产,并专设成本项目的费用,应单独地直接记入"生产成本——辅助生产成本"科目和所属有关明细账的借方。直接用于辅助生产、但没有专设成本项目的费用(例如辅助生产车间机器设备折旧费等),以及间接用于辅助生产的费用(例如辅助生产车间管理人员薪酬、机物料消耗、修理费和运输费等),一般有两种归集方式:一是先记入"制造费用"科目及所属明细账的借方进行归集,然后再从其贷方直接转入或分配转入"生产成本——辅助生产成本"科目及所属明细账的借方;二是不通过"制造费用"科目核算,直接记入"生产成本——辅助生产成本"科目和所属明细账的借方。

2. 辅助生产费用的分配

分配辅助生产费用的常用方法主要有直接分配法和交互分配法。

(1)直接分配法。采用直接分配法分配辅助生产费用,不考虑各辅助生产车间之间相互提供劳务(或产品)的情况,而是将各辅助生产费用直接分配给辅助生产车间以外的各受益单位。

【例 4-16】　某小企业辅助生产车间的制造费用不通过"制造费用"科目核算。该企业机修和运输两个辅助车间之间相互提供劳务。修理费按修理工时比例分配,运输费用按运输公里比例进行分配。该小企业 2020 年 11 月有关辅助生产费用的资料如表 4-7 所示。

表 4-7　辅助生产劳务情况表

辅助车间名称		运输车间	机修车间
待分配费用		4 500 元	9 000 元
供应劳务数量		16 000 千米	18 800 小时
耗用劳务数量	运输车间		800 小时
	机修车间	1 000 千米	
	基本生产一车间	6 000 千米	9 200 小时
	基本生产二车间	5 000 千米	6 800 小时
	企业管理部门	4 000 千米	2 000 小时

根据以上资料,编制直接分配法的辅助生产费用分配表如表 4-8 所示。

表 4-8　辅助生产费用分配表

辅助车间名称	运输车间	机修车间	合计
分配费用(元)	4 500	9 000	13 500
对外劳务供应数量	15 000*	18 000*	
单位成本(分配率)	0.3	0.5	

辅助车间名称			运输车间	机修车间	合计
基本生产车间	一车间	耗用数量	6 000	9 200	
		分配金额	1 800	4 600	6 400
	二车间	耗用数量	5 000	6 800	
		分配金额	1 500	3 400	4 900
	金额小计		3 300	8 000	11 300
企业管理部门		耗用数量	4 000	2 000	
		分配金额	1 200	1 000	2 200
金额合计(元)			4 500	9 000	13 500

*:对外供应劳务数量:

运输车间＝16 000－1 000＝15 000(千米)

机修车间＝18 800－800＝18 000(工时)

(2) 交互分配法。采用交互分配法分配辅助生产费用,应先根据各辅助生产车间内部相互供应的数量和交互分配前的费用分配率(单位成本),进行一次交互分配;然后再将各辅助生产车间交互分配后的实际费用(即交互分配前的费用加上交互分配转入的费用,减去交互分配转出的费用)按对外提供劳务的数量,在辅助生产车间以外的各受益单位之间进行分配。

根据上述资料,编制交互分配法的辅助生产费用分配表如表 4-9 所示。

表 4-9　辅助生产费用分配表

分配方向			交互分配			对外分配		
辅助生产车间名称			运输车间	机修车间	合计	运输车间	机修车间	合计
分配费用(元)			4 500	9 000	13 500	4 601.66	8 898.34	13 500
劳务供应数量			16 000	18 800		15 000	18 000	
单位成本(分配率)			0.281 3	0.478 7		0.306 8	0.494 4	
辅助生产车间	运输车间	耗用数量		800				
		分配金额		382.96	382.96			
	机修车间	耗用数量	1 000					
		分配金额	281.3		281.3			
	金额小计		281.3	382.96	664.26			
基本生产车间	一车间	耗用数量				6 000	9 200	
		分配金额				1 840.8	4 548.48	6 389.28
	二车间	耗用数量				5 000	6 800	
		分配金额				1 534.0	3 361.92	4 895.92
	金额小计							

分配方向		交互分配			对外分配		
辅助生产车间名称		运输车间	机修车间	合计	运输车间	机修车间	合计
企业管理部门	耗用数量				4 000	2 000	
	分配金额				1 226.86*	987.94*	2 214.8
金额合计(元)					4 601.66	8 898.34	13 500

说明:分配率的小数保留 4 位,第 5 位四舍五入;＊分配的小数尾差,计入企业管理部门。

对外分配的辅助生产成本:

$$运输车间 = 4\,500 + 382.96 - 281.30 = 4\,601.66(元)$$

$$机修车间 = 9\,000 + 281.30 - 382.96 = 8\,898.34(元)$$

(三) 待摊和预提费用

小企业生产车间对本月发生,应由本月和以后各月产品共同负担(如生产车间的预付保险费)和需要先分月计入成本,但应由以后月份支付的费用,这些统称待摊和预提费用。待摊和预提费用一般要在 1 年内摊销完毕或预提期限不超过 1 年。

生产车间摊销相关成本时,一般应按各车间进行分配,借记"制造费用"科目,贷记"待摊费用"科目。生产车间预提成本时,应借记"制造费用"科目及所属明细账相应的项目,贷记"预提费用"科目。实际发生和支付时,借记"待摊费用""预提费用"科目,贷记"银行存款"等科目。

需要说明的是,按照《小企业会计准则》,小企业对待摊和预提费用也可以不设置"待摊费用"和"预提费用"科目,直接通过"预付账款""其他应付款"等往来科目核算。

(四) 制造费用

1. 制造费用的归集

制造费用是指小企业为生产产品或提供劳务而发生的、应计入产品成本但不专设成本项目的各项费用。

制造费用是产品制造成本的重要组成部分,它是指小企业为生产产品和提供劳务而发生的各项间接费用。制造费用作为一种间接费用,在发生时一般无法直接判定它应归属的成本核算对象,因而不能直接计入所发生的产品成本中去,它必须按费用发生的地点进行归集,月度终了,再采用一定的方法在各成本核算对象间进行分配,然后才能计入各成本核算对象的成本中去。制造费用主要包括以下几项。

(1) 间接用于产品生产的费用,例如机物料消耗,车间生产用房屋及建筑物折旧费、修理费、经营租赁费和保险费,车间生产用的照明费、取暖费、运输费、劳动保护费,以及季节性停工和生产用固定资产修理期间的停工损失等。

(2) 直接用于产品生产,但管理上不要求或者核算上不便于单独核算,因而没有专设成本项目的费用,例如机器设备的折旧费、修理费、经营租赁费和保险费,生产工具摊销,设计制图费和试验费。生产工艺用动力如果没有专设成本项目,也包括在制造费用中。

(3) 车间用于组织和管理生产的费用,包括车间人员薪酬,车间管理用房屋和设备的折旧费、修理费、经营租赁费和保险费,车间管理用具摊销,车间管理用照明费、水费、取暖费、差旅费和办公费等。

制造费用归集和分配应该通过"制造费用"科目进行。该科目应该根据有关的付款凭证、转账凭证和前述各种费用分配表登记。此外,还应按不同的车间设立明细账,账内按照费用项目设立专栏,分别反映各车间各项制造费用的发生情况和分配转出情况。

2. 制造费用的分配

在小企业基本生产车间只生产一种产品的情况下,制造费用可以直接计入该种产品的成本。在生产多种产品的情况下,制造费用应采用适当的分配方法计入各种产品的成本。

分配制造费用的方法很多,通常采用的方法有以下几种。

(1) 生产工人工时比例法。这是按照各种产品所用生产工人实际工时的比例分配费用的方法。按照生产工时比例分配制造费用,同分配工资费用一样,也能将劳动生产率与产品负担的费用水平联系起来,使分配结果比较合理。

(2) 生产工人工资比例法。这是按照计入各种产品成本的生产工人实际工资的比例分配制造费用的方法,由于职工薪酬费用分配表中有着现成的生产工人薪酬资料,因而采用这种分配方法,核算工作很简便。但是采用这一方法的小企业,各种产品生产的机械化程度应该相差不大,否则机械化程度高的产品,由于薪酬费用少,负担的制造费用也少,会影响费用分配的合理性。

(3) 机器工时比例法。这是按照生产各种产品所用机器设备运转时间的比例分配制造费用的方法。这种方法适用于产品生产的机械化程度较高的车间。因为在这种车间的制造费用中,与机器设备使用有关的费用比重比较大,而这一部分费用与机器设备运转的时间有着密切的联系。采用这种方法,必须具备各种产品所用机器工时的原始记录。

此外,小企业还可按耗用材料的数量或成本、直接成本(材料、燃料、动力、生产工人薪酬)及产品产量等来分配制造费用。具体选用哪种分配方法,由小企业自行决定,但分配方法一经确定,不得随意变更。

通过上述制造费用的归集和分配,除季节性生产的小企业以外,"制造费用"科目及所属明细账都应没有月末余额。

(五) 生产费用在完工产品与在产品之间的分配

每月末,当产品成本明细账中按照成本项目归集了该种产品的本月生产费用以后,如果小企业产品已经全部完工,产品成本明细账中归集的月初在产品生产成本与本月发生的费用之和,就是该种完工产品的成本。如果产品全部没有完工,产品成本明细账中归集的月初在产品生产成本与本月发生的费用之和,就是该种在产品的成本。如果既有完工产品又有在产品,产品成本明细账中归集的月初在产品生产成本与本月发生的费用之和,则应在完工产品与月末在产品之间,采用适当的分配方法,进行归集和分配,以计算完工产品和月末在产品的成本。

1. 不计算在产品成本法

小企业采用不计算在产品成本法,虽然有月末在产品,但不计算其成本。也就是说,这种产品每月发生的费用,全部由完工产品负担,其每月发生的费用之和即为每月完工产品成本。这种方法适用于月末在产品数量很小的产品。

2. 在产品按固定成本计价法

采用在产品按固定成本计价法,各月末在产品的成本固定不变。某种产品本月发生的生产费用就是本月完工产品的成本。但在年末,在产品成本不应再按固定不变的数额计价,否则会使按固定数计价的在产品成本与其实际成本出入过大,影响产品成本计算的正确性。因而在年末,应该根据实际盘点的在产品数量,具体计算在产品成本,据以计算12月份产品成本。这种方法适用于月末在产品数量较多,但各月变化不大的产品。

3. 在产品按所耗直接材料费用计价法

小企业采用在产品按所耗直接材料费用计价法,月末在产品只计算其所耗直接材料费用,不计算直接人工的加工费用等。也就是说,产品的直接材料费用(月初在产品的直接材料费用与本月发生的直接材料费用之和)需要在完工产品与月末在产品之间进行分配,而生产产品本月发生的加工费用等全部由完工产品成本负担。这种方法适用于各月末在产品数量较多、各月在产品数量变化也较大,且直接材料费用在成本中所占比重较大的产品。

4. 约当产量比例法

小企业采用约当产量比例法,应将月末在产品数量按照完工程度折算为相当于完工产品的产量,即约当产量,然后按照完工产品产量与月末在产品约当产量的比例分配计算完工产品成本和月末在产品成本。这种方法适用于月末在产品数量较多,各月在产品数量变化也较大,且产品成本中直接材料费用和直接人工等加工费用的比重相差不大的产品。

(1) 原材料约当产量的计算。

原材料项目约当产量的确定,取决于产品生产过程中的投料程度。

如果原材料是在生产开始时一次投入,则单位在产品和单位完工产品耗用的原材料是相等的。可按在产品实际结存数量和完工产品产量的比例进行分配;如果原材料随生产过程陆续投入,并与完工程度基本一致,分配原材料成本的约当产量按完工程度折算。

$$某工序在产品的投料程度＝(单位产品前面各工序累计材料消耗定额$$
$$＋单位产品本道工序材料消耗定额×50\%)$$
$$÷单位完工产成品材料消耗定额×100\%$$

如果原材料分阶段在每道工序开始时一次投入,则应分阶段确定投料程度,并将在产品的数量加以折算。

$$某工序在产品的投料程度＝(单位产品前面各工序累计材料消耗定额$$
$$＋单位产品本道工序材料消耗定额)$$
$$÷单位完工产成品材料消耗定额×100\%$$

【例4-17】　A产品经三道工序加工而成,其原材料分三道工序在每道工序开始时一次投入。有关数据及计算如表4-10:

表 4-10　原材料约当产量计算表

工序	原材料消耗定额	月末在产品数量（台）	在产品投料程度	在产品约当产量
1	60	1 200	$60 \div 300 \times 100\% = 20\%$	240
2	90	200	$(60+90) \div 300 \times 100\% = 50\%$	100
3	150	700	$(60+90+150) \div 300 \times 100\% = 100\%$	700
合计	300	2 100		1 040

假定 A 产品本月完工 5 000 台，月初在产品原材料成本和本月发生的原材料累计为 27 180 元。原材料费用分配计算如下：

$$原材料成本分配率 = 27\,180 \div (5\,000 + 1\,040) = 4.5(元/台)$$

$$完工产品负担的原材料费用 = 5\,000 \times 4.5 = 22\,500(元)$$

$$月末在产品应负担的原材料费用 = 1\,040 \times 4.5 = 4\,680(元)$$

（2）其他项目约当产量的计算。

对于人工等其他成本项目，通常按完工程度计算约当产量。

当小企业生产进度比较均衡，可按 50% 的完工程度平均计算。当生产进度不均衡，在产品完工程度的计算公式如下：

$$某工序在产品的完工程度 = (单位产品前面各工序累计工时定额 +$$
$$单位产品本道工序工时定额 \times 50\%)$$
$$\div 单位完工产成品工时定额$$

接【例 4-17】，某小企业生产 A 产品，工时定额 20 小时，经过三道工序加工制成。其中：第一工序工时定额 10 小时，第二工序工时定额 6 小时，第三工序工时定额 4 小时。结存在各工序的在产品数量分别为 1 200 台、200 台和 700 台。在产品约当量的计算如下：

$$第一工序在产品的完工程度 = 10 \times 50\% \div 20 = 25\%$$

$$第二工序在产品的完工程度 = (10 + 6 \times 50\%) \div 20 = 65\%$$

$$第三工序在产品的完工程度 = (10 + 6 + 4 \times 50\%) \div 20 = 90\%$$

$$在产品的约当产量 = 1\,200 \times 25\% + 200 \times 65\% + 700 \times 90\% = 1\,060(台)$$

假定 A 产品本月完工 5 000 台，月初在产品职工薪酬和本月发生的职工薪酬累计为 18 180 元。职工薪酬分配计算如下：

$$职工薪酬分配率 = 18\,180 \div (5\,000 + 1\,060) = 3(元/台)$$

$$完工产品负担的职工薪酬 = 5\,000 \times 3 = 15\,000(元)$$

$$月末在产品应负担的职工薪酬 = 1\,060 \times 3 = 3\,180(元)$$

5. 在产品按定额成本计价法

在产品按定额成本计价法适用于各项消耗定额或费用定额比较准确、稳定，而且各月末在产品数量变化不是很大的产品。

小企业采用在产品按定额成本计价法，月末在产品成本按定额成本计算，该种产品的全部费用(如果有月初在产品，包括月初在产品成本在内)减去按定额成本计算的月末在产品成本，余额作为完工产品成本；每月生产费用脱离定额的节约差异或超支差异全部计入当月完工产品成本。

计算公式如下：完工产品成本＝生产费用合计－月末在产品定额成本

6. 定额比例法

定额比例法适用于各项消耗定额或费用定额比较准确、稳定，但各月末在产品数量变动较大的产品。

小企业采用定额比例法，产品的生产费用在完工产品与月末在产品之间按照两者的定额消耗量或定额费用比例分配。其中直接材料费用，按直接材料的定额消耗量或定额费用比例分配。直接人工等加工费用，可以按各该定额费用的比例分配，也可按定额工时比例分配。由于加工费用的定额费用一般根据定额工时乘以每小时的各该费用定额计算，因而这些费用一般按定额工时比例分配，以节省各该定额费用的计算工作。计算公式如下：

原材料成本分配率＝(月初在产品原材料实际成本＋本月发生原材料实际成本)
÷[完工产品原材料定额耗用量(或成本)
＋月末在产品原材料定额耗用量(或成本)]

完工产品直接材料实际成本＝完工产品原材料定额耗用量(或成本)
×原材料成本分配率

月末在产品直接材料实际成本＝月末在产品原材料定额耗用量(或成本)
×原材料成本分配率

直接人工(制造费用)分配率＝[月初在产品生产工资(制造费用)实际成本＋本月
发生生产工资(制造费用)实际成本]÷[完工产品
定额工时(或成本)＋月末在产品定额工时(或成本)]

完工产品直接人工(制造费用)＝完工产品定额工时(或成本)×
生产工资(制造费用)分配率

月末在产品直接人工(制造费用)＝月末在产品定额工时(或成本)
×生产工资(制造费用)分配率

(六) 完工产品成本的结转

小企业完工产品经产成品仓库验收入库以后，其成本应从"生产成本——基本生产成本"科目及所属产品成本明细账的贷方转出，转入"库存商品"科目的借方。对于一些可以直接对外销售的半成品，可以设置"半成品"会计科目单独进行核算，其核算与"库存商品"相同。编制完工产品入库的会计分录为：借记"库存商品——××产品"科目，贷记"生产成本——基本生产成本——××产品"科目。"生产成本——基本生产成本"科目的月末余额，就是基本生产在产品的成本，也就是占用在基本生产过程中的生产资金，应与所属各种产品成本明细账中月末在产品成本之和核对相符。

七、产品成本计算方法

产品成本计算的基本方法通常包括品种法、分批法等。

(一)品种法

产品成本计算的品种法,是指以产品品种为成本核算对象,来归集生产费用,计算产品成本的一种最基本的方法。由于品种法不需要按批计算产品成本,也不需要按步骤计算半成品成本,因此品种法计算比较简便。品种法适用于单步骤的大量生产如发电、供水、采掘等小企业,或者生产是按流水线组织的,管理上不要求按照生产步骤计算半成品成本的大批量、多步骤生产,如糖果、饼干、水泥和造纸等企业,以及企业内的供水、供电、供气等辅助生产车间计算提供给基本生产车间和其他辅助生产车间使用的水、电、气的劳务成本,都可以按品种法计算产品成本。

1. 品种法的主要特点

(1)以小企业最终完工的产品作为成本计算对象。该方法不划分生产步骤,只需要计算企业最终完工产品的成本。

(2)成本计算定期按月进行。由于大量大批的生产总是连续不断地进行,无法在产品制造完工时,计算其生产成本,所以成本计算一般按月进行,以日历月份确定的会计报告期作为成本计算期。

(3)区分不同情况处理在产品成本。在单步骤生产小企业,产品的生产周期较短,在会计期末一般没有在产品,或在产品数量比较少而且稳定,可以不计算月末在产品成本。在多步骤生产的小企业,由于生产步骤较多,月末一般会有一定数量的在产品,这时,就要将生产费用在各种产品间分配后,再将某产品应负担费用在完工产品与月末在产品之间进行分配。

2. 品种法的成本计算程序

(1)按产品品种设置基本生产成本明细账,并按成本项目分别设置专栏。

(2)根据各种费用分配表,将费用分别按产品计入有关成本项目。对于各种产品的直接费用,按各种产品列示并据以直接计入基本生产成本总账及明细账,对于间接计入费用,应采用不同的分配方法,按一定标准分配计入各种产品成本明细账中。

(3)月末,根据各种产品成本明细账所归集的生产费用,计算完工产品成本和月末在产品成本。

【例 4-18】 假设 A 小企业设有一个基本生产车间和一个辅助生产机修车间,大量生产甲、乙两种产品,采用品种法计算成本。该企业 12 月份各种产品实际产量和工时记录如表 4-11 所示。

表 4-11 产品实际产量和工时记录表

产品名称	完工产品产量(件)	月末在产品数量(件)	生产工时(小时)
甲产品	400	100	3 500
乙产品	85	17	8 500

按品种法成本计算程序举例说明如下：

（1）以甲产品、乙产品为成本计算对象分别设立生产成本明细账如表 4-21，表 4-22 所示。

（2）根据原始凭证或原始凭证汇总表编制费用分配表。

① 根据领料单、限额领料单等领退料凭证，按部门、用途的不同编制"材料费用分配表"，如表 4-12 所示。

表 4-12　材料费用分配表

12 月份 单位：元

分配对象		成本项目或明细项目	实际成本			
			原料及主要材料	辅助材料	燃料	合计
基本生产	甲产品	直接材料	53 000	2 550	4 500	60 050
	乙产品	直接材料	72 000		26 000	98 000
辅助生产	机修车间	修理费		4 400	1 200	5 600
制造费用	基本生产车间一般用	机物料消耗	16 200	11 300		27 500
合　计			141 200	18 250	31 700	191 150

编制"材料费用分配表"时，将直接用于产品生产的原料及主要材料、辅助材料、燃料等分别列入甲、乙产品生产成本明细账中直接材料成本项目内。即甲产品 60 050 元，乙产品 98 000 元。基本生产车间的机物料消耗列入制造费用，共计 27 500 元。

② 根据本月外购动力结算凭证上应付的电费和计量仪表确定各部门实际耗用量，编制"外购动力费分配表"，如表 4-13 所示。

表 4-13　外购动力费分配表

12 月份 单位：元

分配对象		成本项目或明细项目	分配标准（工时）	分配率	分配金额
基本生产	甲产品	直接材料	3 500		4 550
	乙产品	直接材料	8 500		11 050
	小　计		12 000	1.3	15 600
辅助生产	机修车间	水电费			1 300
制造费用	基本生产车间一般用	水电费			2 800
合　计					19 700

③ 根据"职工薪酬结算汇总表"和规定的提取比例，编制"职工薪酬分配表"，如表 4-14 所示。

表 4-14　职工薪酬分配表

12 月份　　　　　　　　　　　　　　　　　　单位:元

分配对象		工资分配			社会保险	合计
		分配标准（工时）	分配率	分配金额		
基本生产	甲产品	3 500		10 850	1 519	12 369
	乙产品	8 500		26 350	3 689	30 039
	小　计	12 000	3.1	37 200	5 208	42 408
辅助生产	机修车间	3 100			434	3 534
制造费用	车间管理人员工资	13 000			1 820	14 820
管理费用	厂部管理人员工资	18 500			2 590	21 090
销售费用	销售机构经费	2 000			280	2 280
合　　计		73 800			10 332	84 132

④ 编制"固定资产折旧计算表""待摊费用摊销分配表"等其他费用分配表,分别如表 4-15、表 4-16 所示。

表 4-15　固定资产折旧计算表

12 月份　　　　　　　　　　　　　　　　　　单位:元

分配对象	费用项目	分配金额
制造费用	折旧费	17 000
辅助生产	折旧费	4 100
合　　计		21 100

表 4-16　待摊费用摊销分配表

12 月份　　　　　　　　　　　　　　　　　　单位:元

分配对象	待摊费用			
	保险费	租赁费	周转材料摊销	合计
制造费用	10 200	6 300	7 300	23 800
辅助生产	2 426	1 620	2 300	6 346
合　　计	12 626	7 920	9 600	30 146

（3）根据上述费用分配表,登记辅助生产成本明细账,编制辅助生产成本分配表。分别如表 4-17、4-18 所示。

本月机修车间共完成 4 350 修理工时,其中基本生产车间 3 350 小时,企业管理部门 1 000 小时。辅助生产成本以机修工时作为分配标准进行分配。

表 4-17　辅助生产成本明细账

车间名称:机修车间　　　　　　　　　12 月份　　　　　　　　　单位:元

××年		凭证号	摘　要	修理费	工资	社保费	水电费	折旧费	保险费	周转材料摊销	租赁费	合计
月	日											
略	略	略	分配材料费用	5 600								5 600
		略	分配薪酬费用		3 100	434						3 534
			分配外购动力费				1 300					1 300
			分配折旧费					4 100				4 100
			待摊费用分配						2 426	2 300	1 620	6 346
			合　计	5 600	3 100	434	1 300	4 100	2 426	2 300	1 620	20 880
			本月转出	[5 600]	[3 100]	[434]	[1 300]	[4 100]	[2 426]	[2 300]	[1 620]	[20 880]

☐ 表示红字(下同)。

表 4-18　辅助生产成本分配表

车间名称:机修车间　　　　　　　　　12 月份　　　　　　　　　单位:元

分配对象	机修工时	分配率	分配金额
制造费用	3 350		16 080
管理费用	1 000		4 800
合　计	4 350	4.8	20 880

(4) 根据上述费用分配表归集和分配基本生产车间制造费用,并以生产工时为标准,在甲、乙产品分配。如表 4-19、表 4-20 所示。

表 4-19　制造费用明细账

12 月份　　　　　　　　　单位:元

××年		凭证号	摘　要	机物料消耗	工资	社保费	水电费	折旧费	保险费	周转材料摊销	租赁费	修理费	合计
月	日												
			分配材料费用	27 500									27 500
			分配薪酬费用		13 000	1 820							14 820
			分配外购动力费				2 800						2 800
			分配折旧费					17 000					17 000
			待摊费用分配						10 200	7 300	6 300		23 800
			分配机修费									16 080	16 080
			合　计	27 500	13 000	1 820	2 800	17 000	10 200	7 300	6 300	16 080	102 000
			本月转出	[27 500]	[13 000]	[1 820]	[2 800]	[17 000]	[10 200]	[7 300]	[6 300]	[16 080]	[102 000]

表 4-20 制造费用分配表

12月份

单位:元

产品名称	生产工时(小时)	分配率	分配金额
甲产品	3 500		29 750
乙产品	8 500		72 250
合 计	12 000	8.5	102 000

(5) 计算完工产品和月末在产品成本。

根据费用分配表、将甲、乙产品发生的耗费,分别计入各该生产成本明细账中,月末,将生产成本明细账中按成本项目汇集的各种产品成本分别汇总,采用一定的方法,在完工产品和在产品之间分配。

本例中甲产品所需原材料在生产开始时一次投入,甲产品的在产品完工程度为50%,采用约当产量法计算成本。乙产品各月在产品数量比较稳定,采用按年初数固定计算的方法,确定的年初在产品成本合计41 700元,其中,直接材料21 000元,直接人工6 200元,制造费用14 500元。有关甲、乙产品的成本计算如表4-21、表4-22所示。

表 4-21 产品成本明细账

本月完工:400 件

产品名称:甲产品

12 月份

月末在产品:100 件

摘 要	成本项目			
	直接材料	直接人工	制造费用	合计
月初在产品成本	55 400	4 281	13 000	72 681
分配材料费用	60 050			60 050
分配外购动力费	4 550			4 550
分配职工薪酬		12 369		12 369
分配制造费用			29 750	29 750
合 计	120 000	16 650	42 750	179 400
结转完工产品成本	96 000	14 800	38 000	148 400
月末在产品成本	24 000	1 850	4 750	30 600

完工甲产品应负担的直接材料=120 000÷(400+100)×400=96 000(元)

完工甲产品应负担的直接人工=16 650÷(400+100×50%)×400=14 800(元)

完工甲产品应负担的制造费用=42 750÷(400+100×50%)×400=38 000(元)

表 4-22　产品成本明细账

本月完工:85 件

产品名称:乙产品　　　　　　　　　12 月份　　　　　月末在产品:17 件

摘　要	成本项目			
	直接材料	直接人工	制造费用	合计
月初在产品成本	21 000	6 200	14 500	41 700
分配材料费用	98 000			98 000
分配外购动力费	11 050			11 050
分配职工薪酬		30 039		30 039
分配制造费用			72 250	72 250
合　计	130 050	36 239	86 750	253 039
结转完工产品成本	109 050	30 039	72 250	211 339
月末在产品成本	21 000	6 200	14 500	41 700

（二）分批法

产品成本计算的分批法,是按照产品批别计算成本的一种方法。

分批法计算成本的主要特点有:

(1) 以产品的批别作为成本计算对象。所有的生产费用都要按产品的批别或购货单位的订单归集,为每一批产品开设产品成本明细账,计算各批产品的成本。原材料和生产工人工资都必须按工作令号归集,制造费用应选择合适的标准分配入本月生产的工作令号中。

(2) 成本计算期是生产周期。分批法下,要按月归集各订单或批次的实际生产费用,但由于产品成本要在各批产品完工后才能计算出来,所以,成本计算是不定期的。也就是说,分批法下的成本计算期与产品的生产周期一致,而与会计报告期不同。

(3) 一般不存在批内完工产品和月末在产品之间分配生产费用问题。企业生产各批产品归集的生产费用,如果各订单或批次的产品全部完工,则构成该批完工产品的总成本;如果各订单或批次的产品全部未完工,则构成该批产品的月末在产品成本。因而,通常只有费用在各批产品之间的分配问题,而不存在费用在完工产品和在产品之间的分配。

分批法主要适用于单件小批类型的生产,如重型机器制造业等。也可适用于一般工业企业中的新产品试制或试验的生产、在建工程和设备修理作业等以及不断更新产品的高档时装等企业。

【例 4-19】　某小企业按照购货单位的要求,小批生产某产品,采用分批法计算成本。本月份继续对上月投产的批号为 312 的甲产品 5 台进行加工,本月全部完工;本月投产批号为 402 的乙产品 2 台,当月全部未完工;本月投产批号为 403 的丙产品 10 台,仅完工 2 台,尚有 8 台未完工。完工丙产品按计划成本结转。丙产品计划单位成本为:直接材料 13 750 元,直接工资 2 350 元,制造费用 2 900 元,312 批、402 批、403 批产品成本计算单如表 4-23、4-24、4-25 所示。

表 4-23　产品成本计算单

产品批号:312　　　　　　　　　　4 月份　　　　　　　　　　开工日期:3 月 2 日
产品名称:甲产品　　　　　　　　　批量:5 台　　　　　　　　　完工日期:4 月 28 日

××年		摘　要	成本项目			
月	日		直接材料	直接人工	制造费用	合计
3	31	3 月份分配转入费用	7 000	2 700	2 000	11 700
4	30	4 月份分配转入费用	15 500	3 800	3 500	22 800
		合　计	22 500	6 500	5 500	34 500
		完工产品总成本	22 500	6 500	5 500	34 500
		完工产品单位成本	4 500	1 300	1 100	6 900

表 4-24　产品成本计算单

产品批号:402　　　　　　　　　　4 月份　　　　　　　　　　开工日期:4 月 5 日
产品名称:乙产品　　　　　　　　　批量:2 台　　　　　　　　　完工日期:

××年		摘　要	成本项目			
月	日		直接材料	直接人工	制造费用	合计
4	30	4 月份分配转入费用	15 200	8 100	5 200	28 500

表 4-25　产品成本计算单

产品批号:403　　　　　　　　　　4 月份　　　　　　　　　　开工日期:4 月 10 日
产品名称:丙产品　　　　　　　　　批量:10 台　　　　　　　　完工日期:

××年		摘　要	成本项目			
月	日		直接材料	直接人工	制造费用	合计
4	30	4 月份分配转入费用	132 000	24 000	30 500	186 500
4	30	转出 2 台完工产品成本	27 500	4 700	5 800	38 000
4	30	月末在产品成本	104 500	19 300	24 700	148 500

产品成本计算是小企业进行成本管理和控制的手段。小企业可以根据具体情况,采用适用于本企业特点的成本计算方法。由于一个企业的各个车间、各种产品的生产类型和管理要求不一定相同,同一产品各个生产步骤和各成本项目的管理要求也不完全一致,因此,一个企业可能同时应用多种成本计算方法。为了利于企业对各期成本进行趋势分析,小企业采用的成本计算方法应当保持相对稳定。《小企业会计准则》规定,成本核算对象、成本项目以及成本计算方法一经确定,不得随意变更。

八、库存商品

库存商品包括库存的外购商品、自制商品产品、存放在门市部准备出售的商品、发出展览的商品以及寄存在外库或存放在仓库的商品等。小企业接受外来材料加工制造的代制品和为外单位加工修理的代修品,在制造和修理完成验收入库后,视同本企业的产品核算。委托外单位加工的商品及委托其他单位代销的商品,不通过"库存商品"科目核算。可以降价出售的不合格品,也在"库存商品"科目核算,但应与合格产品分开记账。已经完成销售手续,但购买单位在月末未提取的库存产成品,应作为代管产品处理,单独设置代管产品备查簿,不再在"库存商品"科目核算。小企业(农、林、牧、渔业)可将"库存商品"科目改为"1405 农产品"科目。

(一)从事工业生产的小企业库存商品的核算

从事工业生产的小企业,其库存商品主要指产成品。小企业的产成品一般应按实际成本进行核算。按实际成本核算的情况下,产成品的收入、发出和销售,平时只记数量不记金额。月度终了,计算入库产成品的实际成本。对发出和销售的产成品,可以采用先进先出法、加权平均法、移动平均法、个别计价法等方法确定其实际成本。核算方法一经确定,不得随意变更。

小企业生产完成验收入库的产成品,按实际成本,借记"库存商品"科目,贷记"生产成本"等科目。小企业在销售产成品并结转成本时,应借记"主营业务成本"科目,贷记"库存商品"科目。

(二)从事商品流通的小企业库存商品的核算

从事商品流通(批发业、零售业)的小企业,其库存商品主要指外购或委托加工完成验收入库用于销售的各种商品。从事商品流通的小企业购入商品抵达仓库前发生的包装费、运杂费、运输存储过程中的保险费、装卸费、运输途中的合理损耗和入库前的挑选整理费用等采购费用,不计入购入商品的实际成本,应于发生时确认为当期的销售费用。

1. 库存商品采用进价核算

(1)小企业库存商品采用进价核算的,购入的商品在到达验收入库后,按商品进价,借记"库存商品"科目,按经认证的增值税专用发票上注明的增值税税额,借记"应交税费——应交增值税(进项税额)"科目,按实际应付款项,贷记"银行存款""应付账款"等科目;小企业委托外单位加工收回的商品,按委托加工商品的实际成本,借记"库存商品"科目,贷记"委托加工物资"科目。

【例 4-20】 甲小企业的库存商品采用进价核算。本月购入某商品 600 台,单价 1 200 元,增值税税率为 13%。以银行存款支付运费 1 090 元(含税,增值税税率为 9%)。双方采用委托收款方式结算款项,甲小企业已收到发票及托收凭证,商品尚未入库,增值税专用发票未论证。

① 采购时:

借:在途物资	720 000
应交税费——待认证进项税额	93 690
销售费用——运费	1 000
贷:应付账款	813 600
银行存款	1 090

② 商品经验收入库及增值税专用发票获论证时:

借:库存商品　　　　　　　　　　　　　　　　　　　720 000

　　贷:在途物资　　　　　　　　　　　　　　　　　　　720 000

借:应交税费——应交增值税(进项税额)　　　　　　　　93 690

　　贷:应交税费——待认证进项税额　　　　　　　　　　93 690

③ 承付货款时:

借:应付账款　　　　　　　　　　　　　　　　　　　813 600

　　贷:银行存款　　　　　　　　　　　　　　　　　　　813 600

(2) 销售发出的商品结转销售成本时,可按先进先出法、加权平均法、移动平均法、个别计价法、毛利率法等方法计算已销商品的销售成本,核算方法一经确定,不得随意变更。小企业结转发出商品的成本,借记"主营业务成本"科目,贷记"库存商品"科目。

2. 库存商品采用售价核算

(1) 库存商品采用售价核算的商品流通小企业应设置"商品进销差价"科目,核算库存商品售价与进价之间的差额。该科目贷方登记验收入库商品售价大于进价的差额和商品溢余或调价增值等原因发生的差额;借方登记验收入库商品售价小于进价,商品短缺或调价减值等原因发生的差额,以及结转已销商品已实现的进销差价。期末余额一般在贷方,表示库存商品尚未实现的进销差价。所以,"库存商品"科目期末余额减去"商品进销差价"科目的期末余额,就是期末库存商品的进价成本。

小企业库存商品采用售价核算的,购入的商品到达验收入库后,按商品售价,借记"库存商品"科目,按经认证的增值税专用发票上注明的增值税税额,借记"应交税费——应交增值税(进项税额)"科目,按商品进价和增值税进项税额的合计金额,贷记"应付账款"等科目,按商品售价与进价的差额,贷记"商品进销差价"科目。企业委托外单位加工收回的商品,按商品售价,借记"库存商品"科目,按委托加工商品的实际成本,贷记"委托加工物资"科目,按商品售价与进价的差额,借或贷记"商品进销差价"科目。

购入的商品已经到达并已验收入库,但尚未办理结算手续的,可按照暂估价值入账,借记"库存商品"科目,贷记"应付账款——暂估应付账款"科目;下月初用红字做同样的会计分录予以冲回,以便下月收到发票账单等结算凭证时,按照正常程序进行账务处理。

月度终了,分摊已销商品的进销差价,借记"商品进销差价"科目,贷记"主营业务成本"科目。

已销商品应分摊的进销差价,按以下公式计算:

商品进销差价率＝月末分摊前本科目贷方余额÷("库存商品"科目月末借方余额
＋本月"主营业务收入"科目贷方发生额)×100%

本月销售商品应分摊的商品进销差价＝本月"主营业务收入"科目贷方发生额
×商品进销差价率

上述所称"主营业务收入",是指采用售价核算的商品所取得的收入。

委托代销商品和委托加工物资可用上月的差价率计算应分摊的进销差价。小企业的商品进销差价率各月之间比较均衡的,也可采用上月的差价率计算分摊本月已销商品应负担的进销差价,并应于年度终了,对商品的进销差价进行核实调整。

"库存商品"和"商品进销差价"科目应按商品类别或实物负责人设置明细账,进行明细核算。

【例 4-21】　甲小企业库存商品采用售价金额核算。本月购入百货商品一批,计价款 50 000 元,增值税税额 6 500 元。该批商品售价金额 80 000 元。款项以转账支票支付。商品当时验收入库,增值税专用发票已认证。相关会计分录如下:

借:在途物资		50 000
应交税费——应交增值税(进项税额)		6 500
贷:银行存款		56 500
借:库存商品		80 000
贷:在途物资		50 000
商品进销差价		30 000

(2) 销售发出的商品,平时可按商品售价结转销售成本,借记"主营业务成本"科目,贷记"库存商品"科目。月度终了,应按商品进销差价率计算分摊本月已销商品应分摊的进销差价,借记"商品进销差价"科目,贷记"主营业务成本"科目。

【例 4-22】　某小企业 2020 年 3 月初库存商品账面余额为 125 000 元,"商品进销差价"账面余额 25 000 元;本月购进商品成本 450 000 元,售价总额 675 000 元;本月销售商品收入为 723 200 元(含税价,增值税率为 13%)。相关会计分录如下:

本月商品入库时:

借:库存商品		675 000
贷:在途物资		450 000
商品进销差价		225 000

本月销售商品时:

借:银行存款		723 200
贷:主营业务收入		640 000
应交税费——应交增值税(销项税额)		83 200

结转销售商品成本:

借:主营业务成本		640 000
贷:库存商品		640 000

商品进销差价率=(25 000+225 000)÷(125 000+675 000)×100%=31.25%

本月销售商品应分摊的进销差价=640 000×31.25%=200 000(元)

借:商品进销差价		200 000
贷:主营业务成本		200 000

第四节　周转材料

周转材料是指小企业能够多次使用、逐渐转移其价值但仍保持原有形态不确认为固定资产的材料,如包装物、低值易耗品,以及小企业(建筑业)的钢模板、木模板、脚手架等。

小企业应设置"周转材料"科目核算小企业库存的周转材料的实际成本或计划成本。各种包装材料,如纸、绳、铁丝、铁皮等,应在"原材料"科目内核算;用于储存和保管产品、材料而不对外出售的包装物,应按照价值大小和使用年限长短,分别在"固定资产"科目或本科目核算。小企业的包装物、低值易耗品,也可以单独设置"1412 包装物""1413 低值易耗品"科目。包装物数量不多的小企业,也可以不设置"周转材料"科目,将包装物并入"原材料"科目核算。小企业购入、自制、委托外单位加工完成并验收入库的周转材料,以及对周转材料的清查盘点,比照"原材料"科目的相关规定进行账务处理。生产、施工领用周转材料,通常采用一次转销法,按照其成本,借记"生产成本""管理费用""工程施工"等科目,贷记"周转材料"科目。

随同产品出售但不单独计价的包装物,按照其成本,借记"销售费用"科目,贷记"周转材料"科目。随同产品出售并单独计价的包装物,按照其成本,借记"其他业务成本"科目,贷记"周转材料"科目。金额较大的周转材料,也可以采用分次摊销法,领用时应按照其成本,借记"周转材料(在用)"科目,贷记"周转材料(在库)"科目;按照使用次数摊销时,应按照其摊销额,借记"生产成本""管理费用""工程施工"等科目,贷记"周转材料(摊销)"科目。

周转材料采用计划成本进行日常核算的,领用等发出周转材料,还应结转应分摊的成本差异。

"周转材料"科目的期末余额,反映小企业在库、出租、出借周转材料的实际成本或计划成本以及在用周转材料的摊余价值。"周转材料"科目应按照周转材料的种类,分别"在库""在用"和"摊销"进行明细核算。

一、包装物

包装物是指小企业为了包装本企业商品而储备的各种包装容器,如桶、箱、瓶、坛、袋等。其核算内容包括:生产过程中用于包装产品作为产品组成部分的包装物;随同商品出售而单独或者不单独计价的包装物;出租或出借给购买单位使用的包装物。

为了反映和监督包装物的增减变动及其价值损耗、结存等情况,小企业应当设置"周转材料——包装物"科目进行核算。对于生产领用包装物,应根据领用包装物的实际成本或计划成本,借记"生产成本"科目,贷记"周转材料——包装物""材料成本差异"等科目。随同商品出售而不单独计价的包装物,应于包装物发出时,按其实际成本计入销售费用。随同商品出售且单独计价的包装物,其销售收入计入其他业务收入,按其实际销售成本计入其他业务成本。包装物应当根据使用次数分次进行摊销。

(一)生产领用包装物

小企业生产领用包装物,应按照领用包装物的实际成本,借记"生产成本"科目,按照领用包装物的计划成本,贷记"周转材料——包装物"科目,按照其差额,借记或贷记"材料成本差异"科目。

【例 4-23】 甲小企业对包装物采用计划成本核算,2020 年 2 月生产产品领用包装物

的计划成本为 2 000 元,材料成本差异率为－2%。甲企业会计分录如下:

借:生产成本   1 960

  材料成本差异   40

  贷:周转材料——包装物   2 000

（二）随同商品出售包装物

小企业随同商品出售而不单独计价的包装物,应按其实际成本计入销售费用;随同商品出售单独计价的包装物,应按其实际成本计入其他业务成本。领用时,借记"销售费用"或"其他业务成本"科目,按其计划成本,贷记"周转材料——包装物"科目,按其差额,借记或贷记"材料成本差异"科目。

【例 4-24】 甲小企业 2020 年 2 月销售商品领用不单独计价包装物的计划成本为 3 000 元,材料成本差异率为 2%。甲小企业会计分录如下:

借:销售费用   3 060

  贷:周转材料——包装物   3 000

    材料成本差异   60

若上述包装物随同商品出售且单独计价,则会计分录为:

借:其他业务成本   3 060

  贷:周转材料——包装物   3 000

    材料成本差异   60

【例 4-25】 甲小企业 2020 年 3 月随同产品销售出租包装物一批,收取包装物押金 2 260 元。合同规定按期归还包装物后,押金如数退回,逾期没收押金。没收押金时会计分录如下:

借:其他应付款   2 260

  贷:营业外收入   2 000

    应交税费——应交增值税(销项税额)   260

（三）出租或出借包装物

小企业出租或出借包装物取得的租金收入计入营业外收入,因此领用出租、出借包装物时不需要结转成本,但从加强实物管理的角度,小企业对出租、出借包装物应当建立备查簿,进行备查登记,并对其收到的租金和押金进行会计处理。

小企业确认出租包装物的租金收入,借记"其他应收款"等科目,贷记"营业外收入"科目。小企业收到出租或出借包装物的押金,借记"库存现金""银行存款"等科目,贷记"其他应付款"科目,退回押金做相反会计处理。小企业确认逾期未退包装物押金收益,借记"其他应付款"等科目,贷记"营业外收入"科目。涉及增值税销项税额的,还应进行相应的账务处理。

二、低值易耗品

低值易耗品是指不确认为固定资产的各种用具物品,如工具、管理用具、玻璃器皿,

涉税法规链接及提示

涉税法规链接及提示

以及在经营过程中周转使用的包装容器等。

低值易耗品从其性质上看,属于劳动资料,它可以多次参加生产经营周转而不改变其原有的实物形态,从而其价值转移应按其损耗程度部分地、逐渐地转移到它所参与生产的产品中去;同时,在使用过程中,有的还要进行修理,在报废时还有一定的残余价值。从这些方面来说,它与固定资产相似。但是低值易耗品具有低值、易耗、品种繁多、使用情况复杂等特点,因而在核算上应有别于固定资产。

为了核算与监督各种低值易耗品的收入、领用、摊销和结存情况,小企业应设置"周转材料——低值易耗品"科目,对其进行总分类核算。

"周转材料——低值易耗品"科目核算小企业在库的各种低值易耗品的实际成本。其借方登记小企业购入、自制、委托外单位加工完成验收入库,以及其他原因增加的低值易耗品的成本;贷方登记小企业领用、摊销以及盘亏等原因减少的低值易耗品的成本;期末余额在借方,表示小企业期末库存低值易耗品的成本。

小企业购入、自制、委托外单位加工完成并已验收入库的低值易耗品的实际成本构成以及低值易耗品的清查盘点,比照"原材料"科目的相关规定进行核算。

小企业应当根据具体情况,对低值易耗品采用一次或者分次摊销的方法核算其实际成本。

一次摊销的低值易耗品,在领用时将其全部价值摊入有关的成本费用,借记"制造费用""管理费用"等科目,贷记"周转材料——低值易耗品"科目。报废时,将报废低值易耗品的残料价值作为当月低值易耗品摊销额的减少,冲减有关成本费用,借记"原材料"等科目,贷记"制造费用""管理费用"等科目。

采用分次摊销法摊销低值易耗品,低值易耗品在领用时摊销其账面价值。分次摊销法适用于可供多次反复使用的低值易耗品。在采用分次摊销法的情况下,需要单独设置"周转材料——低值易耗品——在用""周转材料——低值易耗品——在库"和"周转材料——低值易耗品——摊销"明细科目。

小企业对在用低值易耗品,以及使用部门退回仓库的低值易耗品,应当加强实物管理,并在备查簿中登记。

【例 4-26】 甲小企业的基本生产车间领用专用工具一批,实际成本为 9 000 元,不符合固定资产定义,采用分次摊销法进行摊销。该专用工具的估计使用次数为 3 次。应编制如下会计分录:

(1)领用专用工具时:

借:周转材料——低值易耗品——在用　　　　　　　　　　　9 000
　　贷:周转材料——低值易耗品——在库　　　　　　　　　　　　9 000

(2)第一次领用时摊销其价值的三分之一时:

借:制造费用　　　　　　　　　　　　　　　　　　　　　　　3 000
　　贷:周转材料——低值易耗品——摊销　　　　　　　　　　　　3 000

(3)第二、第三次领用时各摊销其价值的三分之一时:

借:制造费用　　　　　　　　　　　　　　　　　　　　　　　3 000
　　贷:周转材料——低值易耗品——摊销　　　　　　　　　　　　3 000

(4)报废时:

借:周转材料——低值易耗品——摊销　　　　　　　9 000
　　贷:周转材料——低值易耗品——在用　　　　　　　　9 000

第五节　消耗性生物资产

生物资产是指与农业生产相关的有生命的(即活的)动物和植物。有生命的动物和植物具有能够进行生物转化的能力。生物转化,指导致生物资产质量或数量发生变化的生长、蜕化、生产和繁殖的过程。其中,生长是指动物或植物体积、重量的增加或者质量的提高,例如农作物从种植开始到收获前的过程;蜕化是指动物或植物产出量的减少或质量的退化,例如奶牛产奶能力的不断下降;生产是指动物或植物本身产出农产品,例如蛋鸡产蛋、奶牛产奶、果树产水果等;繁殖是指产生新的动物或植物,例如奶牛产牛犊、母猪生小猪等。

一、生物资产的分类

生物资产通常分为消耗性生物资产、生产性生物资产和公益性生物资产三大类。

（一）消耗性生物资产

是指为出售而持有的、或在将来收获为农产品的生物资产。消耗性生物资产是劳动对象,包括生长中的大田作物、蔬菜、用材林以及存栏待售的牲畜等。消耗性生物资产通常是一次性消耗并终止其服务能力或未来经济利益,因此在一定程度上具有存货的特征,应当作为存货在资产负债表中列报。

（二）生产性生物资产

是指为产出农产品、提供劳务或出租等目的而持有的生物资产。生产性生物资产具备自我生长性,能够在持续的基础上予以消耗并在未来的一段时间内保持其服务能力或未来经济利益,属于劳动手段,包括经济林、薪炭林、产畜和役畜等。

与消耗性生物资产相比较,生产性生物资产的最大不同在于,生产性生物资产具有能够在生产经营中长期、反复使用,从而不断产出农产品或者是长期役用的特征。消耗性生物资产收获农产品之后,该资产就不复存在;而生产性生物资产产出农产品之后,该资产仍然保留,并可以在未来期间继续产出农产品。因此,通常认为生产性生物资产在一定程度上具有固定资产的特征,例如果树每年产出水果、奶牛每年产奶等。

（三）公益性生物资产

是指以防护、环境保护为主要目的的生物资产,包括防风固沙林、水土保持林和水源涵养林等。公益性生物资产与消耗性生物资产和生产性生物资产有本质不同。后两者的目的是直接给小企业带来经济利益,而公益性生物资产主要是出于防护、环境保护等目的,尽管其不能直接给小企业带来经济利益,但具有服务潜能,有助于小企业从相关资产获得经济利益,如防风固沙林和水土保持林能带来防风固沙、保持水土的效能,风景林具有美化环境、休息游览的效能等。

二、会计科目的设置

小企业应设置"消耗性生物资产"科目,核算农、林、牧、渔业小企业持有的消耗性生物资产的实际成本。该科目借方登记外购的消耗性生物资产的实际成本,自行栽培的大田作物和蔬菜收获前发生的必要支出,自行营造的林木类消耗性生物资产郁闭前发生的必要支出,自行繁殖的育肥畜、水产养殖的动植物出售前发生的必要支出,产畜或役畜淘汰转为育肥畜转群时的账面价值,择伐、间伐或抚育更新性质采伐而补植林木类消耗性生物资产发生的后续支出,农业生产过程中发生的应归属于消耗性生物资产的费用;贷方登记出售消耗性生物资产的账面余额,育肥畜转为产畜或役畜的账面余额,消耗性生物资产收获为农产品时的账面余额。"消耗性生物资产"科目期末借方余额,反映小企业(农、林、牧、渔业)消耗性生物资产的实际成本。

涉税法规链
接及提示

三、消耗性生物资产取得的核算

(一)外购的消耗性生物资产

外购的消耗性生物资产应当按照成本进行计量。消耗性生物资产的成本包括购买价款、相关税费、运输费、保险费以及可直接归属于购买该资产的其他支出。其中,可直接归属于购买该资产的其他支出包括场地整理费、装卸费、栽植费、专业人员服务费等。

【例 4-27】2020 年 9 月甲农业小企业从市场上一次性购买了 20 头苗猪,单价 200 元,支付价款 4 000 元,发生的运输费 200 元,保险费 30 元,装卸费为 50 元,款项全部以银行存款支付。甲农业企业的会计分录如下:

借:消耗性生物资产——苗猪   4 280

  贷:银行存款   4 280

(二)自行繁殖、营造的消耗性生物资产

对自行繁殖、营造的消耗性生物资产而言,其成本确定的一般原则是按照自行繁殖或营造(即培育)过程中发生的必要支出确定,既包括直接材料、直接人工、其他直接费,也包括应分摊的间接费用。不同种类消耗性生物资产的成本构成如下:

(1)自行栽培的大田作物和蔬菜的成本,包括在收获前耗用的种子、肥料、农药等材料费、人工费和应分摊的间接费用等必要支出。

(2)自行营造的林木类消耗性生物资产的成本,包括郁闭前发生的造林费、抚育费、营林设施费、良种试验费、调查设计费和应分摊的间接费用等必要支出。

(3)自行繁殖的育肥畜的成本,包括出售前发生的饲料费、人工费和应分摊的间接费用等必要支出。

(4)水产养殖的动物和植物的成本,包括在出售或入库前耗用的苗种、饲料、肥料等

材料费、人工费和应分摊的间接费用等必要支出。

【例 4-28】　甲小企业 2020 年 3 月使用一台拖拉机翻耕土地 100 公顷用于小麦和玉米的种植，其中 60 公顷种植玉米、40 公顷种植小麦。该拖拉机原值为 60 300 元，预计净残值为 300 元，按照工作量法计提折旧，预计可以翻耕土地 6 000 公顷。有关计算如下：

$$应当计提的拖拉机折旧 = (60\,300 - 300) \div 6\,000 \times 100 = 1\,000（元）$$

$$玉米应当分配的机械作业费 = 1\,000 \div (60 + 40) \times 60 = 600（元）$$

$$小麦应当分配的机械作业费 = 1\,000 \div (60 + 40) \times 40 = 400（元）$$

甲企业的会计分录如下：

借：消耗性生物资产——玉米　　　　　　　　　　　　　　　　　600
　　　　　　　　　　——小麦　　　　　　　　　　　　　　　　400
　　贷：累计折旧　　　　　　　　　　　　　　　　　　　　　　1 000

（三）林木类生物资产补植

在林木类生物资产的生长过程中，为了使其更好地生长，往往需要进行择伐、间伐或抚育更新性质采伐（这些采伐并不影响林木的郁闭状态），并且在采伐之后进行相应的补植。借记"消耗性生物资产"科目，贷记"库存现金""银行存款""其他应付款"等科目。

【例 4-29】　2020 年 5 月甲林业小企业对一片用材林择伐迹地进行更新造林，应支付临时职工薪酬 15 000 元，领用材料 20 000 元。甲小企业的账务处理如下：

借：消耗性生物资产——用材林　　　　　　　　　　　　　　　　35 000
　　贷：应付职工薪酬　　　　　　　　　　　　　　　　　　　　15 000
　　　　原材料　　　　　　　　　　　　　　　　　　　　　　　20 000

【例 4-30】　甲林业小企业培植管护一片森林，2020 年 3 月，发生森林管护费用共计 40 000 元，其中职工薪酬 20 000 元，尚未支付；使用库存肥料 16 000 元；管护设备折旧 4 000 元。管护总面积为 5 000 公顷，其中作为用材林的杨树林共计 4 000 公顷，已郁闭的占 75%，其余的尚未郁闭；作为水土保持林的马尾松共计 1 000 公顷，全部已郁闭。假定管护费用按照森林面积比例进行分配。有关计算如下：

$$未郁闭杨树林应分配共同费用的比例 = 4\,000 \times (1 - 75\%) \div 5\,000 = 0.2$$

$$已郁闭杨树林应分配共同费用的比例 = 4\,000 \times 75\% \div 5\,000 = 0.6$$

$$已郁闭马尾松应分配共同费用的比例 = 1\,000 \div 5\,000 = 0.2$$

$$未郁闭杨树林应分配的共同费用 = 40\,000 \times 0.2 = 8\,000（元）$$

$$已郁闭杨树林应分配的共同费用 = 40\,000 \times 0.6 = 24\,000（元）$$

$$已郁闭马尾松应分配的共同费用 = 40\,000 \times 0.2 = 8\,000（元）$$

甲企业的会计分录如下：

借：消耗性生物资产——用材林（杨树）　　　　　　　　　　　　8 000
　　管理费用　　　　　　　　　　　　　　　　　　　　　　　　32 000

贷:应付职工薪酬	20 000
原材料	16 000
累计折旧	4 000

（四）消耗性生物资产的收获

收获,是指消耗性生物资产生长过程的结束,如收割小麦、采伐用材林等,以及农产品从生产性生物资产上分离,如从苹果树上采摘下苹果、奶牛产出牛奶、绵羊产出羊毛等。

农产品按照所处行业,一般可以分为种植业产品(如小麦、水稻、玉米、棉花、糖料、叶等)、畜牧养殖业产品(如牛奶、羊毛、肉类、禽蛋等)、林产品(如苗木、原木、水果等)和水产品(如鱼、虾、贝类等)。小企业应当按照成本核算对象(消耗性生物资产、生产性生物资产、公益性生物资产和农产品)设置明细账,并按成本项目设置专栏,进行明细分类核算。

从收获农产品成本核算的截止时点来看,由于种植业产品和林产品一般具有季节性强、生产周期长等特点,种植业产品和林产品成本计算期因不同产品的特点而异。例如,粮豆的成本算至入库或能够销售;棉花算至皮棉;纤维作物、香料作物、人参、啤酒花等算至纤维等初级产品;草成本算至干草;不入库的鲜活产品算至销售;入库的鲜活产品算至入库;年底尚未脱粒的作物,其产品成本算至预提脱粒费用等。再如,育苗的成本计算截至出圃;采割阶段,林木采伐算至原木产品;橡胶算至加工成干胶或浓缩胶乳;茶的成本计算截至各种毛茶;水果等其他收获活动计算至产品能够销售等。

1. 消耗性生物资产收获农产品的会计处理

从消耗性生物资产上收获农产品后,消耗性生物资产自身完全转为农产品而不复存在,如肉猪宰杀后的猪肉、收获后的蔬菜、用材林采伐后的木材等,小企业应当将收获时点消耗性生物资产的账面价值结转为农产品的成本。借记"农产品"科目,贷记"消耗性生物资产"科目;对于不通过入库直接销售的鲜活产品等,按实际成本,借记"主营业务成本"。

【例 4-31】 甲种植小企业 2020 年 6 月入库小麦 20 吨,成本为 12 000 元。甲企业的会计分录如下:

| 借:农产品——小麦 | 12 000 |
| 贷:消耗性生物资产——小麦 | 12 000 |

2. 消耗性生物资产成本结转方法

在收获时点小企业应当将该时点归属于某农产品生产成本的账面价值结转为农产品的成本,借记"农产品"科目,贷记"农业生产成本——农产品"科目。具体的成本结转方法包括加权平均法、个别计价法、蓄积量比例法、轮伐期年限法等。小企业可以根据实际情况选用合适的成本结转方法,但是一经确定,不得随意变更。

(1)蓄积量比例法。

蓄积量比例法以达到经济成熟可供采伐的林木为"完工"标志,将包括已成熟和未成熟的所有林木按照完工程度(林龄、林木培育程度、费用发生程度等)折算为达到经济成熟可供采伐的林木总体蓄积量,然后,按照当期采伐林木的蓄积量占折算的林木总体蓄积量的比例,确定应该结转的林木资产成本。该方法主要适用于择伐方式和林木资产由于择伐更新使其价值处于不断变动的情况。

计算公式如下:

$$某期应结转的林木资产成本＝(当期采伐林木的蓄积量÷林木总体蓄积量)$$
$$×期初林木资产账面总值$$

(2) 轮伐期年限法。

轮伐期年限法将林木原始价值按照可持续经营的要求,在其轮伐期的年份内平均摊销,并结转林木资产成本。其中,轮伐期是指将一块林地上的林木均衡分批、轮流采伐一次所需要的时间(通常以年为单位计算)。计算公式如下:

$$某期应结转的林木资产成本＝林木资产原值÷轮伐期$$

(3) 折耗率法。

折耗率法也是林业上常用的方法之一。该方法按照采伐林木所消耗林木蓄积量占到采伐为止预计该地区、该树种可能达到的总蓄积量摊销、结转所采伐林木资产成本。计算公式如下:

$$采伐的林木应摊销的林木资产价值＝折耗率×所采伐林木的蓄积量$$

$$折耗率＝林木资产总价值÷到采伐为止预计的总蓄积量$$

其中的折耗率应分树种、地区分别测算;林木资产总价值是指该地区、该树种的营造林历史成本总和;预计总蓄积量是指到采伐为止预计该地区、该树种可能达到的总蓄积量。

【例 4-32】 甲畜牧养殖小企业 2020 年 5 月末养殖的肉猪账面余额为 24 000 元,共计 40 头;6 月 6 日花费 7 000 元新购入一批肉猪养殖,共计 10 头;6 月 30 日屠宰并出售肉猪 20 头,支付临时工屠宰费用 100 元,出售取得价款 16 000 元;6 月份共发生饲养费用 500 元(其中,应付专职饲养员薪酬 300 元,饲料 200 元)。甲小企业采用移动加权平均法结转成本。甲企业的会计分录如下:

$$平均单位成本＝(24\,000＋7\,000＋500)÷(40＋10)＝630(元)$$

$$出售猪肉的成本＝630×20＝12\,600(元)$$

借:消耗性生物资产——肉猪	7 000	
贷:银行存款		7 000
借:消耗性生物资产——肉猪	500	
贷:应付职工薪酬		300
原材料		200
借:农产品——猪肉	12 700	
贷:消耗性生物资产		12 600
库存现金		100
借:库存现金	16 000	
贷:主营业务收入		16 000

借:主营业务成本	12 700
贷:农产品——猪肉	12 700

四、消耗性生物资产的减少

(一)消耗性生物资产出售

消耗性生物资产出售时,小企业应按实际收到的金额,借记"银行存款"等科目,贷记"主营业务收入"等科目;应按其账面余额,借记"主营业务成本"等科目,贷记"消耗性生物资产"等科目。

【例4-33】 甲畜牧养殖小企业于2020年8月将育成的40头仔猪出售给乙食品加工厂,价款总额为20 000元,货款尚未收到。出售时仔猪的账面余额为12 000元。甲小企业的会计分录如下:

借:应收账款——乙食品加工厂	20 000
贷:主营业务收入	20 000
借:主营业务成本	12 000
贷:消耗性生物资产——育肥猪	12 000

(二)消耗性生物资产转换

消耗性生物资产改变用途后的成本应当按照改变用途时的账面价值确定,也就是说,将转出生物资产的账面价值作为转入资产的实际成本。通常包括如下情况:

1. 产畜或役畜与育肥畜、林木类生产性生物资产与林木类消耗性生物资产互换

产畜或役畜淘汰转为育肥畜或者林木类生产性生物资产转为林木类消耗性生物资产时,按转群或转变用途时的账面价值,借记"消耗性生物资产"科目,按已计提的累计折旧,借记"生产性生物资产累计折旧"科目,按其账面余额,贷记"生产性生物资产"科目。育肥畜转为产畜或役畜或者林木类消耗性生物资产转为林木类生产性生物资产时,应按其账面余额,借记"生产性生物资产"科目,贷记"消耗性生物资产"科目。

【例4-34】 2020年4月,甲企业自行繁殖的5头育肥猪转为种猪,此批种猪的账面原价为50 000元。甲企业的会计分录如下:

借:生产性生物资产——成熟生产性生物资产(种猪)	50 000
贷:消耗性生物资产——育肥猪	50 000

2. 消耗性生物资产转为公益性生物资产

消耗性生物资产转为公益性生物资产时,应当按照账面余额,借记"公益性生物资产"科目,贷记"消耗性生物资产"科目。公益性生物资产转为消耗性生物资产时,应按其账面余额,借记"消耗性生物资产"科目,贷记"公益性生物资产"科目。

【例4-35】 2020年7月,由于区域生态环境的需要,甲林业有限责任公司的3公顷造纸原料林(杨树)被划为防风固沙林,仍由公司负责管理,该林的账面余额20 000元。甲企业的会计分录如下:

借:公益性生物资产——防风固沙林(杨树)	20 000
贷:消耗性生物资产——造纸原料林(杨树)	20 000

第六节　存货清查

存货清查是指小企业通过对存货的实地盘点,确定存货的实有数量,并与账面结存数核对,从而确定存货实存数与账面结存数是否相符的一种专门方法。

由于存货种类繁多、收发频繁,小企业在日常收发过程中可能发生计量错误、计算错误、自然损耗,还可能发生损坏变质以及贪污、盗窃等情况,造成账实不符,形成存货的盘盈盘亏。对于存货的盘盈盘亏,应填写存货盘点报告(如实存账存对比表),及时查明原因,按照规定程序处理。

为了反映小企业在财产清查中查明的各种存货的盘盈、盘亏和毁损情况,小企业应当设置"待处理财产损溢"科目,该科目借方登记存货的盘亏、毁损金额及盘盈的转销金额,贷方登记存货的盘盈金额及盘亏的转销金额。小企业清查的各种存货损益,应在期末结账前处理完毕,期末处理后,本科目应无余额。

小企业存货因发生非正常损失或改变用途等,原已计入进项税额、待抵扣进项税额或待认证进项税额,但按现行增值税制度规定不得从销项税额中抵扣的,借记"待处理财产损溢"等科目,贷记"应交税费——应交增值税(进项税额转出)""应交税费——待抵扣进项税额"或"应交税费——待认证进项税额"科目。

一、存货盘盈的核算

小企业发生存货盘盈时,借记"原材料""库存商品"等科目,贷记"待处理财产损溢"科目;报经批准后,借记"待处理财产损溢"科目,贷记"营业外收入"科目。

【例 4-36】 甲小企业在财产清查中盘盈 A 材料 1 000 千克,实际单位成本 10 元,经查属于材料收发计量方面的错误。应编制如下会计分录:

(1) 批准前:

借:原材料　　　　　　　　　　　　　　　　　　　　10 000
　　贷:待处理财产损溢——待处理流动资产损溢　　　　　　　　　10 000

(2) 批准后:

借:待处理财产损溢——待处理流动资产损溢　　　　　　10 000
　　贷:营业外收入　　　　　　　　　　　　　　　　　　　　　10 000

二、存货盘亏及毁损的核算

《小企业会计准则》规定,小企业存货发生毁损,处置收入,可收回的责任人赔偿和保险赔款,扣除其成本、相关税费后的净额,应当计入营业外支出。

小企业发生存货盘亏及损毁时,借记"待处理财产损溢"科目,贷记"原材料""库存商品"等科目。在按管理权限报经批准后应做如下会计处理:对于入库的残料价值,计入"原材料"等科目;对于应由保险公司和过失人的赔款,记入"其他应收款"科目;扣除残料价值和应由保险公司、过失人赔款后的净损失,记入"营业外支出"科目。

【例4-37】　甲小企业因台风造成一批库存材料毁损,实际成本30 000元,根据增值税制度规定不得从销项税额抵扣的增值税税额6 500元,根据保险责任范围及保险合同规定,应由保险公司赔偿24 000元,残料800元已办理入库手续。甲企业应编制如下会计分录:

(1)批准前:

借:待处理财产损溢——待处理流动资产损溢　　　　　　　　　　　36 500

　　贷:原材料　　　　　　　　　　　　　　　　　　　　　　　　　30 000

　　　　应交税费——应交增值税(进项税额转出)　　　　　　　　　　 6 500

(2)批准后:

借:其他应收款　　　　　　　　　　　　　　　　　　　　　　　　24 000

　　原材料　　　　　　　　　　　　　　　　　　　　　　　　　　　 800

　　营业外支出——非常损失　　　　　　　　　　　　　　　　　　　11 700

　　贷:待处理财产损溢——待处理流动资产损溢　　　　　　　　　　　36 500

涉税法规链接及提示

练习题

一、单项选择题

1. 甲小企业为小规模纳税人。该企业购入甲材料600千克,每千克含税单价为50元,发生运杂费2 000元,运输途中发生合理损耗10千克,入库前发生挑选整理费用450元。该批甲材料的单位实际成本为(　　)元。

A. 50　　　　　　　　B. 54　　　　　　　　C. 55　　　　　　　　D. 56

2. 某小企业为增值税一般纳税人,从外地购入原材料30吨,取得的增值税专用发票上注明的价款为36 000元,增值税税额为4 680元;另发生运输费3 000元,增值税税额270元;装卸费1 900元,增值税税额114元。原材料已验收入库,相关增值税专用发票均已认证,则该原材料的入账价值为(　　)元。

A. 39 790　　　　　　B. 40 690　　　　　　C. 40 900　　　　　　D. 47 020

3. 某小商品批发企业为增值税一般纳税人,本月购入一批商品,取得的增值税专用发票上注明的价款为750 000元,增值税税额为97 500元;另发生运输费10 000元,增值税税额900元;装卸费10 000元,增值税税额600元,该批商品已验收入库,相关增值税专用发票均已认证。则该批商品的实际成本为(　　)元。

A. 750 000　　　　　B. 769 300　　　　　C. 770 000　　　　　D. 897 500

4. 某企业采用计划成本进行材料的日常核算。月初结存材料的计划成本为80万元,实际成本为100万元。当月购入材料一批,实际成本为130万元,计划成本为120万元。当月领用材料的计划成本为100万元,当月领用材料应负担的材料成本差异为(　　)万元。

A. 超支5　　　　　　B. 节约5　　　　　　C. 超支15　　　　　　D. 节约15

5. 企业在材料收入的核算中,需在月末暂估入账并于下月初红字冲回的是(　　)。

A. 月末购货发票账单未到,但已入库的材料

B. 月末购货发票账单已到,货款未付但已入库的材料

C. 月末购货发票账单已到,货款已付且已入库的材料

D. 月末购货发票账单已到,货款已付但未入库的材料

6. 某小企业为增值税一般纳税人,适用的增值税税率为13%,适用的消费税税率为10%。该企业委托其他单位(增值税一般纳税人)加工一批属于应税消费品的原材料,该批委托加工原材料收回后直接用于销售。发出材料的成本为18万元,支付不含增值税的加工费为9万元,支付增值税税额为1.17万元。该批原材料已加工完成并验收入库,则原材料成本为(　　)万元。

A. 27　　　　　　B. 28　　　　　　C. 30　　　　　　D. 30.51

7. 如果小企业定额管理基础好,各月末在产品数量变动较大,则该小企业适宜采用的完工产品和在产品成本分配方法是(　　)。

A. 在产品按定额成本计价　　　　　　B. 约当产量比例法

C. 定额比例法　　　　　　D. 在产品按其所耗直接材料成本计价

8. 小企业产品成本中原材料费用所占比重较大时,生产开始时原材料一次投入,月末在产品数量变化较大的情况下,月末可采用的在产品和完工产品之间分配的方法是(　　)。

A. 在产品成本按年初固定成本计算法　　B. 在产品按所耗直接材料成本计价法

C. 定额比例法　　　　　　D. 约当产量法

9. 某工业小企业下设供水、供电两个辅助生产车间,采用直接分配法进行辅助生产费用的分配。2020年4月,供水车间交互分配前实际发生的生产费用为9 000元,应负担供电车间的电费为2 700元;供水总量为50 000吨(其中:供电车间耗用5 000吨,基本生产车间耗用35 000吨,行政管理部门耗用10 000吨)。供水车间2020年4月对辅助生产车间以外的受益单位分配水费的总成本为(　　)元。

A. 10 800　　　　B. 11 700　　　　C. 10 530　　　　D. 9 000

10. 甲工业小企业下设供电、供水两个辅助生产车间,采用交互分配法进行辅助生产费用的分配。2020年9月,供水车间交互分配前实际发生的生产费用为31 500元,应负担供电车间的电费为9 950元;供水总量为175 000吨(其中:供电车间耗用17 500吨,基本生产车间耗用122 500吨,行政管理部门耗用35 000吨)。供水车间2020年9月对辅助生产车间以外的受益单位分配水费的总成本为(　　)元。

A. 28 350　　　　B. 38 300　　　　C. 36 855　　　　D. 40 950

11. 小企业对随同商品出售且单独计价的包装物进行会计处理时,该包装物的实际成本应结转到的会计科目是(　　)。

A. 制造费用　　　　　　B. 管理费用

C. 销售费用　　　　　　D. 其他业务成本

12. 某小企业11月1日甲存货结存数量为200件,单价为8元;11月2日发出甲存货150件;11月5日购进甲存货200件,单价8.8元;11月7日发出甲存货100件。在对甲存货发出采用先进先出法的情况下,11月7日发出甲存货的实际成本为(　　)元。

A. 800　　　　　　B. 840　　　　　　C. 860　　　　　　D. 880

13. 某小企业为增值税一般纳税人,购入乙种原材料50吨,取得的增值税专用发票

上注明的价款为每吨 1 200 元,增值税税额为 7 800 元。另发生运输费用 600 元,增值税税额 54 元;装卸费用 380 元,增值税税额 22.80 元。原材料运抵企业后,验收入库原材料为 49.96 吨,运输途中发生合理损耗 0.04 吨。相关增值税专用发票均已认证。该原材料的成本为( )元。

  A. 60 780   B. 60 980   C. 60 938   D. 60 890

14. 某小企业因火灾原因毁损一批原材料 16 000 元,该批原材料已抵扣的增值税进项税额为 2 080 元。收到各种赔款 1 500 元,残料入库 200 元。报经批准后,应计入"营业外支出"科目的金额为( )元。

  A. 16 380   B. 18 620   C. 14 300   D. 14 400

15. 销售甲产品时附带出售包装桶,包装桶单独计价。该批包装桶的成本应计入"( )"科目。

  A. 生产成本   B. 制造费用

  C. 其他业务成本   D. 销售费用

16. 包装产品用的包装纸、绳等包装材料,应在"( )"科目核算。

  A. 包装物   B. 原材料   C. 低值易耗品   D. 库存商品

17. 下列各项资产中,不属于存货范围的是( )。

  A. 委托加工材料

  B. 在产品

  C. 顾客交款并开出提货单而尚未提走的货物

  D. 货款已付正在运输途中的外购材料

18. 存货采用先进先出法计价的企业,在物价上涨的情况下,会使企业( )。

  A. 期末库存升高,当期损益增加   B. 期末库存升高,当期损益减少

  C. 期末库存降低,当期损益增加   D. 期末库存降低,当期损益减少

19. 产品单步骤、大批量生产的小企业,应采用的成本计算方法是( )。

  A. 品种法   B. 分步法   C. 分批法   D. 分类法

20. 某小企业只生产一种产品。2020 年 2 月 1 日期初在产品成本 3.5 万元;2 月份发生如下费用:生产领用材料 6 万元,生产工人工资 2 万元,制造费用 1 万元,管理费用 1.5 万元,广告费用 0.8 万元;月末在产品成本 3 万元。该小企业 2 月份完工产品的生产成本为( )万元。

  A. 8.3   B. 9   C. 9.5   D. 11.8

21. 投资者投入的存货的成本,按( )确定。

  A. 投资合同价值   B. 存货的账面成本

  C. 投资协议约定的价值   D. 评估确认的价值

22. 小企业生产车间发生的制造费用分配后一般应转入"( )"科目。

  A. 库存商品   B. 本年利润   C. 生产成本   D. 主营业务成本

23. 消耗性生物资产在资产负债表中列示在"( )"项目。

  A. 固定资产   B. 生物资产   C. 库存商品   D. 存货

24. 以下属于消耗性生物资产的是( )。

  A. 经济林   B. 薪炭林   C. 用材林   D. 防风固沙林

二、多项选择题

1. 下列各项中,应包括在资产负债表"存货"项目的有(　　　)。

A. 周转材料　　　　　　　　　　B. 委托加工物资

C. 正在加工中的在产品成本　　　D. 消耗性生物资产

2. 甲小企业为增值税一般纳税人,委托外单位加工一批材料(属于应税消费品,且为非金银首饰)。该批原材料加工收回后用于连续生产应税消费品。甲企业发生的下列各项支出中,会增加收回委托加工材料实际成本的有(　　　)。

A. 支付的加工费　　B. 支付的增值税　　C. 负担的运杂费　　D. 支付的消费税

3. 某产品由三道工序加工而成,原材料在每道工序之初投入,各工序的材料消耗定额分别为 20 千克、30 千克和 50 千克,用约当产量法分配原材料费用时,以下关于各工序在产品的完工程度计算正确的有(　　　)。

A. 第一道工序的完工程度为 20%　　　B. 第二道工序的完工程度为 50%

C. 第三道工序的完工程度为 100%　　　D. 第二道工序的完工程度为 35%

4. 下列各项中,属于小企业在确定生产费用在完工产品与在产品之间的分配方法时,应考虑的具体条件有(　　　)。

A. 在产品数量的多少　　　　　　B. 定额管理基础的好坏

C. 各项成本比重的大小　　　　　D. 各月在产品数量变化的大小

5. 制造费用的分配,通常采用的方法有(　　　)。

A. 生产工人工时比例法　　　　　B. 生产工人工资比例法

C. 机器工时比例法　　　　　　　D. 交互分配法

6. 下列项目中,应计入材料采购成本的有(　　　)。

A. 材料买价　　　　　　　　　　B. 采购人员的差旅费

C. 装卸费　　　　　　　　　　　D. 保险费

7. 小企业库存材料发生盘亏或毁损,在查明原因后应分别计入"(　　　)"科目。

A. 管理费用　　　B. 财务费用　　　C. 营业外支出　　　D. 其他应收款

8. 下列各项目中,不应计入产品成本的有(　　　)。

A. 技术转让费　　　　　　　　　B. 行政管理部门设备折旧费

C. 行政管理人员工资　　　　　　D. 生产车间管理人员的工资

9. 下列项目中构成小企业外购原材料实际成本的有(　　　)。

A. 支付的买价

B. 入库后的挑选整理费

C. 运输途中的保险费

D. 加工货物收回后用于连续生产的应税消费品

10. 下列项目中,属于生产费用在本月完工产品和月末在产品之间分配方法的有(　　　)。

A. 不计算在产品成本

B. 在产品成本按其所耗用的原材料费用计算

C. 约当产量比例法

D. 在产品按定额成本计算

11. 下列各项存货中,属于周转材料的有(　　　)。

A. 委托加工物资　　　B. 包装物　　　　　C. 低值易耗品　　　　D. 包装材料

12. 自行栽培、营造、繁殖或养殖的消耗性生物资产的成本有(　　　)。

A. 在收货前耗用的种子、肥料、农药等材料费、人工费和应分摊的间接费用

B. 郁闭前发生的造林费、抚育费、营林设施费、良种试验费、调查设计费和应分摊的间接费用

C. 在出售前耗用的苗种、饲料、肥料等材料费、人工费和应分摊的间接费用

D. 在出售或入库前耗用的苗种、饲料、肥料等材料费、人工费和应分摊的间接费用

三、判断题

1. 工业小企业购入材料和批发业小企业购入商品所发生的运杂费、保险费等均应计入存货成本。　　　　　　　　　　　　　　　　　　　　　　　　　　　　　　(　　)

2. 存货发生毁损,处置收入、可收回的责任人赔偿和保险赔款,扣除其成本、相关税费后的净额,应当记入"管理费用"科目。　　　　　　　　　　　　　　　　　　　　(　　)

3. 毛利率法主要适用于商品批发企业每个季度前两个月计算商品销售成本和期末结存商品成本。　　　　　　　　　　　　　　　　　　　　　　　　　　　　　　　　(　　)

4. 购入材料在运输途中发生的合理损耗无须单独进行账务处理。　　　　　　(　　)

5. 非正常消耗的直接材料、直接人工和制造费用,应在发生时计入当期损益,不应计入存货成本。　　　　　　　　　　　　　　　　　　　　　　　　　　　　　　　　(　　)

6. 无论小企业对存货采用实际成本核算,还是采用计划成本核算,在编制资产负债表时,资产负债表上的存货项目反映的都是存货的实际成本。　　　　　　　　　　　　(　　)

7. 采用计划成本计价核算的小企业,其材料采购科目余额反映的是企业在途物资的实际成本。　　　　　　　　　　　　　　　　　　　　　　　　　　　　　　　　　　(　　)

8. 发出存货计价方法的选择直接影响着资产负债表中资产总额的多少,而与利润表中净利润的大小无关。　　　　　　　　　　　　　　　　　　　　　　　　　　　　　(　　)

9. 采用计划成本进行材料日常核算的,月末结转发出材料应负担的材料成本差异时,无论是节约还是超支,均记入"材料成本差异"科目的贷方。　　　　　　　　　　(　　)

10. 出租包装物逾期未收回而没收的押金,缴纳有关税费后的净收入应记入"营业外收入"科目。　　　　　　　　　　　　　　　　　　　　　　　　　　　　　　　　　(　　)

11. 企业接收的投资者投入的商品,应按照该商品在投资方的账面价值入账。(　　)

12. 因择伐、间伐或抚育更新性质采伐而补植林木类消耗性生物资产发生的后续支出,应当计入林木类消耗性生物资产的当期损益。　　　　　　　　　　　　　　　　(　　)

13. 林木类生产性生物资产转为林木类消耗性生物资产时,按改变用途时的账面价值计入"消耗性生物资产"科目。　　　　　　　　　　　　　　　　　　　　　　　　(　　)

14. 消耗性生物资产转为公益性生物资产时,应当按照账面余额计入"公益性生物资产"科目。　　　　　　　　　　　　　　　　　　　　　　　　　　　　　　　　　(　　)

15. 自行繁殖的育肥畜成本包括出售前发生的饲料费。　　　　　　　　　　(　　)

四、业务题

1. 某批发小企业 2020 年 7 月 1 日 A 种商品期初结存 30 万元,本月购进该种商品 60 万元,本月该种商品销售收入 80 万元,发生商业折扣 0.5 万元,上月该种商品毛利率

为 15%。

要求:计算 7 月份已销商品成本和库存商品成本。

2. 甲小企业原材料按实际成本计价,本月发生以下经济业务:①购进甲种原材料一批,价款 2 万元,增值税税额 0.26 万元,共计 2.26 万元以银行存款支付,材料尚未运到。②购进乙种原材料一批,价款 2.5 万元,增值税税额 0.325 万元,共计 2.825 万元,材料验收入库,款项以银行存款支付。③购进甲种材料运到并验收入库。④购进丙种材料一批,合同价 4 万元,材料验收入库,结算凭证尚未到达。⑤月末购进丙种材料的结算凭证仍未到达,按暂估价 4 万元入账。⑥下月初冲回入库未付款材料款。⑦购进丙种材料的结算凭证到达,价款 4 万元,增值税税额 0.52 万元,共计 4.52 万元,以银行存款支付。⑧根据乙种材料"发料凭证汇总表"所列,生产车间领用 1.5 万元,管理部门领用 0.4 万元。

要求:假如可以抵扣的增值税专用发票均通过认证,根据以上经济业务编制会计分录。

3. 某养殖场 2020 年 9 月末养殖的山羊账面余额为 59 600 元,共计 40 只;10 月 6 日花费 24 500 元新购入一批山羊养殖,共计 12 只;10 月 30 日屠宰并出售山羊 20 只,支付临时工屠宰费用 2 100 元,出售取得价款 43 600 元;10 月份共发生饲养费用 16 900 元,其中,支付专职饲养员工资 9 000 元,饲料 7 900 元。该养殖场采用加权平均法结转成本。

要求:根据以上经济业务,编制会计分录。

4. 某小企业为增值税一般纳税人,材料按计划成本计价核算。甲材料计划单位成本为每千克 10 元。该企业 2020 年 12 月份有关资料如下:

(1)"原材料——甲材料"科目月初余额 80 000 元,"材料成本差异(甲材料)"科目月初借方余额 1 000 元,"材料采购——甲材料"科目月初借方余额 21 000 元。

(2)12 月 7 日,企业上月已付款的甲材料 2 000 千克如数收到,已验收入库。

(3)12 月 15 日,从外地 A 公司购入甲材料 6 000 千克,增值税专用发票注明的材料价款为 58 900 元,增值税税额 7 657 元,企业已用银行存款支付上述款项,材料尚未到达。

(4)12 月 25 日,从 A 公司购入的甲材料到达,验收入库时发现短缺 100 千克,经查明为途中定额内自然损耗,按实收数量验收入库。

(5)12 月 31 日,汇总本月发料凭证,本月共发出甲材料 6 000 千克,全部用于产品生产。

要求:假如可以抵扣的增值税专用发票均通过认证,根据上述业务编制相关的会计分录,并计算本月材料成本差异率、本月发出材料应负担的成本差异。

第五章　对外投资

 【学习目标】

1. 了解对外投资的目的及分类、短期投资的特征、短期投资核算应设置的科目;

2. 理解短期投资、长期债券投资和长期股权投资成本的确定;

3. 掌握取得或持有以及出售短期投资的核算、长期债券投资持有及到期或处置的核算、长期债券投资和长期股权投资损失的核算、长期股权投资持有及处置的核算。

第一节　对外投资概述

对外投资是小企业在其本身的主要经营业务以外,以现金、实物、无形资产等方式,或者以购买股票、债券等有价证券方式向其他经济实体进行投资,以期在未来获得投资收益的经济行为。

一、对外投资的目的

对外投资是建立在小企业资金能够满足正常的生产经营活动需要尚有闲置的前提下,为了发掘这部分闲置资金的潜力,小企业有必要将这部分资金对外投资,借助外力为企业带来更大的经济效益。小企业对外投资的目的可以概括为以下三个方面:

（一）有效利用闲置资金

小企业闲置的资金若不能有效利用,不但不能为小企业创造价值,反而会造成资金沉淀,导致资金的贬值。若将闲置的资金存入银行只能获得少量利息,收益低。因此,小企业必须为正常经营中多余的资金寻找出路,用暂时闲置的资金购入各种可随变现的证券(股票、债券、基金等),以取得一定的收益。

（二）建立稳定的原材料供应基地

小企业为了保证正常生产有足够的原材料或零配件的供应,通过对原材料供应企业投资,既可以获得投资收益,还可以保证有稳定的原材料供应。

（三）控制或影响其他企业的经营决策

小企业通过购入并持有某相关企业的大部分股票,控制或影响其他企业的经营决策,既可以取得投资收益,又可以配合本企业自身的经营需要。

二、对外投资的分类

（一）按投资期限不同分类

小企业对外投资按投资期限不同可分为短期投资和长期投资。短期投资,是指小企业购入的能随时变现并且持有时间不准备超过 1 年(含 1 年,下同)的投资,如小企业以赚取差价为目的从二级市场购入的股票、债券、基金等。长期投资是指不满足短期投资条件的投资,即小企业不准备在 1 年或长于 1 年的经营周期之内转变为现金的投资。小企业管理层取得长期投资的目的在于持有而不在于出售,这是长期投资与短期投资的一个重要区别。长期投资按其性质可分为长期债券投资和长期股权投资。

（二）按投资方式不同分类

小企业对外投资按投资行为的介入程度,可分为直接投资和间接投资。直接投资形成小企业持有的各种股权性资产,如持有联营企业股份等。间接投资是指通过购买被投资对象发行的金融工具而将资金间接转移交付给被投资对象使用的投资,如小企业购买特定投资对象发行的股票、债券、基金等。对于小企业而言,主要的投资是为企业的余钱寻找增值的出路,买卖债券对小企业而言属于稳妥可靠的投资,而股票投资则可以分享其他企业的成长。这两种投资是小企业常见的两种投资方式。

第二节 短期投资

一、短期投资的特征

（一）投资目的明确

这种投资在很大程度上是为了存放暂时闲置资金,提高资金使用效率和效果,并通过这种投资取得高于银行存款利率的利息收入,或价差收入,待需要使用现金时即可兑换成现金。

（二）投资期限短

短期投资作为存放暂时闲置资金的一种形态,持有时间一般不超过 1 年。

（三）可随时变现

短期投资大多数是从二级市场购入的股票、债券、基金等,容易随时变现。

二、短期投资核算应设置的科目

为了核算短期投资业务,小企业应设置"短期投资""应收股息""应收利息""投资收益"等科目。

"短期投资"科目核算小企业购入的能随时变现并且持有时间不准备超过 1 年(含 1 年)的投资,如小企业以赚取差价为目的从二级市场购入的股票、债券、基金等。该科目借方登记短期投资的取得成本,贷方登记处置短期投资时结转的实际成本,期末借方余额反映小企业持有的短期投资的实际成本;该科目应分别股票、债券、基金等短期投资种类进行明细核算。

"应收股利"科目核算小企业应收取的现金股利或利润。该科目借方登记小企业短期投资或长期股权投资持有期间,被投资单位宣告分派现金股利或利润,本企业应享有的金额,以及小企业短期投资或长期股权投资过程中实际支付的购买价款中包含已宣告但尚未发放的现金股利金额,贷方登记小企业实际收到的现金股利或利润数额,期末借方余额反映小企业尚未收到的现金股利或利润。该科目按照被投资单位进行明细核算。

"应收利息"科目核算小企业因债券投资而应收取的利息。该科目借方登记小企业购入债券时如果实际支付的购买价款中包含已到付息期但尚未领取的债券利息,以及长期债券投资持有期间,在债务人应付利息日,按照分期付息、一次还本债券投资的票面利率计算的利息收入金额,贷方登记小企业实际收到的债券利息,期末借方余额反映小企业尚未收到的债券利息。该科目按照被投资单位进行明细核算。

"投资收益"科目核算小企业持有短期投资等期间取得的投资收益以及处置短期投资等实现的投资收益或投资损失,贷方登记小企业持有或出售短期投资等实现的投资收益;借方登记小企业出售短期投资等发生的投资损失。

三、短期投资入账价值的确定

小企业的短期投资应当按照取得时的实际成本入账。实际成本是指取得各种股票、债券时实际支付的价款。小企业购入的各种股票、债券、基金等实际支付的价款中包含已宣告但尚未领取的现金股利或已到付息期但尚未领取的债券利息,应单独核算,不构成短期投资实际成本。小企业短期投资的实际成本按以下方法确定。

(1)以现金购入的短期投资,按实际支付的全部价款,包括税金、手续费等相关费用,扣除已宣告但尚未领取的现金股利或已到付息期但尚未领取的债券利息后的金额,作为实际成本。

(2)通过支付现金以外的方式取得的短期投资,按该投资的公允价值和相关税费之和作为短期投资的实际成本。所谓公允价值是指市场参与者在计量日发生的有序交易中,出售一项资产所能收到或转移一项负债所需支付的价格。

涉税法规链接及提示

四、取得短期投资的核算

小企业购入各种股票、债券、基金等作为短期投资的,应当按照实际支付的购买价款和相关税费,借记"短期投资"科目,贷记"银行存款"科目。

小企业购入股票,如果实际支付的购买价款中包含已宣告但尚未发放的现金股利,应当按照实际支付的购买价款和相关税费扣除已宣告但尚未发放的现金股利后的金额,借记"短期投资"科目,按照应收的现金股利,借记"应收股利"科目,按照实际支付的购买价款和相关税费,贷记"银行存款"科目。

小企业购入债券,如果实际支付的购买价款中包含已到付息期但尚未领取的债券利息,应当按照实际支付的购买价款和相关税费扣除已到付息期但尚未领取的债券利息后的金额,借记"短期投资"科目,按照应收的债券利息,借记"应收利息"科目,按照实际支付的购买价款和相关税费,贷记"银行存款"科目。

【例 5-1】 甲小企业于 2020 年 5 月 15 日购入不准备长期持有的 M 企业的股票 5 000 股,每股市价 10 元。M 企业于 5 月 5 日宣告分派现金股利,每 10 股派 1 元现金股利,5 月 25 日为除权日。甲小企业在此笔交易中支付的税费为 250 元。甲小企业会计分录如下:

$$股票投资成本=[5\,000×10+250-(5\,000÷10×1)]=49\,750(元)$$

$$应收股利=5\,000÷10×1=500(元)$$

借:短期投资——股票投资   49 750
   应收股利   500
   贷:银行存款   50 250

【例 5-2】 甲小企业于 2020 年 1 月 3 日以 110 000 元价格购入 H 企业于 2019 年 1 月 1 日发行的两年期债券作为短期投资,该债券每年付息一次,付息时间为次年 1 月 20 日以前。债券面值 100 000 元,票面利率 6%。另以银行存款支付 1 200 元税费。甲小企业会计分录如下:

债券投资成本$=110\,000-100\,000×6\%+1\,200=105\,200(元)$,应收利息$=100\,000×6\%=6\,000(元)$。

借:短期投资——债券投资   105 200
   应收利息   6 000
   贷:银行存款   111 200

如果【例 5-2】中甲小企业购入的债券为一次还本付息的债券,则购入时实际支付的价款中包含的债券利息应计入投资成本。

借:短期投资——债券投资   111 200
   贷:银行存款   111 200

小企业通过支付现金以外的方式取得的短期投资,按该投资的公允价值和相关税费之和作为短期投资的实际成本。如投资者投入的短期投资,按照市场价格即公允价值,借记"短期投资"科目,贷记"实收资本"等科目。

【例 5-3】 甲小企业于 2020 年 1 月 23 日接受 C 企业以其持有的 10 万元国债作为的投资。该国债确认的公允价值为 11 万元。

借:短期投资——债券投资 110 000
  贷:实收资本 110 000

五、短期投资持有期间的核算

小企业在短期投资持有期间,被投资单位宣告分派的现金股利,借记"应收股利"科目,贷记"投资收益"科目。

小企业在债务人应付利息日,按照分期付息、一次还本债券投资的票面利率计算的利息收入,借记"应收利息"科目,贷记"投资收益"科目。

【例 5-4】 2020 年 1 月 8 日,甲小企业购入丙公司发行的公司债券,该债券于 2019 年 7 月 1 日发行,面值为 10 万元,票面利率为 4%,债券利息按年于 12 月 31 日支付。甲小企业将其作为短期投资,支付价款为 10.2 万元(其中包含已宣告发放的债券利息 0.2 万元),另支付交易费用 0.15 万元。2020 年 2 月 5 日,甲小企业收到该笔债券利息 0.2 万元。假如甲小企业因为特殊原因至 2020 年末没有出售该债券,2021 年 2 月 10 日,甲小企业收到债券利息 0.4 万元。甲小企业应编制如下会计分录:

(1) 2020 年 1 月 8 日,购入丙公司的公司债券时:

借:短期投资——债券投资 101 500
  应收利息 2 000
  贷:银行存款 103 500

(2) 2020 年 2 月 5 日,收到购买价款中包含的已宣告发放尚未领取的债券利息时:

借:银行存款 2 000
  贷:应收利息 2 000

(3) 2020 年 12 月 31 日(丙公司应付利息日),确认丙公司的公司债券利息收入时:

借:应收利息 4 000
  贷:投资收益 4 000

需要注意的是,若丙公司应付利息日不是 12 月 31 日,则此时不能确认应收利息和投资收益。

(4) 2021 年 2 月 10 日,收到持有丙公司的公司债券利息时:

借:银行存款 4 000
  贷:应收利息 4 000

【例 5-5】 2020 年 3 月 22 日,A 小企业购入乙股份公司上市普通股股票 10 000 股作为短期投资,每股支付价款 6.50 元,另支付手续费 1 000 元。A 小企业应编制会计分录如下:

借:短期投资——股票投资 66 000
  贷:银行存款 66 000

假定乙股份公司 2020 年 3 月 25 日宣告发放的现金股利为每股 0.1 元,同年 4 月 15 日收到现金股利存入银行。

（1）2020 年 3 月 25 日，乙股份公司宣告发放现金股利时：

借：应收股利　　　　　　　　　　　　　　　　　　　1 000

　贷：投资收益　　　　　　　　　　　　　　　　　　　　　1 000

（2）2020 年 4 月 15 日，收到现金股利时：

借：银行存款　　　　　　　　　　　　　　　　　　　1 000

　贷：应收股利　　　　　　　　　　　　　　　　　　　　　1 000

涉税法规链
接及提示

六、出售短期投资的核算

小企业出售短期投资，应当按照实际收到的出售价款，借记"银行存款"或"库存现金"科目，按照该项短期投资的账面余额，贷记"短期投资"科目，按照尚未收到的现金股利或债券利息，贷记"应收股利"或"应收利息"科目，按照其差额，贷记或借记"投资收益"科目。

根据《关于全面推开营业税改征增值税试点的通知》（财税〔2016〕36 号）文件的规定，小企业的金融商品转让（金融商品转让是指外汇转让、有价证券、非货物期货和其他金融商品所有权的业务活动，其他金融商品转让包括基金、信托、理财产品类等各类资产管理商品和各种金融衍生品的转让）应按规定以盈亏相抵后的余额作为销售额交纳增值税。金融商品实际转让月末，如产生转让收益，则按应纳税额借记"投资收益"等科目，贷记"应交税费——转让金融商品应交增值税"科目（一般纳税人按照应纳税额的 6% 交纳增值税）；如产生转让损失，则按可结转下月抵扣税额，借记"应交税费——转让金融商品应交增值税"科目，贷记"投资收益"等科目。交纳增值税时，应借记"应交税费——转让金融商品应交增值税"科目，贷记"银行存款"科目。年末，"应交税费——转让金融商品应交增值税"科目如有借方余额，则借记"投资收益"等科目，贷记"应交税费——转让金融商品应交增值税"科目。

【例 5-6】　承【例 5-4】，若甲小企业 2020 年 2 月 10 日和 2021 年 1 月 5 日均以 12 万元售出持有的全部丙公司的公司债券，则会计分录分别为：

（1）2020 年 2 月 10 日出售债券时：

借：银行存款　　　　　　　　　　　　　　　　　　120 000

　贷：短期投资——债券投资　　　　　　　　　　　　　101 500

　　投资收益　　　　　　　　　　　　　　　　　　　　18 500

借：投资收益　　　　　　　　　　　　　　　　　　1 047.17

　贷：应交税费——转让金融商品应交增值税　　　　　　1 047.17

（2）2021 年 1 月 5 日出售债券时：

借：银行存款　　　　　　　　　　　　　　　　　　120 000

　贷：短期投资——债券投资　　　　　　　　　　　　　101 500

　　应收利息　　　　　　　　　　　　　　　　　　　　4 000

　　投资收益　　　　　　　　　　　　　　　　　　　　14 500

借：投资收益　　　　　　　　　　　　　　　　　　　820.75

　贷：应交税费——转让金融商品应交增值税　　　　　　　820.75

第三节 长期债券投资

长期债券投资指小企业通过取得长期债券的方式向其他单位的投资。与短期投资相比,长期债券投资具有以下特点:投资的对象是债券,持有意图长于 1 年,不易变现;投资的目的不是获得另一企业的剩余资产,而是获取高于银行储蓄存款利率的利息,并保证到期收回本金和利息;投资时间比较长,持有期限通常超过 1 年。

一、长期债券投资成本的确定

小企业长期债券的购入,有的按债券面值购入,有的按高于或低于债券面值的价格购入(溢价或折价购入)。溢价或折价购入是由于债券的名义利率(或票面利率)与实际利率(或市场利率)不同而引起的。当债券票面利率高于市场利率,表明债券发行企业实际支付的利息将高于按市场利率计算的利息,发行企业则在发行时按照高于债券票面价值的价格发行,即溢价发行,对购买企业而言则为溢价购入。溢价发行对投资企业而言,是为以后多得利息而事先付出的代价;对于发行企业而言,是为以后多付利息而事先得到的补偿。如果债券的票面利率低于市场利率,表明发行企业今后实际支付的利息低于按照市场利率计算的利息,则发行企业按照低于票面价值的价格发行,即折价发行,对于购买企业而言,是折价购入。折价发行对投资企业而言,是为今后少得利息而事先得到的补偿;对发行企业而言,是为今后少付利息而事先付出的代价。

长期债券投资溢折价按以下公式计算:

$$债券投资溢折价＝(债券投资成本－应收利息)－债券面值$$

这里的"应收利息"是指债券已到付息期尚未领取的债券利息

长期债券投资溢折价的摊销,应与确认相关债券利息收入同时进行,调整各期的投资收益。当期按债券面值和适用利率计算的应收利息扣除(加上)当期摊销的溢价(折价),确认为当期投资收益。

《小企业会计准则》规定,长期债券投资应当按照购买价款和相关税费作为成本进行计量。实际支付价款中包含的已到付息期但尚未领取的债券利息,应当单独确认为应收利息,不计入长期债券投资的成本。

为了反映长期债券投资的增减变动情况,小企业应设置"长期债券投资"科目核算小企业准备长期(在 1 年以上)持有的债券投资。该科目借方登记长期债券投资的增加额,贷方登记长期债券投资的减少额,期末借方余额,反映小企业持有的分期付息、一次还本债券投资的成本和到期一次还本付息债券投资的本息。小企业应当在"长期债券投资"科目下设置"面值""溢折价""应计利息"明细账。

小企业购入债券作为长期投资,应当按照债券票面价值,借记"长期债券投资"科目(面值),按照实际支付的购买价款和相关税费,贷记"银行存款"科目,按照其差额,借记或贷记"长期债券投资"科目(溢折价)。如果实际支付的购买价款中包含已到付息期但尚未领取的债券利息,应当按照债券票面价值,借记"长期债券投资"科目(面值),按照应收的债券利息,借记"应收利息"科目,按照实际支付的购买价款和相关税费,贷记"银行存款"科目,按照其差额,借记或贷记"长期债券投资"科目(溢折价)。

【例5-7】　甲小企业于2020年1月2日购入D企业2019年1月1日发行的面值为10元、票面利率10％的5年期债券1 000张,购入价格为每张12元,总价款12 000元(其中已到付息期尚未领取的债券利息1 000元),另外支付了相关税费500元。该债券为每年末付息一次到期一次还本的债券。甲小企业的会计分录如下:

借:长期债券投资——面值　　　　　　　　　　　　　　　　　10 000
　　　　　　　　　——溢折价　　　　　　　　　　　　　　　 1 500
　　应收利息　　　　　　　　　　　　　　　　　　　　　　　 1 000
　　贷:银行存款　　　　　　　　　　　　　　　　　　　　　　　　12 500

【例5-8】　甲小企业2020年7月1日购入乙企业债券一批,面值为60 000元,支付全部款项59 200元。该债券为乙企业2020年1月1日发行,5年期,票面利率10％,每年年末计息到期一次还本付息债券。

由于是到期一次收回本息债券,所以买价中所含的利息3 000元(60 000×10％×6÷12)不单独核算,直接计入债券投资成本。2020年7月1日购入时的会计分录为:

借:长期债券投资——面值　　　　　　　　　　　　　　　　　60 000
　　贷:长期债券投资——溢折价　　　　　　　　　　　　　　　　　　 800
　　　　银行存款　　　　　　　　　　　　　　　　　　　　　　　　59 200

二、长期债券投资持有期间的核算

《小企业会计准则》规定,长期债券投资在持有期间发生的应收利息应当确认为投资收益。分期付息、一次还本的长期债券投资,在债务人应付利息日按照票面利率计算的应收未收利息收入应当确认为应收利息,不增加长期债券投资的账面余额。一次还本付息的长期债券投资,在债务人应付利息日按照票面利率计算的应收未收利息收入应当增加长期债券投资的账面余额。债券的折价或者溢价在债券存续期间内于确认相关债券利息收入时采用直线法进行摊销。

长期债券投资持有期间,在债务人应付利息日,按照分期付息、一次还本的长期债券投资票面利率计算的利息收入,借记"应收利息"科目,贷记"投资收益"科目;按照一次还本付息的长期债券投资票面利率计算的利息收入,借记"长期债券投资(应计利息)"科目,贷记"投资收益"科目。在债务人应付利息日,按照应分摊的债券溢折价金额,借记或贷记"投资收益"科目,贷记或借记"长期债券投资(溢折价)"科目。

【例5-9】　续【例5-7】,2020年1月收到已到付息期尚未领取的债券利息1 000元时甲小企业的会计分录为:

借:银行存款　　　　　　　　　　　　　　　　　　　　　　　 1 000
　　贷:应收利息　　　　　　　　　　　　　　　　　　　　　　　　 1 000

在2020年12月31日的付息期甲小企业的会计分录:

借:应收利息　　　　　　　　　　　　　　　　　　　　　　　 1 000

贷:长期债券投资——溢折价	(1 500÷4)375
投资收益	625

收到利息时:

借:银行存款	1 000
贷:应收利息	1 000

【例5-10】 续【例5-8】,在2020年12月31日计息日,甲小企业的会计分录为:

借:长期债券投资——应计利息	(60 000×10%)6 000
长期债券投资——溢折价	(800÷5)160
贷:投资收益	6 160

三、长期债券投资到期或处置的核算

《小企业会计准则》规定,长期债券投资到期,小企业收回长期债券投资,应当冲减其账面余额。处置长期债券投资,处置价款扣除其账面余额、相关税费后的净额,应当计入投资收益。

长期债券投资到期,收回长期债券投资,应当按照收回的债券本金或本息,借记"银行存款"等科目,按照其账面余额,贷记"长期债券投资(面值、溢折价、应计利息)"科目,按照应收未收的利息收入,贷记"应收利息"科目。

处置长期债券投资,应当按照处置收入,借记"银行存款"等科目,按照其账面余额,贷记"长期债券投资(面值、溢折价)"科目,按照应收未收的利息收入,贷记"应收利息"科目,按照其差额,贷记或借记"投资收益"科目。同时应按规定以盈亏相抵后的余额作为销售额交纳增值税。长期债券实际转让月末,如产生转让收益,则按应纳税额借记"投资收益"等科目,贷记"应交税费——转让金融商品应交增值税"科目;如产生转让损失,则按可结转下月抵扣税额,借记"应交税费——转让金融商品应交增值税"科目,贷记"投资收益"等科目。交纳增值税时,应借记"应交税费——转让金融商品应交增值税"科目,贷记"银行存款"科目。年末,"应交税费——转让金融商品应交增值税"科目如有借方余额,则借记"投资收益"等科目,贷记"应交税费——转让金融商品应交增值税"科目。

【例5-11】 续【例5-9】,2020年1月1日债券到期日,甲小企业的会计分录为:

借:银行存款	10 000
贷:长期债券投资——面值	10 000

【例5-12】 续【例5-10】,2021年1月1日债券到期日,甲小企业的会计分录为:

借:银行存款	90 000
贷:长期债券投资——面值	60 000
长期债券投资——应计利息	30 000

若甲小企业因急需资金,于2020年5月12日以80 000元的价格出售全部该债券,则会计分录为:

借:银行存款	80 000
长期债券投资——溢折价	160
投资收益	3 840

贷:长期债券投资——面值		60 000
长期债券投资——应计利息		24 000
借:应交税费——转让金融商品应交增值税		217.36
贷:投资收益		217.36

四、长期债券投资损失的处理

　　《小企业会计准则》规定,小企业长期债券投资符合下列条件之一的,减除可收回的金额后确认的无法收回的长期债券投资,作为长期债券投资损失:①债务人依法宣告破产、关闭、解散、被撤销,或者被依法注销、吊销营业执照,其清算财产不足清偿的;②债务人死亡,或者依法被宣告失踪、死亡,其财产或者遗产不足清偿的;③债务人逾期3年以上未清偿,且有确凿证据证明已无力清偿债务的;④与债务人达成债务重组协议或法院批准破产重整计划后,无法追偿的;⑤因自然灾害、战争等不可抗力导致无法收回的;⑥国务院财政、税务主管部门规定的其他条件。

　　长期债券投资损失应当于实际发生时计入营业外支出,同时冲减长期债券投资账面余额。按照《小企业会计准则》规定确认实际发生的长期债券投资损失,应当按照可收回的金额,借记"银行存款"等科目,按照其账面余额,贷记"长期债券投资(面值、溢折价)"科目,按照其差额,借记"营业外支出"科目。

　　【例5-13】　续**【**例5-10**】**,2020年5月12日,接乙企业通知,乙企业因遭受重大自然灾害,所发行的企业债券无力全部偿还,经甲、乙企业双方协商后,乙企业同意支付50 000元抵付全部债券本息。款项已收存银行。则甲小企业会计分录为:

借:银行存款	50 000
长期债券投资——溢折价	160
营业外支出	33 840
贷:长期债券投资——面值	60 000
长期债券投资——应计利息	24 000

第四节　长期股权投资

　　长期股权投资是指小企业投出的期限在1年以上(不含1年)的权益性投资。

一、长期股权投资成本的确定

　　长期股权投资应当按照成本进行计量。以支付现金取得的长期股权投资,应当按照购买价款和相关税费作为成本进行计量。实际支付价款中包含的已宣告但尚未发放的现金股利,应当单独确认为应收股利,不计入长期股权投资的成本。通过非货币性资产交换取得的长期股权投资,应当按照换出非货币性资产的评估价值和相关税费作为成本进行计量。

为了反映长期股权投资的增减变动情况,小企业应设置"长期股权投资"科目核算小企业准备长期(在1年以上)持有的权益性投资。该科目借方登记长期股权投资的增加额,贷方登记长期股权投资的减少额,期末借方余额,反映小企业持有的长期股权投资的成本。"长期股权投资"科目应按照被投资单位进行明细核算。

(一) 以支付现金取得的长期股权投资

小企业以支付现金取得的长期股权投资,如果实际支付的购买价款中包含已宣告但尚未发放的现金股利,应当按照实际支付的购买价款和相关税费扣除已宣告但尚未发放的现金股利后的金额,借记"长期股权投资"科目,按照应收的现金股利,借记"应收股利"科目,按照实际支付的购买价款和相关税费,贷记"银行存款"科目。

【例5-14】 甲小企业2020年1月11日购入C企业股份5 000股,每股价格4.4元,总价款22 000元(其中已宣告但尚未发放的现金股利1 000元),另支付相关税费300元,甲小企业准备长期持有,相关会计分录如下:

借:长期股权投资——C企业   21 300
   应收股利   1 000
     贷:银行存款   22 300

(二) 通过非货币性资产交换取得的长期股权投资

非货币性资产交换取得的长期股权投资,视换出资产的类别不同而有所区别。

(1) 换出资产为存货的,应当视同销售处理,按照评估价值确认销售收入,同时按账面余额结转销售成本,相当于按照市场价值确认的收入和按账面余额结转的成本之间的差额,也即换出资产评估价值和换出资产账面余额的差额确认为营业利润(分别结转营业收入与营业成本)。

(2) 换出资产为长期股权投资、长期债券投资、短期投资的,换出资产评估价值和换出资产账面余额的差额计入投资收益。

(3) 换出资产为固定资产、无形资产的,换出资产的评估价值和换出资产账面余额的差额计入营业外收入或营业外支出。

换入资产与换出资产涉及相关税费的,如换出存货视同销售计算的销项税额,换入资产作为存货应当确认的可抵扣增值税进项税额,按照相关税收规定计算确定。

通过非货币性资产交换取得的长期股权投资,应当按照非货币性资产的评估价值与相关税费之和,借记"长期股权投资"科目,按照换出非货币性资产的账面价值,贷记"固定资产清理""无形资产"等科目,按照支付的相关税费,贷记"应交税费"等科目,按照其差额,贷记"营业外收入"或借记"营业外支出"等科目。

【例5-15】 甲小企业2020年4月1日以原材料对乙企业投资,甲小企业对该项投资计划长期持有。投出材料的账面余额为5 000元,该材料的市场售价6 000元,增值税税率13%。甲企业对于该项投资应编制如下会计分录(假设不考虑除增值税以外的其他的相关税费):

借:长期股权投资——乙企业   6 780
     贷:其他业务收入   6 000

涉税法规链接及提示

应交税费——应交增值税(销项税额)	780
借:其他业务成本	5 000
贷:原材料	5 000

【例 5-16】　甲小企业以其持有的对丙公司的长期股权投资交换乙公司拥有的固定资产。在交换日,甲小企业持有的长期股权投资账面余额 40 000 元,该长期股权投资评估价值(市场价格)50 000 元;乙公司固定资产的账面原价为 52 000 元,累计折旧金额为 3 000 元,其投资评估价值(市场价格)也为 50 000 元,税务机关核定乙公司为交换该固定资产需要缴纳增值税税额 6 500 元。乙公司将换入的对丙公司的投资仍作为长期股权投资。假设除增值税外,整个交易过程没有发生其他相关税费,该项交换具有商业实质。

(1)甲小企业的会计分录如下:

借:固定资产	43 500
应交税费——应交增值税(进项税额)	6 500
贷:长期股权投资——丙公司	40 000
投资收益	10 000

(2)乙公司的会计分录如下:

借:累计折旧	3 000
固定资产清理	49 000
贷:固定资产	52 000
借:长期股权投资——丙公司	56 500
贷:固定资产清理	49 000
应交税费——应交增值税(销项税额)	6 500
营业外收入	1 000

二、长期股权投资持有期间的处理

涉税法规链接及提示

小企业在长期股权投资持有期间,应当采用成本法进行会计处理,追加或收回投资应当调整长期股权投资成本,除此之外,长期股权投资的账面价值应保持不变。被投资单位宣告分派的现金股利或利润,应当按照应分得的金额确认为投资收益。如果被投资单位不宣告分派现金股利或利润,投资企业不需要会计处理。在长期股权投资持有期间,被投资单位宣告分派的现金股利或利润,应当按照应分得的金额,借记"应收股利"科目,贷记"投资收益"科目。

【例 5-17】　续【例 5-14】,甲小企业 2020 年 1 月 31 日收到已宣告但尚未发放的现金股利 1 000 元,会计分录为:

借:银行存款	1 000
贷:应收股利	1 000

若 2021 年 1 月 9 日,C 企业宣告 2020 年现金股利,甲小企业应分得 1 500 元,则甲小企业会计分录为:

借:应收股利	1 500
贷:投资收益	1 500

三、处置长期股权投资的处理

处置长期股权投资,处置价款扣除其成本、相关税费后的净额,应当计入投资收益。小企业处置长期股权投资,应当按照处置价款,借记"银行存款"等科目,按照其成本,贷记"长期股权投资"科目,按照应收未收的现金股利或利润,贷记"应收股利"科目,按照其差额,贷记或借记"投资收益"科目。

小企业的长期股权等金融商品转让应按规定以盈亏相抵后的余额作为销售额交纳增值税。金融商品实际转让月末,如产生转让收益,则按应纳税额借记"投资收益"等科目,贷记"应交税费——转让金融商品应交增值税"科目;如产生转让损失,则按可结转下月抵扣税额,借记"应交税费——转让金融商品应交增值税"科目,贷记"投资收益"等科目。交纳增值税时,应借记"应交税费——转让金融商品应交增值税"科目,贷记"银行存款"科目。年末,"应交税费——转让金融商品应交增值税"科目如有借方余额,则借记"投资收益"等科目,贷记"应交税费——转让金融商品应交增值税"科目。

【例 5-18】 甲小企业将其作为长期投资持有的乙公司 12 000 股股票,以每股 10 元的价格卖出,支付相关税费 900 元,取得价款 119 100 元,款项已由银行收妥。该长期股权投资账面价值为 100 000 元。甲小企业应编制如下会计分录:

借:银行存款		119 100
贷:长期股权投资		100 000
投资收益		19 100
借:投资收益		1 081.13
贷:应交税费——转让金融商品应交增值税		1 081.13

交纳增值税时,编制会计分录为:

借:应交税费——转让金融商品应交增值税		1 081.13
贷:银行存款		1 081.13

涉税法规链接及提示

四、长期股权投资损失的处理

《小企业会计准则》规定,小企业长期股权投资符合下列条件之一的,减除可收回的金额后确认的无法收回的长期股权投资,作为长期股权投资损失:(1)被投资单位依法宣告破产、关闭、解散、被撤销,或者被依法注销、吊销营业执照的;(2)被投资单位财务状况严重恶化,累计发生巨额亏损,已连续停止经营 3 年以上,且无重新恢复经营改组计划的;(3)对被投资单位不具有控制权,投资期限届满或者投资期限已超过 10 年,且被投资单位因连续 3 年经营亏损导致资不抵债的;(4)被投资单位财务状况严重恶化,累计发生巨额亏损,已完成清算或清算期超过 3 年以上的;(5)国务院财政、税务主管部门规定的其他条件。

长期股权投资损失应当于实际发生时计入营业外支出,同时冲减长期股权投资账面余额。根据《小企业会计准则》规定确认实际发生的长期股权投资损失,应当按照可收回的金额,借记"银行存款"等科目,按照其账面余额,贷记"长期股权投资"科目,按照其差额,借记"营业外支出"科目。

涉税法规链接及提示

练 习 题

一、单项选择题

1. 小企业取得短期投资支付的价款中包含已宣告但尚未发放的现金股利应当计入( )。

    A. 应收股利   B. 投资收益   C. 投资成本   D. 资本公积

2. 通过支付现金以外的方式取得的短期投资,按该投资的( )和相关税费之和作为短期投资的实际成本。

    A. 公允价值   B. 市场价值   C. 买价   D. 购买成本

3. 甲小企业 2019 年 3 月 6 日从二级市场购入的一批乙公司发行的股票 100 万股。作为短期投资,取得时市价为每股为 5.2 元,含已宣告但尚未发放的现金股利为 0.2 元,另支付交易费用 5 万元,全部价款以银行存款支付。2019 年 3 月 16 日收到最初支付价款中所含的现金股利。2020 年 2 月 21 日,乙公司宣告发放的现金股利为 0.3 元。2020 年 3 月 21 日,收到现金股利。2020 年 4 月 16 日,将该股票全部处置,每股 5.2 元,交易费用为 5 万元。企业处置该投资应确认的投资收益为( )万元。

    A. 5   B. 10   C. 15   D. 20

4. 小企业出售短期投资,出售价款扣除其账面余额、相关税费后的净额,应当计入( )。

    A. 短期投资   B. 营业外收入   C. 投资收益   D. 其他业务收入

5. 某小企业 2020 年 2 月 1 日购入 A 公司 15 万股股票作为短期投资,每股价格为 6 元。5 月 15 日收到 A 公司分派的现金股利 3 万元。收到分派的股利后,企业所持有的 A 公司股票每股成本为( )元。

    A. 3.60   B. 6.00   C. 3.48   D. 5.80

6. 下列项目中,不应计入短期投资取得成本的是( )。

    A. 支付的购买价格   B. 支付的相关税金

    C. 支付的手续费   D. 支付价款中包含的应收股利

7. 《小企业会计准则》对长期股权投资的核算方法规定是( )。

    A. 只能采用权益法核算   B. 采用成本法和简易的权益法核算

    C. 只能采用成本法核算   D. 采用权益法和简易的成本法核算

8. 小企业核算长期股权投资时,实际收到被投资单位分派的现金股利时,应当( )。

    A. 减少长期股权投资   B. 冲减应收股利

    C. 增加实收资本   D. 计入投资收益

9. 小企业核算长期股权投资时,股票持有期间被投资单位发放的现金股利,确认投资收益的时点是( )。

    A. 实际收到现金股利时

    B. 被投资单位宣告发放现金股利的股权登记日

C. 被投资单位发放现金股利的除息日

D. 被投资单位宣告发放现金股利时

10. 甲小企业出资 90 万元,取得了乙公司 60％ 的控股权,假如购买股权时乙公司的账面净资产价值为 100 万元。则甲小企业确认的长期股权投资成本为(　　)万元。

    A. 100　　　　　　B. 60　　　　　　C. 90　　　　　　D. 120

11. 小企业"长期债券投资"科目所属的"应计利息"明细科目借方登记的内容有(　　)。

    A. 分期付息债券计提的利息　　　　　　B. 一次还本付息债券计提的利息

    C. 购入时含有的未到期的利息　　　　　　D. 购入时含有的已到期的利息

12. 以支付现金取得的长期股权投资,应当按照(　　)作为初始投资成本。

    A. 实际支付的购买价款和相关税费

    B. 被投资企业所有者权益账面价值的份额

    C. 被投资企业所有者权益公允价值的份额

    D. 被投资企业所有者权益

13. 小企业通过非货币性资产交换取得的长期股权投资,应当按照(　　)作为成本进行计量。

    A. 换出非货币性资产的评估价值和相关税费

    B. 账面价值

    C. 公允价值

    D. 市场价值

14. 小企业购买上市交易的股票,若支付的价款中含有已宣告但尚未发放的现金股利,应将这部分股利记入"(　　)"科目。

    A. 短期投资　　　B. 长期股权投资　　　C. 投资收益　　　D. 应收股利

15. 小企业"长期股权投资"科目的余额表示的是(　　)。

    A. 以市价反映的投资金额　　　　　　B. 以面值反映的投资金额

    C. 在被投资企业净资产中拥有的份额　　　D. 以成本反映的投资金额

二、多项选择题

1. 小企业短期投资的核算应设置的会计科目有"(　　)"。

    A. 短期投资　　　B. 应收股息　　　C. 应收利息　　　D. 投资收益

2. 以现金购入的短期投资的成本包括(　　)。

    A. 购买价款　　　　　　B. 税金、手续费等相关费用

    C. 已宣告但尚未领取的现金股利　　　D. 已到付息期但尚未领取的债券利息

3. 小企业持有短期投资,被投资企业宣告现金股利时,小企业会计处理涉及的会计科目有"(　　)"。

    A. 投资收益　　　B. 营业外收入　　　C. 应收股利　　　D. 短期投资

4. 按《小企业会计准则》规定,下列项目中,不应计入"投资收益"科目的有(　　)。

    A. 被投资企业发生亏损　　　　　　B. 收到短期投资的利息

    C. 被投资企业宣告发放现金股利　　　D. 为取得短期投资而支付的相关费用

5. 下列各项中,会引起长期股权投资账面价值发生增减变动的有(　　)。

A. 购入长期股权投资时支付的相关税费　　B. 确认分期付息长期股权投资利息

C. 确认到期一次付息长期股权投资利息　　D. 处置长期股权投资时

6. 小企业核算实际收到短期投资的现金股利时,可能涉及的会计科目有"(　　)"。

A. 投资收益　　　　B. 短期投资　　　　C. 应收股利　　　　D. 银行存款

7. 下列各项中,应在购入短期债券时计入其入账价值的有(　　)。

A. 债券的购买价款　　　　　　　　B. 支付的手续费

C. 支付的印花税　　　　　　　　　D. 已到付息期但尚未领取的利息

8. 小企业在"长期债券投资"科目下,需要设置的明细科目有"(　　)"。

A. 债券面值　　　B. 债券溢折价　　　C. 应计利息　　　D. 应收利息

9. 在下列项目中,可以构成小企业长期股权投资成本的有(　　)。

A. 购买股票的价款

B. 购买股票时支付的相关税费

C. 实际支付的价款中包含已宣告但尚未发放的现金股利

D. 咨询费

10. 小企业长期股权投资时,被投资单位宣告分派的现金股利,小企业可能涉及的科目有"(　　)"。

A. 投资收益　　　B. 利润分配　　　C. 长期股权投资　　　D. 应收股利

三、判断题

1. 通常情况下,小企业以赚取差价为目的从二级市场购入的股票、债券和基金等,应分类为短期投资。　　　　　　　　　　　　　　　　　　　　　(　　)

2. 小企业取得短期投资时,按照实际支付的购买价款作为成本进行计量,相关税费计入投资收益。　　　　　　　　　　　　　　　　　　　　　　　(　　)

3. 小企业的短期投资期末按公允价值计量。　　　　　　　　　　　　(　　)

4. 小企业长期股权投资中已宣告但尚未领取的现金股利应作为应收股利处理。
　　　　　　　　　　　　　　　　　　　　　　　　　　　　　　(　　)

5. 小企业购买短期投资时,实际支付的已宣告但尚未领取的现金股利和已到付息期但尚未领取的债券利息不作为购入成本。　　　　　　　　　　　　(　　)

6. 短期投资,是指小企业购入的能随时变现并且持有时间不准备超过1年(含1年)的投资,如小企业以赚取差价为目的从二级市场购入的股票、债券、基金、一年内到期的长期债券投资等。　　　　　　　　　　　　　　　　　　　　　　(　　)

7. 短期投资的成本是指取得投资时实际支付的全部价款。　　　　　　(　　)

8. 溢价购入债券时,购入企业按债券票面规定的利率所获得的利息数,加上溢价摊销部分,才等于债券投资的实际利息收入数。　　　　　　　　　　　(　　)

9. 折价购入债券时,购入企业按债券票面规定的利率所获得的利息数,减去折价的数额,才等于全部债券投资的利息收入数。　　　　　　　　　　　　(　　)

10. 小企业长期股权投资后收到的现金股利和股票股利均应确认为投资收益。
　　　　　　　　　　　　　　　　　　　　　　　　　　　　　　(　　)

11. 小企业长期股权投资后,当被投资企业发生盈亏时,小企业不做账务处理;当被

投资企业宣告分配现金股利时,小企业应将分得的现金股利确认为投资收益。　　（　　）

12. 债券的折价或者溢价在债券存续期间内于确认相关债券利息收入时采用直线法或实际利率法进行摊销。　　（　　）

13. 小企业在长期股权投资持有期间所取得的现金股利,应全部计入投资收益。

（　　）

14. 如果小企业某项投资的实际持有时间已经超过 1 年,则其必定属于长期股权投资或长期债券投资。　　（　　）

15. 小企业每期预计其持有的长期债券投资的利息就是该投资当期的投资收益。

（　　）

四、业务题

1. 2020 年 1 月 8 日,甲小企业购入丙公司发行的公司债券,该债券于 2019 年 7 月 1 日发行,面值为 10 万元,票面利率为 4%,债券利息按年于 12 月 31 日支付。甲企业将其作为短期投资,支付价款为 10.2 万元(其中包含已宣告发放的债券利息 0.2 万元),另支付交易费用 0.15 万元。2020 年 2 月 5 日,甲企业收到该笔债券利息 0.2 万元。2021 年 2 月 10 日,甲公司收到债券利息 0.4 万元。若甲小企业 2021 年 1 月 5 日以 12 万元售出持有的全部丙公司的公司债券。

要求:根据以上经济业务,编制会计分录。

2. 某小企业 2020 年 1 月 1 日购入乙企业当日发行的 2 年期债券。债券面值 1 000 元,债券的票面利率为 12%,企业按 1050 元的价格购入 80 张。该债券每年年末付息一次,最后一年还本并付最后一次利息。假定小企业按年计算利息。

要求:转让金融商品的增值税税率为 6%,根据以上经济业务,编制会计分录。

3. 甲小企业于 2020 年 1 月 2 日购入 B 公司当日发行的 3 年期债券作为长期投资,面值 200 000 元,票面利率 3.6%,按年计息,到期一次还本付息。甲企业购买债券实际支付的购买价款和相关税费 191 000 元。采用直线法摊销债券溢折价。

要求:根据以上经济业务,编制会计分录。

4. 甲小企业发生有关长期股权投资的经济业务如下:

(1) 2019 年 2 月 1 日,购入 D 股份公司股票 10 万股,每股成交价 5 元,支付印花税、手续费 1 000 元,占 D 股份公司有表决权资本的 10%,准备长期持有。款项均以银行存款支付。

(2) D 公司 2020 年 3 月 5 日,宣告发放 2019 年度的现金股利,每股 0.5 元。

(3) 2020 年 5 月 28 日,甲企业收到现金股利,存入银行。

(4) 2020 年 6 月 28 日,甲企业转让 D 公司股票 5 万股,实得价款 30 万元。存入银行。

要求:转让金融商品的增值税税率为 6%,根据以上经济业务,编制会计分录。

第六章　固定资产

【学习目标】

1. 了解固定资产的特征及分类、影响固定资产折旧的因素；

2. 熟悉不同来源固定资产的成本构成、固定资产折旧的范围和折旧期限；

3. 掌握固定资产取得的核算、固定资产折旧的计算方法及折旧的账务处理、固定资产修理与改建的核算、固定资产处置与盘亏的核算、生产性生物资产取得和减少的核算、生产性生物资产的折旧的核算。

第一节　固定资产概述

固定资产，是指小企业为生产产品、提供劳务、销售服务、出租或经营管理而持有的，使用寿命超过 1 年的有形资产。小企业的固定资产包括：房屋、建筑物、机器、机械、运输工具、设备、器具、工具等。

一、固定资产的特征

从固定资产定义可以看出，作为小企业的固定资产应具备以下 3 个特征。

(1) 小企业持有固定资产的目的，是满足生产商品、提供劳务、出租或经营管理的需要，而不像商品一样为了对外出售。这一特征是固定资产区别于商品等流动资产的重要标志。需要说明的是，小企业以经营租赁方式出租的建筑物也属于固定资产。

(2) 小企业使用固定资产的期限较长，使用寿命一般超过一个会计年度。

(3) 固定资产具有实物形态。这一特征将固定资产与无形资产相区别。

小企业应当根据固定资产定义，结合本企业的具体情况，制定适合于本企业的固定资产目录、分类方法、每类或每项固定资产的折旧年限、折旧方法和预计净残值，作为进行固定资产核算的依据。小企业制定的固定资产目录、分类方法、每类或每项固定资产的预计使用年限、预计净残值、折旧方法等，应当编制成册，并经董事会或经理(厂长)会议或类似机构批准。小企业已经确定的有关固定资产目录、分类方法等,一经确定不得随意变更。未作为固定资产管理的工具、器具等,应作为周转材料核算。

二、固定资产的分类

小企业固定资产种类很多,根据不同的分类标准,可以分成不同的类别。小企业应当选择适当的分类标准,将固定资产进行分类,以满足经营管理的需要。

(一)按经济用途分类

固定资产按经济用途分类,可以分为生产经营用固定资产和非生产经营用固定资产。生产经营用固定资产,是指直接服务于小企业生产经营过程的固定资产。非生产经营用固定资产,是指不直接服务于生产经营过程的固定资产。

固定资产按经济用途分类,可以反映小企业生产经营用固定资产和非生产经营用固定资产之间的组成变化情况,借以考核和分析小企业固定资产管理和利用情况,从而促进固定资产的合理配置,充分发挥其效用。

(二)按使用情况分类

固定资产按使用情况分类,可分为使用中的固定资产、未使用的固定资产和不需用的固定资产。使用中的固定资产,是指正在使用的经营性和非经营性固定资产。由于季节性经营或大修理等原因,暂时停止使用的固定资产仍属于企业使用中的固定资产。未使用的固定资产,是指已完工或已购建的尚未交付使用的固定资产以及因进行改建、扩建等原因停止使用的固定资产。不需用的固定资产,是指本企业多余或不适用,需要处理的固定资产。

固定资产按使用情况进行分类,有利于小企业掌握固定资产的使用情况,便于比较分析固定资产的利用效率,挖掘固定资产的使用潜力,促进固定资产的合理使用。

由于小企业的经营性质不同,经营规模有大有小,对于固定资产的分类可以采用不同的分类方法,小企业可以根据自己的实际情况和经营管理、会计核算的需要进行必要的分类。

第二节　固定资产取得

一、固定资产的成本构成

固定资产应当按照成本进行计量。小企业应以取得固定资产发生的全部相关支出作为成本。但是由于固定资产的来源渠道不同,其成本构成的具体内容也有所差异。

(一)外购固定资产的成本

小企业外购固定资产的成本包括:购买价款、相关税费、运输费、装卸费、保险费、安装费等。相关税费指小企业为购买固定资产而缴纳的税金、行政事业性收费等,如购买车辆而支付的车辆购置税、签订合同而缴纳的印花税等,但不含按照税法规定可以抵扣的增值税进项税额。

在实际工作中,小企业可能以一笔款项购入多项没有单独标价的固定资产,应当按照各项固定资产或类似资产的市场价格或评估价值比例对总成本进行分配,分别确定各项固定资产的成本。如果以一笔款项购入的多项资产中除固定资产之外还包括其他资产,也应按类似的方法予以处理。

涉税法规链接及提示

(二) 自行建造固定资产的成本

自行建造固定资产的成本,由建造该项资产在竣工决算前发生的支出(含相关的借款费用)构成。包括小企业为建造某项固定资产在竣工决算前所发生的一切合理的、必要的支出,这些支出既有直接发生的,如建造固定资产所需的原材料费用、人工费、管理费、运杂费、包装费和安装成本、缴纳的相关税费等,也有间接发生的,如应予以资本化的借款利息以及应予分摊的其他间接费用等,只要是在竣工决算前发生为固定资产建造所必需的与固定资产的形成有直接关系的支出,均计入固定资产的成本。小企业在建工程在试运转过程中形成的产品、副产品或试车收入冲减在建工程成本。

借款费用是小企业因借入资金所付出的代价,包括小企业向银行或其他金融机构等借入资金发生的利息、在借款过程中发生的诸如手续费、佣金等辅助费用以及因外币借款而发生的汇兑损失等。这里的借款包括长期借款、短期借款,银行借款与向第三方借款等各种借款。

小企业为购置或建造固定资产、无形资产和经过 1 年以上(含 1 年)才能达到可销售状态的存货发生借款费用的,在有关资产购置或建造期间发生的合理的借款费用,应当作为资本性支出计入有关资产的成本。其他借款费用应当在发生时根据其实际发生额确认为费用,计入当期损益。相关借款所发生的存款利息,停止资本化之前,应冲减资产成本。

借款费用资本化期间,是指借款费用开始发生时至停止资本化时点的期间。开始发生时:取得借款支付的辅助费用、应付利息日支付的利息、期末汇兑损失、符合资本化条件后。停止资本化时点:竣工决算前、达到预定用途、达到预定可销售状态前。

利息支出需符合的条件:非金融企业自金融企业借款的利息支出、金融企业的各项存款利息支出和同业拆借利息支出、企业经批准发行债券的利息支出;非金融企业自非金融企业借款的利息支出不超过金融企业同期同类贷款利率计算的数额部分。

(三) 投资者投入固定资产的成本

投资者投入固定资产的成本,应当按照评估价值和相关税费确定。

(四) 融资租入的固定资产的成本

融资租入的固定资产的成本,应当按照租赁合同约定的付款总额和在签订租赁合同过程中发生的相关税费等确定。

租赁合同约定的付款总额指租赁合同中承租人与出租人双方约定的付款总额。相关税费包括承租人为融资租入固定资产发生的印花税、增值税、佣金、律师费、差旅费、谈判费、运输费、装卸费、保险费、安装调试费等。

（五）盘盈固定资产的成本

盘盈固定资产的成本，应当按照同类或者类似固定资产的市场价格或评估价值，扣除按照该项固定资产新旧程度估计的折旧后的余额确定。

二、固定资产取得的核算

（一）固定资产核算应设置的会计科目

为了组织固定资产的核算，小企业一般需要设置"固定资产""累计折旧""工程物资""在建工程""固定资产清理"等科目。

"固定资产"科目核算小企业固定资产的原价。该科目借方登记小企业增加的固定资产原价，贷方登记小企业减少的固定资产原价，期末余额在借方，反映期末固定资产的账面原价。小企业应当设置"固定资产登记簿"和"固定资产卡片"，按固定资产类别、使用部门和每项固定资产进行明细核算。

"累计折旧"科目属于"固定资产"的调整科目，核算小企业所提取的固定资产折旧及固定资产折旧的累计数额。期末贷方余额反映企业固定资产折旧的累计数。"累计折旧"科目只进行总分类核算，不进行明细分类核算。需要查明某项固定资产的已提折旧，可以根据固定资产卡片上所记载的该项固定资产原价、折旧率和实际使用年数等资料进行计算。

"工程物资"科目核算小企业为建筑工程等购入的各种物资的实际成本，包括为工程准备的材料、尚未安装设备的实际成本等。该科目借方登记企业购入工程物资的实际成本，贷方登记领用工程物资的实际成本，期末借方余额反映企业为工程购入但尚未领用的专用物资的实际成本。

"在建工程"科目核算小企业需要安装的固定资产、固定资产新建工程、改扩建等所发生的成本。借方登记企业各项在建工程的实际支出，贷方登记完工工程转出的实际支出，期末借方余额反映企业尚未完工的基建工程发生的实际支出。小企业应在"在建工程"科目下设置"建筑工程""安装工程""技术改造工程""其他支出"等明细科目进行明细核算。小企业已提足折旧的固定资产的改建支出和经营租入固定资产的改建支出，在"长期待摊费用"科目核算，不在本科目核算。

"固定资产清理"科目核算小企业因出售、报废和毁损等原因转入清理的固定资产价值及其在清理过程中所发生的清理费用和清理收入等。借方登记转入清理的固定资产净值和发生的费用等，贷方登记清理固定资产的变价收入等，期末余额反映小企业尚未清理完毕固定资产的价值以及清理净收入（清理收入减去清理费用）。

（二）固定资产取得的账务处理

1. 外购的固定资产

小企业购入（含以分期付款方式购入）不需要安装的固定资产，应当按照实际支付的购买价款、相关税费(不包括按照税法规定可抵扣的增值税进项税额)、运输费、装卸费、保险费等,借记"固定资产"科目,按照税法规定经认证可抵扣的增值税进项税额,借记"应交税费——应交增值税(进项税额)"科目,贷记"银行存款""长期应付款"等科目。购入需要安装的固定资产,先记入"在建工程"科目,安装完成后再转入"固定资产"科目。

【例6-1】 2020年3月3日,甲小企业购入一台不需要安装即可投入使用的设备,取得经认证的增值税专用发票上注明的设备价款为20 000元,增值税税额为2 600元(假设按税法规定可以抵扣),款项以银行存款支付。甲小企业应做如下会计分录:

借:固定资产   20 000

  应交税费——应交增值税(进项税额) 2 600

  贷:银行存款   22 600

【例6-2】 2020年5月3日,甲小企业用银行存款购入一台需要安装的设备,增值税专用发票上注明的设备买价为100 000元,增值税税额为13 000元(假设按税法规定可以抵扣);支付运输费10 000元,增值税税额900元;支付安装费8 000元,增值税税额720元。上述增值税专用发票均已认证,甲小企业应做如下会计分录:

(1)购入进行安装时:

借:在建工程   110 000

  应交税费——应交增值税(进项税额) 13 900

  贷:银行存款   123 900

(2)支付安装费时:

借:在建工程   8 000

  应交税费——应交增值税(进项税额) 720

  贷:银行存款   8 720

(3)设备安装完毕交付使用时:

借:固定资产   118 000

  贷:在建工程   118 000

2.自行建造的固定资产

小企业自营工程领用工程物资,借记"在建工程"科目,贷记"工程物资"科目。在建工程应负担的职工薪酬,借记"在建工程"科目,贷记"应付职工薪酬"科目。在建工程使用本企业的产品或商品,应当按照成本,借记"在建工程"科目,贷记"库存商品"科目。同时,按照税法规定应交纳的增值税税额,借记"在建工程"科目,贷记"应交税费——应交增值税(销项税额)"科目。在建工程在竣工决算前发生的借款利息,在应付利息日应当根据借款合同利率计算确定的利息费用,借记"在建工程"科目,贷记"应付利息"科目。办理竣工决算后发生的利息费用,在应付利息日,借记"财务费用"科目,贷记"应付利息"等科目。在建工程在试运转过程中发生的支出,借记"在建工程"科目,贷记"银行存款"等科目;形成的产品或者副产品对外销售或转为库存商品的,借记"银行存款""库存商品"等科目,贷记"在建工程"科目。

自营工程办理竣工决算,按照竣工决算前发生相关支出,借记"固定资产"科目,贷记"在建工程"科目。出包工程,按照工程进度和合同规定结算的工程价款,借记"在建工程"科目,贷记"银行存款""预付账款"等科目。工程完工收到承包单位提供的账单,借记

涉税法规链接及提示

"固定资产"科目,贷记"在建工程"科目。

一般纳税人取得并按固定资产核算的不动产或者取得的不动产在建工程,其进项税额按现行增值税制度规定可以从销项税额中抵扣的,应当按取得成本,借记"固定资产""在建工程"等科目,按可抵扣的增值税税额,借记"应交税费——应交增值税(进项税额)"科目,按应付或实际支付的金额,贷记"应付账款""应付票据""银行存款"等科目。

【例6-3】　甲小企业2020年6月2日自建厂房一幢,购入为工程准备的各种物资400 000元,支付的增值税税额为36 000元(假设按税法规定取得合法有效并经认证的抵扣凭证),全部用于工程建设。领用本企业生产的水泥一批,实际成本为80 000元,税务部门确定的计税价格为100 000元,增值税税率13%;工程人员应计工资90 000元,支付的其他费用30 000元。7月31日工程完工并办理竣工决算手续。甲小企业应做如下会计分录:

(1)2020年6月,购入工程物资时,会计分录为:

借:工程物资 　　　　　　　　　　　　　　　　　　　　400 000

　应交税费——应交增值税(进项税额) 　　　　　　　　36 000

　　贷:银行存款 　　　　　　　　　　　　　　　　　　　　436 000

(2)工程领用工程物资时:

借:在建工程 　　　　　　　　　　　　　　　　　　　　400 000

　　贷:工程物资 　　　　　　　　　　　　　　　　　　　　400 000

(3)工程领用本企业生产的水泥时:

借:在建工程 　　　　　　　　　　　　　　　　　　　　　93 000

　　贷:库存商品 　　　　　　　　　　　　　　　　　　　　80 000

　　　应交税费——应交增值税(销项税额) 　　　　　　　　13 000

(4)分配工程人员工资时:

借:在建工程 　　　　　　　　　　　　　　　　　　　　　90 000

　　贷:应付职工薪酬 　　　　　　　　　　　　　　　　　　90 000

(5)支付工程发生的其他费用时:

借:在建工程 　　　　　　　　　　　　　　　　　　　　　30 000

　　贷:银行存款等 　　　　　　　　　　　　　　　　　　　30 000

(6)工程完工转入固定资产成本=400 000+93 000+90 000+30 000=613 000(元)

借:固定资产 　　　　　　　　　　　　　　　　　　　　613 000

　　贷:在建工程 　　　　　　　　　　　　　　　　　　　613 000

【例6-4】　2020年8月,甲小企业将新建一幢办公楼的工程出包给某企业,按规定先向承包单位预付工程价款327 000元,收到某企业开来增值税专用发票,注明价款300 000元,增值税税额27 000元。工程完工后,收到承包单位的有关工程结算单据,补付工程款174 400元,取得增值税专用发票,注明价款160 000元,增值税税额14 400元,12月20日工程完工经验收办理竣工决算后交付使用。假设按税法规定取得的增值税抵扣凭证合法有效。根据有关凭证,做如下会计分录:

(1)2020年8月,按合同规定预付工程款时:

借:在建工程——出包工程 　　　　　　　　　　　　　　300 000

应交税费——应交增值税(进项税额)	27 000	
贷:银行存款		327 000

(2) 12月补付工程款时:

借:在建工程——出包工程	160 000	
应交税费——应交增值税(进项税额)	14 400	
贷:银行存款		174 400

(3) 工程完工验收合格交付使用时:

借:固定资产	460 000	
贷:在建工程——出包工程		46 000

【例 6-5】　甲小企业向银行申请长期借款 1 000 000 元,自建生产厂房一幢,由基建科组织施工,施工过程中陆续发生以下支出:

(1) 申请的长期借款银行已批准,并通知已转入存款户。根据有关凭证,做如下会计分录:

借:银行存款	1 000 000	
贷:长期借款		1 000 000

(2) 购进各种建筑材料,取得经认证的增值税专用发票,注明价款 850 000 元,增值税税额 76 500 元,款项已通过银行付清,建筑材料已验收入库。

根据有关凭证,做如下会计分录:

借:工程物资	850 000	
应交税费——应交增值税(进项税额)	76 500	
贷:银行存款		926 500

(3) 领用生产用材料 20 000 元,该材料购买时 2 600 元增值税已经在材料入库当月全额抵扣,故不需要再作处理。则根据有关凭证,做如下会计分录:

借:在建工程——建筑工程	20 000	
贷:原材料		20 000

(4) 基建科领用建筑材料 850 000 元。根据有关凭证,做如下会计分录:

借:在建工程——建筑工程	850 000	
贷:工程物资		850 000

(5) 以现金支付外聘工程技术人员工资 5 000 元。根据有关凭证,做如下会计分录:

借:在建工程——建筑工程	5 000	
贷:库存现金		5 000

(6) 结转本企业施工人员工资 10 000 元。根据有关凭证,做如下会计分录:

借:在建工程——建筑工程	10 000	
贷:应付职工薪酬		10 000

(7) 支付厂房设计费 2 120 元。取得增值税专用发票,注明价款 2 000 元,增值税税额 120 元,根据有关凭证,做如下会计分录:

借:在建工程——建筑工程	2 000	
应交税费——应交增值税(进项税额)	120	
贷:银行存款		2 120

（8）支付工程水电费 6 780 元，取得增值税专用发票，注明价款 6 000 元，增值税税额 780 元，根据有关凭证，做如下会计分录：

借：在建工程——建筑工程　　　　　　　　　　　　　　　6 000

　　应交税费——应交增值税（进项税额）　　　　　　　　　780

　　　贷：银行存款　　　　　　　　　　　　　　　　　　　　　6 780

（9）结转本企业辅助车间为厂房建设提供服务所应负担的费用 8 000 元。根据有关凭证，做如下会计分录：

借：在建工程——建筑工程　　　　　　　　　　　　　　　8 000

　　　贷：生产成本——辅助生产成本　　　　　　　　　　　　　8 000

（10）竣工决算前，结转为工程借款而发生的利息 60 000 元。根据有关凭证，做如下会计分录：

借：在建工程——建筑工程　　　　　　　　　　　　　　60 000

　　　贷：应付利息　　　　　　　　　　　　　　　　　　　　60 000

（11）工程完工办理工程决算，根据有关凭证，做如下会计分录：

借：固定资产　　　　　　　　　　　　　　　　　　　　961 000

　　　贷：在建工程——建筑工程　　　　　　　　　　　　　961 000

3. 投资者投入的固定资产

小企业取得投资者投入的固定资产，应当按照评估价值和相关税费，借记"固定资产"科目或"在建工程"科目，贷记"实收资本""资本公积"科目。

涉税法规链接及提示

【例 6-6】　甲小企业收到 N 企业投入的固定资产（设备）一台，N 企业记录的固定资产的账面原价为 100 000 元，已提折旧 10 000 元。双方同意按该固定资产的市场价格（评估价值）70 000 元为投资额。（假设不考虑税金，如果涉及增值税应按照规定进行处理）

借：固定资产　　　　　　　　　　　　　　　　　　　　70 000

　　　贷：实收资本　　　　　　　　　　　　　　　　　　　　70 000

4. 融资租入的固定资产

融资租入的固定资产，应当在"固定资产"科目下单设明细科目进行核算。小企业应在租赁开始日，按租赁协议或者合同确定的价款、运输费、途中保险费、安装调试费以及融资租入固定资产办理竣工决算前发生的借款费用等确定付款总额，借记"固定资产（融资租入固定资产）"科目或"在建工程"科目，按经认证的可抵扣增值税借记"应交税费——应交增值税（进项税额）"，按租赁协议或者合同确定的设备价款，贷记"长期应付款——应付融资租赁款"科目，按支付的其他费用，贷记"银行存款"等科目。租赁期满，如合同规定将固定资产所有权转归承租企业，应进行转账，将固定资产从"融资租入固定资产"明细科目转入有关明细科目。

【例 6-7】　甲小企业采用融资租赁方式租入生产线一条，按租赁协议确定的租赁价款为 800 000 元。设备运输费、途中保险费 15 000 元，安装调试费 6 000 元。按租赁协议规定，租赁价款分 8 年于每年末平均支付，运输费、途中保险费、安装调试费以银行存款直接支付。租赁期满，甲小企业取得该生产线的所有权。假设不考虑折旧及其他相关税费，甲小企业会计分录如下：

租入时：

借：固定资产——融资租入固定资产　　　　　　　　　821 000

　　贷：长期应付款——应付融资租赁款　　　　　　　　　　800 000

　　　　银行存款　　　　　　　　　　　　　　　　　　　　21 000

每期支付租金时：

借：长期应付款——应付融资租赁款　　　　　　　　　100 000

　　贷：银行存款　　　　　　　　　　　　　　　　　　　　100 000

租赁期满时：

借：固定资产——生产经营用固定资产　　　　　　　　821 000

　　贷：固定资产——融资租入固定资产　　　　　　　　　　821 000

5. 盘盈的固定资产

盘盈的固定资产，按照同类或类似固定资产的市场价格或评估价值扣除按照新旧程度估计的折旧后的余额，借记"固定资产"科目，贷记"待处理财产损溢——待处理非流动资产损溢"科目。

【例 6-8】　甲小企业在财产清查中盘盈一台设备，该设备同类市场价为 50 000 元，估计已损耗 20 000 元。会计分录如下：

（1）盘盈时：

借：固定资产　　　　　　　　　　　　　　　　　　　30 000

　　贷：待处理财产损溢——待处理非流动资产损溢　　　　　　30 000

（2）确认的盘盈收益时：

借：待处理财产损溢——待处理非流动资产损溢　　　　30 000

　　贷：营业外收入——盘盈收益　　　　　　　　　　　　　30 000

涉税法规链
接及提示

第三节　固定资产折旧

固定资产折旧，是固定资产由于磨损和损耗而转移到产品中去的那一部分价值，是在固定资产使用寿命内，按照确定的方法对应计折旧额进行系统的分摊。固定资产磨损和损耗包括固定资产的有形损耗和无形损耗。固定资产的有形损耗是指固定资产在使用过程中由于实物形态运转磨损以及固定资产受自然条件的影响发生的腐蚀性损失等原因发生的损耗。固定资产的无形损耗，是指固定资产在使用过程中由于技术进步等原因发生的价值损失。

一、影响固定资产折旧的因素

影响固定资产折旧数额大小的因素有 4 个。一是计提折旧基数。计提固定资产折旧的基数是固定资产的原始价值（成本）扣除其预计净产值后的金额。二是固定资产折旧年限。折旧年限长短直接关系到折旧率的高低，它是影响企业计提折旧额的关键因素。小企业确定固定资产折旧年限时，应当考虑下列因素：该项资产预计生产能力或实物产量;该项资产预计有形损耗,如设备使用中发生磨损、房屋建筑物受到自然侵蚀等;该项资产预计无形损耗,如因新技术的出现而使现有的资产技术水平相对陈旧、市场需求变化使产品过时等;税收法律或者类似规定对该项资产使用的限制。三是折旧方法。企业折旧方法不同,计提折旧额相差很大。四是固定资产预计净残值。固定资产预计净残值指预计固定资产清理报废时可以收回的预计残值扣除预计清理费用后的净额,是固定资产预计使用寿命已满,小企业从该项资产处置中获得的扣除预计处置费用后的净额。

《小企业会计准则》规定,小企业应当根据固定资产的性质和使用情况,合理地确定固定资产的预计使用年限和预计净残值,并根据科技发展、环境及其他因素,选择合理的固定资产折旧方法,作为计提折旧的依据。小企业已经确定的有关固定资产预计使用年限、预计净残值、折旧方法等,一般不得随意变更。

二、固定资产折旧的范围和折旧期限

《小企业会计准则》中的折旧指在固定资产使用寿命内,按照确定的方法对应计折旧额进行系统分摊。小企业应当对所有固定资产计提折旧,但已提足折旧仍继续使用的固定资产和单独计价入账的土地不得计提折旧。已提足折旧指已经提足该项固定资产的应计折旧额。应计折旧额指应当计提折旧的固定资产的原价(成本)扣除其预计净残值后的金额。固定资产的折旧费应当根据固定资产的受益对象计入相关资产成本或者当期损益。

小企业一般应按月提取折旧,当月增加的固定资产,当月不提折旧,从下月起计提折旧;当月减少的固定资产,当月照提折旧,从下月起不提折旧。固定资产提足折旧后,不管能否继续使用,均不再提取折旧;提前报废的固定资产,也不再补提折旧。

小企业固定资产的折旧期限由小企业根据各方面情况自主确定。

三、固定资产折旧的计算方法

涉税法规链接及提示

《小企业会计准则》规定,小企业应当按照年限平均法(即直线法)计提折旧。小企业的固定资产由于技术进步等原因,确需加速折旧的,可以采用双倍余额递减法和年数总和法。

小企业应当根据固定资产的性质和使用情况,并考虑税法的规定,合理确定固定资产的使用寿命和预计净残值。固定资产的折旧方法、使用寿命、预计净残值一经确定,不得随意变更。

（一）年限平均法

年限平均法又称直线法,是将固定资产的折旧均衡地分摊到各期的一种方法。计算公式如下:

$$年折旧率＝(1－预计净残值率)÷预计使用年限×100\%$$

$$月折旧率＝年折旧率÷12$$

$$月折旧额＝固定资产原价×月折旧率$$

【例 6-9】　甲小企业有一厂房,原价为 400 000 元,预计可使用 20 年,预计报废时净残值率为 2%,相关计算如下:

$$年折旧率＝(1-2\%)÷20×100\%＝4.9\%$$

$$月折旧率＝4.9\%÷12＝0.41\%$$

$$月折旧额＝400 000×0.41\%＝1 640(元)$$

上述计算的折旧率是按个别固定资产单独计算的,称为个别折旧率。此外,还有分类折旧率和综合折旧率。分类折旧率是指固定资产分类折旧额与该类固定资产原价的比率。综合折旧率是指某一期间小企业全部固定资产折旧额与全部固定资产原价的比率。与采用个别折旧率和分类折旧率计算固定资产折旧相比,采用综合折旧率计算固定资产折旧,其计算结果的准确性较差。

（二）工作量法

工作量法是根据实际工作量计提折旧额的一种方法。计算公式如下:

每一工作量折旧额＝固定资产原价×(1-预计净残值率)÷预计总工作量

某项固定资产月折旧额＝该项固定资产当月工作量×每一工作量折旧额

【例 6-10】　甲小企业有一辆轿车,原价为 250 000 元,预计总行驶里程为 50 万千米,其报废时的净残值率为 5%。本月行驶了 1 200 千米,相关计算如下:

$$单位里程折旧额＝250 000×(1-5\%)÷500 000＝0.475(元/千米)$$

$$本月折旧额＝1 200×0.475＝570(元)$$

（三）年数总和法

年数总和法,又称年限合计法,是指将固定资产的原值减去预计净残值后的余额,乘以一个以固定资产尚可使用寿命为分子、以预计使用寿命逐年数字之和为分母的逐年递减的分数计算每年的折旧额。计算公式如下:

$$年折旧率＝尚可使用年限÷预计使用寿命的年数总和×100\%$$

$$月折旧率＝年折旧率÷12$$

$$月折旧额＝(固定资产原值-预计净残值)×月折旧率$$

【例 6-11】　甲小企业一项固定资产原值为 100 000 元,预计使用年限为 5 年,预计净残值为 5 000 元,采用年数总和法计提折旧,相关计算如下:

各年折旧率分别为 5/15、4/15、3/15、2/15、1/15

$$第 1 年的年折旧额＝(100 000-5 000)×5/15＝31 667(元)$$

第 2 年的年折旧额＝(100 000－5 000)×4/15＝25 333(元)

第 3 年的年折旧额＝(100 000－5 000)×3/15＝19 000(元)

第 4 年的年折旧额＝(100 000－5 000)×2/15＝12 667(元)

第 5 年的年折旧额＝(100 000－5 000)×1/15＝6 333(元)

（四）双倍余额递减法

双倍余额递减法,是指在不考虑固定资产预计净残值的情况下,根据每期期初固定资产原值减去累计折旧后的金额和双倍的直线法折旧率计算固定资产折旧的一种方法。应用这种方法计算折旧额时,由于每年年初固定资产净值没有减去预计净残值,所以在计算固定资产折旧额时,应在其折旧年限到期前的两年期间,将固定资产净值减去预计净残值后的余额平均摊销。计算公式如下:

年折旧率＝2÷预计使用寿命(年)×100%

月折旧率＝年折旧率÷12

月折旧额＝月初固定资产账面净值×月折旧率

【例 6-12】 根据【例 6-11】资料,采用双倍余额递法计算年折旧额。

双倍直线折旧率＝2÷5×100%＝40%

第 1 年的年折旧额＝100 000×40%＝40 000(元)

第 2 年的年折旧额＝(100 000－40 000)×40%＝24 000(元)

第 3 年的年折旧额＝(100 000－40 000－24 000)×40%＝14 400(元)

第 4 年开始,改用直线法计提折旧:

年折旧额＝(36 000－14 400－5 000)÷2＝8 300(元)

第 5 年的折旧额与第 4 年折旧额相同。

双倍余额递减法和年数总和法,是常见的加速折旧方法。其特点是固定资产使用前期提取折旧多,使用后期提取折旧逐年减少。其中,采用双倍余额递减法时的折旧率是固定不变的,而计提折旧的基数为固定资产的净值,是逐年变小的,因此计提的折旧额逐年递减;年数总和法折旧率是逐年降低的,而计提折旧的基数为固定资产原值减去预计净残值,是固定不变的,计提折旧额也是逐年递减的。

小企业在选用双倍余额递减法计提折旧时,预计残值不能从固定资产账面价值中抵减。因此,每年计提的固定资产折旧额是用两倍于直线法的折旧率去乘固定资产的账面净值。在固定资产使用的后期,如果发现使用双倍余额递减法计算的折旧额小于采用直线法计算的折旧额时,就可以改用直线法计提折旧。为了操作方便,实行双倍余额递减法计提折旧的固定资产,应当在其折旧年限到期前两年内,将固定资产账面净额平均摊销。

各类固定资产原价在各月之间由于新增和报废等原因而有变动,在一个月之中也有变动,为了一致起见,小企业一般应根据月初固定资产的账面原价和月折旧率,按月计提折旧。

四、固定资产折旧的账务处理

小企业对固定资产折旧的核算应设置"累计折旧"科目,作为"固定资产"科目的备抵科目。小企业按月计提固定资产折旧,应当按照固定资产的受益对象,借记"制造费用""销售费用""管理费用"等科目,贷记"累计折旧"科目。

【例6-13】 甲小企业本月计提折旧的资料如下:基本生产车间折旧为 20 000 元,厂部管理部门折旧为 18 000 元。会计分录如下:

借:制造费用　　　　　　　　　　　　　　　　　　20 000
　　管理费用　　　　　　　　　　　　　　　　　　18 000
　　贷:累计折旧　　　　　　　　　　　　　　　　　　　38 000

涉税法规链
接及提示

涉税法规链
接及提示

第四节　固定资产修理与改建

小企业的固定资产投入使用后,由于各个组成部分耐用程度不同或者使用的条件不同,因而往往发生固定资产的局部损坏。为了保持固定资产的正常运转和使用,充分发挥其使用效能,就必须对其进行必要的修理或改建。

一、固定资产修理

固定资产在长期使用过程中,由于自然损耗或使用磨损等原因,往往发生部分零部件的损坏。为了保证固定资产的正常运转及使用,小企业需要对固定资产进行必要的修理。固定资产修理的目的是保持固定资产处于正常运行状态,如添加润滑油、清洗机器、更换小部件、喷漆等。固定资产修理不会增加资产的经济利益,也不会提高资产的效率。

小企业的固定资产管理中,通常将固定资产修理分为日常修理和大修理两类。日常修理的修理范围小,成本支出少,修理次数多,间隔时间短。《小企业会计准则》规定固定资产的日常修理费,应当在发生时根据固定资产的受益对象计入相关资产成本或者当期损益。大修理的特点是修理范围大,成本支出多,修理次数少,间隔时间长。对摊销期限在 1 年以上的固定资产大修理费用,应当作为长期待摊费用处理。其具体核算参见"第九章第四节长期待摊费用"。

【例6-14】 甲小企业的轿车经常委托汽车修理厂进行修理,本月发生修理费 1 200 元,经认证的可抵扣增值税税额 156 元,已用银行存款支付,相关会计分录如下:

借:管理费用——修理费　　　　　　　　　　　　　1 200
　　应交税费——应交增值税(进项税额)　　　　　　　156
　　贷:银行存款　　　　　　　　　　　　　　　　　　　1 356

涉税法规链
接及提示

二、固定资产改建

固定资产的改建是指为了改进产品性能、提高产品质量、增加产品品种、降低能源和原材料消耗而对原有固定资产进行技术改造，使固定资产在原来基础上增添新的功能，增加了价值，延长使用年限。如对原机器设备进行改装，对房屋建筑物进行加层等。

小企业会计准则规定固定资产的改建支出，是指改变房屋或者建筑物结构、延长使用年限等发生的支出。固定资产的改建支出，应当计入固定资产的成本，但已提足折旧的固定资产和经营租入的固定资产发生的改建支出应当计入长期待摊费用。

涉税法规链接及提示

【例 6-15】　甲小企业决定将一台生产设备进行改建，改建前设备原价 50 000 元，累计折旧 10 000 元。改建过程中，以银行存款支付改造费用 28 000 元，经认证的可抵扣增值税税额 3 640 元。设备改造完工后交付使用，预计使用寿命延长 5 年。

（1）将原设备账面价值转入在建工程：

借：在建工程	40 000
累计折旧	10 000
贷：固定资产	50 000

（2）支付改造费用：

借：在建工程	28 000
应交税费——应交增值税（进项税额）	3 640
贷：银行存款	31 640

（3）工程完工增加新固定资产原价：

借：固定资产	68 000
贷：在建工程	68 000

【例 6-16】　甲小企业决定将一台已足额提取折旧的管理部门用固定资产委托某小规模纳税人进行改建，改建前设备原价 50 000 元，累计折旧 49 500 元，预计净残值 500 元。改建过程中，以银行存款支付改造费用 24 000 元，设备改造完工后交付使用。预计该固定资产尚可使用 2 年。甲小企业会计分录如下：

（1）支付改造费用：

借：长期待摊费用	24 000
贷：银行存款	24 000

（2）每月摊销时：

借：管理费用	1 000
贷：长期待摊费用	1 000

第五节　固定资产减少

固定资产减少的原因很多，通常情况下，小企业除了出售、报废、毁损、处置等原因会减少固定资产外，还可能因投资转出、盘亏、捐赠转出、抵偿债务方式转出等原因减少固定资产。

小企业会计准则规定小企业处置固定资产,处置收入扣除其账面价值、相关税费和清理费用后的净额,应当计入营业外收入或营业外支出。固定资产的账面价值指固定资产原价(成本)扣减累计折旧后的金额。盘亏固定资产发生的损失应当计入营业外支出。

涉税法规链接及提示

一、固定资产处置

小企业在生产经营过程中,可能将不适用或不需用的固定资产对外出售转让,或因磨损、技术进步等原因对固定资产进行报废,或因遭受自然灾害而对毁损的固定资产进行处理。对于上述事项在进行会计核算时,应按规定程序办理有关手续,结转固定资产的账面价值,计算有关的清理收入、清理费用及残料价值等。

固定资产处置包括固定资产的出售、报废、毁损、对外投资等。处置固定资产应通过"固定资产清理"科目核算。具体包括以下几个环节。

(1)固定资产转入清理。小企业因出售、报废、毁损、对外投资等转出的固定资产,按该项固定资产的账面价值,借记"固定资产清理"科目,按已计提的累计折旧,借记"累计折旧"科目,按其账面原价,贷记"固定资产"科目。

(2)发生的清理费用等。固定资产清理过程中应支付的相关税费及其他费用,借记"固定资产清理"科目,贷记"银行存款"等科目。

(3)收回出售固定资产的价款、应交增值税、残料价值和变价收入等,借记"银行存款""原材料"等科目,贷记"固定资产清理""应交税费——应交增值税(销项税额)"等科目。

(4)保险赔偿等的处理。应由保险公司或过失人赔偿的损失,借记"其他应收款"等科目,贷记"固定资产清理"科目。

(5)清理净损益的处理。固定资产清理完成后,借记"营业外支出——非流动资产处置净损失"科目,贷记"固定资产清理"科目。如为贷方余额,借记"固定资产清理"科目,贷记"营业外收入"科目。

【例6-17】 2020年8月1日甲小企业出售一项2009年之前购进的固定资产,原价为300 000元,已计提折旧240 000元,实际出售价格为412 000元,发生清理费用400元,取得残料收入1 000元,按简易办法依照3%征收率减按2%交纳增值税,价税已通过银行收回。甲小企业应做如下会计分录:

(1)将出售固定资产转入清理时:

借:固定资产清理	60 000	
累计折旧	240 000	
贷:固定资产		300 000

(2)发生的清理费用时:

借:固定资产清理	400	
贷:银行存款		400

(3)取得出售收入及交纳增值税时(应纳增值税税额=41 200÷(1+3%)×2%=800元):

借:银行存款　　　　　　　　　　　　　　　　　　　　　41 200
　　贷:固定资产清理　　　　　　　　　　　　　　　　　　　40 400
　　　　应交税费——简易计税　　　　　　　　　　　　　　　　800

(4)收到残料收入时:

借:原材料　　　　　　　　　　　　　　　　　　　　　　1 000
　　贷:固定资产清理　　　　　　　　　　　　　　　　　　　1 000

(5)结转固定资产清理时:

　　　固定资产清理完成后发生的净损失(60 000−400−40 400−1 000)

借:营业外支出——非流动资产处置损失　　　　　　　　　　18 200
　　贷:固定资产清理　　　　　　　　　　　　　　　　　　　18 200

【例6-18】　甲小企业现有一台原价为40 000元,已计提折旧32 000元的设备由于性能等原因决定提前报废。报废时的残值变价收入为200元。报废清理过程中发生清理费用500元。有关收入、支出均通过银行办理结算。假设不考虑相关收费。甲小企业应做如下会计分录:

(1)将报废固定资产转入清理时:

借:固定资产清理　　　　　　　　　　　　　　　　　　　8 000
　　累计折旧　　　　　　　　　　　　　　　　　　　　　32 000
　　贷:固定资产　　　　　　　　　　　　　　　　　　　　40 000

(2)收回残料变价收入时:

借:银行存款　　　　　　　　　　　　　　　　　　　　　200
　　贷:固定资产清理　　　　　　　　　　　　　　　　　　　200

(3)支付清理费用时:

借:固定资产清理　　　　　　　　　　　　　　　　　　　500
　　贷:银行存款　　　　　　　　　　　　　　　　　　　　500

(4)结转报废固定资产发生的净损失时:

借:营业外支出——非流动资产处置净损失　　　　　　　　　8 300
　　贷:固定资产清理　　　　　　　　　　　　　　　　　　　8 300

【例6-19】　甲小企业为小规模纳税人,2020年9月因企业转型而处置一座15年前自建厂房,该厂房原价1 000 000元,已计提折旧800 000元。销售价税合计160 000元,发生的相关费用20 000元,均已通过银行收支。该不动产已清理完毕。甲小企业应做如下会计分录:

(1)结转处置成本时:

借:固定资产清理　　　　　　　　　　　　　　　　　　　200 000
　　累计折旧　　　　　　　　　　　　　　　　　　　　　800 000
　　贷:固定资产　　　　　　　　　　　　　　　　　　　　1 000 000

(2)取得销售款时:

借:银行存款　　　　　　　　　　　　　　　　　　　　　160 000
　　贷:固定资产清理　　　　　　　　　　　　　　　　　　　156 893.21

应交税费——应交增值税(销项税额)

　　　　　　　　　　3 106.79[160 000÷(1+3%)×2%]

　　(3)支付相关费用时:

借:固定资产清理　　　　　　　　　　　　　　　20 000

　　贷:银行存款　　　　　　　　　　　　　　　　　　20 000

　　(4)结转处置不动产发生的损失时:

借:营业外支出　　　　　　　　　　　　　　　　63 106.79

　　贷:固定资产清理　　　　　　　　　　　　　　　63 106.79

二、固定资产盘亏

　　固定资产盘亏是指小企业在固定资产清查时发现的,固定资产的盘点实物数少于账面应有数的情况。对盘亏固定资产,必须查明原因,并填制"固定资产盘亏报告单"。在报告单内填列固定资产编号、名称、型号、数量、原值、已提折旧、短缺毁损原因等,按照规定程序上报。

　　小企业在财产清查中盘亏的固定资产,应及时办理固定资产注销手续,在按规定程序批准处理之前,应将该固定资产卡片从原来的归类中抽出,单独保管。小企业盘亏的固定资产,按其账面净值借记"待处理财产损溢——待处理非流动资产损溢"科目,按已提折旧,借记"累计折旧"科目,按固定资产原价,贷记"固定资产"科目,批准处理时再借记"营业外支出"科目,贷记"待处理财产损溢——待处理非流动资产损溢"科目。

涉税法规链接及提示

　　【例 6-20】　甲小企业在财产清查中,发现短少一项固定资产。该固定资产账面原价20 000 元,已提折旧 12 000 元。经批准,该盘亏资产转作营业外支出,甲小企业做如下会计分录:

　　(1)盘亏时:

借:待处理财产损溢——待处理非流动资产损溢　　　8 000

　　累计折旧　　　　　　　　　　　　　　　　12 000

　　贷:固定资产　　　　　　　　　　　　　　　　20 000

　　(2)经批准转销时:

借:营业外支出　　　　　　　　　　　　　　　　8 000

　　贷:待处理财产损溢——待处理非流动资产损溢　　　8 000

第六节　生产性生物资产

　　生产性生物资产,是指农、林、牧、渔业小企业为生产农产品、提供劳务或出租等目的而持有的生物资产。生产性生物资产具备自我生长性,能够在持续的基础上予以消耗并在未来的一段时间内保持其服务能力或未来经济利益,属于劳动手段,包括:经济林、薪炭林、产畜和役畜等。

　　一般而言,生产性生物资产通常需要生长到一定阶段才开始具备生产的能力。根据其是否具备生产能力(即是否达到预定生产经营目的),可以对生产性生物资产进行进一步的划分。所谓达到预定生产经营目的,是指生产性生物资产进入正常生产期,可以多年连续稳定产出农产品、提供劳务或出租。由此,生产性生物资产可以划分为未成熟和成熟两类,前者指尚未达到预定生产经营目的;还不能够多年连续稳定产出农产品、提供劳务或出租的生产性生物资产,例如尚未开始挂果的果树、尚未开始产奶的奶牛等,后者则指已经达到预定生产经营目的的生产性生物资产。

一、生产性生物资产取得的核算

《小企业会计准则》规定,生产性生物资产应当按照成本进行计量。

(一)外购的生产性生物资产

小企业外购的生产性生物资产的成本包括购买价款、相关税费、运输费、保险费以及可直接归属于购买该资产的其他支出。其中,可直接归属于购买该资产的其他支出包括场地整理费、装卸费、栽植费、专业人员服务费等。小企业一笔款项一次性购入多项生物资产时,购买过程中发生的相关税费、运输费、保险费等可直接归属于购买该资产的其他支出,应当按照各项生物资产的价款比例进行分配,分别确定各项生物资产的成本。

小企业外购的生产性生物资产,应按照购买价款和相关税费,借记"生产性生物资产"科目,贷记"银行存款"等科目。涉及按照税法规定可抵扣的增值税进项税额的,还应当借记"应交税费——应交增值税(进项税额)"科目。

【例6-21】 2020年5月,甲农业小企业从市场上一次性购买了10头种猪,单价1 400元,共支付价款14 000元,此外发生的运输费为500元,保险费为100元,装卸费为50元,款项全部以银行存款支付。则甲农业企业的会计分录如下:

借:生产性生物资产——种猪　　　　　　　　　　　　　　14 650
　　贷:银行存款　　　　　　　　　　　　　　　　　　　　　　14 650

(二)自行营造或繁殖的生产性生物资产

小企业自己繁育的奶牛、种猪,自行营造的橡胶树、果树、茶树等自行繁殖和营造的生产性生物资产,应按照其达到预定生产经营目的前发生的必要支出确定成本,具体包括直接材料、直接人工、其他直接费和应分摊的间接费用。自行营造的林木类生产性生物资产的成本,包括达到预定生产经营目的前发生的造林费、抚育费、营林设施费、良种试验费、调查设计费和应分摊的间接费用等必要支出;自行繁殖的产畜和役畜的成本,包括达到预定生产经营目的(成龄)前发生的饲料费、人工费和应分摊的间接费用等必要支出。达到预定生产经营目的是区分生产性生物资产成熟和未成熟的分界点,同时也是判断其相关费用停止资本化的时点,是区分其是否具备生产能力,从而是否计提折旧的分界点,小企业应当根据具体情况结合正常生产期的确定,对生产性生物资产是否达到预定生产经营目的进行判断。例如,一般就海南橡胶园而言,同林段内离地100厘米处、树围50厘米以上的芽接胶树,占林段总株数的50%以上时,该橡胶园就属于进入正常生产期,即达到预定生产经营目的。

自行营造的林木类生产性生物资产,达到预定生产经营目的前发生的造林费、抚育费、营林设施费、良种试验费、调查设计费和应分摊的间接费用等必要支出,借记"生产性生物资产——未成熟生产性生物资产"科目,贷记"原材料""银行存款""应付利息"等科目。

自行繁殖的产畜和役畜,达到预定生产经营目的前发生的饲料费、人工费和应分摊的间接费用等必要支出,借记"生产性生物资产——未成熟生产性生物资产"科目,贷记"原材料""银行存款""应付利息"等科目。

未成熟生产性生物资产达到预定生产经营目的时,按照其账面余额,借记"生产性生物资产——成熟生产性生物资产"科目,贷记"生产性生物资产——未成熟生产性生物资产"科目。

育肥畜转为产畜或役畜,应当按照其账面余额,借记"生产性生物资产"科目,贷记"消耗性生物资产"科目。

【例6-22】 甲小企业自2020年开始自行营造10亩苹果树,当年发生种苗费13 500元,平整土地的机械作业费3 200元,定植当年发生肥料及农药费2 100元、人员工资等36 000元。该苹果树达到正常生产期为3年,从定植后至2019年共发生管护费用91 200元,以银行存款支付。甲企业的会计分录如下:

借:生产性生物资产——未成熟生产性生物资产(苹果树) 54 800
 贷:原材料——种苗 13 500
    ——肥料及农药 2 100
  应付职工薪酬 36 000
  累计折旧 3 200
借:生产性生物资产——未成熟生产性生物资产(苹果树) 91 200
 贷:银行存款 91 200
因此,该10亩苹果树的成本为:54 800+91 200=146 000(元)
借:生产性生物资产——成熟生产性生物资产(苹果树) 146 000
 贷:生产性生物资产——未成熟生产性生物资产(苹果树) 146 000

生产性生物资产在达到预定生产经营目的之前,其用途一般是已经确定的,如尚未开始挂果的果树、未开始产奶的奶牛等;但是,如果其未来用途不确定,应当作为消耗性生物资产核算和管理,待确定用途后,再按照用途转换进行处理。

涉税法规链接及提示

二、生产性生物资产的折旧

(一)生产性生物资产折旧的计提

生产性生物资产的折旧,是指在生产性生物资产的使用寿命内,按照确定的方法对应计折旧额进行系统分摊。成熟的生产性生物资产进入正常生产期,可以多年连续稳定产出农产品、提供劳务或出租。因此应当按期计提折旧。如已经开始挂果的果树、种猪等。其中,应计折旧额指应当计提折旧的生产性生物资产的原价扣除预计净残值后的余额。预计净残值指预计生产性生物资产使用寿命结束时,在处置过程中所发生的处置收入扣除处置费用后的余额。

1.预计生产性生物资产的使用寿命

小企业确定生产性生物资产的使用寿命,应当考虑下列因素:①该资产的预计产出能力或实物产量;②该资产的预计有形损耗,如产畜和役畜衰老、经济林老化等;③该资产的预计无形损耗,如因新品种的出现而使现有的生产性生物资产的产出能力和产出农产品的质量等方面相对下降、市场需求的变化使生产性生物资产产出的农产品相对过时等;④考虑税法规定的最低年限。

在实际工作中,小企业应在考虑这些因素的基础上,结合不同生产性生物资产的具体情况确定使用寿命,例如,在考虑林木类生产性生物资产的使用寿命时,可以考虑诸如温度、湿度和降雨量等生物特征、灌溉特征、嫁接和修剪程序、植物的种类和分类、植物的株间距、所使用初生主根的类型、采摘或收割的方法、所生产产品的预计市场需求等。在相同的环境下,同样的生产性生物资产的预计使用寿命应该基本相同。

2.折旧计提范围与折旧方法

《小企业会计准则》规定,所有投入使用的生产性生物资产都应当计提折旧,一旦提足折旧,不论能否继续使用,均不再计提折旧。小企业应当根据生产性生物资产的性质和使用情况,并考虑税法的规定,合理确定生产性生物资产的使用寿命和预计净残值,作为进行生产性生物资产核算的依据。生产性生物资产应当按照年限平均法计提折旧。生产性生物资产的折旧方法、使用寿命、预计净残值一经确定,不得随意变更。

小企业应当制定生产性生物资产目录、分类方法、预计使用寿命、预计净残值折旧方法等具体制度,并按照管理权限,经股东大会或董事会,或经理(场长)会议或类似机构批准,按照法律、行政法规的规定报送有关各方备案,同时备置于企业所在地供有关各方查阅。

小企业应当自生产性生物资产投入使用月份的下月起按月计提折旧;停止使用的生产性生物资产,应当自停止使用月份的下月起停止计提折旧。

3.计提折旧的会计处理

小企业应当至生产性生物资产投入使用时开始至停止使用或出售时止计提折旧,并根据受益对象分别计入将收获的农产品成本、劳务成本、出租费用等。对成熟生产性生物资产按期计提折旧时,借记"生产成本""管理费用"等科目,贷记"生产性生物资产累计折旧"科目。

【例6-23】　甲小企业自2020年开始对10亩成熟生产性生物资产苹果树计提折旧,苹果树原价125 000元,预计净残值5 000元,使用寿命10年。甲企业每个月的会计分录如下:

借:生产成本　　　　　　　　　　　　　　　　　　　　　　1 000
　　贷:生产性生物资产累计折旧　　　　　　　　　　　　　　　　1 000

(二)其他生产性生物资产的后续支出

(1)小企业择伐、间伐或抚育更新等生产性采伐而补植林木类生产性生物资产发生的后续支出,借记"生产性生物资产——未成熟生产性生物资产"科目,贷记"银行存款"等科目。

（2）生产性生物资产发生的管护、饲养费用等后续支出，借记"管理费用"科目，贷记"银行存款"等科目。

三、生产性生物资产减少的核算

生产性生物资产的减少主要包括因出售、报废、毁损、对外投资等原因，以及产畜或役畜淘汰转为育肥畜等。

（一）处置生产性生物资产

因出售、报废、毁损、对外投资等原因处置生产性生物资产，应按照取得的出售生产性生物资产的价款、残料价值和变价收入等处置收入，借记"银行存款"等科目，按照已计提的累计折旧，借记"生产性生物资产累计折旧"科目，按照其原价，贷记"生产性生物资产"科目，按照其差额，借记"营业外支出——非流动资产处置净损失"科目或贷记"营业外收入——处置非流动资产处置净收益"科目。

【例 6-24】 甲小企业于 2020 年 10 月 5 日丢失 3 头种猪，账面原值为 8 600 元，已经计提折旧 3 600 元；经查实，饲养员赵五应赔偿 3 000 元。甲企业的会计分录如下：

借：其他应收款——赵五 3 000
营业外支出——非流动资产处置净损失 2 000
生产性生物资产累计折旧 3 600
贷：生产性生物资产——种猪 8 600

（二）产畜或役畜淘汰转为育肥畜

产畜或役畜淘汰转为育肥畜或者林木类生产性生物资产转为林木类消耗性生物资产时，按转群或转变用途时的账面价值，借记"消耗性生物资产"科目，按已计提的累计折旧，借记"生产性生物资产累计折旧"科目，按其账面原价，贷记"生产性生物资产"科目。育肥畜转为产畜或役畜，应当按照其账面余额，借记"生产性生物资产"科目，贷记"消耗性生物资产"科目。

【例 6-25】 2020 年 5 月，甲小企业自行繁殖的 3 头种猪转为育肥猪，此批种猪的账面原价为 30 000 元，已经计提的累计折旧为 10 000 元。甲企业的会计分录如下：

借：消耗性生物资产——育肥猪 20 000
生产性生物资产累计折旧 10 000
贷：生产性生物资产—成熟生产性生物资产（种猪） 30 000

涉税法规链接及提示

练 习 题

一、单项选择题

1. 小企业购入需要安装的固定资产，其全部安装成本（包括固定资产买价以及包装运杂费和安装费）均应通过"（　　）"科目进行核算。

A. 固定资产　　　　B. 在建工程　　　　C. 工程物资　　　　D. 长期投资

2. 某小企业 2020 年 10 月购入机器一台,取得的增值税专用发票注明价款 85 000 元,增值税税额 11 050 元;支付运杂费 2 500 元,增值税税额 225 元。假设相关可抵扣增值税均经过认证,则该小企业设备入账的原值为(　　)元。

A. 87 500　　　　　B. 101 950　　　　　C. 101 845　　　　　D. 99 450

3. 下列各项中应计提固定资产折旧的是(　　)。

A. 土地　　　　　　　　　　　B. 当月增加的固定资产

C. 以经营租赁方式租入的固定资产　　　D. 以融资租赁方式租入的固定资产

4. 某项固定资产的原值为 10 000 元,预计使用年限 4 年,不考虑净残值,在年数总和法下第 2 年的折旧额为(　　)元。

A. 3 000　　　　　B. 2 500　　　　　C. 2 000　　　　　D. 1 800

5. 计提固定资产折旧时,可以先不考虑固定资产残值的方法是(　　)。

A. 年限平均法　　　B. 工作量法　　　C. 双倍余额递减法　　　D. 年数总和法

6. 固定资产清理结束后,应将净损失转入"(　　)"科目。

A. 管理费用　　　　B. 制造费用　　　　C. 营业外支出　　　　D. 营业外收入

7. 与年限平均法相比,采用年数总和法对固定资产计提折旧将使(　　)。

A. 计提折旧的初期,企业利润减少,固定资产净值减少

B. 计提折旧的初期,企业利润减少,固定资产原值减少

C. 计提折旧的后期,企业利润减少,固定资产净值减少

D. 计提折旧的后期,企业利润减少,固定资产原值减少

8. 某小企业进行财产清查时盘亏设备一台,其账面原值 20 000 元,已提取折旧 15 000 元,则应记入"待处理财产损溢"科目的金额是(　　)元。

A. 15 000　　　　　B. 20 000　　　　　C. 5 000　　　　　D. 35 000

9. 某小企业自建厂房过程中耗用工程物资的实际成本为 50 万元;在建工程人员薪酬 22.8 万元;支付的耕地占用税 1.18 万元;领用本企业生产经营用材料 6 万元。该厂房完工后,其入账价值为(　　)万元。

A. 76　　　　　B. 78.8　　　　　C. 81　　　　　D. 79.98

10. 甲小企业对一项原值为 120 万元、已提折旧 60 万元的固定资产进行改建,发生改建支出 50 万元,取得变价收入 10 万元。则改建后该项固定资产的入账价值为(　　)万元。

A. 100　　　　　B. 145　　　　　C. 110　　　　　D. 150

11. 采用出包方式建造固定资产时,对于按照工程进度和合同规定结算的工程价款应贷记的会计科目是"(　　)"。

A. 在建工程　　　B. 固定资产　　　C. 工程物资　　　D. 预付账款

12. 小企业接受投资者投入的一项固定资产,应按(　　)作为入账价值。

A. 公允价值　　　　　　　　　　B. 投资方的账面原值

C. 按照评估价值和相关税费　　　D. 投资方的账面价值

13. 实行(　　)计提折旧的固定资产,一般应在固定资产折旧年限到期前两年内,将固定资产账面净值扣除预计净残值后的净额平均摊销。

A. 工作量法　　　B. 双倍余额递减法　　　C. 年数总和法　　　D. 平均年限法

14. 小企业盘盈的固定资产,经批准转销后,应计入"(　　)"科目。

A. 其他业务收入　　　B. 营业外支出　　　C. 资本公积　　　　D. 营业外收入

15. 甲小企业转让一项固定资产,该固定资产原值 80 万元,已提折旧 40 万元,转让价 60 万元,支付清理费用 5 万元,清理完毕,应将余额结转至(　　)。

A. 营业外收入 20 万元　　　　　　　B. 营业外收入 15 万元

C. 营业外支出 20 万元　　　　　　　D. 营业外支出 15 万元

16. 根据企业所得税法的规定,下列对生物资产的税务处理正确的是(　　)。

A. 企业应当自生产性生物资产投入使用月份的当月起计算折旧

B. 停止使用的生产性生物资产,应当自停止使用月份的当月停止计算折旧

C. 畜类生产性生物资产,折旧年限不得超过 3 年

D. 畜类生产性生物资产,折旧年限不得短于 3 年

17. 2020 年 4 月,某养殖企业自行繁殖的 100 头种猪转为育肥猪,此批种猪的账面原价为 50 000 元,已经计提的累计折旧为 20 000 元。则产畜或役畜淘汰转为育肥畜时的处理正确的是(　　)。

A. 借:消耗性生物资产——育肥猪　　　　　　　　　50 000

　　贷:生产性生物资产——成熟生产性生物资产　　　　　　　50 000

B. 借:消耗性生物资产——育肥猪　　　　　　　　　27 000

　　贷:生产性生物资产——成熟生产性生物资产　　　　　　　27 000

C. 借:消耗性生物资产——育肥猪　　　　　　　　　50 000

　　贷:生产性生物资产累计折旧　　　　　　　　　　　　　20 000

　　　生产性生物资产——成熟生产性生物资产　　　　　　　30 000

D. 借:消耗性生物资产——育肥猪　　　　　　　　　30 000

　　　生产性生物资产累计折旧　　　　　　　　　　20 000

　　贷:生产性生物资产——成熟生产性生物资产　　　　　　　50 000

18. 小企业的下列固定资产中,不计提折旧的是(　　)。

A. 闲置的房屋　　　　　　　　　　　B. 融资租入的设备

C. 临时出租的设备　　　　　　　　　D. 已提足折旧仍继续使用的设备

19. 某林场外购一批梨树,支付价款 10 万元,依据企业所得税相关规定,税前扣除方法为(　　)。

A. 一次性在税前扣除

B. 按梨树寿命在税前分期扣除

C. 按直线法以不低于 3 年折旧年限计算折旧税前扣除

D. 按直线法以不低于 10 年折旧年限计算折旧税前扣除

20. 小企业择伐、间伐或抚育更新等生产性采伐而补植林木类生产性生物资产发生的后续支出,借记"(　　)"科目。

A. 生产性生物资产　　　　　　　　　B. 管理费用

C. 生产成本　　　　　　　　　　　　D. 消耗性生物资产

二、多项选择题

1. 影响固定资产折旧的因素主要有(　　　　)。

A. 固定资产原值　　　　　　　　　　　B. 固定资产的使用年限

C. 固定资产的净残值　　　　　　　　　D. 固定资产计提折旧范围

2. 下列业务中通过"固定资产清理"科目核算的有(　　　　)。

A. 出售固定资产　　　　　　　　　　　B. 固定资产报废

C. 固定资产毁损　　　　　　　　　　　D. 固定资产对外投资

3. 第1年度提取折旧时,就需要考虑固定资产净残值的折旧方法有(　　　　)。

A. 年限平均法　　　　B. 工作量法　　　　C. 双倍余额递减法　D. 年数总和法

4. 下列固定资产在购建时需记入"在建工程"科目的有(　　　　)。

A. 无须安装的固定资产　　　　　　　　B. 需要安装的固定资产

C. 固定资产的改扩建　　　　　　　　　D. 固定资产新建工程

5. "固定资产清理"科目贷方登记的项目有(　　　　)。

A. 出售固定资产的价款　　　　　　　　B. 变价收入

C. 残料价值　　　　　　　　　　　　　D. 应由保险公司或过失人赔偿的损失

6. 双倍余额递减法和年数总和法的共同点有(　　　　)。

A. 属于加速折旧法　　　　　　　　　　B. 每期折旧率固定

C. 前期折旧高,后期折旧低　　　　　　D. 不考虑净残值

7. 小企业结转固定资产清理净损益时,可能涉及的会计科目有"(　　　　)"。

A. 管理费用　　　　B. 营业外收入　　　　C. 营业外支出　　　　D. 长期待摊费用

8. 下列业务中,不通过"在建工程"科目核算的有(　　　　)。

A. 购入需要安装的设备　　　　　　　　B. 购入不需要安装的设备

C. 在建工程在竣工决算前发生的借款利息　D. 办理竣工决算后发生的利息费用

9. 下列固定资产中,不计提折旧的固定资产有(　　　　)。

A. 不需用的设备　　　　　　　　　　　B. 当月增加的固定资产

C. 未提足折旧提前报废的固定资产　　　D. 经营租入的固定资产

10. 下列各项中,引起固定资产账面价值发生增减变化的有(　　　　)。

A. 购买固定资产时所支付的有关契税、耕地占用税

B. 发生固定资产日常修理支出

C. 发生固定资产改良支出

D. 对固定资产计提折旧

11. 下列税金中,应该计入固定资产入账价值的有(　　　　)。

A. 一般纳税企业购入固定资产按照税法规定经认证可以抵扣的增值税进项税额

B. 契税

C. 耕地占用税

D. 车辆购置税

12. 小企业应在期末结账前处理完毕的经济业务事项有(　　　　)。

A. 固定资产报废　　　　B. 固定资产毁损　　　　C. 固定资产盘亏　　　　D. 固定资产盘盈

13. 下列各项中,属于固定资产无形损耗的情形有(　　　　)。

A. 因新技术的出现而使现有的资产技术水平相对陈旧

B. 设备使用中发生磨损

C. 房屋建筑物受到自然侵蚀

D. 市场需求变化而使产品过时

14. 根据企业所得税法的规定,下列关于生物资产的有关规定正确的是( )。

A. 经济林是生产性生物资产

B. 畜类生产性生物资产最低折旧年限为 5 年

C. 外购的生产性生物资产,以购买价款和支付的相关税费为计税依据

D. 生产性生物资产按直线法计算的折旧,准予扣除

15. 生产性生物资产根据其是否具备生产能力可以分为( )生产性生物资产。

A. 未成熟   B. 出租   C. 成熟   D. 外购

16. 《企业所得税法实施条例》规定,生产性生物资产计算折旧的最低年限为( )。

A. 林木类生产性生物资产 10 年   B. 林木类生产性生物资产 5 年

C. 畜类生产性生物资产 5 年   D. 畜类生产性生物资产 3 年

17. 小企业对成熟生产性生物资产按期计提折旧时,涉及的会计科目有"( )"。

A. 生产成本   B. 管理费用

C. 累计折旧   D. 生产性生物资产累计折旧

18. 生产性生物资产的减少主要包括   ( )

A. 出售   B. 报废或毁损

C. 对外投资   D. 产畜或役畜淘汰转为育肥畜

19. "固定资产清理"科目的核算内容包括( )。

A. 固定资产报废   B. 固定资产出售   C. 固定资产盘盈   D. 固定资产改扩建

三、判断题

1. 小企业对经营租入和融资租入的固定资产均不拥有所有权,故租入时均不必进行账务处理,只需在备查簿中进行登记。   ( )

2. 承租人在签订融资租入的固定资产租赁合同过程中发生的,可归属于租赁项目的手续费、律师费、印花税等初始直接费用,应当计入当期费用。   ( )

3. 由于自然灾害造成的固定资产损失,同自然报废产生的固定资产净损失一样,都应列入"营业外支出"处理。   ( )

4. 以一笔款项购入多项没有单独标价的固定资产,应当按照各项固定资产或类似资产的市场价格或评估价值比例对总成本进行分配,分别确定各项固定资产的成本。

     ( )

5. 企业购入的任何性质的工程物资,其增值税进项税额都不能抵扣,而应计入工程物资的成本。   ( )

6. 企业以经营租赁方式将生产车间一台设备租给某单位使用,该固定资产的所有权尚未转移。企业对该固定资产仍应计提折旧,计提折旧时应记入"制造费用"科目。

     ( )

7. 工作量法计提折旧的特点是每期提取的折旧额相等。   ( )

8. 采用出包方式进行自建固定资产工程时,按照合同规定预付承包单位的工程价款,通过"预付账款"科目核算。   ( )

9. 企业将一台不需用的机床对外出售,在计算出售该固定资产的净损益时应考虑增

值税。 （　　）

　　10. 盘亏和盘盈的固定资产都应该通过"待处理财产损溢"科目核算。 （　　）

　　11. 按照《小企业会计准则》的规定,已提足折旧的固定资产,不再提折旧;未提足折旧提前报废的固定资产仍然需要计提折旧,直至提足折旧为止。 （　　）

　　12. 小企业在建工程在试运转过程中形成的产品、副产品或试车收入冲减在建工程成本。 （　　）

　　13. 对于固定资产借款发生的利息支出,在竣工决算前发生的,应计入固定资产的建造成本;在办理竣工决算后发生的,则应作为当期费用处理。 （　　）

　　14. 固定资产提足折旧后,不论能否继续使用,均不再计提折旧;提前报废的固定资产,也不再补提折旧。 （　　）

　　15. 小企业应当对所有固定资产计提折旧。 （　　）

　　16. 固定资产折旧方法一经确定不得变更。 （　　）

　　17. 小企业固定资产一经入账,其入账价值均不得做任何变动。 （　　）

　　18. 由于生产性生物资产比较特殊,所以生产性生物资产的折旧方法、使用寿命、预计净残值在确定后,可以随意变更。 （　　）

　　19. 小企业外购的生产性生物资产的成本包括购买价款、相关税费、运输费、保险费以及可直接归属于购买该资产的其他支出。 （　　）

　　20. 达到预定生产经营目的是判断生产性生物资产是否计提折旧的分界点。（　　）

　　21.《小企业会计准则》规定,所有投入使用的生产性生物资产都应当计提折旧,一旦提足折旧,不论能否继续使用,均不再计提折旧。 （　　）

　　22. 生产性生物资产发生的管护、饲养费用等后续支出,借记"管理费用"科目,贷记"银行存款"等科目。 （　　）

　　23. 小企业处置生产性生物资产,按照处置净额直接计入营业外收支科目。 （　　）

　　24. 在建工程领用本企业生产的商品时,借记"在建工程"科目,贷记"库存商品""应交税费——应交增值税(销项税额)"等科目。 （　　）

　　25. 已达到预定可使用状态、但尚未办理竣工决算的固定资产,并计提折旧;待办理竣工决算手续后,再按实际成本调整原来的暂估价值,同时调整原已计提的折旧额。

（　　）

四、业务题

　　1. 某小企业自行建造仓库一间,购入为工程准备的各种物资 50 000 元,支付的增值税进项税额 6 500 元。建造过程中领用工程物资,同时还领用生产用的原材料一批,实际成本 10 000 元,增值税进项税额 1 300 元;领用产品一批,其成本为 2 500 元,计税价格为 3 000 元(增值税率 13%);计算应支付工程人员薪酬 8 900 元;企业辅助生产车间为工程提供有关劳务支出 1 100 元,工程完工交付使用。

　　要求:假设相关可抵扣增值税均经认证,根据以上经济业务,编制会计分录。

　　2. 某小企业一项固定资产原值为 10 000 元,预计使用年限为 5 年,预计净残值率为 5%。

　　要求:采用年限平均法、双倍余额递减法和年数总和法计算第二年和第五年的折旧额。

3. 某小企业报废一套设备,该设备账面原价 30 000 元,已提折旧 24 000 元;用银行存款支付清理费用 2 000 元,出售残值收入 5 000 元已存入银行。

要求:根据上述业务,编制有关会计分录。

4. 某小企业 2020 年末购买设备一台,取得的增值税专用发票上注明价款 30 000 元,增值税税额 3 900 元,支付运费 2 180 元(含税),均以银行存款支付。设备直接交付安装,安装时领用生产用材料 2 000 元。支付安装工程人员薪酬 800 元。安装工程完工,交付使用。该设备预计使用 10 年,净残值率为 5%,企业采用年限平均法计提折旧。该设备于交付使用后第 6 年初出售,收到 12 000 元存入银行,用存款支付清理费 700 元。

要求:假设相关可抵扣增值税均经认证,根据以上经济业务,编制会计分录。

5. 某小企业 2020 年年度财产清查中盘盈一台 8 成新的机器设备,该设备市场价格为 20 000 元。经批准,该盘盈的机器设备作为营业外收入。盘亏一台设备,其账面原价为 10 000 元,已提折旧 8 000 元。经批准作为营业外支出。

要求:根据以上经济业务,编制会计分录。

6. 某农业企业从市场上一次性购买了 20 头种猪,支付价款计 80 000 元,此外,发生的运输费为 5 000 元,装卸费为 3 000 元,款项全部以银行存款支付。

要求:根据以上经济业务,编制会计分录。

7. 甲小企业自 2020 年开始自行营造 10 亩梨树,当年发生种苗费 13 500 元,平整土地的机械作业费 3 200 元,定植当年发生肥料及农药费 2 100 元、人员工资等 36 000 元。该梨树达到正常生产期为 3 年,从定植后至 2021 年共发生管护费用 91 200 元,以银行存款支付。

要求:根据以上经济业务,编制会计分录。

8. 2020 年 4 月,某养羊企业自行繁殖的 50 头种羊转为育肥羊,此批种羊的账面原价为 10 万元,已经计提的累计折旧为 2 万元。

要求:根据以上经济业务,编制会计分录。

第七章　无形资产与长期待摊费用

【学习目标】

....

1. 了解无形资产的特征和内容、长期待摊费用的概念；

2. 理解无形资产取得的计量、无形资产的摊销期限；

3. 掌握无形资产取得的核算、无形资产摊销的范围及摊销方法、无形资产处置的核算、长期待摊费用的摊销方法及摊销期限、长期待摊费用的核算。

第一节　无形资产概述

无形资产是指小企业为生产产品、提供劳务、出租或经营管理而持有的、没有实物形态的可辨认非货币性资产。包括土地使用权、专利权、商标权、著作权、非专利技术等。

自行开发建造厂房等建筑物，相关的土地使用权与建筑物应当分别进行处理。外购土地及建筑物支付的价款应当在建筑物与土地使用权之间按照合理的方法进行分配；难以合理分配的，应当全部作为固定资产。

一、无形资产的特征

（一）不具有实物形态

无形资产通常表现为某种权利、技术或获取超额利润的综合能力。它没有实物形态，却能够为小企业带来经济利益，或使企业获取超额收益。不具有实物形态是无形资产区别于其他资产的特征之一。某些无形资产的存在有赖于实物载体，如计算机软件需要存储在磁盘中，但这并没有改变无形资产本身不具有实物形态的特性。

（二）属于非货币性长期资产

无形资产和货币性资产均没有实物形态（如银行存款也没有实物形态），但无形资产能在超过小企业的一个经营周期内为企业创造经济利益是其主要特征。

（三）是为小企业使用而非出售的资产

小企业持有无形资产的目的不是为了出售而是为了生产产品、提供劳务、出租或经营管理。

（四）具有可辨认性

无形资产能够从小企业中分离或者划分出来,并能单独或者与相关合同、资产或负债一起,用于出售、转让、授予许可、租赁或者交换。无形资产常常源自合同性权利或其他法定权利,无论这些权利是否可以从企业或其他权利或义务中转移或者分离。

此外无形资产往往与小企业的其他资产(如管理人员、企业的硬件设备、材料等)结合,才能为企业创造经济利益。无形资产创造经济利益的能力会较多地受外界因素的影响,如相关新技术更新换代的速度、利用无形资产所生产产品的市场接受程度等。

涉税法规链接及提示

二、无形资产的内容

无形资产包括土地使用权、专利权、非专利技术、商标权、著作权等。

（一）土地使用权

土地使用权,指国家准许某小企业在一定期间内对国有土地享有开发、利用、经营的权利。根据我国土地管理法的规定,我国土地实行公有制,任何单位和个人不得侵占、买卖或者以其他形式非法转让。小企业取得土地使用权的方式大致有以下几种:行政划拨、外购和投资者投入取得等。

需要特别说明的是,小企业取得的土地使用权应确认为无形资产。土地使用权用于自行开发建造厂房等建筑物,土地使用权的账面价值不与地上建筑物合并计算其成本,而仍作为无形资产进行核算,土地使用权与地上建筑物分别进行摊销和计提折旧。房地产开发小企业取得的土地使用权用于建造对外出售的房屋建筑物,相关的土地使用权应当计入所建造的房屋建筑物成本。小企业外购的房屋建筑物,实际支付的价款中包括土地以及建筑物的价值,则应当对支付的价款按照合理的方法(例如,市场价格或评估价值)在土地和地上建筑物之间进行分配,如果确实无法在地上建筑物与土地使用权之间进行合理分配的,应当全部作为固定资产核算。

（二）专利权

专利权,是指国家专利主管机关依法授予发明创造专利申请人对其发明创造在法定期限内所享有的专有权利,包括发明专利权、实用新型专利权和外观设计专利权。专利权是允许其持有者独家使用或控制的特权,小企业不应将其所拥有的一切专利权都予以资本化,作为无形资产管理和核算。只有从外单位购入的专利或者自行开发并按法律程序申请取得的专利,才能作为无形资产管理和核算。

（三）非专利技术

非专利技术,也称专有技术、技术秘密、技术诀窍。它是指先进的、未公开的、未申请专利、可以带来经济效益的技术及诀窍。主要内容包括:一是工业专有技术,即在生产上已经采用,只限于少数人知道,不享有专利权或发明权的生产、装配、修理、工艺或加工方法的技术知识;二是商业(贸易)专有技术,即具有保密性质的市场情报、原材料价格情报以及用户、竞争对象的情况和有关知识;三是管理专有技术,即生产组织的经营方式、管理方式、培训职工方法等保密知识。非专利技术并不是专利法的保护对象,专有技术所有人依靠自我保密的方式来维持其独占权,可以用于转让和投资。

（四）商标权

商标是用来辨认特定的商品或劳务的标记。商标权指专门在某类指定的商品或产品上使用特定的名称或图案的权利。商标经过注册登记,就获得了法律上的保护。《中华人民共和国商标法》明确规定,经商标局核准注册的商标为注册商标,商标注册人享有商标专用权,受法律的保护。商标权包括独占使用权和禁止权两个方面。独占使用权指商标权享有人在商标的注册范围内独家使用其商标的权利;禁止权指商标权享有人排除和禁止他人对商标独占使用权进行侵犯的权利。

商标可以转让,但受让人应保证使用该注册商标的产品质量。如果小企业购买他人的商标,一次性支出费用较大的,可以将其资本化,作为无形资产管理。但小企业自创的商标并将其注册登记,所花费用一般不大,是否将其资本化并不重要,一般不资本化。广告费一般不作为商标权的成本,而是在发生时直接计入销售费用。

（五）著作权

著作权又称版权,制作者对其创作的文学、科学和艺术作品依法享有的某种特殊权利。著作权包括两方面的权利,即精神权利(人身权利)和经济权利(财产权利)。前者指作品署名权、发表作品、确认作者身份、保护作品完整性、修改已经发表的作品等各项权利,包括发表权、署名权、修改权和保护作品完整权;后者指以出版、表演、广播、展览、录制唱片、摄制影片等方式使用作品以及因授权他人使用作品而获得经济利益的权利。

（六）特许权

特许权,又称经营特许权、专营权,指小企业在某一地区经营或销售某种特定商品的权利,是一家企业接受另一家企业使用其商标、商号、技术秘密等的权利。前者一般是由政策机构授权,准许企业使用或在一定地区享有经营某种业务的特权,如水、电、邮电通信等专营权、烟草专卖权等;后者指企业间依照签订的合同,有限期或无限期使用另一家企业的某些权利,如连锁店分店使用总店的名称等。

三、设置的会计科目

为了核算无形资产的取得、摊销和处置等情况,小企业应当设置"无形资产""累计摊销""研发支出"等科目。

"无形资产"科目核算小企业持有的无形资产成本,借方登记外购、自行开发、投资者投入等情况取得无形资产的成本,贷方登记出售、报废、对外投资等转出的无形资产账面余额,期末借方余额,反映企业无形资产的成本。本科目应按无形资产项目设置明细账,进行明细核算。

"累计摊销"科目属于"无形资产"的调整科目,核算小企业对无形资产计提的累计摊销,贷方登记小企业计提的无形资产摊销,借方登记处置无形资产转出的累计摊销,期末贷方余额,反映小企业无形资产的累计摊销额。

"研发支出"核算小企业进行研究与开发无形资产过程中发生的各项支出。借方登记小企业自行研究开发无形资产发生各种研发支出(含符合与不满足资本化条件的),贷方登记研究开发项目达到预定用途转入无形资产和管理费用的金额,期末借方余额,反映小企业正在进行的无形资产开发项目满足资本化条件的支出。本科目应按照研究开发项目,分别"费用化支出""资本化支出"进行明细核算。

第二节　无形资产取得

一、无形资产取得的计量

小企业取得无形资产主要有外购、投资者投入、自行开发等方式。小企业会计准则规定,无形资产的取得应当按照成本进行计量。

(一)外购无形资产的成本

外购无形资产的成本包括购买价款、相关税费和相关的其他支出(含相关的借款费用)。其中相关税费指购买无形资产过程中发生的直接相关税费,如专利权的注册费等。其他支出指使用无形资产过程中发生的专业测试费、使用借款购买无形资产应负担的借款费用。相关的借款费用指小企业在购买无形资产过程中使用了借款,因该借款发生的利息、手续费等相关支出。借款费用资本化的具体内容参见第七章第二节自行建造固定资产部分相关内容。

涉税法规链接及提示

(二)自行开发无形资产的成本

自行开发无形资产的成本,由符合资本化条件后至达到预定用途前发生的支出(含相关的借款费用)构成。在符合资本化条件前以及在达到预定用途后发生的支出在发生时全部费用化,直接计入管理费用。

1. 研究阶段和开发阶段的划分

(1) 研究阶段。小企业自行研究开发项目,可以区分研究阶段与开发阶段。研究是指为获取新的技术和知识等进行的有计划的调查,研究活动的例子包括:意欲获取知识而进行的活动,研究成果或其他知识的应用研究、评价和最终选择,材料、设备、产品、工序、系统或服务替代品的研究,以及新的或经改进的材料、设备、产品、工序、系统或服务的可能替代品的配制、设计、评价和最终选择。研究阶段具有计划性(有计划的调查)和探索性的特点。小企业研究阶段发生的支出在发生时全部费用化,直接计入管理费用。

(2)开发阶段。开发是指在进行商业性生产或使用前,将研究成果或其他知识应用于某项计划或设计,以生产出新的或具有实质性改进的材料、装置、产品等。开发活动的例子包括:生产前或使用前的原型和模型的设计、建造和测试,含新技术的工具、夹具、模具和冲模的设计,不具有商业性生产经济规模的试生产设施的设计、建造和运营,新的或改造的材料、设备、产品、工序、系统或服务所选定的替代品的设计、建造和测试等。开发阶段具有针对性和形成成果的可能性较大的特点。

小企业开发阶段发生的支出符合资本化条件的计入无形资产成本。不符合资本化条件的直接计入管理费用。

小企业开发新技术、新产品、新工艺发生的研究开发费用,可以在计算应纳税所得额时加计扣除。企业为开发新技术、新产品、新工艺发生的研究开发费用,未形成无形资产计入当期损益的,在按照规定据实扣除的基础上,按照研究开发费用的75%(制造业企业为100%)加计扣除;形成无形资产的,按照无形资产成本的175%(200%)摊销。小企业应对研发费用和生产经营费用分别核算,准确、合理归集各项费用支出,同时,对享受加计扣除的研发费用按研发项目设置辅助账,准确归集核算当年可加计扣除的各项研发费用实际发生额。小企业在一个纳税年度内进行多项研发活动的,应按照不同研发项目分别归集可加计扣除的研发费用。

2.研究开发费用的归集

小企业应该根据《国家税务总局关于研发费用税前加计扣除归集范围有关问题的公告》(国税总局公告2017年40号)进行研究开发费用的归集。

(1)人员人工费用。指直接从事研发活动人员的工资薪金、基本养老保险费、基本医疗保险费、失业保险费、工伤保险费、生育保险费和住房公积金,以及外聘研发人员的劳务费用。①直接从事研发活动人员包括研究人员、技术人员、辅助人员。②工资薪金包括按规定可以在税前扣除的对研发人员股权激励的支出。③直接从事研发活动的人员、外聘研发人员同时从事非研发活动的,企业应对其人员活动情况做必要记录,并将其实际发生的相关费用按实际工时占比等合理方法在研发费用和生产经营费用间分配,未分配的不得加计扣除。

(2)直接投入费用。指研发活动直接消耗的材料、燃料和动力费用;用于中间试验和产品试制的模具、工艺装备开发及制造费,不构成固定资产的样品、样机及一般测试手段购置费,试制产品的检验费;用于研发活动的仪器、设备的运行维护、调整、检验、维修等费用,以及通过经营租赁方式租入的用于研发活动的仪器、设备租赁费。①以经营租赁方式租入的用于研发活动的仪器、设备,同时用于非研发活动的,企业应对其仪器设备使用情况做必要记录,并将其实际发生的租赁费按实际工时占比等合理方法在研发费用和生产经营费用间分配,未分配的不得加计扣除。②企业研发活动直接形成产品或作为组成部分形成的产品对外销售的,研发费用中对应的材料费用不得加计扣除。产品销售与对应的材料费用发生在不同纳税年度且材料费用已计入研发费用的,可在销售当年以对应的材料费用发生额直接冲减当年的研发费用,不足冲减的,结转以后年度继续冲减。

(3)折旧费用。指用于研发活动的仪器、设备的折旧费。①用于研发活动的仪器、设备,同时用于非研发活动的,企业应对其仪器设备使用情况做必要记录,并将其实际发生的折旧费按实际工时占比等合理方法在研发费用和生产经营费用间分配,未分配的不得加计扣除。②企业用于研发活动的仪器、设备,符合税法规定且选择加速折旧优惠政策的,在享受研发费用税前加计扣除政策时,就税前扣除的折旧部分计算加计扣除。

(4) 无形资产摊销费用。指用于研发活动的软件、专利权、非专利技术(包括许可证、专有技术、设计和计算方法等)的摊销费用。①用于研发活动的无形资产,同时用于非研发活动的,企业应对其无形资产使用情况做必要记录,并将其实际发生的摊销费按实际工时占比等合理方法在研发费用和生产经营费用间分配,未分配的不得加计扣除。②用于研发活动的无形资产,符合税法规定且选择缩短摊销年限的,在享受研发费用税前加计扣除政策时,就税前扣除的摊销部分计算加计扣除。

(5) 新产品设计费、新工艺规程制定费、新药研制的临床试验费、勘探开发技术的现场试验费。指企业在新产品设计、新工艺规程制定、新药研制的临床试验、勘探开发技术的现场试验过程中发生的与开展该项活动有关的各类费用。

(6) 其他相关费用。指与研发活动直接相关的其他费用,如技术图书资料费、资料翻译费、专家咨询费、高新科技研发保险费,研发成果的检索、分析、评议、论证、鉴定、评审、评估、验收费用,知识产权的申请费、注册费、代理费,差旅费、会议费,职工福利费、补充养老保险费、补充医疗保险费。此类费用总额不得超过可加计扣除研发费用总额的 10%。

(7) 其他事项。①企业取得的政府补助,会计处理时采用直接冲减研发费用方法且税务处理时未将其确认为应税收入的,应按冲减后的余额计算加计扣除金额。②企业取得研发过程中形成的下脚料、残次品、中间试制品等特殊收入,在计算确认收入当年的加计扣除研发费用时,应从已归集研发费用中扣减该特殊收入,不足扣减的,加计扣除研发费用按零计算。③企业开展研发活动中实际发生的研发费用形成无形资产的,其资本化的时点与会计处理保持一致。④失败的研发活动所发生的研发费用可享受税前加计扣除政策。⑤委托方实际支付给受托方的费用,无论委托方是否享受研发费用税前加计扣除政策,受托方均不得加计扣除。委托方委托关联方开展研发活动的,受托方需向委托方提供研发过程中实际发生的研发项目费用支出明细情况。

3. 开发支出资本化的条件

小企业自行开发无形资产发生的支出,同时满足下列条件的,才能确认为无形资产:①完成该无形资产以使其能够使用或出售在技术上具有可行性;②具有完成该无形资产并使用或出售的意图;③能够证明运用该无形资产生产的产品存在市场或无形资产自身存在市场,无形资产将在内部使用的,应当证明其有用性;④有足够的技术、财务资源和其他资源支持,以完成该无形资产的开发,并有能力使用或出售该无形资产;⑤归属于该无形资产开发阶段的支出能够可靠地计量。

4. 资本化的成本构成

自行开发无形资产的成本,由符合资本化条件后至达到预定用途前发生的支出(含相关的借款费用)构成。具体包括:开发无形资产耗用的材料、使用固定资产的折旧费、参与开发人员的职工薪酬、使用无形资产的摊销、资本化的借款费用以及为使无形资产达到预定用途前发生的其他直接相关支出。需要特别说明的是,对于同一项无形资产在开发过程中达到资本化条件之前已经费用化计入管理费用的支出不再调整计入无形资产成本。

（三）投资者投入无形资产的成本

投资者投入无形资产的成本,应当按照评估价值和相关税费确定。

二、无形资产取得的核算

涉税法规链接及提示

涉税法规链接及提示

《小企业会计准则》规定外购的无形资产,应当按照实际支付的购买价款、相关税费和相关的其他支出(含相关的利息费用,不含按照税法规定经认证可以抵扣的增值税),借记"无形资产""应交税费——应交增值税(进项税额)"科目,贷记"银行存款""应付利息"等科目。

自行开发建造厂房等建筑物,外购土地及建筑物支付的价款应当在建筑物与土地使用权之间按照合理的方法进行分配,其中属于土地使用权的部分,借记"无形资产""应交税费——应交增值税(进项税额)"科目,贷记"银行存款"等科目。

收到投资者投入的无形资产,应当按照评估价值和经认证可抵扣增值税,借记"无形资产""应交税费——应交增值税(进项税额)"科目,贷记"实收资本""资本公积"科目。

开发项目达到预定用途形成无形资产的,按照应予资本化的支出,借记"无形资产"科目,贷记"研发支出"科目。

【例7-1】 2020年5月甲小企业购入一项专利权,支付价款为50 000元,另以银行存款支付增值税税额3 000元(增值税率6%,经认证可抵扣)。则甲小企业会计分录为:

借:无形资产　　　　　　　　　　　　　　　　　　　　50 000

　　应交税费——应交增值税(进项税额)　　　　　　　3 000

　　贷:银行存款　　　　　　　　　　　　　　　　　　　　53 000

【例7-2】 2020年1月甲小企业接受一投资者投入的无形资产,中介机构的评估含税价值为80 000元(经认证可抵扣增值税专用发票注明价款75 471.7元,增值税率6%,增值税税额4 528.3元)。则甲小企业会计分录为:

借:无形资产　　　　　　　　　　　　　　　　　　　　75 471.7

　　应交税费——应交增值税(进项税额)　　　　　　　4 528.3

　　贷:实收资本　　　　　　　　　　　　　　　　　　　　80 000

【例7-3】 甲小企业自行开发一项技术,截至2020年12月31日,发生研发支出合计39 000元,经测试该项研发活动完成了研究阶段,从2021年1月1日开始进入开发阶段。2021年累计发生开发支出11 000元,假定符合《小企业会计准则》规定的开发支出资本化的条件。2021年5月31日,该项研发活动结束,最终开发出一项专利权。甲小企业应编制如下会计分录:

(1)2020年发生的研发支出时:

借:研发支出——费用化支出　　　　　　　　　　　　　39 000

　　贷:银行存款等　　　　　　　　　　　　　　　　　　　39 000

(2)2020年12月31日,发生的研发支出全部属于研究阶段的支出时:

借:管理费用　　　　　　　　　　　　　　　　　　　39 000
　　贷:研发支出——费用化支出　　　　　　　　　　　　39 000
（3）2021年,发生开发支出并满足资本化确认条件时:
借:研发支出——资本化支出　　　　　　　　　　　　11 000
　　贷:银行存款等　　　　　　　　　　　　　　　　　11 000
（4）2021年5月31日,该技术研发完成并形成无形资产时:
借:无形资产　　　　　　　　　　　　　　　　　　　11 000
　　贷:研发支出——资本化支出　　　　　　　　　　　11 000

第三节　无形资产摊销及处置

一、无形资产摊销

（一）无形资产摊销的范围与摊销方法

《小企业会计准则》规定,所有无形资产都应当摊销,无形资产的摊销采用年限平均法。无形资产的净残值通常为零,因此无形资产的摊销额就是其成本。小企业应当按月对无形资产进行摊销。无形资产的摊销额一般应当根据受益对象计入相关资产的成本和当期损益。小企业用于生产产品的无形资产摊销应计入该产品成本;用于日常行政管理的无形资产,其摊销金额计入管理费用;用于营销活动的无形资产摊销应计入该产品成本;用于开发某项新技术的无形资产摊销应计入该新技术的开发支出;用于建造某项固定资产的无形资产摊销应计入该固定资产的在建工程成本。

（二）无形资产的摊销期限

无形资产的摊销期自其可供使用时开始至停止使用或出售时止。可供使用时,是指无形资产达到了技术上、法律上、经济上可使用的时点,通常是指达到可使用的当月。停止使用或出售当月均不摊销。即无形资产的摊销期限是指达到可使用的当月至停止使用或出售的前一个月。

1.有关法律规定或合同约定了使用年限的

确定无形资产的摊销期限的主要依据是法律规定或合同约定。有关法律规定或合同约定了使用年限的,可以按照规定或约定的使用年限分期摊销。有法律规定期限的按照法律规定的期限摊销,有合同约定期限的按照合同约定的期限摊销,既有法律规定又有合同约定期限的,按照孰短的原则掌握。例如,小企业以支付土地出让金方式取得一块土地的使用权,如果小企业准备持续持有,在50年期间内没有计划出售,该块土地使用权可以按照50年摊销。

2.不能可靠估计无形资产使用寿命

小企业不能可靠估计无形资产使用寿命的,摊销期不得低于10年。

【例7-4】　某小企业从外单位购得一项商标权,支付价款30 000元,经认证可抵扣增

值税税额 1 800 元,款项已支付,该商标权的使用寿命为 10 年,不考虑残值的因素,以直线法摊销。会计分录如下:

涉税法规链接及提示

    借:无形资产——商标权   30 000
      应交税费——应交增值税(进项税额)   1 800
      贷:银行存款   31 800
    借:管理费用   250(30 000÷10÷12)
      贷:累计摊销   250

二、无形资产转让

无形资产的转让主要包括无形资产的出售、对外出租、报废、对外投资等。

(一)无形资产出售

小企业应当按照取得的出售无形资产的价款、增值税等,借记"银行存款"等科目,按照其已计提的累计摊销,借记"累计摊销"科目,贷记"应交税费——应交增值税(销项税额)",按照应支付的相关费用,贷记"银行存款"等科目,按照其成本,贷记"无形资产"科目,按照其差额,贷记"营业外收入——非流动资产处置净收益"科目或借记"营业外支出——非流动资产处置净损失"科目。

【例 7-5】 甲小企业将拥有的一项专利权出售,取得收入 40 000 元(不含税价),增值税税率为 6%,该专利权的账面余额为 35 000 元,累计摊销 5 000 元。甲小企业会计分录如下:

    借:银行存款   42 400
      累计摊销   5 000
      贷:无形资产   35 000
        应交税费——应交增值税(销项税额)   2 400
        营业外收入——非流动资产处置净收益   10 000

(二)无形资产出租

无形资产出租是指小企业将其拥有的无形资产使用权转让给其他单位和个人,并收取租金。小企业因出租无形资产取得收入,借记"银行存款"等科目,贷记"其他业务收入""应交税费——应交增值税(销项税额)"等科目,同时摊销无形资产及支付相关费用借记"其他业务成本"贷记"累计摊销""银行存款"等科目。对出租土地使用权应按照《纳税人提供不动产经营租赁服务增值税征收管理暂行办法》进行相关增值税处理。

【例 7-6】 甲小企业将拥有的一项无形资产经营性出租,合同规定租期 10 个月,租金总额 54 500 元(含应收取的增值税税额 4 500 元,增值税率 9%),租金按月支付。该无形资产每月摊销 800 元。相关账务分录如下:

每个月收到租金时:

    借:银行存款   5 450
      贷:其他业务收入   5 000

应交税费——应交增值税(销项税额)	450

同时摊销无形资产成本:

借:其他业务成本	800
贷:累计摊销	800

涉税法规链
接及提示

第四节　长期待摊费用

长期待摊费用,是指小企业已经支出,但摊销期限在 1 年以上(不含 1 年)的各项费用。

一、长期待摊费用的概念

小企业长期待摊费用主要包括已足额提取折旧的固定资产的改建支出、租入固定资产的改建支出、固定资产的大修理支出以及其他长期待摊费用。

(一)已提足折旧的固定资产的改建支出

固定资产已提足折旧,说明其账面价值仅剩下预计净残值,这个时候再发生改建支出不能计入固定资产的成本,因为此时这些支出已经失去了可以附着的载体。已提足折旧的固定资产的改建支出仅指改变房屋或者建筑物结构、延长使用年限等发生的支出。否则发生的相关支出不得作为长期待摊费用,而应直接计入发生当期的管理费用或销售费用。

(二)经营租入固定资产的改建支出

小企业经营租入固定资产仅拥有其使用权,经营租入固定资产的改建支出不能计入固定资产。小企业会计准则规定的经营租入固定资产的改建支出仅指改变房屋或者建筑物结构、延长使用年限等发生的支出。否则发生的相关支出不得作为长期待摊费用,而应直接计入发生当期的管理费用或销售费用。

(三)固定资产的大修理支出

固定资产的修理支出包括日常修理和大修理。固定资产的大修理支出是指同时符合下列两个条件的支出:修理支出达到取得固定资产时的计税基础 50% 以上和修理后固定资产的使用寿命延长 2 年以上。两个条件必须同时满足,缺一不可。不符合大修理条件的修理支出均作为日常修理,应在发生时直接计入当期损益。

涉税法规链
接及提示

(四)其他长期待摊费用

指小企业已足额提取折旧的固定资产的改建支出、租入固定资产的改建支出、固定资产的大修理支出以外的其他情况。

二、长期待摊费用的摊销

（一）摊销方法

《小企业会计准则》规定,长期待摊费用应当在其摊销期限内采用年限平均法进行摊销,根据其受益对象计入相关资产的成本或者管理费用,并冲减长期待摊费用。也就是说长期待摊费用的摊销方法只能采用年限平均法,并按照受益对象进行分摊。如果用于生产产品或自行开发无形资产,其摊销额应计入该产品的成本或无形资产的成本,否则摊销额全部计入管理费用。

（二）摊销期限的确定

长期待摊费用应从发生月份的下月起开始摊销,其计算方法同固定资产。不同的长期待摊费用摊销期限的确定具体如下:

涉税法规链接及提示

(1) 已提足折旧的固定资产的改建支出,按照固定资产预计尚可使用年限分期摊销。

(2) 经营租入固定资产的改建支出,按照合同约定的剩余租赁期限分期摊销。

(3) 固定资产的大修理支出,按照固定资产尚可使用年限分期摊销。

(4) 其他长期待摊费用,自支出发生月份的下月起分期摊销,摊销期不得低于 3 年。

三、长期待摊费用的核算

小企业应设置"长期待摊费用"科目核算小企业已提足折旧的固定资产的改建支出、经营租入固定资产的改建支出、固定资产的大修理支出和其他长期待摊费用等。小企业发生的长期待摊费用,借记"长期待摊费用"科目,贷记"银行存款""原材料"等科目。按月采用年限平均法摊销长期待摊费用,应当按照长期待摊费用的受益对象,借记"制造费用""管理费用"等科目,贷记"长期待摊费用"科目。期末借方余额,反映小企业尚未摊销完毕的长期待摊费用。

【例 7-7】 2020 年 2 月 1 日,甲小企业对其以经营租赁方式新租入的办公楼进行装修,发生以下有关支出:领用生产材料 100 000 元;辅助生产车间为该装修工程提供的劳务支出为 150 000 元;有关人员工资等职工薪酬 62 000 元。2020 年 12 月 1 日,该办公楼装修完工并交付使用,并按照合同约定的剩余租赁期限 8 年开始进行摊销。假定不考虑其他因素,甲小企业应编制如下会计分录:

(1) 装修领用原材料:

借:长期待摊费用　　　　　　　　　　　　　　　　　　　　100 000

　　贷:原材料　　　　　　　　　　　　　　　　　　　　　　　　100 000

(2) 辅助生产车间为装修工程提供劳务时:

借:长期待摊费用　　　　　　　　　　　　　　　　　　　　150 000

　　贷:生产成本—辅助生产成本　　　　　　　　　　　　　　　　150 000

(3) 确认工程人员职工薪酬时:

借：长期待摊费用　　　　　　　　　　　　　　　　　62 000
　　贷：应付职工薪酬　　　　　　　　　　　　　　　　　　62 000
（4）2021年1月按月摊销装修支出时：
借：管理费用　　　　　　　　　　　　　　　　　　　3 250
　　贷：长期待摊费用　　　　　　　　　　　　　　　　　　3 250

练习题

一、单项选择题

1. 对出租的无形资产进行摊销时，其摊销的价值应当计入"（　　　）"科目。

A. 管理费用　　　　B. 其他业务成本　　　C. 营业外支出　　　　D. 销售费用

2. 小企业出售无形资产发生的净损失，应当计入"（　　　）"科目。

A. 主营业务成本　　　B. 其他业务成本　　　C. 管理费用　　　　D. 营业外支出

3. 小企业出租无形资产取得的收入，应当计入"（　　　）"科目。

A. 主营业务收入　　　B. 其他业务收入　　　C. 投资收益　　　　D. 营业外收入

4. 无形资产是指小企业为生产产品、提供劳务、出租或经营管理而持有的没有实物形态的可辨认（　　　）。

　　A. 货币性资产　　　　　　　　　　　　B. 非货币性资产
　　C. 货币性流动资产　　　　　　　　　　D. 货币性非流动资产

5. 某小企业2020年3月1日开始自行开发非专利技术，在研究阶段发生费用15万元，开发阶段支付开发人员薪酬30万元，支付其他费用20万元。开发阶段的支出符合无形资产资本化条件。则"研发支出——资本化支出"科目的金额应为（　　　）万元。

　　A. 80　　　　　　　B. 70　　　　　　　C. 65　　　　　　　D. 50

6. "长期待摊费用"科目余额一般在借方，表示（　　　）。

　　A. 已经摊销的费用　　　　　　　　　　B. 尚未支付的费用
　　C. 实际发生的费用　　　　　　　　　　D. 尚未摊销完毕的长期待摊费用

7. 小企业自行开发建造厂房等建筑物，外购土地及建筑物支付的价款应当在建筑物与土地使用权之间按照合理的方法进行分配，其中属于土地使用权的部分，通常作为（　　　）核算。

　　A. 固定资产　　　　B. 在建工程　　　　C. 无形资产　　　　D. 长期待摊费用

8. "无形资产"科目期末借方余额，反映小企业无形资产的（　　　）。

　　A. 成本　　　　　　B. 摊余价值　　　　C. 账面价值　　　　D. 可收回金额

9. 2020年1月1日，甲小企业将一项专利权的使用权转让给乙公司，每年收取租金4万元（不含税），适用的增值税税率为6%。该专利权系企业2019年1月1日购入的，初始成本为5万元，预计使用年限为5年。该无形资产按年限平均法摊销。假定不考虑其他因素，乙公司2020年度因该专利权形成的其他业务利润为（　　　）万元。

　　A. 2　　　　　　　B. 2.8　　　　　　　C. 3　　　　　　　D. 4

10. 甲小企业出售所拥有的一项非专利技术，取得不含税收入10万元，增值税税率6%。该项非专利技术取得时实际成本为20万元，已摊销12万元。甲小企业出售该项无形资产应计入当期损益的金额为(　　)万元。

A. 0.5　　　　　　　B. 0.8　　　　　　　C. 1　　　　　　　D. 2

11. 小企业发生的符合条件的固定资产大修理支出,应借记的科目是"(　　)"。

A. 管理费用　　　　B. 在建工程　　　　C. 长期待摊费用　　D. 制造费用

12. 小企业转让无形资产使用权所发生的支出,应计入(　　)。

A. 财务费用　　　　B. 管理费用　　　　C. 其他业务支出　　D. 营业外收支

13. 小企业出售无形资产结转无形资产的成本是(　　)。

A. 无形资产摊余价值　　　　　　　B. 购买无形资产的成本

C. 履行合同所发生的费用　　　　　D. 合同规定的转让价格

14. 小企业会计准则规定,长期待摊费用应当在其摊销期限内采用(　　)摊销。

A. 年限平均法　　　B. 年数总和法　　　C. 双倍余额递减法　D. 快速摊销法

15. 经营租入固定资产的改建支出,按照(　　)分期摊销。

A. 租赁期　　　　　　　　　　　　B. 合同期

C. 剩余租赁期　　　　　　　　　　D. 合同约定的剩余租赁期限

二、多项选择题

1. 下列各项中,属于小企业无形资产的有(　　 　)。

A. 自行开发建造厂房等建筑物　　　B. 尚未注册的商标

C. 外购的土地使用权　　　　　　　D. 外购的商标权

2. 下列各项支出中,可以计入无形资产价值的有(　　 　)。

A. 外购专利权的买价　　　　　　　B. 外购专利权支付相关的其他支出

C. 外购专利权支付的增值税　　　　D. 外购专利权相关的借款费用

3. 下列情况中,应贷记"无形资产"科目的有(　　 　)。

A. 出租无形资产　　B. 报废无形资产　　C. 出售无形资产　　D. 无形资产摊销

4. 外购无形资产的成本,包括(　　 　)。

A. 购买价款　　　　　　　　　　　B. 相关的其他支出

C. 增值税以外的相关税费　　　　　D. 相关的借款费用

5. 下列有关土地使用权的会计处理,正确的是(　　 　)。

A. 企业外购的土地使用权通常应确认为无形资产

B. 自行开发建造厂房等建筑物,相关的土地使用权与建筑物应当分别进行处理

C. 外购土地及建筑物支付的价款应当在建筑物与土地使用权之间按照合理的方法进行分配;难以合理分配的,应当全部作为固定资产

D. 外购土地及建筑物支付的价款应当在建筑物与土地使用权之间按照合理的方法进行分配;难以合理分配的,应当全部作为无形资产

6. 小企业的长期待摊费用包括(　　 　)。

A. 已提足折旧的固定资产的改建支出　　B. 经营租入固定资产的改建支出

C. 固定资产的大修理支出　　　　　D. 其他长期待摊费用

7. 《小企业会计准则》所指固定资产的大修理支出,是指同时符合下列条件的支出,下列描述正确的有(　　 　)。

A. 修理支出达到取得固定资产时的计税基础 50% 以上

B. 修理支出达到取得固定资产时的账面余值 50% 以上

C. 修理后固定资产的使用年限延长 1 年以上

D. 修理后固定资产的使用寿命延长 2 年以上

8. 小企业购入一项土地使用权的成本包括(　　　　)。

A. 购买该土地使用权的价款　　　　　B. 因购买该土地使用权而发生的印花税

C. 因购买土地使用权而发生的培训费　　D. 因购买该专利权而发生的契税

9. 对于无形资产摊销的会计处理,下列说法中正确的有(　　　　)。

A. 使用寿命有限的无形资产的应摊销金额应当在使用寿命内系统合理摊销

B. 企业应当自无形资产可供使用的次月起,至不再作为无形资产确认时止摊销无形资产

C. 不能可靠估计无形资产使用寿命的,摊销期不得低于 10 年

D. 有关法律规定或合同约定了使用年限的,可以按照规定或约定年限分期摊销

10. 下列表述中,不正确的项目有(　　　　)。

A. 无形资产的出租收入应确认为其他业务收入

B. 无形资产的成本应自取得当月按直线法摊销,冲减无形资产账面价值

C. 无形资产的后续支出应在发生时全部予以资本化

D. 无形资产的研究与开发费用应在发生时全部计入当期损益

三、判断题

1. 无形资产,是指小企业为生产产品、提供劳务、出租或经营管理而持有的、没有实物形态的非货币性资产。　　　　　　　　　　　　　　　　　　　　(　　　)

2. 某小企业以 50 万元(含可抵扣增值税)外购一项专利权,同时还发生相关费用 3 万元,那么该外购专利权的成本为 53 万元。　　　　　　　　　　　　　(　　　)

3. 无形资产在取得的当月开始摊销,处置无形资产的当月不再摊销。　(　　　)

4. 不论无形资产的用途如何,其摊销价值一律记入"管理费用"科目。　(　　　)

5. 小企业出租的无形资产,应当按照有关收入确认原则确认所取得的租金收入;同时,确认出租无形资产的相关费用,并同时结转无形资产的价值。　　　　(　　　)

6. 小企业出售无形资产,应将所得价款与该项无形资产的成本之间的差额,计入当期其他业务利润。　　　　　　　　　　　　　　　　　　　　　　　　(　　　)

7. 无形资产摊销时,应该冲减无形资产的成本。　　　　　　　　　　(　　　)

8. "无形资产"科目的期末借方余额,反映企业无形资产的账面价值。　(　　　)

9. 对自行开发并按法律程序申请取得的无形资产,按在研究与开发过程中发生的材料费用、直接参与开发人员的职工薪酬、开发过程中发生的租金、借款费用,以及注册费、聘请律师费等费用作为无形资产的实际成本。　　　　　　　　　　　　(　　　)

10. 小企业出售无形资产应交纳的增值税,应通过"税金及附加"科目核算。(　　　)

11. 固定资产改扩建支出均应通过"长期待摊费用"核算。　　　　　　(　　　)

12. 长期待摊费用不能全部计入当年损益,应当在以后年度内分期摊销。　(　　　)

13. 小企业无形资产不论是外购的,还是自创的,都受法律保护。　　　(　　　)

14. 无形资产在确认后发生的支出,金额较大的应增加无形资产的价值,金额较小的可确认为发生当期的费用。　　　　　　　　　　　　　　　　　　　　(　　　)

15. 商誉和非专利技术一样属于小企业无形资产范畴。　　　　　　　（　　）

四、业务题

甲小企业发生无形资产的经济业务如下：

(1) 用银行存款从技术市场购入一项专利权，买价为 150 000 元，另外支付咨询费、手续费等 1 900 元(含税价，增值税税率 6%)。该项专利权购入后立即投入使用。

(2) 接受乙公司以某项商标权向本企业投资，评估价值为 250 000 元(含税价，增值税税率 6%)。该项商标权已投入使用。

(3) 甲小企业自行研究和开发一项非专利技术，2020 年 1—9 月发生的各项研究、调查、试验等费用 30 万元，此时该项非专利技术经证实必然开发成功，并符合无形资产资本化条件。2020 年 10—12 月发生研究试验费共 42 万元，其中领用库存原材料 12 万元，应付人员工资薪酬 10 万元，以银行存款支付其他费用 20 万元。2020 年 12 月末该项非专利技术完成。

(4) 甲小企业出租一项无形资产，取得收入 43 600 元(含税价，其中增值税税额 3 600 元)存入银行，以银行存款支付出租无形资产的相关费用 3 000 元，累计摊销额 5 000 元。

要求：假设相关可抵扣增值税均经过认证，根据以上经济业务，编制会计分录。

第八章　流动负债

【学习目标】

1. 了解短期借款的特点，城市维护建设税与教育费附加、资源税、土地增值税、城镇土地使用税、房产税、车船税、环境保护税、个人所得税、印花税、耕地占用税、契税的相关征税范围及核算；

2. 熟悉应付票据、应付账款、预收账款、其他应付款的核算和应付利息及应付利润的核算；

3. 理解增值税的特点、增值税纳税人、税率和征收率、减免税；

4. 掌握短期借款的核算、应付职工薪酬的范围及账务处理、职工工资的计算、应交税费返还的处理、增值税一般纳税人和小规模纳税人当期应纳税额的计算及核算、销售应税消费品和委托加工应税消费品以及进口环节应交消费税的处理、企业所得税应纳税所得额的计算及核算。

负债，是指小企业过去的交易或者事项形成的，预期会导致经济利益流出小企业的现时义务。负债通常具有以下几个特征。

(1) 负债的清偿预期会导致经济利益流出小企业。预期会导致经济利益流出小企业是负债的本质特征。负债通常需要在未来某一特定时点用资产或劳务来偿付，从而引起经济利益流出。如用现金和非现金资产清偿各种债务等会导致现金和非现金资产流出小企业。

(2) 负债是小企业过去交易或事项而产生的。导致负债的交易或事项必须已经发生，如小企业向供应商购买材料会产生应付账款，从银行借入款项则会产生还款的义务等。

(3) 负债是小企业承担的现时义务。所谓现时义务，是指小企业在现行条件下已承担的义务。未来发生的交易或事项形成的义务不属于现时义务，因此也不属于负债。此外负债的发生往往伴随着资产或劳务的取得，或者费用或损失的发生。小企业的负债按照其流动性，可分为流动负债和非流动负债。

小企业的流动负债，是指预计在 1 年内或者超过 1 年的一个正常营业周期内清偿的债务。小企业的流动负债包括:短期借款、应付及预收款项、应付职工薪酬、应交税费、应付利息及应付利润等。各项流动负债,应按实际发生额入账。

第一节　短期借款

短期借款是小企业向银行或其他金融机构等借入的期限在 1 年以下(含 1 年)的各种借款。短期借款一般是小企业为维持正常的生产经营所需的资金或者为抵偿某项债务而借入的资金。

一、短期借款的特点

小企业的短期借款有以下几个基本特点:一是其债权人不仅包括银行,还包括其他非银行金融机构,如小额贷款公司等;二是借款期限较短,一般为 1 年以下(含 1 年);三是归还短期借款时,不仅要归还借款本金,还应支付相应的利息。

二、短期借款的核算

《小企业会计准则》规定,短期借款应当按照借款本金和借款合同利率在应付利息日计提利息费用,计入财务费用。

小企业应设置"短期借款"科目核算小企业向银行或其他金融机构等借入的期限在 1 年内的各种借款。本科目应按照借款种类、贷款人和币种进行明细核算。小企业借入的各种短期借款,借记"银行存款"科目,贷记"短期借款"科目;偿还借款,做相反的会计分录。本科目期末贷方余额,反映小企业尚未偿还的短期借款本金。

银行承兑汇票到期,小企业无力支付票款的,按照银行承兑汇票的票面金额,借记"应付票据"科目,贷记"短期借款"科目。

持未到期的商业汇票向银行贴现,应当按照实际收到的金额(即减去贴现息后的净额),借记"银行存款"科目,按照贴现息,借记"财务费用"科目,按照商业汇票的票面金额,贷记"应收票据"科目(银行无追索权情况下)或"短期借款"科目(银行有追索权情况下)。

小企业在应付利息日,应当按照短期借款合同利率计算确定的利息费用,借记"财务费用"科目,贷记"应付利息"等科目。

【例 8-1】甲小企业于 2020 年 1 月 1 日向银行借入生产经营用短期借款 60 000 元,期限 9 个月,年利率 8%。根据与银行签署的借款协议,该项借款的本金到期后一次归还,利息按季支付。甲小企业会计分录如下:

(1)1 月 1 日借入短期借款时:

借:银行存款 　　　　　　　　　　　　　　　　　　　　　　60 000

　　贷:短期借款 　　　　　　　　　　　　　　　　　　　　　　　　60 000

(2)3 月末计提本季度利息时:

借:财务费用　　　　　　　　　　　　　　　　　　　　1 200
　　贷:应付利息　　　　　　　　　　　　　　　　　　　　　1 200

第二、三季度的会计处理同上。

实际支付利息时:

借:应付利息　　　　　　　　　　　　　　　　　　　　1 200
　　贷:银行存款　　　　　　　　　　　　　　　　　　　　　1200

(3) 10 月 1 日偿还借款本金时:

借:短期借款　　　　　　　　　　　　　　　　　　　60 000
　　贷:银行存款　　　　　　　　　　　　　　　　　　　　60 000

涉税法规链
接及提示

第二节　应付及预收款项

应付及预收款项主要包括应付票据、应付账款、预收账款、其他应付款等。

一、应付票据

应付票据是由出票人签发的,委托付款人在指定日期无条件支付确定的金额给收款人或者持票人的票据。它通常是因小企业购买材料、商品和接受劳务(服务)供应等而开出、承兑的商业汇票,包括银行承兑汇票和商业承兑汇票两种。在采用商业承兑汇票方式下,承兑人应为付款人,承兑人对这项债务在一定时期内支付的承诺,作为小企业的一项负债;在采用银行承兑汇票方式下,承兑人应为银行。但是,由银行承兑的银行承兑汇票,只是为收款人按期收回债权提供了可靠的信用保证,对付款人来说,不会由于银行承兑而使这项负债消失。因此,即使是由银行承兑的汇票,付款人的现存义务依然存在,应将其作为一项负债。

小企业应设置"应付票据"科目核算小企业因购买材料、商品和接受劳务(服务)等日常生产经营活动开出、承兑的商业汇票(银行承兑汇票和商业承兑汇票)。

小企业开出、承兑商业汇票或以承兑商业汇票抵付货款、应付账款等,借记"材料采购"或"在途物资""库存商品"等科目,贷记"应付票据"科目。涉及增值税进项税额的,还应按照经认证可以抵扣的增值税借记"应交税费——应交增值税(进项税额)"科目。

支付银行承兑汇票的手续费,借记"财务费用"科目,贷记"银行存款"科目。支付票款,借记"应付票据"科目,贷记"银行存款"科目。

银行承兑汇票到期,小企业无力支付票款的,按照银行承兑汇票的票面金额,借记"应付票据"科目,贷记"短期借款"科目。

小企业应当设置"应付票据备查簿",详细登记商业汇票的种类、号数和出票日期、到期日、票面金额、交易合同号和收款人姓名或单位名称以及付款日期和金额等资料,商业汇票到期结清票款后,在备查簿中应予注销。本科目期末贷方余额,反映小企业开出、承兑的尚未到期的商业汇票的票面金额。

【例 8-2】　甲小企业 2020 年 3 月 1 日购进原材料一批,经认证增值税专用发票上列明价款为 20 000 元,税金为 2 600 元。甲小企业开出一张期限为 3 个月、面值为 22 600 元的银行承兑汇票,支付银行承兑手续费 60 元。材料已验收入库,该材料采用实际成本核算。甲小企业会计分录如下:

(1) 收到材料时:

借:原材料　　　　　　　　　　　　　　　　　　　　　　　　20 000

　　应交税费——应交增值税(进项税额)　　　　　　　　　　　2 600

　　　贷:应付票据　　　　　　　　　　　　　　　　　　　　　　　22 600

(2) 支付银行承兑手续费时:

借:财务费用　　　　　　　　　　　　　　　　　　　　　　　　56.60

　　应交税费——应交增值税(进项税额)　　　　　　　　　　　3.40

　　　贷:银行存款　　　　　　　　　　　　　　　　　　　　　　　　60

(3) 到期支付票款时:

借:应付票据　　　　　　　　　　　　　　　　　　　　　　　22 600

　　　贷:银行存款　　　　　　　　　　　　　　　　　　　　　　22 600

(4) 若甲企业到期无力支付票款:

借:应付票据　　　　　　　　　　　　　　　　　　　　　　　22 600

　　　贷:短期借款　　　　　　　　　　　　　　　　　　　　　　22 600

二、应付账款

　　应付账款,是指小企业因购买材料、商品或接受劳务(服务)供应等而发生的应付给供应单位的款项。这是买卖双方在购销活动中由于取得物资与支付货款在时间上不一致而产生的负债。由于应付账款一般在较短期限内支付,因此将应付账款列入流动负债项目核算。在实务工作中,为了使所购入物资的金额、品种、数量和质量等与合同规定的条款相符,避免因验收时发现所购物资存在数量或质量问题而对入账的物资或应付账款金额进行改动,在物资和发票账单同时到达的情况下,一般在所购物资验收入库后,再根据发票账单登记入账,确认应付账款。

　　应付账款应以所购货物的所有权转移或接受劳务(服务)已经发生的时间为入账时间。对于货物已到或劳务(服务)已经接受但发票账单等凭证尚未到达,小企业应于月末估计入账,待下月初用红字予以冲回。

　　应付账款一般按发票账单等凭证上记载的应付金额入账,而不是按应付金额的现值入账,对于发生的商业折扣,应按扣除折扣金额后的价值入账;如果购入的资产在形成一笔应付账款时是带有现金折扣的,应付账款入账金额的确定按发票上应付金额的总值(即不扣除折扣)记账。

　　"应付账款"科目核算小企业因购买材料、商品和接受劳务(服务)等日常生产经营活动应支付的款项。本科目应按照对方单位(或个人)进行明细核算。

　　小企业购入材料、商品等未验收入库,货款尚未支付,应当根据有关凭证(发票账单、随货同行发票上记载的实际价款或暂估价值),借记"在途物资"科目,按照经认证可抵扣的增值税进项税额,借记"应交税费——应交增值税(进项税额)"科目,按照应付的价款,贷记"应付账款"科目。

接受供应单位提供劳务(服务)而发生的应付未付款项,应当根据供应单位的发票账单,借记"生产成本""管理费用"等科目,贷记"应付账款"科目。

小企业偿付应付账款,借记"应付账款"科目,贷记"银行存款"等科目。小企业确实无法偿付的应付账款,借记"应付账款"科目,贷记"营业外收入"科目。本科目期末贷方余额,反映小企业尚未支付的应付账款。

【例8-3】　甲小企业本月购入库存商品一批,经认证可抵扣增值税票上列明的价格为50 000元,增值税税额为6 500元。商品已收到入库,款项暂欠。甲小企业会计分录如下:

```
借:库存商品                                    50 000
    应交税费——应交增值税(进项税额)              6 500
    贷:应付账款                                     56 500
用银行存款偿付所欠货款:
借:应付账款                                    56 500
    贷:银行存款                                     56 500
```

小企业转销确实无法支付的应付账款(比如因债权人撤销等原因而产生无法支付的应付账款),应按其账面余额计入"营业外收入"科目。

【例8-4】　2020年12月31日,甲小企业确定一笔应付账款5 000元为无法支付的款项,应予转销。该企业的有关会计分录如下:

```
借:应付账款                                    5 000
    贷:营业外收入                                   5 000
```

涉税法规链
接及提示

三、预收账款

预收账款是指小企业按照合同规定向购货单位预收的款项。与应付账款不同,预收账款所形成的负债不是以货币偿付,而是以货物偿付。有些购销合同规定,销货企业可向购货企业预先收取一部分货款,待向对方发货后再收取其余货款。小企业在发货前收取的货款,表明了企业承担了会在未来导致经济利益流出企业的应履行的义务,就成为企业的一项负债。

小企业应通过"预收账款"科目,核算小企业按照合同规定预收的款项,包括:预收的购货款、工程款等。该科目贷方登记发生的预收账款的数额和购货单位补付账款的数额,借方登记企业向购货方发货后冲销的预收账款数额和退回购货方多付账款的数额,余额一般在贷方,反映企业向购货单位预收款项但尚未向购货方发货的数额,如为借方余额,反映企业尚未转销的款项。企业应当按照购货单位设置明细科目进行明细核算。预收账款情况不多的,也可以不设置"预收账款"科目,将预收的款项直接记入"应收账款"科目贷方。

小企业向购货单位预收款项时,借记"银行存款"科目,贷记"预收账款"科目;销售实现时,按实现的收入和应交的增值税销项税额,借记"预收账款"科目,按照实现的营业收入,贷记"主营业务收入"科目,按照增值税专用发票上注明的增值税税额,贷记"应交税费——应交增值税(销项税额)"等科目;小企业收到购货单位补付的款项,借记"银行存款"科目,贷记"预收账款"科目;向购货单位退回其多付的款项时,借记"预收账款"科目,贷记"银行存款"科目。

【例8-5】　甲小企业为增值税一般纳税人。2020年10月10日,甲企业与乙企业签订供货合同,向其出售一批设备,货款金额共计80 000元,应交纳增值税10 400元。根据购货合同规定,乙企业在购货合同签订一周内,应当向甲小企业预付货款40 000元,剩余货款在交货后付清。2020年10月18日,甲小企业收到乙企业交来的预付款40 000元,并存入银行;10月30日,甲小企业将货物发到乙企业并开出增值税专用发票,乙企业验收合格后付清了剩余货款。甲小企业的有关会计分录如下:

(1)10月18日甲小企业收到乙企业交来的40 000元预付款:

借:银行存款　　　　　　　　　　　　　　　　　　　　　　40 000
　　贷:预收账款——乙企业　　　　　　　　　　　　　　　　　　40 000

(2)10月30日甲小企业发货并确认收入:

借:预收账款——乙企业　　　　　　　　　　　　　　　　　　90 400
　　贷:主营业务收入　　　　　　　　　　　　　　　　　　　　　80 000
　　　　应交税费——应交增值税(销项税额)　　　　　　　　　　10 400

(3)收到乙企业剩余货款:

借:银行存款　　　　　　　　　　　　　　　　　　　　　　50 400
　　贷:预收账款——乙企业　　　　　　　　　　　　　　　　　　50 400

四、其他应付款

其他应付款是指小企业除应付账款、预收账款、应付职工薪酬、应交税费、应付利息、应付利润等以外的其他各项应付、暂收的款项,如应付租入固定资产和包装物的租金、存入保证金等。

小企业应通过"其他应付款"科目,核算其他应付款的增减变动及其结存情况,并按照其他应付款的项目和对方单位(或个人)设置明细科目进行明细核算。该科目贷方登记发生的各种应付、暂收款项,借方登记偿还或转销的各种应付、暂收款项;期末贷方余额,反映小企业应付未付的其他应付款项。

小企业发生的其他各种应付、暂收款项,借记"管理费用"等科目,贷记"其他应付款"科目。支付的其他各种应付、暂收款项,借记"其他应付款"科目,贷记"银行存款"等科目。小企业无法支付的其他应付款,借记"其他应付款"科目,贷记"营业外收入"科目。

涉税法规链
接及提示

【例8-6】　甲小企业2020年4月1日以经营租赁方式租入管理用周转材料(包装物)一批,每月租金3 000元,按季支付。6月30日,甲小企业以银行存款支付应付租金。甲小企业的有关会计分录如下:

(1)4、5、6月底计提应付经营租入周转材料(包装物)租金:

借:管理费用　　　　　　　　　　　　　　　　　　　　　　3 000
　　贷:其他应付款　　　　　　　　　　　　　　　　　　　　　　3 000

(2)6月30日支付租金:

借:其他应付款　　　　　　　　　　　　　　　9 000
　　贷:银行存款　　　　　　　　　　　　　　　　9 000

第三节　应付职工薪酬

一、应付职工薪酬的范围

职工薪酬,是指小企业为获得职工提供的服务或解除劳动关系而给予的各种形式的报酬或补偿,是小企业必须付出的人力成本。职工薪酬包括短期薪酬、离职后福利、辞退福利和其他长期职工福利几个部分。小企业提供给职工配偶、子女、受赡养人、已故员工遗属及其他受益人等的福利,也属于职工薪酬。这里的"职工"既包括与小企业订立劳动合同的所有人员,含全职、兼职和临时职工。也包括未与企业订立劳动合同但由企业正式任命的人员,如通过企业与劳务中介公司签订用工合同而向企业提供服务的人员等。

短期薪酬,是指小企业在职工提供相关服务的年度报告期间结束后 12 个月内需要全部予以支付的职工薪酬,因解除与职工的劳动关系给予的补偿除外。短期薪酬具体包括:职工工资、奖金、津贴和补贴,职工福利费,医疗保险费、工伤保险费和生育保险费等社会保险费,住房公积金,工会经费和职工教育经费,短期带薪缺勤,短期利润分享计划,非货币性福利以及其他短期薪酬。

带薪缺勤,是指小企业支付工资或提供补偿的职工缺勤,包括年休假、病假、短期伤残、婚假、产假、丧假、探亲假等。

利润分享计划,是指因职工提供服务而与职工达成的基于利润或其他经营成果提供薪酬的协议。

离职后福利,是指小企业为获得职工提供的服务而在职工退休或与企业解除劳动关系后,提供的各种形式的报酬和福利,短期薪酬和辞退福利除外。

辞退福利,是指小企业在职工劳动合同到期之前解除与职工的劳动关系,或者为鼓励职工自愿接受裁减而给予职工的补偿。

其他长期职工福利,是指除短期薪酬、离职后福利、辞退福利之外所有的职工薪酬,包括长期带薪缺勤、长期残疾福利、长期利润分享计划等。

应付职工薪酬是指小企业根据有关规定应付给职工的各种薪酬总额。

(一)职工工资、奖金、津贴和补贴

1. 职工工资

职工工资是指按照规定构成工资总额的计时工资、计件工资。

(1)计时工资。计时工资是指按计时工资标准和工作时间支付给职工个人的劳动报酬。包括:①对已做工作按计时工资标准支付的工资;②实行结构工资制的单位支付给职工的基础工资和职务(岗位)工资;③新参加工作职工的见习工资。

(2)计件工资。计件工资是指对已做工作按计件单价计算支付的劳动报酬。包括:①实行超额累进计件、直接无限计件、限额计件、超定额计件等工资制,按劳动部门或相

关部门批准的定额和计件单价支付给个人的工资;②按工作任务包干方法支付给个人的工资;③按营业额提成或利润提成办法支付给个人的工资。

2.奖金

奖金是指为鼓励职工的生产积极性,更好地完成生产任务而给予的一种物质奖励,其实质是支付给职工的超额劳动报酬。包括:生产奖、考核各项指标的综合奖、劳动竞赛奖、其他奖金等。奖金按其得奖条件可以分为综合奖和单项奖两种。综合奖是指完成规定的多项经济指标后所发给的奖金(如生产奖);单项奖是指完成某项特定的经济指标后所发给的奖金(如节约奖、劳动竞赛奖等)。

3.津贴与补贴

津贴与补贴是指根据国家规定,为了补偿职工额外的或特殊的劳动消耗和其他特殊原因支付给职工的津贴,以及为了保障职工的生活水平不受物价等特殊条件的影响而发给职工的补贴。包括:补偿职工特殊或额外劳动消耗津贴(如高空津贴、井下津贴等)、保健性津贴、技术性津贴、工龄津贴和其他津贴,以及伙食补贴、住房补贴、冬煤补贴等。

涉税法规链接及提示

需要特别说明的是,特殊情况下根据国家法律、法规和政策规定,因病、工伤、产假、计划生育假、婚丧假、探亲假、定期休假、停工学习、执行社会义务等原因,按计时工资标准或计时工资标准的一定比例支付给职工的工资,以及加班工资、加点工资、附加工资和保留工资等也包括在内。

(二)职工福利费

职工福利费,是指小企业为职工提供的除职工工资、奖金、津贴、纳入工资总额管理的补贴、职工教育经费、社会保险费和补充养老保险费(年金)、补充医疗保险费及住房公积金以外的福利待遇支出,包括发放给职工或为职工支付的以下各项现金补贴和非货币性集体福利。

(1)为职工卫生保健、生活等发放或支付的各项现金补贴和非货币性福利,包括职工因公外地就医费用、暂未实行医疗统筹企业职工医疗费用、职工供养直系亲属医疗补贴、职工疗养费用、自办职工食堂经费补贴或未办职工食堂统一供应午餐支出、符合国家有关财务规定的供暖费补贴、防暑降温费等。

(2)企业尚未分离的内设集体福利部门所发生的设备、设施和人员费用,包括职工食堂、职工浴室、理发室、医务所、托儿所、疗养院、集体宿舍等集体福利部门设备、设施的折旧、维修保养费用以及集体福利部门工作人员的工资薪金、社会保险费、住房公积金、劳务费等人工费用。

(3)职工困难补助,或者企业统筹建立和管理的专门用于帮助、救济困难职工的基金支出。

(4)离退休人员统筹外费用,包括离休人员的医疗费及离退休人员其他统筹外费用。企业重组涉及的离退休人员统筹外费用,按照《财政部关于企业重组有关职工安置费用财务管理问题的通知》(财企〔2009〕117号)执行。国家另有规定的,从其规定。

(5)按规定发生的其他职工福利费,包括丧葬补助费、抚恤费、职工异地安家费、独生子女费、探亲假路费,以及符合企业职工福利费定义但没有包括在本通知各条款项目中的其他支出。

小企业为职工提供的交通、住房、通信补贴,尚未实行货币化改革的,发生的相关支出作为职工福利费管理。

以下两种情况不应作为职工福利费管理,应当纳入职工工资总额:

(1) 企业为职工提供的交通、住房、通信待遇,已经实行货币化改革的,按月按标准发放或支付的住房补贴、交通补贴,或者车改补贴、通信补贴;

(2) 企业给职工发放的节日补助、未统一供餐而按月发放的午餐费补贴。

(三)医疗保险费、养老保险费等社会保险费

医疗保险费、养老保险费等社会保险费是指小企业按照国务院、各地方政府规定的基准和比例计算,向社会保险经办机构缴纳的医疗保险费、养老保险费、失业保险费、工伤保险费和生育保险费。即通常所称的"五险"。

与小企业有关的养老保险主要有社会统筹与职工个人账户相结合的基本养老保险以及企业补充养老保险。

1. 基本养老保险制度

根据我国养老保险制度相关规定,小企业为职工缴纳基本养老保险费的比例,一般不得超过企业工资总额的16%(包括划入个人账户的部分),具体比例由省、自治区、直辖市人民政府确定。

从我国企业基本养老保险制度下小企业缴费和职工养老保险待遇的计算和发放方法来看,职工基本养老保险费中企业缴费的金额,与职工退休时能够享受的养老保险待遇是两种计算方法,职工养老保险待遇即受益水平与小企业在职职工提供服务各期的缴费水平不直接挂钩,小企业承担的义务仅限于按照规定标准提存的金额。小企业为职工建立的除基本养老保险以外的其他社会保险如医疗保险、失业保险、工伤保险和生育保险,也是根据国家相关规定,由社会保险经办机构负责收缴、发放和保值增值,小企业承担的义务亦仅限于按照企业所在地政府等规定的标准。

2. 补充养老保险制度

为建立多层次的养老保险制度,更好地保障企业职工退休后的生活,依法参加基本养老保险并履行缴费义务、具有相应的经济负担能力并已建立集体协商机制的企业,经有关部门批准,可申请建立企业年金,企业年金是小企业及其职工在依法参加基本养老保险的基础上,自愿建立的补充养老保险制度。

(四)住房公积金

住房公积金是指小企业按照国家《住房公积金管理条例》规定的基准和比例计算,向住房公积金管理机构缴存的住房公积金。

(五)工会经费和职工教育经费

工会经费和职工教育经费是指小企业为了改善职工文化生活、为职工学习先进技术和提高文化水平和业务素质,用于开展工会活动和职工教育及职业技能培训等相关支出。

（六）因解除与职工的劳动关系给予的补偿

因解除与职工的劳动关系给予的补偿是指由于分离办社会职能、实施主辅分离、辅业改制，重组、改组计划等原因，小企业在职工劳动合同尚未到期之前解除与职工的劳动关系，或者为鼓励职工自愿接受裁减而提出补偿建议的计划中给予职工的经济补偿，即辞退福利。

（七）非货币性福利

非货币性福利，指小企业以自己的产品或外购商品发放给职工作为福利，小企业提供给职工无偿使用自己拥有的资产或租赁资产供职工无偿使用，比如提供给小企业高级管理人员使用的住房，免费为职工提供诸如医疗保健的服务，或向职工提供企业支付了一定补贴的商品或服务等，比如以低于成本的价格向职工出售住房等。

（八）其他与获得职工提供的服务相关的支出

其他与获得职工提供的服务相关的支出，是指除上述七种薪酬以外的其他为获得职工提供的服务而给予的薪酬。

二、职工工资的计算

（一）职工工资计算的依据

健全工资核算的原始记录，是合理、正确地进行工资计算的前提条件。常见的原始记录有工资卡、考勤记录、产量记录等。

（二）计时工资制下职工工资的计算

计时工资，是根据考勤记录中职工的实际出勤日数及规定的工资标准计算的，是工资计算的基本形式，适用于不能计件的工人、管理人员和服务人员等工资的计算。计时工资的计算方法有月薪制和日薪制两种。

1. 月薪制

采用月薪制计算计时工资，不论当月实际日历天数多少，只要职工按规定出全勤，就可以获得固定的月标准工资。如果有缺勤，则应按有关规定从月标准工资中扣除缺勤工资。所以，这种方法又称为"扣缺勤法"。计算公式如下：

$$应付计时工资＝月标准工资－缺勤应扣工资$$

$$缺勤应扣工资＝缺勤日数×日工资×应扣比例$$

缺勤日数含职工旷工、事假及病假日数。日工资，又称日工资率，是指每个职工平均每天的标准工资。

$$日工资＝月标准工资÷月工作日数$$

根据月工作日数的不同确定方法,日工资的计算方法有两种:

(1) 按月平均日历天数 30 天计算月工资。

这种方法是以全年日历天数 365 天除以 12 个月,商四舍五入取整数 30 天,再用月标准工资除以 30 天计算出日工资。

按照这种方法计算日工资,双休日和法定节假日视为出勤,照付工资,而缺勤期间的双休日和节假日也应视同缺勤,照扣工资。

(2) 按月平均实际工作日数 21 天计算日工资。

目前,我国全面实行每周五天工作制,因而这种方法是以全年日历天数 365 天减去 104 天双休日和 11 个法定节假日后,除以 12 个月计算出全年月平均工作日数为 21 天,再用 21 去除月标准工资计算出日工资。按照这种方法计算日工资,不论大月还是小月,每月工作日数均固定按 21 天计算。各月内的双休日及法定节假日不付工资;因而,缺勤期间的双休日和节假日也不扣工资。

计算缺勤应扣工资,应根据小企业的规定,区别不同情况处理。通常情况下,对旷工和事假缺勤应按 100% 扣发缺勤的全部工资;对因公负伤、探亲假、婚丧假、产假等缺勤应视同出勤,按 100% 全额照发工资;对病假缺勤,应按病假期限扣发一定比例的工资。

【例 8-7】 职工王红的月标准工资为 6 900 元,本月请事假 5 天(其中有两天双休日),病假 3 天(其中有一天法定节假日),假设病假扣发比例为 10%。相关计算如下:

① 按月工作日 30 天计算:

$$日工资 = 6\,900 \div 30 = 230(元)$$

$$应付计时工资 = 6\,900 - 5 \times 230 - 3 \times 230 \times 10\% = 5\,681(元)$$

② 月工作日 21 天计算:

$$日工资 = 6\,900 \div 21 = 328.57(元)$$

$$应付计时工资 = 6\,900 - 3 \times 328.57 - 2 \times 328.57 \times 10\% = 5\,848.58(元)$$

2. 日薪制

在采用日薪制计算计时工资的小企业里,每月按职工月实际出勤日数和日工资率计算职工应得计时工资。对于职工的病假,应按前述有关规定,计发一定比例的工资。故这种方法又称为"出勤工资累计法"。计算公式如下:

$$应付计时工资 = 月出勤日数 \times 日工资 + 病假应发工资$$

$$病假应发工资 = 病假日数 \times 日工资 \times 应发比例$$

【例 8-8】 承【例 8-7】,本月日历天数 31 天,其中有 8 天双休日和一天法定节假日,根据考勤记录,王红本月实际出勤 17 天。相关计算如下:

① 月工作日 30 天计算,日工资为 230 元。

$$应付计时工资 = (17 + 6) \times 230 + 3 \times 230 \times 90\% = 5\,911(元)$$

② 月工作日 21 天计算,日工资为 328.57 元。

$$应付计时工资 = 17 \times 328.57 + 2 \times 328.57 \times 90\% = 6\,177.12(元)$$

通过上述例题的计算结果可以看出,采用不同的工作日数和不同的计算方法计算计时工资,对于同一职工计算的当月计时工资,结果可能不相同。但从全年看,其结果仍然是相同的。小企业选择何种方法、何种工作日计算计时工资,可视小企业的具体情况确定。方法一经选定,不得随意变更。

当计算出每个职工的计时工资以后,再根据有关资料和标准确定每个职工的奖金、津贴和补贴,以及加班加点工资,从而计算出小企业的应付工资,再从中扣除应由职工个人承担的房租、水电等代扣款项,便得到小企业的实发工资金额。

(三) 计件工资制下职工工资的计算

计件工资,是根据当月产量记录中的产品数量和规定的计件单价计算的工资。这里的产品数量包括实际完成的合格品产量以及生产过程中因材料不合格而造成的废品(料废)数量,对于因工人过失而造成的废品(工废),则不计付工资。计件工资一般只适用于生产工人工资的计算。其计算公式如下:

$$应付计件工资 = \sum [(合格品数量 + 料废品数量) \times 计件单价]$$

实际工作中,计件工资的计算包括个人计件工资的计算和集体计件工资的计算。

1. 个人计件工资的计算

个人计件工资是以个人完成的产品数量及规定的计件单价计算的工资。

【例8-9】　某工人本月加工甲零件 800 件,计件单价 4 元;加工乙零件 500 件,计件单价 5 元。验收时发现甲零件有 10 件废品,其中料废 8 件,工废 2 件;乙零件有废品 5 件,均为工废,其余全为合格品,则:

$$应付计件工资 = (790 + 8) \times 4 + 495 \times 5 = 5\,667(元)$$

有些小企业为了简化计算工作,将每一工人完成的各种产品产量,按定额工时折算成定额总工时,再乘以规定的小时工资率计算计件工资,计算公式为:

$$应付计件工资 = \sum [(合格品数量 + 料废品数量) \times 定额工时] \times 小时工资率$$

【例8-10】　承【例8-9】,加工甲零件的定额工时为 20 分钟,加工乙零件的定额工时为 40 分钟,该工人的小时工资率为 10 元,则:

$$应付计件工资 = (798 \times 20 \div 60 + 495 \times 40 \div 60) \times 10 = 5\,960(元)$$

由于定额工时资料容易取得,且各种产品的定额工时可以加总,故后一种方法计算起来更简便。

2. 集体计件工资的计算

小企业中,有的产品生产是按集体(班、组)进行的,则计件工资就需以班、组为对象进行计算。具体分两步:第一步先按上述个人计件工资计算的相同方法计算出集体计件工资总额;第二步再将集体计件工资总额在小组各成员之间,按每人的工资标准和该月实际工作时间的比例进行分配。

【例8-11】　某生产班组由 3 人组成,共同完成产品加工任务,本月全组共得计件工资 47 062.50 元,则各人应得计件工资计算如表8-1。

表 8-1 小组计件工资分配表

姓名	月标准工资	日工资	小时工资率	实际工作小时	计时工资	分配率	应得计件工资
			(1)	(2)	(3)=(1)×(2)	(4)	(5)=(3)×(4)
张开	4 200	200	25	170	4 250		12 750
李明	5 250	250	31.25	150	4 687.50		14 062.50
洪峰	6 300	300	37.5	180	6 750		20 250
合计				500	15 687.50	3	47 062.5

注:日工资=月标准工资÷21　　　小时工资率=日工资÷8
分配率=47 062.50÷15 687.50=3

计算出各工人的计件工资后,加上各工人应得的奖金、津贴和补贴等,便计算出应付职工薪酬金额,再从中扣除应由个人承担的有关费用,便得到实发职工薪酬金额,有关计算公式与计时工资制相同。

三、应付职工薪酬的账务处理

(一)编制职工薪酬计算表及职工薪酬计算汇总表

实际工作中,小企业与职工进行薪酬结算,是通过编制"职工薪酬计算表"来进行的。"职工薪酬计算表"一般分车间、部门,按每个职工进行编制,每月一次。在编制过程中,应根据职工薪酬核算的原始记录及有关奖金、补贴的发放标准和代扣款项等资料,分别计算出每一职工的"应发金额""代扣款项"及"实发金额"。职工薪酬计算表应一式三份,一份由人力资源部门存查;一份按每一职工裁成"薪酬条",连同薪酬一起发给职工,以便核对;一份在发放职工薪酬时由职工签章后,作为职工薪酬核算的凭证,并可据以进行薪酬的明细核算。

为了准确、高效地进行薪酬核算,小企业财会部门还应根据各车间、部门的"职工薪酬计算表"汇总编制整个企业的"职工薪酬计算汇总表",以掌握整个小企业薪酬的计算和支付情况,并据以进行职工薪酬的总分类核算。

(二)设置"应付职工薪酬"科目

小企业应设置"应付职工薪酬"科目核算小企业根据有关规定应付给职工的各种薪酬。小企业(外商投资)按照规定从净利润中提取的职工奖励及福利基金,也通过本科目核算。"应付职工薪酬"科目应按照"职工工资""奖金、津贴和补贴""职工福利费""社会保险费""住房公积金""工会经费""职工教育经费""非货币性福利""辞退福利"等进行明细核算。

1. 月末,小企业应当将本月发生的职工薪酬区分以下情况进行分配

(1) 生产部门(提供劳务)人员的职工薪酬,借记"生产成本""制造费用"等科目,贷记"应付职工薪酬"科目。

(2) 应由在建工程、无形资产开发项目负担的职工薪酬,借记"在建工程""研发支出"

等科目,贷记"应付职工薪酬"科目。

(3) 管理部门人员的职工薪酬和因解除与职工的劳动关系给予的补偿,借记"管理费用"科目,贷记"应付职工薪酬"科目。

(4) 销售人员的职工薪酬,借记"销售费用"科目,贷记"应付职工薪酬"科目。

2. 小企业发放职工薪酬应当区分以下情况进行处理

(1) 向职工支付工资、奖金、津贴、福利费等,从应付职工薪酬中扣还的各种款项(代垫的家属医药费、个人所得税等)等,借记"应付职工薪酬"科目,贷记"库存现金""银行存款""其他应收款""应交税费——应交个人所得税"等科目。

(2) 支付工会经费和职工教育经费用于工会活动和职工培训,借记"应付职工薪酬"科目,贷记"银行存款"等科目。

(3) 按照国家有关规定缴纳的社会保险费和住房公积金,借记"应付职工薪酬"科目,贷记"银行存款"科目。

(4) 以其自产产品发放给职工的,按照其销售价格,借记"应付职工薪酬"科目,贷记"主营业务收入"科目;同时,还应结转产成品的成本。涉及增值税销项税额的,还应进行相应的账务处理。

(5) 支付的因解除与职工的劳动关系给予职工的补偿,借记"应付职工薪酬"科目,贷记"库存现金""银行存款"等科目。

本科目期末贷方余额,反映小企业应付未付的职工薪酬。

小企业在计算应付职工薪酬时,应当注意国家的相关标准:如小企业应向社会保险经办机构缴纳的医疗保险费、养老保险费、失业保险费、工伤保险费、生育保险费等社会保险费,国家统一规定了计提基础和计提比例,应当按照国家规定的标准计提;职工福利费等职工薪酬,国家没有明确规定计提基础和计提比例,小企业应当根据历史经验数据和实际情况,合理预计当期应付职工薪酬。当期实际发生金额大于预计金额的,应当补提应付职工薪酬;当期实际发生金额小于预计金额的,应当冲回多提的应付职工薪酬。

【例 8-12】 甲小企业 2020 年 8 月应付工资总额 231 000 元,工资费用分配汇总表中列示产品生产工人工资为 200 000 元,车间管理人员工资为 10 000 元,小企业行政管理人员 10 000 元,销售人员工资为 11 000 元。甲小企业的有关会计分录如下:

借:生产成本——基本生产成本　　　　　　　　　　　200 000
　　制造费用　　　　　　　　　　　　　　　　　　　 10 000
　　管理费用　　　　　　　　　　　　　　　　　　　 10 000
　　销售费用　　　　　　　　　　　　　　　　　　　 11 000
　　贷:应付职工薪酬——工资　　　　　　　　　　　　　231 000

【例 8-13】 2020 年 8 月,甲小企业对职工食堂进行补贴。在岗职工共计 100 人,其中生产车间职工 75 人,企业行政管理部门 25 人,按照每个职工每月 100 元标准补贴食堂。甲小企业的有关会计分录如下:

借:生产成本　　　　　　　　　　　　　　　　　　　7 500
　　管理费用　　　　　　　　　　　　　　　　　　　2 500
　　贷:应付职工薪酬——职工福利　　　　　　　　　　　10 000

【例 8-14】 根据国家规定的计提标准计算,甲小企业本月应向社会保险经办机构缴纳职工基本养老保险费共计 32 340 元,其中,应计入基本生产车间生产成本的金额为 28 000 元,应计入制造费用的金额为 1 400 元,应计入管理费用的金额为 2 940 元。甲小企业的有关会计分录如下:

借:生产成本——基本生产成本 28 000

制造费用 1 400

管理费用 2 940

贷:应付职工薪酬——社会保险费(基本养老保险) 32 340

【例 8-15】 甲小企业为粮食加工小企业,共有职工 200 名,其中 170 名为直接参加生产的职工,30 名为企业管理人员。2020 年 2 月,甲小企业以其生产的大米作为春节福利发放给每名职工。每人发放大米 100 千克,该大米生产成本 400 元,市场售价为 600 元,甲小企业适用的增值税税率为 9%。另甲小企业为 2 名副总经理每人租赁一套住房,每人提供一辆帕萨特汽车免费使用,假设房屋月租金为每套 6 000 元,汽车每月计提折旧 1 000 元。甲小企业的有关会计分录如下:

借:生产成本 (170×600×1.09)111 180

管理费用 (30×600×1.09+6 000×2+1 000×2)33 620

贷:应付职工薪酬——非货币性福利

(200×600×1.09+6 000×2+1 000×2)144 800

借:应付职工薪酬——非货币性福利 2 000

贷:累计折旧 2 000

支付房租时:

借:应付职工薪酬——非货币性福利 12 000

贷:银行存款 12 000

发放的大米视同销售,确认收入,并结转成本:

借:应付职工薪酬——非货币性福利 130 800

贷:主营业务收入 120 000

应交税费——应交增值税(销项税额) 10 800

借:主营业务成本 80 000

贷:库存商品——大米 80 000

涉税法规链接及提示

【例 8-16】 甲小企业根据"职工薪酬计算汇总表"计算本月应付职工工资总额 231 000 元,代扣职工房租 21 000 元,企业代垫职工家属医药费 2 000 元,实发工资 208 000 元,开出现金支票通知银行发放工资。同时以银行存款缴纳参加职工医疗保险的医疗保险费 32 340 元。以现金支付食堂补贴 10 000 元,支付职工生活困难补助 1 000 元。甲小企业的有关会计分录如下:

(1) 通过银行发放薪酬时:

借:应付职工薪酬——工资 208 000

贷:银行存款 208 000

(2) 结转代扣款项时:

借:应付职工薪酬——工资 23 000

　　　贷:其他应收款——职工房租 21 000

　　　　　　　　　——代垫医药费 2 000

　(3) 支付职工保险费及福利费时:

　借:应付职工薪酬——职工福利 11 000

　　　　　　　　　——社会保险费 32 340

　　　贷:银行存款 32 340

　　　　库存现金 11 000

第四节　应交税费

　　小企业在一定时期内取得的营业收入、实现的利润以及从事其他应税项目,要按照规定向国家交纳各种税金和相关的行政性收费,按照权责发生制原则的要求,这些应交的税费应当预提计入有关科目,在尚未交纳之前暂时形成一项负债。具体包括:增值税、消费税、城市维护建设税、企业所得税、资源税、土地增值税、城镇土地使用税、房产税、车船税、环境保护税和教育费附加等。此外,小企业还需要代扣代交个人所得税等。这些需要预计应交数额或者需要定期与税务机关进行结算或清算的税费,在会计上需要设置"应交税费"科目进行核算,并在其下面设置有关明细科目。"应交税费"科目期末贷方余额,反映小企业尚未交纳的税费;期末如为借方余额,反映小企业多交或尚未抵扣的税费。小企业交纳的印花税、耕地占用税等不需要预计应交数的税金,不在"应交税费"科目核算。

一、应交增值税

(一)增值税概述

1.增值税的概念

　　增值税是对我国境内从事销售货物或提供加工、修理修配劳务、销售服务、无形资产或者不动产等以及进口货物的单位和个人取得的增值额为课税对象征收的一种流转税。增值税按产品或行业实行比例税率,以全部流转额为计税销售额,但只对其中的新增价值征税,实行税款抵扣制,税负具有转嫁性,随货物销售逐环节转移,最终消费者承担全部税款。增值税具有税基广阔、逐环节征税和扣税、不重复征税、在征管上可以互相制约、交叉审计的特点。

2.增值税纳税人

　　凡在我国境内销售货物,提供加工、修理、修配劳务,销售服务、无形资产或不动产,以及进口货物的单位和个人,都是增值税的纳税人。

　　(1)一般纳税人。一般纳税人是指年应税销售额超过财政部、国家税务总局规定的小规模纳税人标准的小企业。经税务机关登记的一般纳税人,应按《增值税暂行条例》规定计算应纳税额,并使用增值税专用发票。对符合一般纳税人条件但不办理一般纳税人登记的小企业,应按销售额依照增值税税率计算应纳税额,不得抵扣进项税额,也不得使用增值税专用发票。对于年销售额在规定标准以上的小企业,且符合有关政策规定,选择按小规模纳税人纳税的,应当向主管税务机关提交书面说明。小企业一般纳税人资格登记,在县(市、区)税务局或者同级别的税务分局。小企业应当向其机构所在地主管税务机关办理一般纳税人登记工作。

涉税法规链接及提示

(2)小规模纳税人。小规模纳税人是指年销售额在规定标准以下,并且会计核算不健全,不能按规定报送有关税务资料的增值税纳税人。除国家税务总局另有规定外,纳税人一经登记为正式一般纳税人,不得再转为小规模纳税人。

涉税法规链接及提示

3.增值税税率和征收率

增值税税率就是增值税税额占货物、应税劳务、销售服务、无形资产或者不动产销售额的比率,它是计算货物或应税劳务(服务)增值税税额的尺度,体现了征税的深度,是税收制度的中心环节和基本要素。结合《关于全面推开营业税改征增值税试点的通知》(财政部 国家税务总局财税〔2016〕36号)和《财政部 税务总局 海关总署关于深化增值税改革有关政策的公告》(2019年第39号),增值税税率一般分基本税率(13%)、低税率(9%、6%)、零税率(0)三档。

增值税征收率是指对特定的货物或特定的纳税人销售的货物、应税劳务或应税服务在某一生产流通环节应纳税额与销售额的比率。征收率只是计算纳税人应纳增值税税额的一种尺度,不能体现货物或劳务的整体税收负担水平。在纳税人因会计核算制度不健全,不能提供税法规定的课税对象和计税依据等资料的条件下,由税务机关经调查核定,按与课税对象和计税依据相关的其他数据计算应纳税额的比例。通常由于增值额的核定比较复杂,多采用按销售收入额或营业收入额乘征收率直接计税征收的办法。我国现行增值税对小规模纳税人使用3%和5%两档征收率征收,不扣减进项税额。

涉税法规链接及提示

(二)增值税的减免税

减免税是指依据税收法律、法规以及国家有关税法规定给予纳税人减税、免税,是对某些纳税人或课税对象的鼓励或照顾措施。减税是指从应纳税款中减征部分税款;免税是指免征某一税种、某一项目的税款。减税免税规定是在一定时期内给予纳税人的一种税收优惠,同时也是税收的统一性和灵活性相结合的具体体现。减免税可以分为法定减免、临时减免、特定减免三种。

1.法定减免

凡是由各种税的基本法规定的减税、免税都称为法定减免。它体现了该种税减免的基本原则规定,具有长期的适用性。法定减免必须在基本法规中明确列举减免税项目、减免税的范围和时间。如《增值税暂行条例》明确规定:农业生产者销售的自产农业产品、避孕用品等免税。

涉税法规链接及提示

2.临时减免

临时减免,又称"困难减免",是指除法定减免和特定减免以外的其他临时性减税、免税,主要是为了照顾纳税人的某些特殊的暂时的困难,而临时批准的一些减税、免税。它通常是定期的减免税或一次性的减免税。如纳税人遇有风、火、水等自然灾害或其他特殊原因,纳税有困难的,经税务机关批准后,可给予定期的或一次性的减税、免税照顾。

3.特定减免

特定减免,是根据社会经济情况发展变化和发挥税收调节作用的需要,而规定的减税、免税。特定减免主要有两种情况:一是在税收的基本法确定以后,随着国家政治经济情况的发展变化所作的新的减免税补充规定;二是在税收基本法,不能或不宜一一列举,而采用补充规定的减免税形式。以上两种特定减免,通常是由国务院或作为国家主管业务部门的财政部、国家税务总局、海关总署作出规定。特定减免可分为无限期的和有限期的两种。大多特定减免都是有限期的,减免税到了规定的期限,就应该按规定恢复征税。

(三)一般纳税人当期应纳税额的计算

一般纳税人当期应纳税额等于当期销项税额与当期进项税额的差额。

当期应纳税额＝当期销项税额－当期进项税额

1.销项税额

销项税额＝销售额×税率＝组成计税价格×税率

销售额为纳税人销售货物或提供应税劳务和应税服务向购买方收取的全部价款和价外费用。销售额包括以下3项内容:销售货物或提供应税劳务和应税服务取自于购买方的全部价款。向购买方收取的各种价外费用(即价外收入)。价外收入指价格之外向购买方收取,应视为含税收入,在并入销售额征税时,应将其换算为不含税收入再并入销售额征税。例如:违约金、包装费、包装物租金、储备费、运输装卸费、代收款项、代垫款项及其他各种性质的价外收费。

销售额不包括以下内容:(1)向购买方收取的销项税额。因为增值税属于价外税,其税款不应包含在销售货物的价款之中;(2)受托加工应征消费税的货物,而由受托方代收代缴的消费税;(3)同时符合两个条件的代垫运费,即承运部门的运费发票开具给购买方,并且由纳税人将该项发票转交给购买方;(4)符合条件的代为收取的政府性基金或者行政事业性收费;(5)销售货物的同时代办保险等而向购买方收取的保险费,以及向购买方收取的代购买方缴纳的车辆购置税、车辆牌照费。

2.进项税额

进项税额,是指纳税人购进货物、加工修理修配劳务、服务、无形资产或者不动产,支付或者负担的增值税税额。它与销售方收取的销项税额相对应。

(1)准予抵扣的进项税额。

小企业准予抵扣的进项税额按照下列标准:①销售方取得的增值税专用发票(含税控机动车销售统一发票,下同)上注明的增值税税额;②从海关取得的进口增值税专用缴款书上注明的增值税税额;③购进免税农产品,按照农产品收购发票或者销售发票上注明的农产品买价和9%的扣除率计算进项税额,从当期销项税额中扣除(进项税额＝买价×9%);④从境外单位或者个人购进服务、无形资产或者不动产,自税务机关或者扣缴义务人取得的解缴税款的完税凭证上注明的增值税税额。

(2)不能抵扣的进项税额。

小企业不能抵扣的进项税额包括:①用于简易计税方法计税项目、免征增值税项目、集体福利或者个人消费的购进货物、加工修理修配劳务、服务、无形资产和不动产,其中涉及的固定资产、无形资产、不动产,仅指专用于上述项目的固定资产、无形资产(不包括其他权益性无形资产)、不动产,纳税人的交际应酬消费属于个人消费;②非正常损失的购进货物;③非正常损失的在产品、产成品所耗用的购进货物;④非正常损失的不动产,以及该不动产所耗用的购进货物、设计服务和建筑服务;⑤非正常损失的不动产在建工程所耗用的购进货物、设计服务和建筑服务(纳税人新建、改建、扩建、修缮、装饰不动产,均属于不动产在建工程);⑥购进的贷款服务、餐饮服务、居民日常服务和娱乐服务;⑦财政部和国家税务总局规定的其他情形。

上述第④项、第⑤项所称货物,是指构成不动产实体的材料和设备,包括建筑装饰材料和给排水、采暖、卫生、通风、照明、通信、煤气、消防、中央空调、电梯、电气、智能化楼宇设备及配套设施。

(四)小规模纳税人应纳税额计算

1. 应纳税额的计算公式

小规模纳税人销售货物或者应税劳务,实行简易办法按照销售额和规定的征收率计算应纳税额,不得抵扣进项税额。计算公式为:应纳税额=不含税销售额×征收率

2. 含税销售额的换算

$$不含税销售额=含税销售额÷(1+征收率)$$

增值税纳税人 2011 年 12 月 1 日以后初次购买增值税税控系统专用设备(包括分开票机)支付的费用,可凭购买增值税税控系统专用设备取得的增值税专用发票,在增值税应纳税额中全额抵减(抵减额为价税合计额),不足抵减的可结转下期继续抵减。增值税纳税人非初次购买增值税税控系统专用设备支付的费用,由其自行负担,不得在增值税应纳税额中抵减。增值税纳税人 2011 年 12 月 1 日以后缴纳的技术维护费(不含补缴的2011 年 11 月 30 日以前的技术维护费),可凭技术维护服务单位开具的技术维护费发票,在增值税应纳税额中全额抵减,不足抵减的可结转下期继续抵减。

(五)增值税明细科目及专栏设置

增值税一般纳税人应当在"应交税费"科目下设置"应交增值税""未交增值税""预交增值税""待抵扣进项税额""待认证进项税额""待转销项税额""增值税留抵税额""简易计税""转让金融商品应交增值税""代扣代交增值税"等明细科目。

(1)增值税一般纳税人应在"应交增值税"明细账内设置"进项税额""销项税额抵减""已交税金""转出未交增值税""减免税款""出口抵减内销产品应纳税额""销项税额""出口退税""进项税额转出""转出多交增值税"等专栏。其中:

①"进项税额"专栏,记录一般纳税人购进货物、加工修理修配劳务、服务、无形资产或不动产而支付或负担的、准予从当期销项税额中抵扣的增值税税额。

②"销项税额抵减"专栏,记录一般纳税人按照现行增值税制度规定因扣减销售额而减少的销项税额。

③"已交税金"专栏,记录一般纳税人当月已交纳的应交增值税税额。

④"转出未交增值税"和"转出多交增值税"专栏,分别记录一般纳税人月度终了转出当月应交未交或多交的增值税税额。

⑤"减免税款"专栏,记录一般纳税人按现行增值税制度规定准予减免的增值税税额。

⑥"出口抵减内销产品应纳税额"专栏,记录实行"免、抵、退"办法的一般纳税人按规定计算的出口货物的进项税抵减内销产品的应纳税额。

⑦"销项税额"专栏,记录一般纳税人销售货物、加工修理修配劳务、服务、无形资产或不动产应收取的增值税税额。

⑧"出口退税"专栏,记录一般纳税人出口货物、加工修理修配劳务、服务、无形资产按规定退回的增值税税额。

⑨"进项税额转出"专栏,记录一般纳税人购进货物、加工修理修配劳务、服务、无形资产或不动产等发生非正常损失以及其他原因而不应从销项税额中抵扣、按规定转出的进项税额。

(2)"未交增值税"明细科目,核算一般纳税人月度终了从"应交增值税"或"预交增值税"明细科目转入当月应交未交、多交或预缴的增值税税额,以及当月交纳以前期间未交的增值税税额。

(3)"预交增值税"明细科目,核算一般纳税人转让不动产、提供不动产经营租赁服务、提供建筑服务、采用预收款方式销售自行开发的房地产项目等,以及其他按现行增值税制度规定应预缴的增值税税额。

(4)"待抵扣进项税额"明细科目,核算一般纳税人已取得增值税扣税凭证并经税务机关认证,按照现行增值税制度规定准予以后期间从销项税额中抵扣的进项税额。包括实行纳税辅导期管理的一般纳税人取得的尚未交叉稽核比对的增值税扣税凭证上注明或计算的进项税额以及生产、生活性服务业一股纳税人按照当期可抵扣进项税额加计10%(15%),抵减应纳税额的计提、抵减、调减、结余等变动情况。核算加计抵减额时应下设"加计抵减额"栏目。

(5)"待认证进项税额"明细科目,核算一般纳税人由于未经税务机关认证而不得从当期销项税额中抵扣的进项税额。包括:一般纳税人已取得增值税扣税凭证、按照现行增值税制度规定准予从销项税额中抵扣,但尚未经税务机关认证的进项税额;一般纳税人已申请稽核但尚未取得稽核相符结果的海关缴款书进项税额。

(6)"待转销项税额"明细科目,核算一般纳税人销售货物、加工修理修配劳务、服务、无形资产或不动产,已确认相关收入(或利得)但尚未发生增值税纳税义务而需于以后期间确认为销项税额的增值税税额。

(7)"增值税留抵税额"明细科目,核算兼有销售服务、无形资产或者不动产的原增值税一般纳税人,截至纳入营改增试点之日前的增值税期末留抵税额按照现行增值税制度规定不得从销售服务、无形资产或不动产的销项税额中抵扣的增值税留抵税额。

(8)"简易计税"明细科目,核算一般纳税人采用简易计税方法发生的增值税计提、扣减、预缴、缴纳等业务。

(9)"转让金融商品应交增值税"明细科目,核算增值税纳税人转让金融商品发生的增值税税额。

(10)"代扣代交增值税"明细科目,核算纳税人购进在境内未设经营机构的境外单位或个人在境内的应税行为代扣代缴的增值税。

小规模纳税人只需在"应交税费"科目下设置"应交增值税"明细科目,不需要设置上述专栏及除"转让金融商品应交增值税""代扣代交增值税"外的明细科目。

(六)一般纳税人增值税的核算

1. 采购等业务进项税额允许抵扣的账务处理

一般纳税人购进货物、加工修理修配劳务、服务、无形资产或不动产,按应计入相关成本费用或资产的金额,借记"在途物资"或"原材料""库存商品""生产成本""无形资产""固定资产""管理费用"等科目,按当月已认证的可抵扣增值税税额,借记"应交税费——应交增值税(进项税额)"科目,按当月未认证的可抵扣增值税税额,借记"应交税费——待认证进项税额"科目,按应付或实际支付的金额,贷记"应付账款""应付票据""银行存款"等科目。发生退货的,如原增值税专用发票已做认证,应根据税务机关开具的红字增值税专用发票做相反的会计分录;如原增值税专用发票未做认证,应将发票退回并做相反的会计分录。

【例8-17】 甲小企业2020年12月购入原材料一批,增值税专用发票上注明货款50 000元,经认证可抵扣增值税税额6 500元,货物尚未到达,货款和进项税款已用银行存款支付。该企业采用实际成本对原材料进行核算。甲小企业的有关会计分录如下:

借:在途物资 50 000
　应交税费——应交增值税(进项税额) 6 500
　贷:银行存款 56 500

购进免税农业产品,按照购入农业产品的买价和税法规定的税率计算经论证的增值税进项税额,借记"应交税费"科目(应交增值税——进项税额),按照买价减去按照税法规定计算的增值税进项税额后的金额,借记"材料采购"或"在途物资"等科目,按照应付或实际支付的价款,贷记"应付账款""库存现金""银行存款"等科目。

【例8-18】 甲小企业购入免税农产品一批,价款100 000元,规定的扣除率为9%,增值税专用发票已认证,货物已到达并验收入库,货款已用银行存款支付。甲小企业的有关会计分录如下:

借:原材料 91 000
　应交税费——应交增值税(进项税额) 9 000
　贷:银行存款 100 000

2. 采购等业务进项税额不得抵扣的处理

一般纳税人购进货物、加工修理修配劳务、服务、无形资产或不动产,用于简易计税方法计税项目、免征增值税项目、集体福利或个人消费等,其进项税额按照现行增值税制度规定不得从销项税额中抵扣的,取得增值税专用发票时,应借记相关成本费用或资产科目,借记"应交税费——待认证进项税额"科目,贷记"银行存款""应付账款"等科目,经税务机关认证后,应借记相关成本费用或资产科目,贷记"应交税费——应交增值税(进项税额转出)"科目。

3. 购进不动产或不动产在建工程进项税额的处理

一般纳税人取得并按固定资产核算的不动产,应当按取得成本,借记"固定资产""在建工程"等科目,按当期可抵扣的增值税税额,借记"应交税费——应交增值税(进项税额)"科目,按应付或实际支付的金额,贷记"应付账款""应付票据""银行存款"等科目。

【例 8-19】 甲小企业购入不需要安装设备一台,价款及运输保险等费用合计 80 000元,经认证增值税专用发票上注明的增值税税额 10 400 元,本期可以抵扣,款项尚未支付。甲小企业的有关会计分录如下:

借:固定资产　　　　　　　　　　　　　　　　　　　80 000
　　应交税费——应交增值税(进项税额)　　　　　　　10 400
　　贷:应付账款　　　　　　　　　　　　　　　　　　　90 400

4. 货物等已验收入库但尚未取得增值税扣税凭证的处理

一般纳税人购进的货物等已到达并验收入库,但尚未收到增值税扣税凭证并未付款的,应在月末按货物清单或相关合同协议上的价格暂估入账,不需要将增值税的进项税额暂估入账。下月初,用红字冲销原暂估入账金额,待取得相关增值税扣税凭证并经认证后,按应计入相关成本费用或资产的金额,借记"原材料""库存商品""固定资产""无形资产"等科目,按可抵扣的增值税税额,借记"应交税费——应交增值税(进项税额)"科目,按应付金额,贷记"应付账款"等科目。

5. 购买方作为扣缴义务人的处理

按照现行增值税制度规定,境外单位或个人在境内发生应税行为,在境内未设有经营机构的,以购买方为增值税扣缴义务人。境内一般纳税人购进服务、无形资产或不动产,按应计入相关成本费用或资产的金额,借记"生产成本""无形资产""固定资产""管理费用"等科目,按可抵扣的增值税税额,借记"应交税费——进项税额"科目(小规模纳税人应借记相关成本费用或资产科目),按应付或实际支付的金额,贷记"应付账款"等科目,按应代扣代缴的增值税税额,贷记"应交税费——代扣代交增值税"科目。实际缴纳代扣代缴增值税时,按代扣代缴的增值税税额,借记"应交税费——代扣代交增值税"科目,贷记"银行存款"科目。

涉税法规链接及提示

6. 销售业务的处理

小企业销售货物、加工修理修配劳务、服务、无形资产或不动产,应当按应收或已收的金额,借记"应收账款""应收票据""银行存款"等科目,按取得的收入金额,贷记"主营业务收入""其他业务收入""固定资产清理""工程结算"等科目,按现行增值税制度规定计算的销项税额(或采用简易计税方法计算的应纳增值税税额),贷记"应交税费——应交增值税(销项税额)"或"应交税费——简易计税"科目。发生销售退回的,应根据按规定开具的红字增值税专用发票做相反的会计分录。

按照《小企业会计准则》确认收入或利得的时点早于按照增值税制度确认增值税纳税义务发生时点的,应将相关销项税额计入"应交税费——待转销项税额"科目,待实际发生纳税义务时再转入"应交税费——应交增值税(销项税额)"或"应交税费——简易计税"科目。

按照增值税制度确认增值税纳税义务发生时点早于按照《小企业会计准则》确认收入或利得的时点的,应将应纳增值税税额,借记"应收账款"科目,贷记"应交税费——应交增值税(销项税额)"或"应交税费——简易计税"科目,按照《小企业会计准则》确认收入或利得时,应按扣除增值税销项税额后的金额确认收入。

【例8-20】　甲小企业销售产品一批,价款40 000元,按规定应收取增值税税额6 800元,提货单和增值税专用发票已交给买方,款项尚未收到,该产品成本为32 000元。甲小企业的有关会计分录如下:

借:应收账款　　　　　　　　　　　　　　　　　　　　　　46 800
　　贷:主营业务收入　　　　　　　　　　　　　　　　　　　40 000
　　　　应交税费——应交增值税(销项税额)　　　　　　　　6 800
结转产品成本:
借:主营业务成本　　　　　　　　　　　　　　　　　　　　32 000
　　贷:库存商品　　　　　　　　　　　　　　　　　　　　32 000

【例8-21】　甲小企业销售商品领用随同商品出售但单独计价的包装物一批,价款5 000元,按规定应收取增值税税额650元,款项已收存银行,提货单和增值税专用发票已交给买方,该包装物成本为3 000元。甲小企业的有关会计分录如下:

借:银行存款　　　　　　　　　　　　　　　　　　　　　　5 650
　　贷:其他业务收入　　　　　　　　　　　　　　　　　　　5 000
　　　　应交税费——应交增值税(销项税额)　　　　　　　　650
结转成本:
借:其他业务成本　　　　　　　　　　　　　　　　　　　　3 000
　　贷:周转材料　　　　　　　　　　　　　　　　　　　　3 000

7. 视同销售的处理

小企业的有些交易和事项从会计角度看不属于销售行为,不能确认销售收入,但是按照税法规定,应视同对外销售处理,计算应交增值税。视同销售需要交纳增值税的事项如小企业代销商品或将商品交付他人代销,将货物移送至其他机构用于销售,小企业将自产或委托加工的货物用于非应税项目、集体福利或个人消费,将自产、委托加工或购买的货物作为投资、分配给股东或投资者、无偿赠送他人等。

小企业发生税法上视同销售的行为,应当按照《小企业会计准则》相关规定进行相应的会计处理,并按照现行增值税制度规定计算的销项税额(或采用简易计税方法计算的应纳增值税税额),借记"应付职工薪酬""利润分配"等科目,贷记"应交税费——应交增值税(销项税额)"或"应交税费——简易计税"科目。

【例8-22】　甲小企业将自己生产的产品用于对外投资。该批产品的成本为20 000元,市场售价(计税价格)为30 000元,增值税税率为13%。甲小企业的有关会计分录如下:

借:长期股权投资　　　　　　　　　　　　　　　　　　　　33 900
　　贷:主营业务收入　　　　　　　　　　　　　　　　　　　30 000
　　　　应交税费——应交增值税(销项税额)　　　　　　　　3 900
同时:
借:主营业务成本　　　　　　　　　　　　　　　　　　　　20 000
　　贷:库存商品　　　　　　　　　　　　　　　　　　　　20 000

法规链
提示

8. 差额征税的处理

(1) 小企业发生相关成本费用允许扣减销售额的账务处理。按现行增值税制度规定企业发生相关成本费用允许扣减销售额的,发生成本费用时,按应付或实际支付的金额,借记"主营业务成本""存货""工程施工"等科目,贷记"应付账款""应付票据""银行存款"等科目。待取得合规增值税扣税凭证且纳税义务发生时,按照允许抵扣的税额,借记"应交税费——应交增值税(销项税额抵减)"或"应交税费——简易计税"科目(小规模纳税人应借记"应交税费——应交增值税"科目),贷记"主营业务成本""存货""工程施工"等科目。

(2) 金融商品转让按规定以盈亏相抵后的余额作为销售额的账务处理。金融商品实际转让月末,如产生转让收益,则按应纳税额借记"投资收益"等科目,贷记"应交税费——转让金融商品应交增值税"科目;如产生转让损失,则按可结转下月抵扣税额,借记"应交税费——转让金融商品应交增值税"科目,贷记"投资收益"等科目。交纳增值税时,应借记"应交税费——转让金融商品应交增值税"科目,贷记"银行存款"科目。年末,本科目如有借方余额,则借记"投资收益"等科目,贷记"应交税费——转让金融商品应交增值税"科目。

9. 出口退税的处理

为核算小企业出口货物应收取的出口退税款,应设置"应收出口退税款"科目,该科目借方反映销售出口货物按规定向税务机关申报应退回的增值税、消费税等,贷方反映实际收到的出口货物应退回的增值税、消费税等。期末借方余额,反映尚未收到的应退税额。

(1) 未实行"免、抵、退"办法的一般纳税人出口货物按规定退税的,按规定计算的应收出口退税额,借记"应收出口退税款"科目,贷记"应交税费——应交增值税(出口退税)"科目,收到出口退税时,借记"银行存款"科目,贷记"应收出口退税款"科目;退税额低于购进时取得的增值税专用发票上的增值税税额的差额,借记"主营业务成本"科目,贷记"应交税费——应交增值税(进项税额转出)"科目。

(2) 实行"免、抵、退"办法的一般纳税人出口货物,在货物出口销售后结转产品销售成本时,按规定计算的退税额低于购进时取得的增值税专用发票上的增值税税额的差额,借记"主营业务成本"科目,贷记"应交税费——应交增值税(进项税额转出)"科目;按规定计算的当期出口货物的进项税抵减内销产品的应纳税额,借记"应交税费——应交增值税(出口抵减内销产品应纳税额)"科目,贷记"应交税费——应交增值税(出口退税)"科目。在规定期限内,内销产品的应纳税额不足以抵减出口货物的进项税额,不足部分按有关税法规定给予退税的,应在实际收到退税款时,借记"银行存款"科目,贷记"应交税费——应交增值税(出口退税)"科目。

10. 进项税额抵扣情况发生改变的处理

小企业因发生非正常损失或改变用途等,原已计入进项税额、待抵扣进项税额或待认证进项税额,但按现行增值税制度规定不得从销项税额中抵扣的,借记"待处理财产损溢""应付职工薪酬""固定资产""无形资产"等科目,贷记"应交税费——应交增值税(进项税额转出)""应交税费——待抵扣进项税额"或"应交税费——待认证进项税额"科目;原不得抵扣且未抵扣进项税额的固定资产、无形资产等,因改变用途等用于允许抵扣进项税额的应税项目的,应按允许抵扣的进项税额,借记"应交税费——应交增值税(进项税额)”科目,贷记“固定资产”“无形资产”等科目。固定资产、无形资产等经上述调整后,应按调整后的账面价值在剩余尚可使用寿命内计提折旧或摊销。

一般纳税人购进时已全额计提进项税额的货物或服务等转用于不动产在建工程的,对于结转以后期间的进项税额,应借记“应交税费——待抵扣进项税额”科目,贷记“应交税费——应交增值税(进项税额转出)”科目。

【例 8-23】 甲小企业原材料因管理不善毁损一批,有关增值税专用发票确认的成本为 4 000 元,已抵扣增值税税额 520 元。甲小企业的有关会计分录如下:

借:待处理财产损溢——待处理流动资产损溢　　　　　　　4 520
　　贷:原材料　　　　　　　　　　　　　　　　　　　　　　4 000
　　　　应交税费——应交增值税(进项税额转出)　　　　　　520

【例 8-24】 甲小企业春节发放职工福利,领用企业原材料(大米)50 000 元,假设领用的大米购入时支付的增值税税额为 4 500 元已经全部抵扣。甲小企业的有关会计分录如下:

借:应付职工薪酬——职工福利　　　　　　　　　　　　　54 500
　　贷:原材料——A 材料　　　　　　　　　　　　　　　　50 000
　　　　应交税费——应交增值税(进项税额转出)　　　　　　4 500

涉税法规链
接及提示

11. 月末转出多交增值税和未交增值税的处理

月度终了,小企业应当将当月应交未交或多交的增值税自“应交增值税”明细科目转入“未交增值税”明细科目。对于当月应交未交的增值税,借记“应交税费——应交增值税(转出未交增值税)”科目,贷记“应交税费——未交增值税”科目;对于当月多交的增值税,借记“应交税费——未交增值税”科目,贷记“应交税费——应交增值税(转出多交增值税)”科目。

2019 年 4 月 1 日后设立的生产、生活性服务业符合条件(提供邮政服务、电信服务、现代服务、生活服务取得的销售额占全部销售额的比重超过 50%)的小企业(一般纳税人)实行增值税加计抵减政策。小企业可以按照当期可抵扣进项税额的 10%(15%)计提当期加计抵减额,在年度首次确认适用 10% 或 15% 加计抵减政策时,需要通过电子税务局(或前往办税服务厅)提交《适用加计抵减政策的声明》或《适用 15% 加计抵减政策的声明》。小企业需要单独核算加计抵减额的计提、抵减、调减、结余等变动情况。

小企业已计提加计抵减额的进项税额,按规定作进项税额转出的,应在进项税额转出当期,相应调减加计抵减额。计算公式为:

当期计提加计抵减额＝当期可抵扣进项税额×10%

当期可抵减加计抵减额＝上期末加计抵减额余额＋当期计提加计抵减额
－当期调减加计抵减额

小企业应按照现行规定计算一般计税方法下的应纳税额后,应区分以下情形加计抵减:①抵减前的应纳税额等于零的,当期可抵减加计抵减额全部结转下期抵减;②抵减前的应纳税额大于零,且大于当期可抵减加计抵减额的,当期可抵减加计抵减额全额从抵减前的应纳税额中抵减;③抵减前的应纳税额大于零,且小于或等于当期可抵减加计抵减额的,以当期可抵减加计抵减额抵减应纳税额至零。未抵减完的当期可抵减加计抵减额,结转下期继续抵减。

小企业按照当期可抵扣进项税额计提当期加计抵减额时,借记"应交税费——待抵扣进项税额——加计抵减税额"科目,货记"其他应付款——待实现加计抵减税额"科目。发生已加计抵减进项税额转出调减加计抵减额。按照现行规定不得从销项税额中抵扣的进项税额,不得计提加计抵减额;已计提加计抵减额的进项税额,按规定作进项税额转出的,应在进项税额转出当期相应调减加计抵减额。借记"其他应付款——待实现加计抵减税额"科目,货记"应交税费——待抵扣进项税额——加计抵减税额"科目。调减后,当期期末"应交税费——待抵扣进项税额——加计抵减税额"科目贷方余额,即为"当期可抵减加计抵减额＝上期末加计抵减额余额＋当期计提加计抵减额－当期调减加计抵减额"。小企业实际抵减加计抵减税额时,借记"应交税费——未交增值税"科目,货记"银行存款""应交税费——待抵扣进项税额——加计抵减税额"科目。同时,按实际抵扣额借记"其他应付款——待实现抵扣进项税额"科目,货记"其他收益——加计抵减税额"科目。

【例8-25】　甲小企业是经营生产设备租赁服务的企业,为增值税一般纳税人,已申请实行增值税加计10％的抵减政策。2019年4—6月份发生经济业务如下:

(1)4月份购进生产设备一台,取得增值税专用发票,不含税金额为2 000 000元,税额为260 000元,总金额为2 260 000元,款项暂欠;取得汽油费专用发票,不含税金额为3 000元,税额为390元,总金额为3 390元;取得3％税率的通行费增值税电子普通发票,不含税金额为1 000元,税额为30元,总金额1 030元;取得宽带费专用发票不含税金额为500元,税额为30元,总金额530元。

(2)5月份购进办公用空调一台,取得增值税专用发票,不含税金额为4 000元,税额为520元,总金额为4 520元,款项暂欠;取得汽油费专用发票,不含税金额为3 100元,税额为403元,总金额为3 503元;取得3％税率的通行费增值税电子普通发票,不含税金额为1 200元,税额为36元,总金额1 236元;取得宽带费专用发票,不含税金额为700元,税额为42元,总金额742元。

(3)6月份取得汽油费专用发票,不含税金额为2 900元,税额为377元,总金额为3 277元;取得3％税率的通行费增值税电子普通发票,不含税金额为1 100元,税额为33元,总金额1 133元;取得宽带费专用发票,不含税金额为600元,税额为36元,总金额636元;5月份购买的办公用空调6月份移到公司食堂使用。

假设甲公司4至6月份实现不含税租赁收入金额分别为1 000 000元、1 100 000元、800 000元。无其他进项税发票,也没有减免税款,3月底没有增值税留抵税额。则甲公司4—6月份会计分录如下:

(1)4月份会计分录。

取得发票当即就进行勾选确认,并且只对涉及增值税的事项进行会计分录。

① 购进生产设备时:

借:应交税费——应交增值税(进项税额)　　　　　　　　　　260 000

　　应交税费——待抵扣进项税额——加计抵减增值税税额　　26 000

　　固定资产　　　　　　　　　　　　　　　　　　　　　　1 974 000

　　　贷:应付账款　　　　　　　　　　　　　　　　　　　　　　2 260 000

② 消耗的汽油：

借：应交税费——应交增值税（进项税额）　　　　　　　　　　　390

　　应交税费——待抵扣进项税额——加计抵减增值税税额　　　　39

　　销售费用　　　　　　　　　　　　　　　　　　　　　　2 961

　　贷：其他应收款（假设充值汽油卡时列入其他应收款）　　　3 390

③ 预付费的 ETC 付费且实际已发生的经营业收费公路的通行费，可以抵扣进项税额：

借：应交税费——应交增值税（进项税额）　　　　　　　　　　　 30

　　应交税费——待抵扣进项税额——加计抵减增值税税额　　　　 3

　　销售费用　　　　　　　　　　　　　　　　　　　　　　　997

　　贷：其他应收款　　　　　　　　　　　　　　　　　　　1 030

④ 后付费的宽带费：

借：应交税费——应交增值税（进项税额）　　　　　　　　　　　 30

　　应交税费——待抵扣进项税额——加计抵减增值税税额　　　　 3

　　管理费用　　　　　　　　　　　　　　　　　　　　　　　497

　　贷：银行存款　　　　　　　　　　　　　　　　　　　　　530

⑤ 实现租赁收入（假设会计确认时间与增值税纳税义务发生时间一致）时：

借：应收账款　　　　　　　　　　　　　　　　　　　　1 130 000

　　贷：主营业务收入　　　　　　　　　　　　　　　　1 000 000

　　　　应交税费——应交增值税（销项税额）　　　　　　130 000

月末，计算未缴增值税。$130\,000-(260\,000+390+30+30)=-130\,450<0$，即应纳税额为零，留抵税额为 130 450 元。计算加计抵减额，$26\,000+39+3+3=26\,045$（元）。由于 4 月份的应纳税额为零，加计抵减额全部结转 5 月份抵减。

（2）5 月份会计分录。

① 购进办公用空调一台：

借：应交税费——应交增值税（进项税额）　　　　　　　　　　　520

　　应交税费——待抵扣进项税额——加计抵减增值税税额　　　　52

　　固定资产　　　　　　　　　　　　　　　　　　　　　　3 948

　　贷：应付账款　　　　　　　　　　　　　　　　　　　　4 520

② 消耗的汽油：

借：应交税费——应交增值税（进项税额）　　　　　　　　　　　403

　　应交税费——待抵扣进项税额——加计抵减增值税税额　　　40.3

　　销售费用　　　　　　　　　　　　　　　　　　　　　3 059.7

　　贷：其他应收款　　　　　　　　　　　　　　　　　　　3 503

③ 预付费的 ETC 付费且实际已发生的经营业收费公路的通行费：

借：应交税费——应交增值税（进项税额）　　　　　　　　　　　 36

　　应交税费——待抵扣进项税额——加计抵减增值税税额　　　　3.6

　　销售费用　　　　　　　　　　　　　　　　　　　　　1 196.4

　　贷：其他应收款　　　　　　　　　　　　　　　　　　　1 236

④ 后付费的宽带费：

借：应交税费——应交增值税（进项税额）　　　　　　　　　　　42

　　应交税费——待抵扣进项税额——加计抵减增值税税额　　　4.2

　　管理费用　　　　　　　　　　　　　　　　　　　　　　695.8

　　贷：银行存款　　　　　　　　　　　　　　　　　　　　　　　742

⑤ 实现租赁收入（假设会计确认时间与增值税纳税义务发生时间一致）时：

借：应收账款　　　　　　　　　　　　　　　　　　　1 243 000

　　贷：主营业务收入　　　　　　　　　　　　　　　　　1 100 000

　　　　应交税费——应交增值税（销项税额）　　　　　　143 000

月末计算加计抵减额，26 045（4月份余下的加计抵减额）＋52＋40.3＋3.6＋4.2＝26 145.1（元）。计算未缴增值税，143 000－（520＋403＋36＋42）－130 450（4月份留抵税额）＝11 549（元）＞0，但＜26 145.1（元）。未缴增值税为11 549元，需抵减加计抵减额为11 549元，抵减后的未缴增值税余额为零，未抵减完的当期可抵减加计抵减额26 145.1－11 549＝14 596.1（元），结转6月份继续抵减。

借：应交税费——应交增值税（转出未交增值税）　　　　11 549

　　贷：应交税费——未交增值税　　　　　　　　　　　　11 549

借：应交税费——未交增值税　　　　　　　　　　　　　11 549

　　贷：应交税费——待抵扣进项税额——加计抵减增值税税额　11 549

同时，按实际抵扣额：

借：其他应付款——待实现抵扣进项税额　　　　　　　　11 549

　　贷：其他收益——加计抵减税额　　　　　　　　　　　11 549

（3）6月份会计分录。

① 取得汽油费专用发票：

借：应交税费——应交增值税（进项税额）　　　　　　　　377

　　应交税费——待抵扣进项税额——加计抵减增值税税额　　37.7

　　销售费用　　　　　　　　　　　　　　　　　　　　2 862.3

　　贷：其他应收款　　　　　　　　　　　　　　　　　　3 277

② 取得3%税率的通行费增值税电子普通发票：

借：应交税费——应交增值税（进项税额）　　　　　　　　33

　　应交税费——待抵扣进项税额——加计抵减增值税税额　　3.3

　　销售费用　　　　　　　　　　　　　　　　　　　　1 096.7

　　贷：其他应收款　　　　　　　　　　　　　　　　　　1 133

③ 取得宽带费专用发票：

借：应交税费——应交增值税（进项税额）　　　　　　　　36

　　应交税费——待抵扣进项税额——加计抵减增值税税额　　3.6

　　管理费用　　　　　　　　　　　　　　　　　　　　　596.4

　　贷：银行存款　　　　　　　　　　　　　　　　　　　　636

④ 在5月份购买的办公用空调于6月份移到公司食堂使用：

5月份购买并在办公室使用，6月份要计提折旧；6月份移到食堂使用，从7月份开始计提的折旧列入福利费。假定不考虑净残值,分三年以直线法计提折旧。空调的不含税金额为 4 000 元,扣除加计抵减增值税后的余额为 3 948 元,空调在办公室使用了相当于 1 个月,需要计提 1 个月的折旧。不得抵扣进项税额＝(4 000－4 000÷36×1)×13％＝505.56(元),不得加计抵减增值税税额＝505.56×10％＝50.56(元)。

借:固定资产 556.12

　贷:应交税费——应交增值税(进项税额转出) 505.56

　　应交税费——待抵扣进项税额——加计抵减增值税税额 50.56

账面上 6 月份的空调净值为 3 948－3 948÷36×1＋556.12＝4 394.45(元),7 月份计提折旧时以此金额作为固定资产原值在剩下的预计使用年限内计提折旧计入福利费。

⑤ 实现租赁收入(假设会计确认时间与增值税纳税义务发生时间一致)时:

借:应收账款 904 000

　贷:主营业务收入 800 000

　　应交税费——应交增值税(销项税额) 104 000

月末,计算可抵减的加计抵减增值税税额,14 596.1(5 月未抵减完的加计抵减增值税税额)＋37.70＋3.30＋3.60－50.56＝14 590.14(元);计算未缴增值税,104 000－(377＋33＋36－505.56)＝104 059.56＞0 且＞14 590.14。

借:应交税费——应交增值税(转出未缴增值税) 104 059.56

　贷:应交税费——未交增值税 104 059.56

借:应交税费——未交增值税 14 590.14

　贷:应交税费——待抵扣进项税额——加计抵减增值税税额 14 590.14

同时,按实际抵扣额:

借:其他应付款——待实现抵扣进项税额 14 590.14

　贷:其他收益——加计抵减税额 14 590.14

并根据实际应缴纳的增值税＝104 059.56－14 590.14＝89 469.42(元)来计算城市维护建设税和教育费附加。

12. 交纳增值税

(1) 交纳当月应交增值税的账务处理。小企业交纳当月应交的增值税,借记"应交税费——应交增值税(已交税金)"科目(小规模纳税人应借记"应交税费——应交增值税"科目),贷记"银行存款"科目。

(2) 交纳以前期间未交增值税的账务处理。小企业交纳以前期间未交的增值税,借记"应交税费——未交增值税"科目,贷记"银行存款"科目。

(3) 预缴增值税的账务处理。小企业预缴增值税时,借记"应交税费——预交增值税"科目,贷记"银行存款"科目。月末,企业应将"预交增值税"明细科目余额转入"未交增值税"明细科目,借记"应交税费——未交增值税"科目,贷记"应交税费——预交增值税"科目。房地产开发小企业等在预缴增值税后,应直至纳税义务发生时方可从"应交税费——预交增值税"科目结转至"应交税费——未交增值税"科目。

(4) 减免增值税的账务处理。对于小企业当期直接减免的增值税,借记"应交税金——应交增值税(减免税款)"科目,贷记损益类相关科目。

从 2019 年 4 月 1 日起,小企业可以在增值税纳税申报期内,向主管税务机关申请退

涉税法规链接及提示

还留抵税额(指与 2019 年 3 月底相比新增加的期末留抵税额)。当期允许退还的增量留抵税额,按照以下公式计算:允许退还的增量留抵税额＝增量留抵税额×进项构成比例×60％　进项构成比例,为 2019 年 4 月至申请退税前一税款所属期内已抵扣的增值税专用发票(含税控机动车销售统一发票)、海关进口增值税专用缴款书、解缴税款完税凭证注明的增值税税额占同期全部已抵扣进项税额的比重。同时符合以下条件的小企业,可以向主管税务机关申请退还增量留抵税额:①自 2019 年 4 月税款所属期起,连续六个月(按季纳税的,连续两个季度)增量留抵税额均大于零,且第六个月增量留抵税额不低于 50 万元;②纳税信用等级为 A 级或者 B 级;③申请退税前 36 个月未发生骗取留抵退税、出口退税或虚开增值税专用发票情形的;④申请退税前 36 个月未因偷税被税务机关处罚两次及以上的;⑤自 2019 年 4 月 1 日起未享受即征即退、先征后返(退)政策的。

小企业收到增量留抵税额时借记"银行存款"科目,贷记"应交税费——应交增值税(进项税额)""应交税费——未交增值税"科目。

13. 增值税税控系统专用设备和技术维护费用抵减增值税税额的处理

按现行增值税制度规定,小企业初次购买增值税税控系统专用设备支付的费用以及缴纳的技术维护费允许在增值税应纳税额中全额抵减的,按规定抵减的增值税应纳税额,借记"应交税费——应交增值税(减免税款)"科目(小规模纳税人应借记"应交税费——应交增值税"科目),贷记"管理费用"等科目。

14. 小微企业免征增值税的处理

小微企业在取得销售收入时,应当按照税法的规定计算应交增值税,并确认为应交税费,在达到增值税制度规定的免征增值税条件时,将有关应交增值税转入当期损益(主营业务收入、其他业务收入等)。

(七) 小规模纳税人增值税的核算

小规模纳税人应当按照不含税销售额和规定的增值税征收率计算交纳增值税,销售货物或提供应税劳务时通常开具普通发票,符合条件的小规模纳税人可以自行或按照有关规定向税务机关申请代开增值税专用发票。小规模纳税人不享有进项税额的抵扣权,其购买物资、服务、无形资产或不动产支付的增值税直接计入相关成本费用或资产。因此,小规模纳税企业只需在"应交税费"科目下设置"应交增值税"明细科目,不需要在"应交增值税"明细科目中设置专栏及除"转让金融商品应交增值税""代扣代交增值税"外的明细科目,"应交税费——应交增值税"科目贷方登记应交纳的增值税,借方登记已交纳的增值税;期末贷方余额为尚未交纳的增值税,借方余额为多交纳的增值税。

小规模纳税人购买物资、服务、无形资产或不动产,取得增值税专用发票上注明的增值税应计入相关成本费用或资产,不通过"应交税费——应交增值税"核算。借记"材料采购""在途物资"等科目,贷记"银行存款"等科目。

【例 8-26】　某小规模纳税企业购入材料一批,取得的专用发票中注明货款 20 000元,增值税税额 2 600 元,款项以银行存款支付,材料已验收入库(该企业按实际成本计价核算)。该企业的有关会计分录如下:

借:原材料　　　　　　　　　　　　　　　　　　　　22 600
　　贷:银行存款　　　　　　　　　　　　　　　　　　　　22 600

本例中,小规模纳税企业购进材料时支付的增值税 2 600 元,直接计入有关材料的成本。

【例 8-27】　某小规模纳税企业销售产品一批,自行开具的增值税专用发票中注明的货款为 10 000 元,增值税为 300 元,款项已存入银行。该企业的有关会计分录如下:

借:银行存款　　　　　　　　　　　　　　　　　　　10 300
　　贷:主营业务收入　　　　　　　　　　　　　　　　10 000
　　　　应交税费——应交增值税　　　　　　　　　　　　300

涉税法规链
接及提示

二、应交消费税

(一)消费税概述

消费税是对我国境内从事生产、委托加工和进口应税消费品的单位和个人就其销售额或销售数量,在特定环节征收的一种税。

消费税与增值税相比,两者征税的范围不同:消费税征税范围是 15 种应税消费品,而增值税是所有的有形动产和应税劳务;征税环节不同:消费税征税环节是一次性的(单一的),增值税在货物每一个流转环节都要交纳;计税方法不同:消费税是从价征收、从量征收和从价从量征收,选择某一种方法时是根据应税消费品选择计税的方法,增值税是根据纳税人选择计税的方法。

1. 纳税义务人

在中华人民共和国境内生产、委托加工和进口条例规定的消费品的单位和个人,以及国务院确定的销售应税消费品的其他单位和个人,为消费税的纳税义务人。

2. 税目与税率

(1) 税目:烟、酒、高档化妆品、贵重首饰及珠宝玉石、鞭炮及焰火、成品油、小汽车、摩托车、高尔夫球及球具、高档手表、游艇、木制一次性筷子、实木地板、电池、涂料等共 15 个税目。

(2) 税率:有比例税率、定额税率。①比例税率:15 档(1%—56%);②定额税率:只适用于啤酒、黄酒、成品油;③定额税率和比例税率相结合:只适用于卷烟、白酒。

纳税人兼营不同税率的应税消费品(即生产销售两种税率以上的应税消费品时)应当分别核算不同税率应税消费品的销售额或销售数量,未分别核算的,按最高税率征税;

纳税人将应税消费品与非应税消费品以及适用税率不同的应税消费品组成成套消费品销售的,应根据成套消费品的销售金额按应税消费品中适用最高税率的消费品税率征税。

3. 计税依据

消费税有从价定率和从量定额两种征收方法。

(1) 销售额的确定。应税消费品的销售额包括销售应税消费品从购买方收取的全部价款和价外费用。"销售额"不包括向购买方收取的增值税税额。一般情形下,计算消费税的销售额与计算增值税的销售额是一致的。

(2) 销售数量的确定。①销售应税消费品的,为应税消费品的销售数量;②自产自用应税消费品的,为应税消费品的移送使用数量;③委托加工应税消费品的,为纳税人收回的应税消费品数量;④进口的应税消费品,为海关核定的应税消费品进口征税数量。

涉税法规链接及提示

4.应纳税额的计算

(1)从价定率计税。

$$应纳税额＝销售额(含消费税、不含增值税)×比例税率$$

一般情形下,计算消费税的销售额与计算增值税的销售额是一致的。计算消费税的销售额时,通常需要将含税的销售额换算成不含税的销售额,应税消费品的销售额＝含增值税的销售额÷(1＋增值税税率或征收率),然后乘以适用税率,即为计算应纳消费税税额。

(2)从量定额计税(啤酒、黄酒、成品油)。

$$应纳税额＝销售数量×单位税额$$

(3)复合计税(白酒、卷烟)。

$$应纳税额＝销售额×比例税率＋销售数量×单位税额$$

(二)销售应税消费品的处理

小企业应在"应交税费"科目下设置"应交消费税"明细科目,核算应交消费税的发生、交纳情况。该科目贷方登记应交纳的消费税,借方登记已交纳的消费税,期末贷方余额为尚未交纳的消费税。

销售需要交纳消费税的物资应交的消费税,借记"税金及附加"等科目,贷记"应交税费——应交消费税"科目。以生产的产品用于在建工程、非生产机构等,按照税法规定应交纳的消费税,借记"在建工程""管理费用"等科目,贷记"应交税费——应交消费税"科目。随同商品出售但单独计价的包装物,按照税法规定应交纳的消费税,借记"税金及附加"科目,贷记"应交税费——应交消费税"科目。出租、出借包装物逾期未收回没收的押金应交的消费税,借记"税金及附加"科目,贷记"应交税费——应交消费税"科目。

【例8-28】　甲小企业销售气缸容量为300毫升的摩托车10辆,消费税税率为10%,增值税税率为13%,每辆价格5 000元(不含税),货款已收到存入银行。甲小企业相关会计分录如下:

$$计算应纳消费税＝5 000×10×10\%＝5 000(元)$$

$$计算销项税额＝5 000×10×13\%＝6 500(元)$$

借:银行存款　　　　　　　　　　　　　　　　　　　56 500
　　贷:主营业务收入　　　　　　　　　　　　　　　　　50 000
　　　　应交税费——应交增值税(销项税额)　　　　　　6 500
借:税金及附加　　　　　　　　　　　　　　　　　　　5 000
　　贷:应交税费——应交消费税　　　　　　　　　　　　5 000

【例8-29】　乙小企业在建工程领用自产柴油50 000元,应交纳消费税税额6 000元,该企业的有关会计分录如下:

借:在建工程	56 000
贷:库存商品	50 000
应交税费——应交消费税	6 000

【例 8-30】 甲小企业对职工食堂提供补贴,领用自产应税消费品一批,账面价值 20 000 元,市场价格 30 000 元(不含增值税),适用的消费税税率为 10%,增值税税率为 13%。甲小企业的有关会计分录如下:

借:应付职工薪酬——非货币性福利	26 900
贷:库存商品	20 000
应交税费——应交增值税(销项税额)	3 900
——应交消费税	3 000

同时:

借:管理费用	26 900
贷:应付职工薪酬——非货币性福利	26 900

涉税法规链
接及提示

(三)委托加工应税消费品的处理

委托加工应税消费品是指委托方提供原料和主要材料,受托方只收取加工费和代垫部分辅助材料加工的应税消费品。如果出现下列情形,无论纳税人在会计上如何处理,都不得作为委托加工应税消费品,而应按销售自制应税消费品缴纳消费税:受托方提供原材料生产的应税消费品;受托方先将原材料卖给委托方,然后再接受加工的应税消费品;受托方以委托方名义购进原材料生产的应税消费品。

1. 代收代缴税款

受托方加工完毕向委托方交货时代收代缴消费税。如果受托方是个体经营者,委托方须在收回加工应税消费品后向所在地主管税务机关缴纳消费税。

对委托方补征税款的计税依据是:如果收回的应税消费品直接销售,按销售额计税补征;如果收回的应税消费品尚未销售或用于连续生产等,按组成计税价格计税补征。

委托加工的应税消费品,受托方在交货时已代收代缴消费税,委托方收回后直接按原价销售的,不再征收消费税。

2. 委托加工应税消费品组成计税价格的计算

受托方代收代缴消费税时,应按受托方同类消费品的售价计算纳税;没有同类价格的,按照组成计税价格计算纳税。

$$组成计税价格=(材料成本+加工费)÷(1-消费税税率)$$

或:组成计税价格=(材料成本+加工费+从量消费税)÷(1-消费税税率)

需要注意的是,免税农产品的成本要剔除抵扣的进项税额(即成本是买价的 91%);加工费不含增值税但包含辅料的成本(也不含增值税)。

3. 账务处理

需要交纳消费税的委托加工物资,由受托方代收代缴税款(除受托加工或翻新改制金银首饰按照税法规定由受托方交纳消费税外)。小企业(受托方)按照应交税款金额,借记"应收账款""银行存款"等科目,贷记"应交税费——应交消费税"科目。

涉税法规链
接及提示

委托加工物资收回后,直接用于销售的,小企业(委托方)应将代收代缴的消费税计入委托加工物资的成本,借记"库存商品"等科目,贷记"应付账款""银行存款"等科目;委托加工物资收回后用于连续生产,按照税法规定准予抵扣的,按照代收代缴的消费税,借记"应交税费——应交消费税"科目,贷记"应付账款""银行存款"等科目。

（四）进口环节的消费税

进口的应税消费品,于报关进口时缴纳消费税。消费税纳税义务发生时间为报关进口的当天,应税消费品的数量为海关核定的应税消费品进口征税数量,按照组成计税价格计算纳税。

实行从价定率办法计算纳税的组成计税价格计算公式:

$$组成计税价格＝（关税完税价格＋关税）÷（1－消费税比例税率）$$

实行复合计税办法计算纳税的组成计税价格计算公式:

$$组成计税价格＝（关税完税价格＋关税＋进口数量×消费税定额税率）$$
$$÷（1－消费税比例税率）$$

涉税法规链
接及提示

需要交纳消费税的进口物资,其交纳的消费税应计入该项物资的成本,借记"材料采购"或"在途物资""库存商品""固定资产"等科目,贷记"银行存款"等科目。

小企业(生产性)直接出口或通过外贸企业出口的物资,按照税法规定直接予以免征消费税的,可不计算应交消费税。

（五）消费税的交纳

小企业交纳的消费税,借记"应交税费——应交消费税"科目,贷记"银行存款"科目。

三、应交城市维护建设税与教育费附加

（一）概述

城市维护建设税是对从事工商经营,缴纳消费税、增值税的单位和个人征收的一种税。教育费附加是对缴纳增值税、消费税的单位和个人,就其实际缴纳的税额为计算依据征收的一种附加费。

1. 征税范围

城市维护建设税的征税范围包括城市、县城、建制镇,以及税法规定征收消费税、增值税的其他地区。教育费附加的计征范围同城市维护建设税。

涉税法规链
接及提示

2. 税率及计征比率

城市维护建设税实行地区差别比例税率,共分三档:纳税人所在地在市区7％;纳税人所在地在县城、镇5％;纳税人所在地不在市、县、城、镇1％。教育费附加计征的比率为3％。

3. 计税依据

城市维护建设税和教育费附加的计税依据是纳税人实际缴纳的消费税、增值税税额。

值得说明的是,如果小企业"消费税、增值税"补、罚,城市维护建设税和教育费附加也要补、罚,但"消费税、增值税"的滞纳金和罚款,不作为城市维护建设税和教育费附加的计税依据;"消费税、增值税"减免,城市维护建设税和教育费附加也减免。对增值税、消费税实行先征后返、先征后退、即征即退办法的,除另有规定外,对随"增值税、消费税"征收的城建税和教育费附加一律不予退(返)还。海关对进口产品代征增值税、消费税的,不征收城市维护建设税和教育费附加。出口产品退还消费税、增值税的,不退还已缴纳的城市维护建设税和教育费附加。

(二)城市维护建设税与教育费附加的核算

小企业应在"应交税费"科目下设置"应交城市维护建设税"和"应交教育费附加"明细科目,核算应交城市维护建设税和教育费附加的发生、交纳情况。该科目贷方登记应交纳的城市维护建设税和教育费附加,借方登记已交纳的城市维护建设税和应交教育费附加,期末贷方余额为尚未交纳的城市维护建设税和教育费附加。

小企业按照税法规定应交的城市维护建设税、教育费附加,借记"税金及附加"科目,贷记"应交税费——应交城市维护建设税""应交税费——应交教育费附加"科目。

交纳的城市维护建设税和教育费附加,借记"应交税费——应交城市维护建设税""应交税费——应交教育费附加"科目,贷记"银行存款"科目。

【例 8-31】 甲小企业本期实际应上交增值税 20 000 元,消费税 24 000 元。该企业适用的城市维护建设税税率为 7%,教育费附加计征率 3%。该企业的有关会计分录如下:

(1)计算应交的城市维护建设税和教育费附加:

借:税金及附加		4 400
贷:应交税费——应交城市维护建设税		3 080
——应交教育费附加		1 320

(2)用银行存款上交城市维护建设税和教育费附加时:

借:应交税费——应交城市维护建设税		3 080
——应交教育费附加		1 320
贷:银行存款		4 400

四、应交资源税

(一)资源税概述

资源税是以部分自然资源为课税对象,对在我国境内开采应税矿产品及生产盐的单位和个人,就其应税产品销售额或销售数量为计税依据而征收的一种税。目前河北省试点开征水资源税,将地表水和地下水纳入资源税征税范围,未来我国会逐步将森林、草场、滩涂等其他自然资源纳入资源税征收范围。

1. 纳税环节和纳税地点

资源税在应税产品的销售或自用环节计算缴纳。以自采原矿加工精矿产品的,在原矿移送使用时不缴纳资源税,在精矿销售或自用时缴纳资源税。纳税人以自采原矿加工金锭的,在金锭销售或自用时缴纳资源税。纳税人销售自采原矿或者自采原矿加工的金精矿、粗金,在原矿或者金精矿、粗金销售时缴纳资源税,在移送使用时不缴纳资源税。以应税产品投资、分配、抵债、赠与、以物易物等,视同销售,并依照有关规定计算缴纳资源税。纳税人应当向矿产品的开采地或盐的生产地缴纳资源税。

2. 税目与税率

(1)原油,销售额的 5%;(2)天然气,销售额的 5%;(3)煤炭:焦煤,每吨 8 元;其他煤炭,每吨 2.5—4 元;(4)金属矿(铁矿,销售额的 1%—6%;金矿,销售额的 1%—4%;铝土矿,销售额的 3%—9%;铜矿,销售额的 2%—8%;铅锌矿、镍矿、锡矿销售额的 2%—6%,未列举名称的其他金属矿产品税率幅度不超过销售额的 20%);(5)非金属矿(石墨,销售额的 3%—10%;硅藻土、高岭土、萤石、石灰石、硫铁矿、井矿盐、湖盐销售额的 1%—6%;磷矿、氯化钾销售额的 3%—8%;硫酸钾销售额的 6%—12%;提取地下卤水晒制的盐销售额的 1%—2%,黏土、砂石每吨或立方米 0.1 元—5 元,未列举名称的其他非金属矿产品,从量税率每吨或立方米不超过 30 元,从价税率不超过销售额的 20%);(6)海盐,销售额的 1%—5%。

涉税法规链接及提示

3. 应纳税额的计算

(1) 实行从价定率征收的,应根据应税销售额和规定的适用税率计算应纳税额,具体计算公式为:

$$资源税应纳税额＝销售额×适用税率$$

销售额是指纳税人销售应税产品向购买方收取的全部价款和价外费用,不包括增值税销项税额和运杂费用。

(2) 实行从量定额征收的,应根据应税产品的课税数量和规定的单位税额计算应纳税额,具体计算公式为:

$$资源税应纳税额＝课税数量×适用的单位税额$$

课税数量的确定分以下几种情况:

各种应税产品,凡直接对外销售的,均以实际销售数量为课税数量。凡自产自用的,均以自用数量为课税数量。纳税人不能准确提供应税产品销售或移送使用数量的,以应税矿产品的产量或主管税务机关确定的折算比换算成的数量为课税数量。

(二) 资源税的核算

小企业应在"应交税费"科目下设置"应交资源税"明细科目,核算应交资源税的发生、交纳情况。该科目贷方登记应交纳的资源税,借方登记已交纳的资源税,期末贷方余额为尚未交纳的资源税。

小企业销售商品按照税法规定应交纳的资源税,借记"税金及附加"科目,贷记"应交税费——应交资源税"科目。

自产自用的物资应交纳的资源税,借记"生产成本"科目,贷记"应交税费——应交资源税"科目。

交纳的资源税,借记"应交税费——应交资源税"科目,贷记"银行存款"科目。

【例 8-32】 甲小企业对外销售某种资源税应税矿产品 100 吨,销售额 100 000 元,另将自产的资源税应税矿产品 30 吨,市价 30 000 元,用于企业的产品生产,该应税矿产品资源税税率为 1%。该企业的有关会计分录如下:

借:税金及附加　　　　　　　　　　　　　　　　　　1 000
　　生产成本　　　　　　　　　　　　　　　　　　　　300
　　贷:应交税费——应交资源税　　　　　　　　　　　　1 300

【例 8-33】 丙小企业某月销售砂石 1 000 吨,按照《资源税税目税率表》的规定,砂石适用的单位税额为 2 元/吨。丙小企业会计分录如下:

借:税金及附加　　　　　　　　　　　　　　　　　　2 000
　　贷:应交税费——应交资源税　　　　　　　　　　　　2 000

五、应交土地增值税

(一) 土地增值税概述

土地增值税是对有偿转让国有土地使用权及地上建筑物和其他附着物产权并取得增值性收入的单位和个人所征收的一种税。

1. 征税范围

土地增值税的课税对象是有偿转让国有土地使用权及地上建筑物和其他附着物产权所取得的增值额。①土地增值税只对转让国有土地使用权的行为课税,转让非国有土地和出让国有土地的行为均不征税。②土地增值税既对转让土地使用权课税,也对转让地上建筑物和其他附着物的产权征税。是对国有土地使用权及其地上的建筑物和附着物的转让行为征税。③土地增值税只对有偿转让的房地产征税,对以继承、赠与等方式无偿转让的房地产,则不予征税。

2. 纳税人

《土地增值税暂行条例》规定,土地增值税的纳税人是转让国有土地使用权及地上的一切建筑物和其他附着物产权,并取得收入的单位和个人。包括机关、团体、部队、企业事业单位、个体工商业户及国内其他单位和个人,还包括外商投资企业、外国企业及外国机构、华侨、港澳台同胞及外国公民等。

3. 税率

土地增值税实行四级超率累进税率。土地增值税四级超率累进税率如表 8-2 所示。

表 8-2 土地增值税四级超率累进税率表

级　数	增值额与扣除项目金额的比率	税率/%	速算扣除系数/%
1	不超过 50% 的部分	30	0
2	超过 50%—100% 的部分	40	5
3	超过 100%—200% 的部分	50	15
4	超过 200% 的部分	60	35

（二）转让房地产土地增值额

土地增值税的计税依据是纳税人转让房地产所取得的增值额。

$$土地增值额＝转让房地产收入－税法规定的扣除项目金额$$

1. 收入额的确定

纳税人转让房地产所取得的收入,是指包括货币收入、实物收入和其他收入在内的全部价款及有关的经济利益,不允许从中减除任何成本费用。

2. 扣除项目及其金额

（1）新项目转让。

①取得土地使用权所支付的金额。②开发土地和新建房及配套设施的成本(简称房地产开发成本)。③开发土地和新建房及配套设施的费用(简称房地产开发费用)。④与转让房地产有关的税金。指在转让房地产时缴纳的增值税、印花税、城市维护建设税,教育费附加可视同税金扣除。⑤财政部确定的其他扣除项目。

（2）旧房及建筑物。

① 房屋及建筑物的评估价格。评估价格＝重置成本价格×成新度折扣率

评估仅仅针对房地产,不评估土地。单纯的土地转让,计算土地增值税时,一般不需要评估价格。

② 取得土地使用权所支付的地价款和按国家统一规定缴纳的有关费用。

③ 转让环节缴纳的税金。

（3）转让未进行项目开发的土地使用权。

① 取得土地使用权所支付的地价款和按国家统一规定缴纳的有关费用。

② 转让环节缴纳的税金。

涉税法规链
接及提示

3. 评估价格办法及有关规定

所谓评估价格,指由政府批准设立的房地产评估机构根据相同地段、同类房地产进行综合评定的价格。这种评估价格亦须经当地税务机关确认。纳税人有下列情况之一的,需要对房地产进行评估,并以评估价格确定转让房地产收入,扣除项目的金额:①出售旧房及建筑物的;②隐瞒、虚报房地产成交价格的;③提供扣除项目金额不实的;④转让房地产的成交价格低于房地产评估价格,又无正当理由的。

（三）应纳税额的计算

1. 转让土地使用权和出售新建房及配套设施应纳税额的计算

计算步骤:①确定扣除项目;②计算增值额(增值额＝收入额－扣除项目金额);③计算增值率(增值率＝增值额÷扣除项目金额×100％);④确定适用税率;⑤依据适用税率计算应纳税额(应纳税额＝增值额×适用税率－扣除项目金额×速算扣除系数)。

2. 出售旧房应纳税额的计算

计算步骤:同新建项目转让。

$$应纳税额＝增值额×适用税率－扣除项目金额×速算扣除系数$$

3. 特殊售房方式应纳税额的计算

纳税人成片受让土地使用权后,分期分批开发、转让房地产的,对允许扣除项目的金额可按转让土地使用权的面积占总面积的比例计算分摊。若按此办法难以计算或明显不合理,也可按建筑面积或税务机关确认的其他方式计算分摊。

(四)减免税优惠

(1)建造普通标准住宅出售,其增值率未超过 20% 的,予以免税。增值率超过 20% 的,应就其全部增值额按规定计税。

(2)因国家建设需要而被政府征用、收回的房地产,免税。

(3)居民个人销售住房一律免征收土地增值税。

(4)廉租住房、经济适用住房的免税政策。企事业单位、社会团体以及其他组织转让旧房作为廉租住房、经济适用住房房源且增值额未超过扣除项目金额 20% 的,免征土地增值税。

(五)土地增值税的核算

小企业应在"应交税费"科目下设置"应交土地增值税"明细科目,核算应交土地增值税的发生、交纳情况。该科目贷方登记应交纳的土地增值税,借方登记已交纳的土地增值税,期末贷方余额为尚未交纳的土地增值税。

小企业转让土地使用权应交纳的土地增值税,土地使用权与地上建筑物及其附着物一并在"固定资产"科目核算的,借记"固定资产清理"科目,贷记"应交税费——应交土地增值税"科目。

土地使用权在"无形资产"科目核算的,按照实际收到的金额,借记"银行存款"科目,按照应交纳的土地增值税,贷记"应交税费——应交土地增值税"科目,按照已计提的累计摊销,借记"累计摊销"科目,按照其成本,贷记"无形资产"科目,按照其差额,贷记"营业外收入——非流动资产处置净收益"科目或借记"营业外支出——非流动资产处置净损失"科目。

小企业(房地产开发经营)销售房地产应交纳的土地增值税,借记"税金及附加"科目,贷记"应交税费——应交土地增值税"科目。

交纳的土地增值税,借记"应交税费——应交土地增值税"科目,贷记"银行存款"科目。

【例 8-34】　某小企业对外转让一栋厂房,根据税法规定计算的应交土地增值税税额为 21 000 元。有关会计分录如下:

(1)计算应交纳的土地增值税:

借:固定资产清理　　　　　　　　　　　　　　　　　　　21 000
　　贷:应交税费——应交土地增值税　　　　　　　　　　　　　21 000

(2)用银行存款交纳应交土地增值税税款:

借:应交税费——应交土地增值税　　　　　　　　　　　　21 000
　　贷:银行存款　　　　　　　　　　　　　　　　　　　　　21 000

六、应交企业所得税

企业所得税是指对中华人民共和国境内的企业和其他取得收入的组织,就其生产经营所得、其他所得和清算所得征收的一种税。

(一) 企业所得税概述

1. 纳税义务人与征税对象

(1) 在中华人民共和国境内的居民企业和非居民企业、其他取得收入的组织。依照外国法律成立且实际管理机构不在中国境内,但在中国境内设立机构、场所的,或者在中国境内未设立机构、场所,但有来源于中国境内所得的企业。上述所称机构、场所是指在中国境内从事生产经营活动的机构、场所,包括:管理机构、营业机构、办事机构;工厂、农场、开采自然资源的场所;提供劳务的场所;从事建筑、安装、装配、修理、勘探等工程作业的场所;其他从事生产经营活动的机构、场所。个人独资企业和合伙企业缴纳个人所得税,不是企业所得税的纳税人。

(2) 居民企业的征税对象为来源于中国境内、境外的全部所得,非居民企业的征税对象为来源于中国境内的所得。

(3) 所得来源的确定。①销售货物所得,按照交易活动发生地确定。②提供劳务所得,按照劳务发生地确定。③转让财产所得:不动产转让所得按照不动产所在地确定;动产转让所得按照转让动产的企业或者机构、场所所在地确定;权益性投资资产转让所得按照被投资企业所在地确定。④股息、红利等权益性投资所得,按照分配所得的企业所在地确定。⑤利息所得、租金所得、特许权使用费所得,按照负担、支付所得的企业或者机构、场所所在地确定,或者按照负担、支付所得的个人的住所地确定。⑥其他所得,由国务院财政、税务主管部门确定。

2. 税率

企业所得税税率为25%。符合条件的小型微利企业减按20%,国家重点扶持的高新技术企业减按15%征税。

(二) 应纳税所得额的计算

企业所得税应纳税所得额可以采用直接法计算,公式为:

$$应纳税所得额 = 收入总额 - 不征税收入 - 免税收入 - 各项扣除项目 - 允许弥补的以前年度亏损$$

也可以采用间接法计算,公式为:

$$应纳税所得额 = 会计利润 + 纳税调整增加额 - 纳税调整减少额$$

(三) 收入总额

《企业所得税法》与《小企业会计准则》两者界定"收入总额"的标准不同,前者内容更为广泛。《企业所得税法》的收入总额包括从各种来源取得的收入,既包括会计核算上的营业收入(主营业务收入和其他业务收入)、营业外收入、投资收益,也包括会计核算上未作收入处理的视同销售收入。《小企业会计准则》只规范从日常生产经营活动中取得的销售商品收入和提供劳务收入。《企业所得税法》有不征税收入和免税收入的概念,而《小企业会计准则》没有。尽管税法与会计二者在收入的内容有差异,但从对应纳税所得额的影响上看一般不影响应纳税所得额(因为都会构成利润总额),不用作纳税调整。除非属于所得税法中的不征税收入和免税收入,此时需作纳税调减处理。

企业所得税法中的收入总额主要包括销售货物收入,提供劳务收入,转让财产收入,股息、红利等权益性投资收益,利息收入,租金收入,特许权使用费收入,接受捐赠收入,其他收入等。

1. 销售货物收入

税法上的销售货物收入在会计上称为销售商品收入。《小企业会计准则》规定,小企业应当在发出商品且收到货款或取得收款权利时,确认销售商品收入。不同结算方式下《小企业会计准则》与《企业所得税法》对销售商品收入确认实现的时间基本一致,但企业所得税法规定纳税义务发生时间较注重销售额实现的法律标准,对于预收货款方式销售、支付手续费方式委托代销几种方式纳税义务发生时间与《小企业会计准则》可能不一致。

涉税法规链接及提示

2. 劳务收入

小企业提供劳务的收入,是指小企业从事建筑安装、修理修配、交通运输、仓储租赁、邮电通信、咨询经纪、文化体育、科学研究、技术服务、教育培训、餐饮住宿、中介代理、卫生保健、社区服务、旅游、娱乐、加工以及其他劳务服务活动取得的收入。

同一会计年度内开始并完成的劳务,应当在提供劳务交易完成且收到款项或取得收款权利时,确认提供劳务收入。提供劳务收入的金额为从接受劳务方已收或应收的合同或协议价款。

劳务的开始和完成分属不同会计年度的,应当按照完工进度确认提供劳务收入。年度资产负债表日,按照提供劳务收入总额乘以完工进度扣除以前会计年度累计已确认提供劳务收入后的金额,确认本年度的提供劳务收入;同时,按照估计的提供劳务成本总额乘以完工进度扣除以前会计年度累计已确认营业成本后的金额,结转本年度营业成本。

涉税法规链接及提示

小企业与其他企业签订的合同或协议包含销售商品和提供劳务时,销售商品部分和提供劳务部分能够区分且能够单独计量的,应当将销售商品的部分作为销售商品处理,将提供劳务的部分作为提供劳务处理。销售商品部分和提供劳务部分不能够区分,或虽能区分但不能够单独计量的,应当作为销售商品处理。

3. 转让财产收入

转让财产收入包括转让固定资产、有价证券、股权以及其他财产而取得的收入。小企业转让股权收入,应于转让协议生效且完成股权变更手续时,确认收入的实现。转让股权收入扣除为取得该股权所发生的成本后,为股权转让所得。企业在计算股权转让所得时,不得扣除被投资企业未分配利润等股东留存收益中按该项股权所可能分配的金额。

4. 股息、红利等权益性投资收益

股息、红利等权益性投资收益包括纳税人对外投资入股分得的股息、红利收入;除国

务院财政、税务主管部门另有规定外,按照被投资方作出利润分配决定的日期确认收入的实现。小企业权益性投资取得股息、红利等收入,应以被投资企业股东会或股东大会作出利润分配或转股决定的日期,确定收入的实现。被投资企业将股权(票)溢价所形成的资本公积转为股本的,不作为投资方企业的股息、红利收入,投资方企业也不得增加该项长期投资的计税基础。

5. 利息收入

利息收入包括存款利息、贷款利息、债券利息、欠款利息等收入,不包括纳税人购买国债的利息收入。

6. 租金收入

租金收入指小企业提供固定资产、包装物或其他有形资产的使用权取得的收入。按照合同约定的承租人应付租金的日期确认收入的实现。如果交易合同或协议中规定租赁期限跨年度,且租金提前一次性支付的,根据《企业所得税法实施条例》第九条规定的收入与费用配比原则,出租人可对上述已确认的收入,在租赁期内,分期均匀计入相关年度收入。

7. 特许权使用费收入

特许权使用费收入指纳税人提供或者转让无形资产的使用权而取得的收入。按照合同约定的特许权使用人应付特许权使用费的日期确认收入的实现。

8. 接受捐赠收入

小企业接受捐赠的货币性、非货币资产均并入当期的应纳税所得。小企业接受捐赠的非货币性资产,按接受捐赠时资产的入账价值确认捐赠收入,并入当期应纳税所得。受赠非货币资产计入应纳税所得额的内容包括:受赠资产价值和由捐赠企业代为支付的增值税,不包括由受赠企业另外支付或应付的相关税费。

9. 其他收入

其他收入包括企业资产溢余收入、逾期未退包装物押金收入、确实无法偿付的应付款项、已作坏账损失处理后又收回的应收款项、债务重组收入、补贴收入、违约金收入、汇兑收益等。

(四)不征税收入和免税收入

1. 不征税收入

企业所得税法中不征税收入指财政拨款收入,依法收取并纳入财政管理的行政事业性收费、政府性基金收入、国务院规定的其他不征税收入。

2. 免税收入

企业所得税法中免税收入包括国债利息收入(指企业持有国务院财政部门发行的国债取得的利息收入);符合条件的居民企业之间的股息、红利等权益性投资收益;在中国境内设立机构、场所的非居民企业从居民企业取得与该机构、场所有实际联系的股息、红利等权益性投资收益;符合条件的非营利组织的收入。

(五)扣除项目

企业所得税法中扣除项目的范围如下:

（1）成本，指生产经营成本。

（2）费用，指销售费用、管理费用、财务费用。

（3）税金，指税金及附加。主要包括已缴纳的消费税、城建税、资源税、土地增值税、房产税、车船税、城镇土地使用税、印花税、出口关税及教育费附加等。小企业缴纳的增值税为价外税，不包含在收入中，应纳税所得额计算时不得扣除。

（4）损失，指小企业在生产经营活动中损失和其他损失。包括：固定资产和存货的盘亏、毁损、报废损失，转让财产损失，呆账损失，坏账损失，自然灾害等不可抗力因素造成的损失以及其他损失。税前可以扣除的损失为净损失。即企业的损失减除责任人赔偿和保险赔款后的余额。小企业已经作为损失处理的资产，在以后纳税年度又全部收回或者部分收回时，应当计入当期收入。

（5）扣除的其他支出，指除成本、费用、税金、损失外，小企业在生产经营活动中发生的与生产经营活动有关的、合理的支出。

（六）亏损弥补

小企业发生年度亏损的，可以用下一纳税年度的所得弥补；下一纳税年度所得不足弥补的，可以逐年延续弥补，但延续弥补期最长不得超过 5 年。小企业在汇总计算缴纳企业所得税时，其境外营业机构的亏损不得抵减境内营业机构的盈利。小企业筹办期间不计算亏损年度，开始生产经营的年度，为开始计算企业损益的年度；筹办期的开办费支出，不得计算为当期亏损，可在开始生产经营之日的当年一次性扣除，也可按长期待摊费用处理，方法一经选定不得改变。

（七）企业所得税的核算

小企业应在"应交税费"科目下设置"应交企业所得税"明细科目，核算应交企业所得税的发生、交纳情况。该科目贷方登记应交纳的企业所得税，借方登记已交纳的企业所得税，期末贷方余额为尚未交纳的企业所得税。

小企业按照税法规定应交的企业所得税，借记"所得税费用"科目，贷记"应交税费——应交企业所得税"科目。

交纳的企业所得税，借记"应交税费——应交企业所得税"科目，贷记"银行存款"科目。

【例 8-35】　甲小企业 2020 年计算的应交企业所得税 5 800 元，假设没有其他递延税事项。相关会计分录如下：

（1）计提应交的企业所得税时：

借：所得税费用　　　　　　　　　　　　　　　　　　5 800

　　贷：应交税费——应交企业所得税　　　　　　　　　　　5 800

（2）上交企业所得税时：

借：应交税费——应交企业所得税　　　　　　　　　　5 800

　　贷：银行存款　　　　　　　　　　　　　　　　　　　　5 800

七、应交城镇土地使用税、房产税、车船税、环境保护税

（一）概述

1.城镇土地使用税

城镇土地使用税是以开征范围的土地为征税对象,以实际占用的土地面积为计税标准,按规定税额对拥有土地使用权的单位和个人征收的一种税。

（1）征税范围。城镇土地使用税的征税范围是城市、县城、建制镇和工矿区。

（2）纳税人。凡在城市、县城、建制镇、工矿区范围内使用土地的单位和个人,为城镇土地使用税的纳税义务人。城镇土地使用税由拥有土地使用权的单位或个人缴纳。土地使用权未确定或权属纠纷未解决的,由实际使用人纳税。土地使用权共有的,由共有各方分别纳税。

（3）适用税额。实行分级幅度税额。每平方米年税额最低（0.6元）与最高（30元）相差50倍,同一地区内最多相差20倍。经济落后地区可以适当降低,但降低额不得超过规定的最低税额的30%。

（4）计税依据。城镇土地使用税以纳税人实际占用的土地面积（平方米）为计税依据。纳税人实际占用的土地面积,以房地产管理部门核发的土地使用证书与确认的土地面积为准;尚未核发土地使用证书的,应由纳税人据实申报土地面积,据以纳税,待核发土地使用证后再作调整。

（5）应纳税额的计算。土地使用权由几方共有的,由共有各方按照各自实际使用的土地面积占总面积的比例,分别计算缴纳城镇土地使用税。

$$应纳税额＝计税土地面积（平方米）×适用税额$$

涉税法规链接及提示

2.房产税

房产税是以房屋为征税对象,按房屋的计税余值或租金收入为计税依据,向房屋产权所有人征收的一种财产税。房产是以房屋形态表现的财产。房屋则是指有屋面和围护结构（有墙或两边有柱）,能够遮风避雨,可供人们在其中生产、工作、学习、娱乐、居住或储藏物资的场所。独立于房屋之外的建筑物,如围墙、烟囱、水塔、变电塔、油池油柜、酒窖菜窖、酒精池、糖蜜池、室外游泳池、玻璃暖房、砖瓦石灰窑以及各种油气罐等,则不属于房产。与房屋不可分离的附属设施,属于房产。

（1）征税范围。房产税在城市、县城、建制镇和工矿区征收,不包括农村。

（2）纳税人。房产税以在征税范围内的房屋产权所有人为纳税人。

（3）房产税税率。从价计税1.2%;从租计税12%。个人出租住房,不区分用途,按4%的税率征收房产税。对企事业单位、社会团体以及其他组织按市场价格向个人出租用于居住的住房,减按4%的税率征收房产税。

（4）计税依据。房产税计税依据有按计税余值计税和按租金收入计税两种。

①对经营自用的房屋——以房产的计税余值作为计税依据。②对于出租的房屋——以租金收入为计税依据。③投资联营及融资租赁房产的计税依据。④居民住宅区内业主共有的经营性房产的计税依据。

（5）应纳税额的计算

① 地上建筑物。从价计征的：

$$全年应纳税额＝应税房产原值×（1-扣除比例）×1.2\%$$

从租计征的：

$$全年应纳税额＝租金收入×12\%（个人为 4\%）$$

② 地下建筑物。工业用途房产，按房屋原价的 50\%—60\% 作为应税房产原值。

$$应纳房产税的税额＝应税房产原值×（1-原值减除比例）×1.2\%$$

商业和其他用途房产，按房屋原价的 70\%—80\% 作为应税房产原值。

$$应纳房产税的税额＝应税房产原值×（1-原值减除比例）×1.2\%$$

房屋原价折算为应税房产原值的具体比例，由各省、自治区、直辖市和计划单列市财政和地方税务部门在上述幅度内自行确定。

3. 车船税

车船税是对在我国境内的车辆、船舶的所有人或者管理者征收的一种税。

（1）征税对象及范围。车船税的征税范围，是在我国境内依法应当在车船管理部门登记的车船。在机场、港口以及其他企业内部场所行驶或者作业，并在车船管理部门登记的车船，应当缴纳车船税。

（2）纳税人。在中华人民共和国境内，车辆、船舶（以下简称车船）的所有人或者管理人为车船税的纳税人。

（3）适用税额。实行固定税额。车船税对车辆实行的是有幅度的分类定额税率；对船舶实行的是分类分级、全国统一的定额税率。载客汽车每辆每年 60 元至 660 元；载货汽车专项作业车按自重每吨 16 元至 120 元；三轮汽车低速货车按自重每吨 24 元至 120 元；摩托车每辆 36 元至 180 元；船舶按净吨位每吨 3 元至 6 元。

（4）计税依据。①基本规定：辆、自重吨位、净吨位。②拖船：2 马力＝1 吨。③车船的核定载客人数、自重、净吨位、马力等计税标准。④关于计税依据的尾数。车辆：自重尾数在 0.5 吨以下（含 0.5 吨）的，按照 0.5 吨计算；超过 0.5 吨的，按照 1 吨计算。船舶：净吨位尾数在 0.5 吨以下（含 0.5 吨）的不予计算，超过 0.5 吨的按照 1 吨计算。1 吨以下的小型船，一律按照 1 吨计算。

（5）应纳税额计算。购置的新车船，购置当年的应纳税额自纳税义务发生的当月起按月计算。计算公式为：

$$应纳税额＝年应纳税额÷12×应纳税月份数$$

（6）保险机构代收代缴车船税和滞纳金的计算。①特殊情况下车船税应纳税款的计算。购买短期"交强险"的车辆：对于境外机车临时入境、机动车临时上道路行驶、机动车距规定的报废期限不足 1 年而购买短期"交强险"的车辆，保单中"当年应缴"项目的计算公式为：

$$当年应缴＝计税单位×年单位税额×应纳税月份数÷12$$

其中,应纳税月份数为"交强险"有效期起始日期的当月至截止日期当月的月份数。已向税务机关缴税的车辆或税务机关已批准减免税的车辆。

$$减税车辆应纳税额＝减税前应纳税额×(1－减税幅度)$$

② 欠缴车船税的车辆补缴税款的计算:

$$购置年度以后欠缴税款＝计税单位×年单位税额×(本次缴税年度－车辆登记年度－1)$$

4. 环境保护税

环境保护税是直接向环境排放应税污染物(大气污染物、水污染物、固体废物和噪声)的企业事业单位和其他生产经营者征收的,符合《环境保护税税目税额表》《应税污染物和当量值表》规定的一种税。

(1) 计税依据。

应税固体废物的计税依据,按照固体废物的排放量确定。固体废物的排放量为当期应税固体废物的产生量减去当期应税固体废物的贮存量、处置量、综合利用量的余额。应税大气污染物、水污染物的计税依据,按照污染物排放量折合的污染当量数确定。从两个以上排放口排放应税污染物的,对每一排放口排放的应税污染物分别计算征收环境保护税;纳税人持有排污许可证的,其污染物排放口按照排污许可证载明的污染物排放口确定。

应税污染物的计税依据,按照下列方法确定:①应税大气污染物按照污染物排放量折合的污染当量数确定;②应税水污染物按照污染物排放量折合的污染当量数确定;③应税固体废物按照固体废物的排放量确定;④应税噪声按照超过国家规定标准的分贝数确定。

(2) 应纳税额的计算。

环境保护税应纳税额按照下列方法计算:①应税大气污染物的应纳税额为污染当量数乘以具体适用税额;②应税水污染物的应纳税额为污染当量数乘以具体适用税额;③应税固体废物的应纳税额为固体废物排放量乘以具体适用税额;④应税噪声的应纳税额为超过国家规定标准的分贝数对应的具体适用税额。

(二) 账务处理

小企业按照规定应交纳的城镇土地使用税、房产税、车船税、环境保护税,借记"税金及附加"科目,贷记"应交税费(应交城镇土地使用税、应交房产税、应交车船税、应交环境保护税)"科目。

交纳的城镇土地使用税、房产税、车船税、环境保护税,借记"应交税费(应交城镇土地使用税、应交房产税、应交车船税、应交环境保护税)"科目,贷记"银行存款"科目。

八、应交个人所得税

(一) 个人所得税概述

个人所得税是以个人(自然人)取得的各项应税所得为征税对象所征收的一种税。

1. 征税对象

个人所得税的征税对象是个人取得的应税所得。小企业代扣代交的个人所得税主要涉及工资、薪金所得和劳务报酬所得两项。工资、薪金所得,指个人因任职或者受雇而取得的工资、薪金、奖金、年终加薪、劳动分红、津贴、补贴以及与任职或者受雇有关的其他所得。独生子女补贴、执行公务员工资制度未纳入基本工资总额的补贴、津贴差额和家属成员的副食品补贴、托儿补助费、差旅费津贴、误餐补助为不予征税项目。劳务报酬所得,指个人从事设计、装潢、安装、制图、化验、测试、医疗、法律、会计、咨询、讲学、新闻、广播、翻译、审稿、书画、雕刻、影视、录音、录像、演出、表演、广告、展览、技术服务、介绍服务、经纪服务、代办服务以及其他劳务报酬的所得(属于独立个人劳动所得)。

2. 纳税人

个人所得税的纳税人是指在中国境内有住所,或者虽无住所但在境内居住满 1 年,以及无住所又不居住或居住不满 1 年但有从中国境内取得所得的个人,包括中国公民(包括香港、澳门、台湾同胞)、个体工商户、外籍个人等。

3. 税率

综合所得,适用 7 级超额累进税率,税率为 3％—45％。全年应纳税所得额(以每年收入额减除费用 60 000 元以及附加减除费用后的余额)不超过 36 000 元的税率 3％;超过 36 000 元至 144 000 元的部分 10％;超过 144 000 元至 300 000 元的部分 20％;超过 300 000 元至 420 000 元的部分 25％;超过 420 000 元至 660 000 元的部分 30％;超过 660 000 元至 960 000 元的部分 35％;超过 960 000 元的部分 45％。

4. 应纳税额的计算

个人所得税采用综合与分类结合的征收制度。综合所得,以每年收入额减除费用 60 000 元后的余额,为应纳税所得额。劳务报酬所得、稿酬所得每次收入不超过 4 000 元的,减除费用 800 元;4 000 元以上的,减除 20％的费用,其余额为应纳税所得额。

(二) 代扣代缴个人所得税的核算

小企业按照税法规定应代扣代缴的职工个人所得税,借记"应付职工薪酬"科目,贷记"应交税费——应交个人所得税"科目。

交纳的个人所得税,借记"应交税费——应交个人所得税"科目,贷记"银行存款"科目。

【例 8-36】 某小企业结算本月应付职工薪酬,代扣职工个人所得税共计 2 500 元。该企业的会计分录如下:

借:应付职工薪酬——工资　　　　　　　　　　　　　　　　2 500
　贷:应交税费——应交个人所得税　　　　　　　　　　　　　2 500

九、不通过"应交税费"科目核算的税金

(一) 印花税

印花税是对经济活动和经济交往中书立、领受、使用的应税经济凭证所征收的一种税。因纳税人主要是通过在应税凭证上粘贴印花税票来完成纳税义务,故名印花税。

1. 征税范围

根据《中华人民共和国印花税暂行条例》，印花税征税范围为：①经济合同；②产权转移书据；③营业账簿；④权利、许可证照；⑤经财政部门确定征税的其他凭证。

2. 纳税人

凡在我国境内书立、领受、使用属于征税范围内所列凭证的单位和个人，都是印花税的纳税义务人。

3. 计税依据

印花税根据不同征税项目，分别实行从价计征和从量计征两种征收方法。

(1) 从价计税情况下计税依据的确定：①各类经济合同，以合同上所记载的金额、收入或费用为计税依据；②产权转移书据以书据中所载的金额为计税依据。③记载资金的营业账簿，以实收资本和资本公积的两项合计金额为计税依据。凡"资金账簿"在次年度的实收资本和资本公积未增加的，对其不再计算贴花。

(2) 从量计税情况下计税依据的确定：实行从量计税的其他营业账簿和权利、许可证照，以计税数量为计税依据。

4. 税率

主要有比例税率和定额税率两种，其他营业账簿、权利许可证照采取按件规定固定税额。营业账簿（记载资金的账簿，按实收资本和资本公积的合计金额 0.5‰ 减半贴花）；权利、许可证照（按件贴花 5 元）；产权转移书据（按所载金额 0.5‰ 贴花）；各项合同按照相关金额 0.05‰—1‰ 贴花。

5. 缴纳方法

印花税通常由纳税人根据规定自行计算应纳税额，购买并一次贴足印花税票，完纳税款。印花税票是缴纳印花税的完税凭证，由国家税务总局负责监制。其票面金额以人民币为单位，分为壹角、贰角、伍角、壹元、贰元、伍元、拾元、伍拾元、壹佰元 9 种。印花税票可以委托单位或个人代售，并由税务机关付给 5% 的手续费，支付来源从实征印花税款中提取。

6. 会计核算

小企业交纳的印花税，不会发生应付未付税款的情况，不需要预计应纳税金额，也不存在与税务机关结算或清算的问题。因此，小企业交纳的印花税不需要通过"应交税费"科目核算，而是于购买印花税票时，直接借记"税金及附加"科目，贷记"银行存款"科目。

（二）耕地占用税

耕地占用税是对我国境内占用耕地建设建筑物、构筑物或者从事非农业建设的单位和个人征收的，它属于对特定土地资源占用课税。

1. 纳税义务人

耕地占用税的纳税义务人是占用耕地建房或从事非农业建设的单位和个人。占用园地、林地、草地、农田水利用地、养殖水面、渔业水域滩涂以及其他农用地建设建筑物、构筑物或者从事非农业建设的，依照规定缴纳耕地占用税。

2. 征税范围

耕地占用税的征税范围包括建房或从事其他非农业建设而占用的国家所有和集体

所有的耕地。"耕地"是指种植农业作物的土地;占用鱼塘及其他农用土地建房或从事其他非农业建设,也视同占用耕地,必须依法征收耕地占用税。在占用之前三年内属于上述范围的耕地或农用土地,也视为耕地。占用林地、牧草地、农田水利用地、养殖水面以及渔业水域滩涂等其他农用地建房或者从事非农业建设的,比照本条例的规定征收耕地占用税。

3. 计税依据

耕地占用税以纳税人实际占用的耕地面积为计税依据,按照规定的适用税额一次性征收,应纳税额为纳税人实际占用的耕地面积(平方米)乘以适用税额。

4. 税额

耕地占用税的税额如下:①人均耕地不超过一亩的地区(以县、自治县、不设区的市、市辖区为单位),每平方米为十元至五十元;②人均耕地超过一亩但不超过二亩的地区,每平方米为八元至四十元;③人均耕地超过二亩但不超过三亩的地区,每平方米为六元至三十元;④人均耕地超过三亩的地区,每平方米为五元至二十五元。各省、自治区、直辖市耕地占用税适用税额的平均水平,不得低于本法所附《各省、自治区、直辖市耕地占用税平均税额表》规定的平均税额。占用基本农田的,应当按照当地适用税额,加按百分之一百五十征收。

$$应纳税额＝实际占用耕地面积(平方米)×适用定额税率$$

5. 会计核算

小企业交纳的耕地占用税,由于按实际占用的耕地面积计税,按照规定税额一次性征收,不存在与税务机关结算和清算的问题,因此,也不需要通过"应交税费"科目核算。小企业按规定计算交纳的耕地占用税,借记"在建工程"等科目,贷记"银行存款"科目。

(三)契税

契税是以转移土地、房屋权属为征税对象,向产权承受人征收的一种财产税。

1. 征税范围

契税的征税范围为发生土地使用权和房屋所有权权属转移的土地和房屋。其具体征税范围包括:

①土地使用权出让。②土地使用权转让(不包括土地承包经营权和土地经营权的转移),包括出售、赠与和交换。③房屋买卖、赠与、交换。④以作价投资(入股)、偿还债务、划转、奖励等方式转移土地、房屋权属的,应照章缴纳契税。⑤房屋附属设施有关契税政策:对于承受与房屋相关的附属设施(包括停车位、汽车库、自行车库、顶层阁楼以及储藏室)所有权或土地使用权的行为,征收契税;对于不涉及土地使用权和房屋所有权转移的,不征收契税。

2. 纳税人

在中华人民共和国境内转移土地、房屋权属,承受的单位和个人为契税的纳税人。

3. 税率

契税实行幅度比例税率,税率幅度为3%—5%。对个人购买90平方米及以下且属家庭唯一住房的普通住房,从2010年10月1日起税率为1%。契税的具体适用税率,由

涉税法规链接及提示

省、自治区、直辖市人民政府在规定的税率幅度内提出,报同级人民代表大会常务委员会决定,并报全国人民代表大会常务委员会和国务院备案。省、自治区、直辖市可以依照规定的程序对不同主体、不同地区、不同类型的住房的权属转移确定差别税率。

4. 计税依据

①土地使用权出让、出售,房屋买卖,为土地、房屋权属转移合同确定的成交价格,包括应交付的货币以及实物、其他经济利益对应的价款;②土地使用权互换、房屋互换,为所互换的土地使用权、房屋价格的差额;③土地使用权赠与、房屋赠与以及其他没有价格的转移土地、房屋权属行为,为税务机关参照土地使用权出售、房屋买卖的市场价格依法核定的价格。纳税人申报的成交价格、互换价格差额明显偏低且无正当理由的,由税务机关依照《中华人民共和国税收征收管理法》的规定核定。

5. 应纳税额的计算及会计核算

$$应纳税额＝计税依据×税率$$

小企业取得土地使用权、房屋按规定交纳的契税,由于是按实际取得的不动产的价格计税,按照规定的税额一次性征收的,不存在与税务机关结算和清算的问题,因此,也不需要通过“应交税费”科目核算。小企业按规定计算交纳的契税,借记“固定资产”“无形资产”等科目,贷记“银行存款”科目。

十、应交税费返还的处理

小企业减免或返还的流转税(含即征即退、先行后退),除国务院、财政部、国家税务总局规定有指定用途的项目以外,都应并入企业利润,照章征收企业所得税。对直接减免和即征即退的,应并入小企业当年利润征收企业所得税;对先征税后返还和先征后退的,应并入小企业实际收到退税或返还税款年度的企业利润征收企业所得税。

小企业按照规定实行企业所得税、增值税、消费税等先征后返的,应当在实际收到返还的企业所得税、增值税(不含出口退税)、消费税等时,借记“银行存款”科目,贷记“营业外收入”科目。

第五节　应付利息及应付利润

一、应付利息

应付利息是指小企业按照合同约定应支付的利息费用。反映小企业与资金提供者之间由于资金借贷而产生的资金成本承担和支付的关系。由于小企业使用了他人的资金只要按照合同约定应负担利息费用,不论是银行等金融机构借款还是向第三方借款,也不论是长期借款还是短期借款,都应当作为应付利息核算。

小企业应设置“应付利息”科目核算其按照合同约定应支付的利息费用。在应付利息日,小企业应当按照合同利率计算确定的利息费用,借记“财务费用”“在建工程”等科目,贷记"应付利息"科目。实际支付的利息,借记"应付利息"科目,贷记"银行存款"等科目。本科目期末贷方余额,反映小企业应付未付的利息费用。

【例 8-37】 甲小企业借入 5 年期、到期还本、每年付息的长期借款 1 000 000 元,合同约定年利率为 5%,假定利息支出不符合资本化条件。甲小企业的有关会计分录如下:

(1)每年计算确定利息费用时:

借:财务费用   50 000

    贷:应付利息   50 000

(2)每年实际支付利息时:

借:应付利息   50 000

    贷:银行存款   50 000

二、应付利润

应付利润是指小企业分配给投资者的利润。反映了小企业与投资者之间分配与取得投资回报的关系。小企业根据相关法律法规的规定或根据投资协议或合同约定应向投资者分配利润,在未支付给投资者之前,形成了小企业的一项负债。

小企业应设置"应付利润"科目核算其向投资者分配的利润。小企业根据规定或协议确定的应分配给投资者的利润,借记"利润分配"科目,贷记"应付利润"科目。向投资者实际支付利润,借记"应付利润"科目,贷记"库存现金""银行存款"科目。本科目期末贷方余额,反映小企业应付未付的利润。

【例 8-38】 甲小企业 2020 年度实现净利润 120 000 元,根据投资协议约定,决定按照 2020 年度净利润的 40% 分配利润 48 000 元。利润已经用银行存款支付。甲小企业的有关会计分录如下:

借:利润分配——应付利润   48 000

    贷:应付利润   48 000

借:应付利润   48 000

    贷:银行存款   48 000

练 习 题

一、单项选择题

1. 短期借款是指小企业向银行或其他金融机构等借入的期限在( )内的各种借款。

A. 3 个月   B. 6 个月   C. 9 个月   D. 1 年

2. "短期借款"科目贷方核算的内容是( )。

A. 借款本金   B. 预提的借款利息

C. 偿还的借款本金   D. 偿还的借款本金和利息

3. 小企业确实无法偿付的应付账款,应计入"( )"科目。

A. 营业外收入   B. 未分配利润   C. 其他业务收入   D. 资本公积

4. 甲小企业 2020 年 1 月 1 日向 B 企业借入期限为 9 个月、年利率为 10% 的借款 100 000 元,借款合同约定每季度末支付利息。假定金融企业同期同类贷款利率为 8%。则甲小企业 2020 年按照《小企业会计准则》确认的利息费用和按照《企业所得税法》规定确认的利息费用分别是(　　)元。

    A. 7 500;6 000　　　B. 10 000;10 000　　　C. 7 500;7 500　　　D. 6 000;6 000

5. 小企业支付的银行承兑汇票手续费应计入"(　　)"科目。

    A. 管理费用　　　　　B. 应付票据　　　　　C. 短期借款　　　　　D. 财务费用

6. 如果小企业不设置"预收账款"科目,应将预收的货款计入(　　)。

    A. "应收账款"科目的借方　　　　　　　B. "应收账款"科目的贷方

    C. "应付账款"科目的借方　　　　　　　D. "应付账款"科目的贷方

7. 下列各项中,应通过"其他应付款"科目核算的是(　　)。

    A. 租入包装物支付的押金　　　　　　　B. 应交教育费附加

    C. 存入保证金　　　　　　　　　　　　D. 应付销售人员工资

8. 下列各项中,不属于应付职工薪酬核算内容的是(　　)。

    A. 住房公积金　　　　　　　　　　　　B. 工会经费和职工教育经费

    C. 职工差旅费　　　　　　　　　　　　D. 因解除与职工的劳动关系给予的补偿

9. 小企业发生的职工福利费支出,不超过工资薪金总额(　　)的部分,准予在企业所得税税前扣除。

    A. 14%　　　　　　　B. 12%　　　　　　　C. 2.5%　　　　　　　D. 2%

10. 甲小企业 2020 年的工资总额为 1 000 000 元,按工资总额的 2.5% 计提了 25 000 元职工教育经费,2020 年实际发生了 20 000 元。则按照《小企业会计准则》和《企业所得税法》的规定,甲小企业 2020 年关于职工教育经费的处理,下列说法正确的是(　　)。

    A. 按实际发生额 20 000 元列入成本费用开支

    B. 允许企业所得税税前扣除 25 000 元

    C. 允许企业所得税税前扣除 20 000 元,多提的 5 000 元调增当年应纳税所得额

    D. 允许企业所得税税前扣除 20 000 元,超过的 5 000 元准予在以后纳税年度结转扣除

11. 小企业从职工薪酬中代扣代缴的个人所得税,应借记"(　　)"科目。

    A. 其他应付款　　　　　　　　　　　　B. 应付职工薪酬

    C. 银行存款　　　　　　　　　　　　　D. 应交税费——应交所得税

12. 小企业以其自产产品作为非货币性福利发放给职工的,应当根据受益对象,按照该产品的(　　)计入相关资产成本或当期损益,同时确认应付职工薪酬。

    A. 成本　　　　　　　B. 销售价格　　　　　C. 重置价值　　　　　D. 组成计税价格

13. 甲小企业为增值税一般纳税人,2020 年 1 月将本厂生产的一批皮靴发放给职工作为福利。该皮靴市场售价为 10 万元(不含增值税),增值税适用税率为 13%,实际成本为 8 万元。假定不考虑其他因素,甲小企业应确认的应付职工薪酬为(　　)万元。

    A. 8　　　　　　　　　B. 10　　　　　　　　C. 11.36　　　　　　　D. 11.3

14. 因解除与职工的劳动关系给予的补偿,应借记"(　　)"科目,贷记"应付职工薪酬"科目。

A. 在建工程 　　　B. 研发支出 　　　C. 销售费用 　　　D. 管理费用

15. 小企业按照税法等规定计算缴纳的下列税金,不通过"应交税费"科目核算的是( )。

A. 个人所得税 　　B. 印花税 　　　C. 土地增值税 　　D. 城镇土地使用税

16. 小企业购进农产品,除取得增值税专用发票或者海关进口增值税专用缴款书外,按照农产品收购发票或者销售发票上注明的农产品买价和( )的扣除率计算的进项税额。

A. 13% 　　　　　B. 10% 　　　　　C. 9% 　　　　　D. 6%

17. 甲小企业为增值税一般纳税人,增值税税率13%。2020年2月发生如下业务:销售产品,开具的增值税专用发票上注明的销售款100万元,增值税税额为13万元;用本企业生产的产品发放给职工个人作为非货币性福利,同类产品售价为10万元;因改造厂房领用本企业外购材料,该材料成本15万元。则甲小企业本月增值税销项税额是( )万元。

A. 21.25 　　　　B. 14.3 　　　　C. 19.55 　　　　D. 12.75

18. 下列各项中,属于增值税视同销售行为应当计算销项税额的是( )。

A. 将自产的货物用于分配给股东 　　　　B. 将购买的货物用于在建工程

C. 将购买的货物用于职工福利 　　　　　D. 将购买的货物奖励给内部员工

19. 甲小企业在建职工食堂,领用外购库存原材料成本20万元,市场公允价值22万元,适用的增值税税率为13%,则职工食堂领用库存原材料的入账价值为( )万元。

A. 22.6 　　　　　B. 23.74 　　　　C. 23.4 　　　　　D. 24.86

20. 甲小企业(增值税一般纳税人)因地震毁损库存材料一批,该批原材料实际成本为4 000元,市场售价5 000元,收回残料价值80元,保险公司赔偿4 320元。该企业购入材料的增值税税率为13%,由于毁损原材料应转出的增值税进项税额为( )元。

A. 0 　　　　　　B. 520 　　　　　C. 650 　　　　　D. 680

21. 小企业出租、出借包装物逾期未收回没收的押金应交的消费税,应借记"( )"科目。

A. 税金及附加 　　B. 营业外支出 　　C. 其他业务成本 　　D. 主营业务成本

22. 下列各项中,小企业应计算缴纳消费税的是( )。

A. 外购应税消费品对外投资

B. 将自产应税消费品用于本企业职工福利

C. 将委托加工应税消费品收回后直接对外销售

D. 外购应税消费品发生的非正常损失

23. 小企业委托加工应纳消费税的物资收回后用于连续生产应税消费品的,由受托方代收代缴的消费税,应计入"( )"科目的借方。

A. 应交税费——应交消费税 　　　　　B. 管理费用

C. 委托加工物资 　　　　　　　　　　D. 税金及附加

24. 乙小企业将自产的一批应税消费品(非金银首饰)用于本企业非应税项目。该批消费品成本为80万元,计税价格为100万元。该批应税消费品适用的增值税税率为13%,消费税税率为10%。则乙小企业应记入非税项目成本的金额为( )万元。

A. 80   B. 90   C. 93   D. 107

25. 小企业应交纳的城镇土地使用税、房产税、车船税、环境保护税,应计入"(   )"科目。

A. 管理费用   B. 税金及附加   C. 其他业务成本   D. 营业外支出

26. 小企业收到返还的企业所得税、增值税、消费税等时,应贷记"(   )"科目。

A. 资本公积   B. 其他业务收入   C. 营业外收入   D. 其他应付款

27. 小企业计算应缴纳的城市维护建设税、教育费附加,应借记"(   )"科目。

A. 税金及附加   B. 营业外支出   C. 其他业务成本   D. 主营业务成本

28. 小企业计算应交的企业所得税,应借记"(   )"科目。

A. 所得税费用   B. 管理费用   C. 税金及附加   D. 其他业务成本

29. 小企业自产自用的物资应交纳的资源税,借记"(   )"科目。

A. 生产成本   B. 税金及附加   C. 原材料   D. 材料采购

30. 小企业转让土地使用权,若土地使用权与地上建筑物及其附着物一并在"固定资产"科目核算的,其应交纳的土地增值税,应借记"(   )"科目。

A. 固定资产   B. 税金及附加   C. 固定资产清理   D. 营业外支出

二、多项选择题

1. 小企业的下列利息支出,准予在企业所得税税前扣除的有(   )。

A. 向金融企业借款的利息支出

B. 向关联方借款的利息支出

C. 向股东借款的利息支出

D. 向非金融企业借款的利息支出,不超过按照金融企业同期同类贷款利率计算数额的部分

2. 下列项目中,应通过"其他应付款"科目核算的有(   )。

A. 应付租入包装物的租金

B. 应付经营租入固定资产的租金

C. 应付融资租入固定资产的租赁费

D. 分期付款方式购入固定资产发生的应付款项

3. 下列属于小企业职工薪酬的项目有(   )。

A. 职工工资、奖金、津贴和补贴   B. 失业保险费

C. 住房公积金   D. 因解除与职工的劳动关系给予的补偿

4. 按照《小企业会计准则》和《企业所得税法》规定,下列关于小企业职工福利费正确的说法有(   )。

A. 职工福利费包括非货币性集体福利

B. 给职工发放的节日补助应作为职工福利费管理

C. 发生的职工福利费支出,不超过工资薪金总额14%的部分,准予在企业所得税税前扣除

D. 职工福利费包括离退休人员统筹外费用

5. 下列关于小企业非货币性职工薪酬的税务处理,说法正确的有(   )。

A. 将自产的货物用于集体福利应视同销售货物,按规定计算缴纳增值税

B. 将外购的货物用于集体福利应视同销售货物,按规定计算缴纳增值税

C. 将自产的货物用于职工福利应当视同销售货物,按规定计算缴纳企业所得税

D. 将外购的货物用于职工福利应当视同销售货物,按规定计算缴纳企业所得税

6. 下列税金中,应通过"应交税费"科目核算的有( )。

A. 城镇土地使用税　　B. 教育费附加　　　　C. 印花税　　　　　　D. 房产税

7. 下列税金中,不通过"应交税费"科目核算的有( )。

A. 耕地占用税　　　　B. 土地增值税　　　　C. 印花税　　　　　　D. 契税

8. 按照《小企业会计准则》规定,小企业(增值税一般纳税人)应在"应交税费——应交增值税"明细科目下分别设置( )等专栏。

A. 进项税额　　　　　B. 销项税额　　　　　C. 出口退税　　　　　D. 进项税额转出

9. 下列各项,属于增值税视同销售的有( )。

A. 将外购的货物用于个人消费　　　　　B. 将委托加工的货物用于对外投资

C. 将自产的货物用于职工福利　　　　　D. 将外购的材料用于在建工程

10. 下列经济业务发生后,需要通过"应交税费——应交增值税(进项税额转出)"科目核算的有( )。

A. 一般纳税人将外购货物用于集体福利

B. 一般纳税人将自产产品用于在建工程

C. 一般纳税人将自产产品用于股东分配

D. 一般纳税人外购货物发生非正常损失

11. 一般纳税人在购入下列资产时即可确认为进项税额抵扣项目的有( )。

A. 购入生产用设备　　　　　　　　　　B. 收回委托加工物资支付的增值税

C. 购入物资用于集体福利　　　　　　　D. 商品流通企业购入商品

12. 关于小规模纳税人,下列说法正确的有( )。

A. 小规模纳税人销售货物或者应税劳务,实行按照销售额和征收率计算应纳税额的简易办法,并不得抵扣进项税额

B. 小规模纳税人增值税征收率为3%

C. 小规模纳税人销售自己使用过的固定资产,减按2%征收率征收增值税

D. 小规模纳税人企业销售货物或者提供应税劳务,可以开具专用发票

13. 下列有关小企业消费税的会计处理,正确的有( )。

A. 对外销售产品应缴纳的消费税,计入"税金及附加"科目

B. 进口应税消费品应交消费税,不计入资产成本

C. 委托加工应税消费品,收回后直接销售的,其消费税计入委托加工存货成本

D. 委托加工应税消费品,收回后用于连续生产应税消费品按规定准予抵扣的,计入"应交消费税"科目的借方

14. 下列各项税金中,应计入"税金及附加"科目的有( )。

A. 土地增值税　　　B. 消费税　　　　　C. 城市维护建设税　　D. 耕地占用税

三、判断题

1. 短期借款利息在计提时应通过"短期借款"科目核算。　　　　　　　　　( )

2. "应付票据"科目核算小企业因购买材料、商品和接受劳务等日常生产经营活动开

出、承兑的商业汇票。 （　）

3.《小企业会计准则》和《企业所得税法》对于小企业确实无法偿付的应付款项处理是一致的,即均作为收入来处理,因此,对应纳税所得额的影响是一致的。 （　）

4. 小企业预收账款情况不多的,也可以不设置"预收账款"科目,将预收的款项直接记入"应付账款"科目。 （　）

5. 小企业无法支付的其他应付款,借记"其他应付款"科目,贷记"营业外收入"科目。 （　）

6.《小企业会计准则》规定的职工薪酬的内容与企业所得税法规定的工资薪金的内容是一致的。 （　）

7. 小企业安置残疾人员的,在按照支付给残疾职工工资据实扣除的基础上,可以在计算应纳税所得额时按照支付给残疾职工工资的100%加计扣除。 （　）

8.《企业所得税法》所称的"合理工资薪金",是指企业按照股东大会、董事会、薪酬委员会或相关管理机构制定的工资薪金制度规定的计入成本费用的工资薪金。 （　）

9. 小企业应由生产产品、提供劳务负担的职工薪酬,计入当期损益。 （　）

10. 小企业因解除与职工的劳动关系给予的补偿,计入产品成本。 （　）

11. 小企业以其自产产品发放给职工的,按照其账面价值,借记"应付职工薪酬"科目,贷记"库存商品""应交税费——应交增值税(销项税额)"科目。 （　）

12. 小企业将自产的货物用于集体福利的应当视同销售,按规定计算缴纳增值税、企业所得税。 （　）

13. 小企业根据辞退计划计提的辞退福利允许在企业所得税税前扣除。 （　）

14. 小企业缴纳的印花税,不通过"应交税费"科目核算。 （　）

15. 小企业购进免税农产品,按照购入农业产品的买价和税法规定的税率计算的增值税进项税额,借记"应交税费——应交增值税(进项税额)"科目,按照买价借记"材料采购"或"在途物资"等科目。 （　）

16. 纳税人购进或者自制固定资产时为小规模纳税人,认定为一般纳税人后销售该固定资产,可按简易办法依3%征收率征收增值税,同时不得开具增值税专用发票。 （　）

17. 小企业将自产、委托加工或购买的货物用于非应税项目应视同销售货物。 （　）

18. 小企业购进的物资因盘亏、毁损、报废、被盗等原因按照税法规定不得从增值税销项税额中抵扣的进项税额,其进项税额应转入"待处理财产损溢"等科目。 （　）

19. 小规模纳税人企业应当按照不含税销售额和规定的增值税征收率计算缴纳增值税,销售货物或提供应税劳务时只能开具普通发票,不能开具增值税专用发票。 （　）

20. 小企业销售需要缴纳消费税的物资应交的消费税,借记"税金及附加"等科目,贷记"应交税费——应交消费税"科目。 （　）

21. 小企业按照规定应缴纳的城镇土地使用税、房产税、车船税、环境保护税,计入"管理费用"科目。 （　）

22. 小企业外购液体盐加工固体盐,按照购买价款减去允许抵扣资源税后的数额,计入"材料采购"或"在途物资""原材料"等科目。 （　）

23. 纳税人开采或者生产应税产品,自用于连续生产应税产品的,不缴纳资源税;自用于其他方面的,视同销售,缴纳资源税。 （　　）

24. 纳税人按规定预缴土地增值税后,清算补缴的土地增值税,在主管税务机关规定的期限内补缴的,不加收滞纳金。 （　　）

四、业务题

1. 甲小企业于 2020 年 1 月 1 日向银行借入短期借款 300 000 元,期限为 6 个月,年利率为 8%,该借款本金到期后一次归还,利息分月预提,按季支付。

要求:编制有关会计分录。

2. 某小企业 2020 年发生如下经济业务:

(1) 购进甲材料一批,经论证的增值税专用发票上注明的买价为 228 000 元,增值税税额为 29 640 元。按合同规定,企业开出 2 个月到期的商业承兑汇票一张,抵付给销货方,材料已运达企业。

(2) 购进甲材料的应付票据到期,企业无力支付,银行将票据退给企业。

(3) 上月购进乙材料的一笔购货款 280 800 元,因无力支付,经销货方同意,开出一张面额为 280 800 元、期限为 6 个月的银行承兑汇票给销货方抵付购货欠款,并以银行存款支付银行承兑手续费 288 元(含税)。

(4) 购入乙材料的银行承兑汇票到期,企业无力支付。银行代付欠款后,将其转为企业的短期借款,并对企业处以 1 080 元的罚款,企业以存款支付。

(5) 企业购进丙材料一批,买价 360 000 元,经认证增值税税额为 46 800 元,共计406 800 元,按双方协议,企业开出一张为期 2 个月的银行承兑汇票抵付给销货方,并以银行存款支付银行承兑手续费 408 元(含税),丙材料尚未验收入库。

(6) 购买丙材料的票据到期,接银行通知,票款已支付。

(7) 购进 A 商品一批,经认证增值税专用发票上注明的买价为 21 600 元,增值税税额为 2 808 元。货款未付,开出一张期限为 3 个月的商业承兑汇票抵付给销货方,商品已验收入库。

(8) 购买 A 商品的商业汇票到期,以银行存款支付。

要求:根据上述资料编制相应的会计分录。

3. 某小企业 2020 年职工薪酬的有关资料如下:

(1) 3 月,应付工资总额 172 400 元,工资费用分配汇总表中列示的产品生产人员工资为 108 000 元,车间管理人员工资为 28 000 元,企业行政管理人员工资为 23 600 元,销售人员工资为 12 800 元。

(2) 3 月,企业根据国家规定按照工资总额的 12% 计提住房公积金 27 216 元,其中,应计入基本生产车间生产成本的金额为 17 920 元,应计入制造费用的金额为 3 920 元,应计入管理费用的金额为 5 376 元。

(3) 3 月,根据国家规定的计提标准计算,企业应向社会保险经办机构缴纳职工基本养老保险费、医疗保险费、失业保险费等共计 58 320 元,其中,应计入基本生产车间生产成本的金额为 38 400 元,应计入制造费用的金额为 8 400 元,应计入管理费用的金额为11 520 元。

(4) 4 月 3 日,根据"职工薪酬结算汇总表"结算上月应付职工薪酬总额 172 400 元,代扣职工房租 12 000 元,代垫职工家属医药费 1 000 元,代扣职工个人所得税共计 1 600 元,实发薪酬为 157 800 元。

(5) 4 月 4 日,以现金支付职工张某生活困难补助 300 元。

(6) 4 月 5 日,以银行存款缴纳职工基本养老保险费、医疗保险费、失业保险费等 58 320 元。

要求:根据上述经济业务编制有关会计分录。

第九章　非流动负债

【学习目标】

1. 了解长期借款的特征；
2. 熟悉应付融资租入固定资产租赁费和分期付款购入固定资产应付款的核算；
3. 掌握取得长期借款、应付利息日借款费用的处理、偿还长期借款本金的会计处理。

小企业为了满足生产经营的需要，特别是为了拓展经营规模，建厂房购设备都需要长期占用大量的资金，为此小企业需要筹集长期资金。小企业的非流动负债，是指流动负债以外的负债，非流动负债主要包括长期借款、长期应付款等，如果存在政府补贴，还会涉及递延收益。

第一节　长期借款

长期借款是指小企业向银行或其他金融机构借入的期限在 1 年以上（不含 1 年）的各种借款，一般用于固定资产的购建、无形资产研发以及为了保持小企业长期经营能力等方面。由于长期借款的使用关系到小企业的生产经营规模和效益，小企业除了要遵守有关的借款规定并有不同形式的担保外，还应按期支付长期借款的利息以及按规定的期限归还借款本金等。因此，要加强对长期借款的借入、借款利息的结算和借款本息的归还情况的管理，促使小企业遵守信贷纪律、提高信用等级，并确保长期借款发挥效益。

一、长期借款的特征

（1）长期借款的债权人既包括银行，也包括其他金融机构，如小额贷款公司等。如果小企业向第三方（如个人）借入期限在 1 年以上并且负担利息费用也作为长期借款核算。

（2）借款期限较长，借入期限在 1 年以上，不仅要偿还本金，还应支付相应的利息费用。

（3）长期借款不仅包括人民币借款,还包括外币借款。

二、长期借款的核算

（一）设置的会计科目

小企业应设置"长期借款"科目核算小企业向银行或其他金融机构借入的期限在 1 年以上的各项借款本金。小企业借入长期借款,借记"银行存款"科目,贷记"长期借款"科目。偿还长期借款本金,借记"长期借款"科目,贷记"银行存款"科目。本科目期末贷方余额,反映小企业尚未偿还的长期借款本金。本科目应按照借款种类、贷款人和币种进行明细核算。

（二）取得长期借款

小企业借入长期借款,应按实际收到的金额,借记"银行存款"科目,贷记"长期借款"科目。

【例 9-1】　甲小企业于 2020 年 1 月 1 日从银行借入资金 500 000 元存入银行,借款期限为 3 年,年利率为 7%,每年年末付息一次,到期一次还本。甲企业借入款项用于某项固定资产建设,2022 年 10 月 1 日办理竣工决算。甲小企业取得借款时的会计分录为:

借:银行存款　　　　　　　　　　　　　　　　　　　　500 000

　　贷:长期借款　　　　　　　　　　　　　　　　　　　　　500 000

（三）应付利息日借款费用的处理

小企业长期借款利息费用的计提时点为借款合同所约定的应付利息日,也就是说长期借款利息费用的计提时点既不是资产负债表日也不是实际支付利息日。如果长期借款没有合同或协议约定的付息日期,则不需要预提利息费用。

借款费用是小企业因借入资金所付出的代价,包括小企业向银行或其他金融机构等借入资金发生的利息、在借款过程中发生的诸如手续费、佣金等辅助费用以及因外币借款而发生的汇兑损失等。

小企业为购置或建造固定资产、无形资产和经过 1 年以上(含 1 年)才能达到可销售状态的存货发生借款费用的,在有关资产购置或建造期间发生的合理的借款费用,应当作为资本性支出计入有关资产的成本。其他借款费用应当在发生时根据其实际发生额确认为费用,计入财务费用。相关借款所发生的存款利息,停止资本化之前,应冲减资产成本。

借款费用资本化期间,是指借款费用开始发生时至停止资本化时点的期间。开始发生时点:取得借款支付的辅助费用、应付利息日支付的利息、期末汇兑损失、符合资本化条件后。停止资本化时点:竣工决算前、达到预定用途、达到预定可销售状态。

在应付利息日,小企业应当按照借款本金和借款合同利率计提利息费用,借记"财务费用""在建工程"等科目,贷记"应付利息"科目。

【例 9-2】　续【例 9-1】,2020 年 12 月 31 日,甲小企业在应付利息日的会计分录为:

借:在建工程　　　　　　　　　　　　　　　　　　　　35 000

贷:应付利息	35 000

2021 年 12 月 31 日,甲小企业的会计分录同上。

2022 年 12 月 31 日,甲小企业在应付利息日会计分录为:

借:在建工程	26 250
财务费用	8 750
贷:应付利息	35 000

以银行存款偿还利息时:

借:应付利息	35 000
贷:银行存款	35 000

(四)偿还长期借款本金

小企业偿还长期借款本金,借记"长期借款"科目,贷记"银行存款"科目。

【例 9-3】　续【例 9-1】,2023 年 1 月 1 日,甲小企业以银行存款偿还长期借款本金 500 000 元,偿还 2022 年利息。会计分录如下:

借:长期借款	500 000
应付利息	35 000
贷:银行存款	535 000

涉税法规链接及提示

第二节　长期应付款

长期应付款是指小企业发生的除长期借款以外的付款期限在 1 年以上的各种长期应付款项,如应付融资租入固定资产的租赁费、采用分期付款方式购入固定资产和无形资产发生的应付账款等。

小企业应设置"长期应付款"科目核算小企业除长期借款以外的其他各种长期应付款项。包括:应付融资租入固定资产的租赁费、以分期付款方式购入固定资产发生的应付款项等。小企业融资租入固定资产,在租赁期开始日,按照租赁合同约定的付款总额和在签订租赁合同过程中发生的相关税费等,借记"固定资产"或"在建工程"科目,按可抵扣增值税借记"应交税费——应交增值税(进项税额)"科目,贷记"长期应付款"等科目。以分期付款方式购入固定资产,应当按照实际支付的购买价款和相关税费(不包括按照税法规定可抵扣的增值税进项税额),借记"固定资产"或"在建工程"科目,按照税法规定经论证当期可抵扣的增值税进项税额,借记"应交税费——应交增值税(进项税额)"科目,按以后期间可抵扣的增值税税额借记"应交税费——待抵扣进项税额"科目,贷记"长期应付款"科目。本科目期末贷方余额,反映小企业应付未付的长期应付款项。本科目应按照长期应付款的种类和债权人进行明细核算。

一、应付融资租入固定资产租赁费

小企业融资租入固定资产,应当在租赁开始日,按租赁协议或者合同约定的付款总额以及运输费、途中保险费、安装调试费以及融资租入固定资产竣工决算前或达到预定用途前发生的利息支出和汇兑损益等,借记"固定资产——融资租入固定资产"科目,按可抵扣增值税借记"应交税费——应交增值税(进项税额)"科目,按租赁协议或者合同确定的付款总额,贷记"长期应付款"科目,按应支付的其他相关税费,贷记"银行存款""应付账款"等科目。按期支付融资租赁费时,借记"长期应付款"科目,贷记"银行存款"科目。租赁期满,如合同规定将固定资产所有权转归承租企业,应当进行转账,将固定资产从"融资租入固定资产"明细科目转入有关明细科目。

【例 9-4】 甲小企业采用融资租赁方式租入生产设备一台,按照租赁合同约定的付款总额为 2 000 000 元,租赁期限为 5 年,最低租赁付款额为 2 000 000 元,首付 660 000元(含增值税税额 260 000 元),其余 1 600 000 元分 4 次于每年末支付。假设可抵扣增值税税额为 260 000 元,租赁期满设备所有权划归甲企业。相关会计分录如下:

(1) 租入设备时:

借:在建工程	2 000 000
应交税费——应交增值税(进项税额)	260 000
贷:长期应付款——应付融资租入固定资产租赁费	1 600 000
银行存款	660 000

(2) 小企业支付了生产设备的运输费、保险费、安装调试费等计 200 000 元:

借:在建工程	200 000
贷:银行存款	200 000

(3) 融资租入固定资产安装调试完工后投入使用时:

借:固定资产——融资租入固定资产	2 200 000
贷:在建工程	2 200 000

(4) 每年年末支付租金 400 000 元:

借:长期应付款——应付融资租入固定资产租赁费	400 000
贷:银行存款	400 000

(5) 租赁期满甲企业取得设备所有权时:

借:固定资产——生产经营用固定资产	2 200 000
贷:固定资产——融资租入固定资产	2 200 000

涉税法规链接及提示

二、分期付款购入固定资产应付款

小企业以分期付款方式购入固定资产,应当按照实际支付的购买价款和相关税费(不包括按照税法规定可抵扣的增值税进项税额),借记"固定资产"或"在建工程"科目,按照税法规定可抵扣的增值税进项税额,借记"应交税费——应交增值税(进项税额)"科目,贷记"长期应付款"科目。

【例 9-5】 甲小企业采用分期付款方式购入一台生产设备,增值税专用发票列明的设备价款 90 000 元,按照税法规定可抵扣的增值税进项税额 11 700 元。合同约定增值税税款一次性支付,设备价款分 3 次等额支付。企业另支付生产设备的运输费 1 744 元(含经认证可抵扣的增值税税额 144 元,增值税率 9%),保险费 400 元,设备已安装完工投入使用。相关会计分录如下：

（1）购入时：

借：在建工程 90 000

应交税费——应交增值税（进项税额） 11 700

贷：长期应付款——分期付款购入固定资产应付款 90 000

银行存款 11 700

（2）支付生产设备的运输费、保险费时：

借：在建工程 2 000

应交税费——应交增值税（进项税额） 144

贷：银行存款 2 144

（3）安装调试完工后投入使用时：

借：固定资产 92 000

贷：在建工程 92 000

（4）分期支付设备价款时：

借：长期应付款——分期付款购入固定资产应付款 30 000

贷：银行存款 30 000

练习题

一、单项选择题

1. 小企业长期借款利息费用的计提时点为（ ）。

A. 借款合同所约定的应付利息日 B. 每月末

C. 至少年末 D. 每季末

2. 小企业长期借款利息的计算和支付，应通过"（ ）"科目核算。

A. 其他应付款 B. 长期借款 C. 长期应付款 D. 应付利息

3. 甲小企业 2020 年 1 月 1 日从银行借入资金 100 万元，借款期限为 2 年，年利率为 6%，利息从 2020 年开始每年年初支付，到期时归还本金及最后一年利息。2020 年 12 月 31 日该长期借款的账面价值为（ ）万元。

A. 6 B. 100 C. 106 D. 112

4. 小企业融资租入固定资产时，应在租赁期开始日，将租赁协议或者合同约定的（ ）作为租入资产的入账价值。

A. 公允价值 B. 最低租赁付款额

C. 账面价值 D. 付款总额和相关税费等

5. 下列项目应通过"长期应付款"账户核算的是（ ）。

A. 暂收的所属单位的款项 B. 收取包装物押金

C. 应付融资租入固定资产的租赁费 D. 应付经营租入固定资产租金

二、多项选择题

1. 长期借款计提利息所涉及的科目有"（ ）"。

A. 其他应付款 B. 财务费用 C. 在建工程 D. 应付利息

2. 关于长期借款,下列说法中正确的有(　　　　)。

A. 长期借款是小企业向银行或其他金融机构借入的期限在 1 年以上(含 1 年)的各项借款本金

B. 小企业借入长期借款时,借记"银行存款"科目,贷记"长期借款"科目

C. 在应付利息日,小企业应当按照借款本金和借款合同利率计提利息费用,借记"财务费用""在建工程"等科目,贷记"应付利息"科目

D. 小企业偿还长期借款本金时,借记"长期借款"科目,贷记"银行存款"科目

3. 下列业务应通过"长期应付款"科目核算的有(　　　　)。

A. 以分期付款方式购入固定资产发生的应付款

B. 应付经营租入固定资产租金

C. 以分期付款方式购入存货发生的应付款

D. 应付融资租入固定资产的租赁费

4. 下列项目属于非流动负债的有(　　　　)。

A. 长期应付款　　　　B. 应付票据　　　　C. 应付账款　　　　D. 长期借款

5. 小企业借款费用停止资本化时点为(　　　　)。

A. 竣工决算前　　　　　　　　　　　B. 达到预定用途

C. 达到预定可销售状态前　　　　　　D. 达到预定可使用状态

三、判断题

1. 长期借款是小企业向银行或其他金融机构借入的期限在 1 年以上(含 1 年)的各项借款本金。　　　　　　　　　　　　　　　　　　　　　　　　(　　)

2. 小企业借入长期借款,在应付利息日,应当按照借款本金和借款合同利率计提利息费用。　　　　　　　　　　　　　　　　　　　　　　　　　　　　(　　)

3. 根据企业所得税法实施条例规定,小企业为购置或建造固定资产、无形资产和经过 1 年以上(含 1 年)才能达到可销售状态的存货发生借款费用的,在有关资产购置或建造期间发生的合理的借款费用,应当作为资本性支出计入有关资产的成本。　　(　　)

4. 小企业融资租入固定资产,在租赁期开始日,按照租赁合同约定的付款总额和在签订租赁合同过程中发生的相关税费等计入"长期应付款"科目的贷方。　　(　　)

5. 小企业融资租入的固定资产,以租赁合同约定的付款总额和承租人在签订租赁合同过程中发生的相关费用为计税基础,租赁合同未约定付款总额的,以该资产的公允价值和承租人在签订租赁合同过程中发生的相关费用为计税基础。　　　　(　　)

6. 如果小企业长期借款没有合同或协议约定的付息日期,则不需要预提利息费用。　　　　　　　　　　　　　　　　　　　　　　　　　　　　　　　　(　　)

7. 小企业长期借款利息费用的计提时点既不是资产负债表日也不是实际支付利息日,而是借款合同所约定的应付利息日。　　　　　　　　　　　　　　　　(　　)

8. 小企业相关借款所发生的存款利息,停止资本化之前,应冲减资产成本。　(　　)

四、业务题

1. A 小企业为建造厂房,于 2020 年 1 月 1 日向工商银行借入 3 年期借款 800 000 元,年利率 7%,每年年初分期归还借款利息,到期一次还本。款项已存入银行。该工程于第 2 年末竣工并办理结算。

要求:根据以上资料,编制相关业务的会计分录。

2.甲小企业为建造一幢厂房,于 2020 年 1 月 1 日借入期限为 2 年的长期借款 2 000 000 元,借款已存入银行,借款利率为 9%,每年付息一次,期满后一次还清本金。2020 年 1 月 1 日,以银行存款支付工程价款共计 1 200 000 元,2020 年银行年末存款结息 6 000 元。2021 年 1 月 1 日,又以银行存款支付工程费用 800 000 元。该厂房于 2021 年 8 月底完工,交付使用,并办理了竣工结算手续。

要求:根据上述业务编制有关会计分录。

第十章 所有者权益

【学习目标】

1. 了解实收资本的相关规定；

2. 熟悉实收资本的计量、资本公积的来源及用途、本年利润的结转；

3. 掌握实收资本增减变动的核算、资本公积的核算、盈余公积的来源与用途及核算、分配利润（股利）或亏损弥补的核算。

所有者权益，是指小企业资产扣除负债后由所有者享有的剩余权益。所有者权益不像负债那样需要偿还，除非小企业发生减资、清算，否则小企业不需要将所有者权益返还给其投资者。小企业清算时，优先偿还负债，所有者权益只有在负债得到偿还后才能偿还。所有者权益能够分享利润，是所有者对小企业资产的剩余索取权。

小企业的所有者权益包括：实收资本（或股本，下同）、资本公积、盈余公积和未分配利润。

第一节 实收资本与资本公积

一、实收资本

根据国务院《注册资本登记制度改革方案》（国发〔2014〕7号）规定，我国实行注册资本认缴登记制。公司股东认缴的出资总额或者发起人认购的股本总额（即公司注册资本）应当在工商行政管理机关登记。公司股东（发起人）应当对其认缴出资额、出资方式、出资期限等自主约定，并记载于公司章程。有限责任公司的股东以其认缴的出资额为限对公司承担责任，股份有限公司的股东以其认购的股份为限对公司承担责任。公司应当将股东认缴出资额或者发起人认购股份、出资方式、出资期限、缴纳情况通过市场主体信用信息公示系统向社会公示。公司股东（发起人）对缴纳出资情况的真实性、合法性负责。公司股东（发起人）应正确认识注册资本认缴的责任，理性作出认缴承诺，严格按照章程、协议约定的时间、数额等履行实际出资责任。

现行法律、行政法规以及国务院决定明确规定实行注册资本实缴登记制的小企业，在法律、行政法规以及国务院决定未修改前仍按原规定执行。

注册资本是公司在设立时筹集的、由章程载明的、经公司登记机关登记注册的资本，是股东认缴或认购的出资额。实收资本是公司成立时实际收到的股东的出资总额，是公司现实拥有的资本。由于公司认购股份以后，可以一次全部缴清，也可以分期缴纳，所以实收资本在某段时间内可能小于注册资本。

（一）公司法的相关规定

《中华人民共和国公司法》规定，公司股东（发起人）自主约定认缴出资额、出资方式、出资期限等，并记载于公司章程。

股东可以用货币出资，也可以用实物、知识产权、土地使用权等可以用货币估价并可以依法转让的非货币财产作价出资；但是，法律、行政法规规定不得作为出资的财产除外。对作为出资的非货币财产应当评估作价，核实财产，不得高估或者低估作价。法律、行政法规对评估作价有规定的，从其规定。

有限责任公司成立后，发现作为设立公司出资的非货币财产的实际价额显著低于公司章程所定价额的，应当由交付该出资的股东补足其差额。公司设立时的其他股东承担连带责任。

有限责任公司成立后，应当向股东签发出资证明书。出资证明书应当载明下列事项：公司名称；公司成立日期；公司注册资本；股东的姓名或者名称、缴纳的出资额和出资日期；出资证明书的编号和核发日期；出资证明书由公司盖章。

（二）实收资本的计量

实收资本的计量取决于投资者的出资方式。

（1）投资者以现金方式出资，应当按照其在小企业注册资本或股本中所占的份额确认实收资本，实际收到或存入小企业开户银行的金额超过小企业实收资本的部分，确认为资本公积。如果小企业接受外币现金出资，应当按照收到外币出资额当日的即期汇率（中间价）折算为人民币。不产生外币折算差额。

（2）投资者以非货币性资产方式出资，实收资本的金额按照投资合同协议或者公司章程的约定在小企业注册资本或股本中所占的份额确认，超过小企业实收资本的部分，确认为资本公积。至于非货币性资产的金额应当按照评估价值确定。

（三）实收资本增减变动的核算

1. 会计科目设置

小企业应设置"实收资本"科目核算其收到投资者按照合同协议约定或相关规定投入的、构成注册资本的部分。如果小企业为股份有限公司，应当将本科目的名称改为"3001 股本"科目。小企业收到投资者出资超过其在注册资本中所占份额的部分，作为资本溢价，在"资本公积"科目核算，不在"实收资本"科目核算。小企业收到投资者的出资，借记"银行存款""其他应收款""固定资产""无形资产"等科目，按照其在注册资本中所占的份额,贷记"实收资本"科目,按照其差额,贷记"资本公积"科目。根据有关规定增加注册资本,借记"银行存款""资本公积""盈余公积"等科目,贷记"实收资本"科目。根据有关规定减少注册资本,借记"实收资本""资本公积"等科目,贷记"库存现金""银行存款"等科目。本科目期末贷方余额,反映小企业实收资本总额。

2. 实收资本增加的处理

一般情况下,小企业的实收资本应相对固定不变,但在某些特定情况下(符合增资条件),实收资本也可能发生增减变化。小企业增加资本的途径主要有 3 种。

(1) 将资本公积转为实收资本。会计上应借记"资本公积"科目,贷记"实收资本"科目。

(2) 将盈余公积转为实收资本。在会计上应借记"盈余公积"科目,贷记"实收资本"科目。

(3) 所有者(包括小企业原有投资者和新投资者)投入。在会计上应借记"银行存款""固定资产""原材料"等科目,贷记"实收资本"科目。这里需要注意的是,如为有限责任公司新增加的投资者,如投入的资金大于按约定的投资比例计算的资金数额的差额,不应记入"实收资本"科目,而应记入"资本公积"科目。

【例 10-1】 甲小企业经股东会决议,从小企业积累的资本公积、盈余公积中分别拿出 100 000 元、80 000 元转增资本。该小企业由 A、B、C、D 4 个股东出资组建,股权比例分别为 50%、20%、20%、10%。根据上述资料,甲小企业应编制如下会计分录:

```
借:资本公积                                    100 000
   盈余公积                                     80 000
   贷:实收资本——A                                      90 000
          ——B                                      36 000
          ——C                                      36 000
          ——D                                      18 000
```

【例 10-2】 某有限责任小企业接到开户银行通知,收到其投资人投入现金 500 000 元存入银行。该项业务小企业应编制如下会计分录:

```
借:银行存款                                    500 000
   贷:实收资本                                          500 000
```

【例 10-3】 某有限责任小企业收到 B 股东资金 10 000 美元,协议约定汇价为 6.96 元,小企业收到现金当日汇率(以当日汇价作为记账汇价)6.99 元。该项业务小企业应编制如下会计分录:

```
借:银行存款——美元户(US$10 000×6.99)          69 900
   贷:实收资本(US$10 000×6.99)                       69 900
```

【例 10-4】 甲投资者为了占有乙小企业注册资本(100 万元)的 20% 的份额,投入 10 万元现金和一套生产线设备,该生产线设备投资评估价值为 100 万元,乙小企业已将现金收存银行,并已收到生产线设备。(假设不考虑增值税)根据上述资料,乙小企业应编制如下会计分录:

```
借:银行存款                                    100 000
   固定资产                                   1 000 000
```

　　贷:实收资本　　　　　　　　　　　　　　　　　　　　　　　　　200 000

　　　　资本公积　　　　　　　　　　　　　　　　　　　　　　　　　900 000

　　【例 10-5】　甲有限小企业于设立时收到乙公司作为资本投入的原材料一批,该批原材料中介机构评估价值为 113 000 元,含增值税发票中经认证可抵扣的增值税税额 13 000 元。乙公司已开具了增值税专用发票。假设评估价值与其在注册资本中所占的份额一致,该进项税额允许抵扣,不考虑其他因素,甲小企业应编制如下会计分录:

　　借:原材料　　　　　　　　　　　　　　　　　　　　　　　　　　100 000

　　　　应交税费——应交增值税(进项税额)　　　　　　　　　　　　13 000

　　　　贷:实收资本——B 公司　　　　　　　　　　　　　　　　　　113 000

　　3. 实收资本减少的处理

　　《公司法》规定,公司成立后,股东不得抽逃出资,所以小企业的实收资本一般情况下不能随意减少。实收资本减少的原因大体有两种:资本过剩;小企业发生重大亏损短期内无力弥补而需要减少实收资本。

　　小企业资本减少应符合相关条件,如减资应事先通知债权人,债权人无异议方允许减资;经股东会议同意,并经有关部门批准。投资者按规定转让出资的,应于有关的转让手续办理完毕时,将出让方所转让的投资,在投资者账户有关明细账及备查记录中转为受让方。

　　公司需要减少注册资本时,必须编制资产负债表及财产清单。公司应当自作出减少注册资本决议之日起 10 日内通知债权人,并于 30 日内在报纸上公告。债权人自接到通知书之日起 30 日内,未接到通知书的自公告之日起 45 日内,有权要求公司清偿债务或者提供相应的担保。

　　中外合作经营的小企业根据合同规定,在合作期间归还投资者的投资,实质上也是一种减资行为,应当减少实收资本,但又不同时减少注册资本。《小企业会计准则》规定,中外合作经营小企业根据合同规定在合作期间归还投资者的投资,应在"实收资本"科目下设置"已归还投资"明细科目进行核算。中外合作经营小企业根据合同规定在合作期间归还投资者的投资,应当按照实际归还投资的金额,借记"实收资本"科目(已归还投资),贷记"银行存款"等科目;同时,借记"利润分配——利润归还投资"科目,贷记"盈余公积——利润归还投资"科目。

　　【例 10-6】　某小企业按法定程序,经批准减少实收资本 500 000 元,全部价款已用银行存款支付。根据上述业务,小企业应编制如下会计分录:

　　借:实收资本　　　　　　　　　　　　　　　　　　　　　　　　　500 000

　　　　贷:银行存款　　　　　　　　　　　　　　　　　　　　　　　500 000

二、资本公积

　　资本公积,是指小企业收到的投资者出资额超过其在注册资本或股本中所占份额的部分。资本公积是指由投资者投入但不能构成实收资本,或从其他来源取得,由所有者享有的资金,它属于所有者权益的范畴。资本公积由全体投资人享有,资本公积在转增资本时,按各个股东在实收资本中所占的投资比例计算的金额,分别转增各个股东的投资金额。资本公积与盈余公积不同,盈余公积是从净利润中取得的,而资本公积的形成有其特定的来源,与小企业的净利润无关。

（一）公司法的相关规定

公司的公积金用于弥补公司的亏损、扩大公司生产经营或者转为增加公司资本。但是,资本公积金不得用于弥补公司的亏损。法定公积金转为资本时,所留存的该项公积金不得少于转增前公司注册资本的 25%。

（二）资本公积的来源与用途

资本公积与实收资本虽然都属于所有者权益,但两者又有区别。实收资本是投资者对小企业的投入,并通过资本的投入谋求一定的经济利益;而资本公积有特定来源,主要由投资者投入但不构成实收资本,由所有投资者共同享有的资金。某些来源形成的资本公积,并不需要由原投资者投入,也并不一定需要谋求投资回报。外币投入资本,应以收到外币当日的即期汇率记账,不会产生外币资本折算差额。除非出现外币资本折算后金额超过其在注册资本中所占份额,超过部分应计入资本公积。

资本公积主要用于转增资本金,但资本公积不得用于弥补亏损。

涉税法规链
接及提示

（三）资本公积的核算

小企业应设置"资本公积"科目核算小企业收到投资者出资超出其在注册资本中所占份额的部分。小企业收到投资者的出资,借记"银行存款""其他应收款""固定资产""无形资产"等科目,按照其在注册资本中所占的份额,贷记"实收资本"科目,按照其差额,贷记"资本公积"科目。根据有关规定用资本公积转增资本,借记"资本公积"科目,贷记"实收资本"科目。根据有关规定减少注册资本,借记"实收资本""资本公积"科目等科目,贷记"库存现金""银行存款"等科目。"资本公积"科目期末贷方余额,反映小企业资本公积总额。

【例 10-7】 甲有限责任公司有两位投资者投资 200 000 元设立,每人各出资 100 000 元。1 年后,为扩大经营规模,经批准,甲有限责任公司注册资本增加到 300 000 元,并引入第 3 位投资者加入。按照投资协议,新投资者需缴入现金 110 000 元,同时享有该公司三分之一的股份。A 有限责任公司已收到该现金投资。假定不考虑其他因素,甲有限责任公司的会计分录如下:

借:银行存款 110 000
　　贷:实收资本 100 000
　　　　资本公积 10 000

【例 10-8】 因扩大经营规模需要,经批准,甲小企业按原出资比例（A 和 B 为 6∶4）将资本公积 100 000 元转增资本。甲小企业会计分录如下:

借:资本公积 100 000
　　贷:实收资本——A 60 000
　　　　　　　——B 40 000

第二节　留存收益

　　小企业盈利扣除按国家规定上交的所得税后,一般称为净利润。净利润可以按照协议、合同、小企业章程或有关规定,在小企业所有者之间进行分配,作为所有者投资所得,也可以为了扩充小企业实力追加投资,或出于以盈抵亏、预先做准备的考虑,或出于某些特定目的,为集体福利设施做准备等,将其中一部分留下来不做分配,这部分留在小企业的净利润与小企业所有者投入的资金属性一致,均为所有者权益,在会计上一般统称为留存收益。留存收益主要包括盈余公积和未分配利润(或未弥补亏损)两部分。小企业根据国家有关规定和企业章程、投资者协议等,对企业当年可供分配的利润进行分配。可供分配利润等于当年实现的净利润加上年初未分配利润(或:减年初未弥补亏损)加上其他转入。

　　利润分配的顺序依次是:(1)提取法定盈余公积;(2)提取任意盈余公积;(3)向投资者分配利润。未分配利润是经过弥补亏损、提取法定盈余公积、提取任意盈余公积和向投资者分配利润等利润分配之后剩余的利润,它是小企业留待以后年度进行分配的历年结存的利润。相对于所有者权益的其他部分来说,企业对于未分配利润的使用有较大的自主权。

一、盈余公积

　　盈余公积是小企业按规定从净利润中提取的企业积累资金。公司制企业的盈余公积包括法定盈余公积和任意盈余公积。

(一)公司法的相关规定

　　《公司法》规定,公司分配当年税后利润时,应当提取利润的10％列入公司法定公积金。公司法定公积金累计额为公司注册资本的50％以上的,可以不再提取。

　　公司的法定公积金不足以弥补以前年度亏损的,在依照前款规定提取法定公积金之前,应当先用当年利润弥补亏损。公司从税后利润中提取法定公积金后,经股东会或者股东大会决议,还可以从税后利润中提取任意公积金。

　　股东会、股东大会或者董事会违反规定,在公司弥补亏损和提取法定公积金之前向股东分配利润的,股东必须将违反规定分配的利润退还公司。公司持有的本公司股份不得分配利润。

　　公司的公积金用于弥补公司的亏损、扩大公司生产经营或者转为增加公司资本。但是,资本公积金不得用于弥补公司的亏损。

(二)盈余公积的来源

　　盈余公积来源于小企业实现的净利润。

1. 法定公积金

　　小企业应当按照当年税后利润的10％提取法定公积金。

2. 任意公积金

小企业按照税后利润提取法定公积金后,经股东会或者股东大会决议,还可以从税后利润中提取任意公积金。提取的具体比例由小企业自行确定。

（三）盈余公积的用途

1. 用于弥补亏损

企业所得税法规定,小企业发生亏损时,准予向以后年度结转,用以后年度的所得弥补,但结转年限最长不超过5年。经过5年期间未能足额弥补的,可以用小企业税后利润弥补。公司制小企业经股东会或者股东大会批准,也可以用盈余公积金弥补公司的亏损。

2. 转增资本

小企业经股东会或者股东大会批准,可以按照股东原有持股比例用盈余公积金转增资本。但要注意,法定公积金转为资本时,所留存的该项公积金不得少于转增前公司注册资本的25%。

3. 扩大企业生产经营

盈余公积是小企业所有者权益的重要组成部分,也是小企业生产经营的重要资金来源。小企业用盈余公积来扩大企业生产经营,不需要进行专门的账务处理。

（四）盈余公积的核算

小企业应设置"盈余公积"科目核算小企业（公司制）按照公司法规定在税后利润中提取的法定公积金和任意公积金。小企业（外商投资）按照法律规定在税后利润中提取储备基金和企业发展基金在"盈余公积"科目下分别"储备基金""企业发展基金"进行明细核算。本科目应当分别"法定盈余公积""任意盈余公积"进行明细核算。小企业（中外合作经营）根据合同规定在合作期间归还投资者的投资,应在"盈余公积"科目下设置"利润归还投资"明细科目进行核算。"盈余公积"科目期末贷方余额,反映小企业（公司制）的法定公积金和任意公积金总额,小企业（外商投资）的储备基金和企业发展基金总额。

（1）小企业（公司制）按照公司法规定提取法定公积金和任意公积金,借记"利润分配——提取法定盈余公积、提取任意盈余公积"科目,贷记"盈余公积——法定盈余公积、任意盈余公积"科目。

小企业（外商投资）按照规定提取储备基金、企业发展基金、职工奖励及福利基金,借记"利润分配——提取储备基金、提取企业发展基金、提取职工奖励及福利基金"科目,贷记"盈余公积——储备基金、企业发展基金""应付职工薪酬"科目。

（2）用盈余公积弥补亏损或者转增资本,借记"盈余公积"科目,贷记"利润分配——盈余公积补亏"或"实收资本"科目。

小企业（中外合作经营）根据合同规定在合作期间归还投资者的投资,应当按照实际归还投资的金额,借记"实收资本——已归还投资"科目,贷记"银行存款"等科目;同时,借记"利润分配——利润归还投资"科目,贷记"盈余公积——利润归还投资"科目。

涉税法规链接及提示

【例10-9】 某小企业2020年实现净利润500 000元,小企业董事会于2021年1月31日根据公司章程提出小企业上年利润分配方案,拟对当年实现净利润进行分配。经股东大会批准的利润分配方案为:提取法定盈余公积 50 000 元;提取任意盈余公积 25 000 元;分配利润 300 000 元。根据董事会提出的利润分配方案,小企业应编制如下会计分录:

借:利润分配——提取法定盈余公积   50 000

      ——提取任意盈余公积   25 000

      ——应付利润   300 000

  贷:盈余公积——法定盈余公积   50 000

      ——任意盈余公积   25 000

    应付利润   300 000

【例 10-10】 某小企业以前年度累计未弥补亏损 50 000 元,按照规定,已超过了以税前利润弥补亏损的期限。本年小企业董事会批准,以盈余公积全额弥补以前年度未弥补亏损。会计分录如下:

借:盈余公积   50 000

  贷:利润分配——盈余公积补亏   50 000

【例 10-11】 经批准,甲小企业在本期将任意盈余公积 40 000 元用于转增资本。会计分录如下:

借:盈余公积——任意盈余公积   40 000

  贷:实收资本   40 000

【例 10-12】 中外合资小企业甲公司按合作协议从税后利润中拿出 500 000 元返还外商合作者乙公司。甲公司用银行存款实际归还时的会计分录如下:

借:实收资本——已归还投资   500 000

  贷:银行存款   500 000

同时:

借:利润分配——利润归还投资   500 000

  贷:盈余公积——利润归还投资   500 000

【例 10-13】 M 企业为外商投资企业,2020 年税后利润为 45 000 元,根据公司章程规定,分别按照税后利润的 5%、10% 和 5% 提取储备基金、企业发展基金和职工奖励及福利基金。其会计分录如下:

借:利润分配——提取储备基金   2 250

      ——提取企业发展基金   4 500

      ——提取职工奖励及福利基金   2 250

  贷:盈余公积——储备基金   2 250

      ——企业发展基金   4 500

    应付职工薪酬   2 250

二、未分配利润

未分配利润,是指小企业实现的净利润,经过弥补亏损、提取法定公积金和任意公积金、向投资者分配利润后,留存在本企业的、历年结存的利润。

（一）本年利润的结转

小企业在月末结转利润时,应将"主营业务收入""其他业务收入""营业外收入"科目的余额,转入"本年利润"科目,借记"主营业务收入""其他业务收入""营业外收入"科目,贷记"本年利润"科目;将"主营业务成本""其他业务成本""税金及附加""销售费用""管理费用""财务费用""营业外支出""所得税费用"科目的余额,转入"本年利润"科目,借记"本年利润"科目,贷记"主营业务成本""其他业务成本""税金及附加""销售费用""管理费用""财务费用""营业外支出""所得税费用"科目。将"投资收益"科目的贷方余额,转入"本年利润"科目,借记"投资收益"科目,贷记"本年利润"科目;如为借方余额,做相反的会计分录。结转后"本年利润"科目的贷方余额为当期实现的净利润;借方余额为当期发生的净亏损。

年度终了,小企业应当将本年收入和支出相抵后结出的本年实现的净利润,转入"利润分配"科目,借记"本年利润"科目,贷记"利润分配——未分配利润"科目;如为净亏损,做相反的会计分录。结转后"本年利润"科目应无余额。

（二）分配利润（股利）或亏损弥补

未分配利润是小企业留待以后年度进行分配的结存利润,也是小企业所有者权益的组成部分。相对于所有者权益的其他部分来说,小企业对于未分配利润的使用分配有较大的自主权。从数量上来说,未分配利润是期初未分配利润,加上本期实现的税后利润,减去提取的各种盈余公积和分出利润后的余额。未分配利润有两层含义,一是留待以后年度处理的利润;二是未指定特定用途的利润。

在会计核算上,未分配利润是通过"利润分配"科目下设置"未分配利润"明细科目进行核算的。小企业在生产经营过程中取得的收入和发生的成本费用,最终通过"本年利润"科目进行归集,计算出当年盈利,然后转入"利润分配——未分配利润"科目进行分配,其结存于"利润分配——未分配利润"科目的贷方余额,则为未分配利润;如为借方余额,则为未弥补亏损。年度终了,再将"利润分配"科目下的其他明细科目(盈余公积补亏、提取法定盈余公积、提取任意盈余公积、应付利润)的余额,转入"未分配利润"明细科目。结转后,"未分配利润"明细科目的贷方余额,就是未分配利润的数额;如出现借方余额,则表示未弥补亏损的数额。

小企业发生的亏损可以用以后年度实现的税前利润弥补。在以税前利润弥补以前年度亏损的情况下,小企业当年实现的利润自"本年利润"科目转入"利润分配——未分配利润"科目,将本年实现的利润结转到"利润分配——未分配利润"科目的贷方,其贷方发生额与"利润分配——未分配利润"的借方余额自然抵补。因此,以当年实现净利润弥补以前年度结转的未弥补亏损时,不需要进行专门的账务处理。

由于未弥补亏损形成的时间长短不同等原因,以前年度未弥补亏损有的可以以当年实现的税前利润弥补,有的则须用税后利润弥补以税后利润弥补亏损,也不需要进行专门的账务处理,以税前利润还是以税后利润弥补亏损,不同的只是两者计算交纳所得税时的处理不同。在以税前利润弥补亏损的情况下,其弥补的数额可以抵减当期小企业应纳税所得额,而以税后利润弥补的数额,则不能作为纳税所得扣除处理。

【例 10-14】　某小企业 2019 年发生亏损 1 200 000 元。在年度终了时,小企业应当结转本年发生的亏损,编制如下会计分录:

借:利润分配——未分配利润　　　　　　　　　　　　　　1 200 000
　　贷:本年利润　　　　　　　　　　　　　　　　　　　　　　　1 200 000

假设 2020 年至 2024 年,该小企业每年均实现利润 200 000 元。按照现行税法规定,小企业在发生亏损以后的 5 年内可以以税前利润弥补亏损。小企业在 2020 年至 2024 年均可在税前弥补亏损。此时,该小企业在 2020 年至 2024 年年度终了时,均应编制如下会计分录:

借:本年利润　　　　　　　　　　　　　　　　　　　　　　200 000
　　贷:利润分配——未分配利润　　　　　　　　　　　　　　　　200 000

按照上述会计处理的结果,2024 年"利润分配——未分配利润"账户期末余额为借方余额 200 000 元,即 2024 年末未弥补亏损 200 000 元。假设该小企业 2025 年实现税前利润 400 000 元,按现行制度规定,该小企业只能用税后利润弥补以前年度亏损。在 2025 年年度终了时,该小企业首先应当按照当年实现的税前利润计算交纳当年应负担的所得税,然后再将当期扣除计算交纳的所得税后的净利润转入"利润分配"科目。在本例中,假设该小企业适用的所得税税率为 25%,小企业在 2025 年年度计算交纳所得税时,其纳税所得额为 400 000 元,当年应交纳的所得税税额为 100 000 元(400 000×25%)。根据上述资料,该小企业应编制如下会计分录:

(1) 计算交纳所得税(假设不考虑其他调整事项):

借:所得税费用　　　　　　　　　　　　　　　　　　　　　100 000
　　贷:应交税费——应交所得税　　　　　　　　　　　　　　　　100 000

借:本年利润　　　　　　　　　　　　　　　　　　　　　　100 000
　　贷:所得税费用　　　　　　　　　　　　　　　　　　　　　　100 000

(2) 结转本年利润,弥补以前年度未弥补亏损:

借:本年利润　　　　　　　　　　　　　　　　　　　　　　300 000
　　贷:利润分配——未分配利润　　　　　　　　　　　　　　　　300 000

(3) 上述核算的结果,该小企业 2025 年"利润分配——未分配利润"科目的期末贷方余额为 100 000 元(−200 000＋300 000)。

【例 10-15】　B 小企业年初未分配利润为 0,本年实现净利润 200 000 元,本年提取法定盈余公积 20 000 元,宣告发放现金股利 80 000 元。假定不考虑其他因素,B 企业会计分录如下:

(1) 结转本年利润时:

借:本年利润　　　　　　　　　　　　　　　　　　　　　　200 000
　　贷:利润分配——未分配利润　　　　　　　　　　　　　　　　200 000

(2) 提取法定盈余公积、宣告发放现金股利时:

借:利润分配——提取法定盈余公积　　　　　　　　　　　　20 000
　　　　　　——应付利润　　　　　　　　　　　　　　　　　80 000
　　贷:盈余公积——法定盈余公积　　　　　　　　　　　　　　　20 000
　　　　应付利润　　　　　　　　　　　　　　　　　　　　　　80 000

同时，

借：利润分配——未分配利润　　　　　　　　　　　　100 000
　　贷：利润分配——提取法定盈余公积　　　　　　　　　20 000
　　　　　　　　——应付利润　　　　　　　　　　　　80 000

练习题

一、单项选择题

1. 小企业收到投资者出资超过其在注册资本中所占份额的部分,应通过"(　　)"科目核算。

　　A. 资本公积　　　　　B. 盈余公积　　　　　C. 实收资本　　　　　D. 未分配利润

2. 甲小企业年初未分配利润为 10 万元,盈余公积 4 万元。本年净利润为 100 万元,按 10% 计提法定盈余公积,按 10% 计提任意盈余公积。该企业期末留存收益的金额为(　　)万元。

　　A. 80　　　　　　　B. 94　　　　　　　C. 100　　　　　　　D. 114

3. 小企业(中外合作经营)根据合同规定在合作期间归还投资者的投资,应当按照实际归还投资的金额,借记"实收资本——已归还投资"科目,贷记"银行存款"等科目;同时,借记"利润分配——利润归还投资"科目,贷记"(　　)"科目。

　　A. 资本公积　　　　　　　　　　　B. 盈余公积——利润归还投资

　　C. 实收资本　　　　　　　　　　　D. 未分配利润

4. 关于实收资本,下列说法错误的是(　　)。

　　A. 实收资本是指投资者按照合同协议约定或相关规定投入到小企业、构成小企业注册资本的部分

　　B. 实收资本在一般情况下无须偿还,可以长期周转使用

　　C. 小企业根据有关规定增加注册资本,应贷记"实收资本"科目

　　D. 小企业收到投资者的出资,按照其在注册资本中所占的份额,贷记"实收资本"科目

5. 小企业将"本年利润"科目和"利润分配"科目下的其他有关明细科目的余额转入"未分配利润"明细科目后,"未分配利润"明细科目的贷方余额,就是(　　)。

　　A. 当年实现的净利润　　　　　　　B. 累计留存收益

　　C. 累计实现的净利润　　　　　　　D. 累计未分配的利润数额

6. 小企业根据有关规定用资本公积转增资本,应借记"资本公积"科目,贷记"(　　)"科目。

　　A. 银行存款　　　　　B. 盈余公积　　　　　C. 实收资本　　　　　D. 未分配利润

7. 小企业经股东大会或类似机构决议,用资本公积转增资本时,应冲减(　　)。

　　A. 资本公积　　　　　B. 实收资本　　　　　C. 留存收益　　　　　D. 未分配利润

8. 关于盈余公积,下列说法中错误的是(　　)。

　　A. 盈余公积是指小企业按照法律规定在税后利润中提取的法定公积金和任意公积金

B. 小企业(外商投资)按照法律规定在税后利润中提取储备基金、企业发展基金和职工奖励及福利基金通过"盈余公积"科目核算

C. 小企业用盈余公积弥补亏损或者转增资本,应当冲减盈余公积

D. 小企业的盈余公积可以用于扩大生产经营

二、多项选择题

1. 所有者权益的来源包括(　　　　)。

A. 投资者投入企业的资本

B. 投资者投入企业的资本超过注册资本中所占份额的部分

C. 小企业按照法律规定在税后利润中提取的法定公积金和任意公积金

D. 未分配利润

2. 小企业"利润分配"科目的核算内容包括(　　　　)。

A. 企业利润的分配　　　　　　　　B. 企业亏损的弥补

C. 历年分配后的未分配利润　　　　D. 历年弥补后的未弥补亏损

3. 关于资本公积,下列说法正确的有(　　　　)。

A. 资本公积由全体股东享有,其形成有其特定的来源,与企业的净利润无关

B. 小企业用资本公积转增资本,应当冲减资本公积

C. 小企业的资本公积可以用于弥补亏损

D. 资本公积是指小企业收到投资者出资超出其在注册资本中所占份额的部分

4. 下列各项,构成小企业留存收益的有(　　　　)。

A. 资本溢价　　　　B. 未分配利润　　　　C. 任意盈余公积　　　　D. 法定盈余公积

5. 下列关于盈余公积的会计分录,正确的有(　　　　)。

A. 小企业用盈余公积弥补亏损时:

借:盈余公积

　　贷:利润分配——盈余公积补亏

B. 小企业用盈余公积转增资本时:

借:盈余公积

　　贷:实收资本

C. 小企业(外商投资)按照规定提取职工奖励及福利基金:

借:利润分配——提取职工奖励及福利基金

　　贷:盈余公积——职工奖励及福利基金

D. 小企业(外商投资)按照规定提取储备基金:

借:利润分配——提取储备基金

　　贷:盈余公积——储备基金

三、判断题

1. 小企业收到投资者出资超过其在注册资本中所占份额的部分,作为资本溢价,通过"实收资本"科目核算。　　　　　　　　　　　　　　　　　　　　　　(　　　)

2. 投资者投入的资本,不得变动。　　　　　　　　　　　　　　　　(　　　)

3. 小企业接受外币资本投资,应按合同约定的汇率折算为实收资本。　(　　　)

4. 资本公积和盈余公积均可用来弥补亏损。　　　　　　　　　　　　(　　　)

5. 小企业用利润弥补亏损,无须单独做账务处理。　　　　　　　　　　（　　）

6. 小企业用资本公积转增资本,无须做账务处理。　　　　　　　　　　（　　）

7. 小企业的盈余公积不得用于弥补亏损。　　　　　　　　　　　　　　（　　）

8. 小企业用盈余公积转增资本或弥补亏损,均不影响所有者权益总额的变化。

　　　　　　　　　　　　　　　　　　　　　　　　　　　　　　　　（　　）

9. 小企业在非日常活动中形成的利得都应直接增加资本公积。　　　　　（　　）

10. 小企业用以后年度的税前利润弥补亏损时,应借记"本年利润"科目,贷记"利润分配——其他转入"科目。　　　　　　　　　　　　　　　　　　　　　　　（　　）

四、业务题

1. A 小企业 2020 年 1 月 1 日由甲、乙两个投资者各出资 200 000 元成立。10 月 30 日资本公积贷方余额 4 000 元。11 月 1 日甲、乙决定吸收丙、丁两位新投资者加入 A 企业。经有关部门批准后,A 企业实施增资,将注册资本增加到 800 000 元。经四方协商,一致同意,完成下述投入后,各占 A 企业 1/4 的股份。各投资者的出资情况如下:

(1) 投资者丙以 360 000 元投入 A 小企业,11 月 11 日收到款项并存入银行;

(2) 投资者丁以一批原材料投入 A 小企业作为增资,开具的经论证增值税专用发票注明价款 320 000 元,税款 41 600 元。

要求:(1) 编制 A 小企业 11 月份发生业务的会计分录;

(2) 计算资本公积的期末余额。

2. 甲小企业 2020 年度的有关资料如下:

(1) 年初未分配利润为 30 万元,本年利润总额为 90 万元,适用的企业所得税税率为 25%。经查,甲小企业当年营业外支出中有 10 万元为税款滞纳金及罚款,投资收益中有 2 万元为国债利息收入。除此之外,不存在其他纳税调整因素。

(2) 按税后利润的 10% 提取法定盈余公积。

(3) 提取任意盈余公积 7 万元。

(4) 向投资者分配利润 30 万元。

要求:计算甲小企业本期应纳所得税,并编制上述业务的会计分录。

第十一章　收入与费用

【学习目标】

1. 了解收入与费用的特点、劳务的范围和概念、费用的范围和概念；

2. 熟悉费用的确认和计量及核算、销售商品收入的计量及账务处理；

3. 掌握销售商品收入的确认条件、不同销售方式下销售商品收入的确认时点、一般销售业务和特殊销售业务的核算、劳务与服务收入的确认和计量及账务处理。

第一节　收入与费用概述

收入，是指小企业在日常生产经营活动中形成的、会导致所有者权益增加、与所有者投入资本无关的经济利益的总流入。包括销售商品收入、提供劳务与销售服务收入。费用，是指小企业在日常生产经营活动中发生的、会导致所有者权益减少、与向所有者分配利润无关的经济利益的总流出。

一、收入的特点

（一）是小企业在日常活动中形成的

收入从小企业的日常活动中产生，而不是从偶发的交易或事项中产生。农业小企业生产和销售农产品、工业和商业小企业销售产品和商品、咨询小企业提供咨询服务、软件开发小企业为客户开发软件、安装小企业提供安装服务、仓储小企业提供货物仓储服务、餐饮小企业提供快餐服务、租赁小企业出租资产、物业管理小企业向业主提供物业服务等活动，均属于小企业为完成其经营目标所从事的经常性活动，由此形成的经济利益的总流入构成收入。工业企业对外出售不需用的原材料、对外转让无形资产使用权等活动，虽不属于小企业的经常性活动，但属于经常性活动相关的活动，由此形成的经济利益的总流入也构成收入。

收入形成于小企业日常活动的特征使其与产生于非日常活动的利得相区分，例如，小企业处置固定资产、无形资产、因其他企业违约收取罚款等，源于日常活动以外的活动所形成的收益，通常称作利得。利得是小企业边缘性或偶发性交易或事项的结果，属于那种不经过经营过程就能取得或不曾期望获得的收益。

（二）能导致所有者权益的增加

收入形成的经济利益总流入的形式多种多样，既可能表现为资产的增加，如增加银行存款、应收账款；也可能表现为负债的减少，如减少预收账款；还可能表现为两者的组合，如销售实现时，部分冲减预收账款，部分增加银行存款。收入能增加资产或减少负债或者二者兼而有之。因此，根据"资产－负债＝所有者权益"的公式，小企业取得收入一定能增加所有者权益。但收入扣除相关成本费用的净额，则可能增加所有者权益，也可能减少所有者权益。这里仅指收入本身导致的所有者权益的增加，而不是指收入扣除相关成本费用后的毛利对所有者权益的影响。收入只包括本小企业经济利益的流入，不包括为第三方或客户代收的款项，如小企业代国家收取增值税、旅行社代客户购买门票、飞机票而收取票款，等等。代收的款项，一方面增加企业的资产，一方面增加企业的负债，因此不增加企业的所有者权益，也不属于小企业的经济利益，不能作为本企业的收入。

（三）是与所有者投入资本无关的经济利益总流入

收入导致经济利益流入小企业，总流入表现为毛收入，不是净额的概念，不需要扣除费用。所有者投入资本主要是为谋求享有企业资产的剩余权益，由此形成的经济利益的总流入不构成收入，而应确认为小企业所有者权益的组成部分。

小企业根据不同的标准可以对收入进行不同的分类。按收入产生的来源，可以分为销售商品收入和提供劳务与服务收入两类。按小企业经营业务的主次分类，可分为主营业务收入和其他业务收入。不同行业的主营业务收入所包括的内容不同。例如，工业企业的主营业务收入主要包括销售商品、自制半成品、代制品、代修品、提供工业性劳务等取得的收入；商品流通企业的主营业务收入主要包括销售商品所取得的收入。主营业务收入一般占企业收入的比重较大，对企业的经济效益产生较大的影响。其他业务收入一般占企业收入的比重较小，主要包括包装物出租收入等。在会计核算中，对经常性、主要业务所产生的收入应单独设置"主营业务收入"科目核算，对非经常性、兼营业务交易所产生的收入应单独设置"其他业务收入"科目核算。

涉税法规链接及提示

二、费用的特点

（一）是小企业在日常活动中发生的经济利益的总流出

日常活动是指小企业为完成其经营目标所从事的经常性活动以及与之相关的其他活动。如工业小企业制造并销售产品、流通小企业购买并销售商品、咨询小企业提供咨询服务、软件开发小企业为客户开发软件、安装小企业提供安装服务、租赁小企业出租资产等活动中发生的经济利益的总流出构成费用。工业小企业对外出售不需用的原材料结转的材料成本等,也构成费用。

费用形成于小企业日常活动的特征使其与产生于非日常活动的损失相区分。小企业从事或发生的某些活动或事项也能导致经济利益流出企业,但不属于小企业的日常活动。例如,企业处置固定资产或无形资产、因违约支付罚款、对外捐赠、因自然灾害等非常原因造成财产毁损等,这些活动或事项形成的经济利益的总流出属于小企业的损失而不是费用。

(二) 会导致小企业所有者权益的减少

费用既可能表现为资产的减少,如减少银行存款、库存商品等;也可能表现为负债的增加,如增加应付职工薪酬、应交税费(应交消费税等)等。根据"资产－负债＝所有者权益"的会计等式,费用一定会导致企业所有者权益的减少。实际工作中的某些支出并不减少小企业的所有者权益,如小企业以银行存款偿还一项负债,只是资产和负债的等额减少,对所有者权益没有影响,不构成小企业的费用。

(三) 与向所有者分配利润无关

向所有者分配利润或股利属于小企业利润分配的内容,不构成小企业的费用。

小企业的费用包括营业成本、税金及附加、销售费用、管理费用、财务费用等。

涉税法规链
接及提示

第二节　销售商品收入

销售商品收入,是指小企业销售商品取得的收入。这里的"商品"是一个宽泛的概念,既包括流通企业销售的商品,也包括工业企业生产和销售的产成品、代制品、代修品以及小企业销售的其他构成存货的资产,如原材料、周转材料(包装物、低值易耗品)、消耗性生物资产。这里"销售商品收入"与企业所得税法中的"销售货物收入"在构成上一致。

一、销售商品收入的确认条件

《小企业会计准则》规定,通常情况下,小企业应当在发出商品且收到货款或取得收款权利时,确认销售商品收入。这一确认条件,表明小企业销售商品收入的确认应同时符合两个条件,发出商品(物权转移)和收到货款或取得收款权利(财权转移)。发出商品通常指小企业将所售商品交付给购买方,但所售商品是否离开企业并不是发出商品的必要条件,如果小企业已经完成销售手续,发票已经开出,货款已经收到,提货单已经交给购买方,不管商品是否被购买方提取,都应作为发出商品处理。

二、不同销售方式下销售商品收入的确认时点

《企业所得税法》与《小企业会计准则》的规定相同,销售货物所得均按照交易活动发

生地确认。这里所谓的交易活动发生地,主要指销售货物行为发生的场所,通常是销售企业的营业机构,在送货上门的情况下为购货单位或个人的所在地,还可以是买卖双方约定的其他地点。

(一)采用现金、支票、汇兑、信用证等方式销售商品

采用现金、支票、汇兑、信用证、支付宝、微信等方式销售商品,由于不存在承付问题,因此在商品办完发出手续时(即发出商品时)确认收入实现。在这种销售方式下,发出商品是收入确认的标志。

(二)采取预收款方式销售商品

预收款销售方式,是指购买方在商品尚未收到前按合同或协议约定分期付款,销售方在收到最后一笔款项时才交货的销售方式。在这种方式下,销售方直到收到最后一笔款项才将商品交付购货方,表明商品所有权在收到最后一笔款项时已转移给购货方,因此,小企业通常应在发出商品时确认收入,在此之前预收的货款应确认为负债(预收账款)。在这种销售方式下,发出商品是收入确认的标志。

(三)采用分期收款方式销售商品

分期收款销货是指在较长的时间内按合同规定期限分期收取货款的销售方式。企业所得税法规定,以分期收款方式销售货物的,按照合同约定的收款日期确认收入的实现。按照合同约定的收款日期确认收入的实现,这其实是对权责发生制原则的一个例外,接近于收付实现制原则,主要是出于纳税必要资金的考虑。准则考虑到在整个回收期内企业确认的收入总额是一致的,同时考虑到与增值税政策的衔接,小企业会计准则规定对分期收款销售货物的,按照合同或协议约定的金额确认销售收入金额。在这种销售方式下,合同约定的收款日期是收入确认的标志。

(四)需要安装和检验的商品销售

销售需要安装或检验的商品,如果小企业尚未完成售出商品的安装或检验工作,且安装或检验工作是销售合同或协议的重要组成部分,在商品实物交付时不确认收入,待购买方接受商品以及安装和检验完毕时确认收入。如果安装程序比较简单或检验是为了最终确定合同或协议价格而必须进行的程序,小企业可以在发出商品时确认收入。在这种销售方式下,完成安装或检验是收入确认的标志。

(五)采用支付手续费方式委托代销商品

采用支付手续费方式委托代销商品是指委托方和受托方签订合同或协议,委托方根据代销商品数量向受托方支付手续费的销售方式。在这种方式下,受托方不确认商品销售收入,只按照代销数量收取一定的手续费收入。委托方在发出商品时,不知道受托方能否将商品销售出去,销售多少。所以委托方在发出商品时通常不应确认销售商品收入,而应在收到受托方开出的代销清单时(受托方已经明确销售的数量、金额)确认收入;受托方应在商品销售后,按合同或协议约定的方法计算确定的手续费确认收入。在这种销售方式下,收到受托方开出的代销清单是收入确认的标志。

(六) 以旧换新销售商品

以旧换新销售商品是指小企业在销售自己货物的同时,有偿收回与所售商品相同或相似的旧货物的销售方式。在这种方式下,小企业应将销售与回收分别处理:销售的商品按照常规的销售确认收入,回收的商品作为商品(或材料)采购处理。在这种销售方式下,发出新商品和取得旧商品是收入确认的标志。

涉税法规链接及提示

(七) 采取产品分成方式销售商品

产品分成是多家企业在合作进行生产经营的过程中,合作各方对合作生产出的产品按照约定进行分配,并以此作为生产经营收入的一种方式。由于产品分成是一种以实物代替货币作为收入的,而产品的价格又随着市场供求关系而波动,因此只有在分得产品的时刻确认收入的实现,才能够体现生产经营的真实所得。这一确认收入实现的标准,也是对权责发生制原则的一个例外。

《小企业会计准则》规定了产品分成的收入额的确定标准,即采取产品分成方式取得的收入,在分得产品之日按照产品的市场价格或评估价值确定销售商品收入金额。

涉税法规链接及提示

(八) 附有销售退回条件的商品销售

附有销售退回条件的商品销售,是指购买方依照有关协议有权退货的销售方式。在这种销售方式下,如果小企业能够按照以往的经验对退货的可能性作出合理的估计的,应当在发出商品时,将估计不会发出退货的部分确认收入,估计可能发生退货的部分,不确认销售收入也不结转成本,单独设置"1406 发出商品"科目反映存货减少;如果小企业不能合理地确定退货的可能性,则在售出商品的退货期满时确认收入。

(九) 非货币性资产交换、偿债、工程和管理等部门领用商品

小企业非货币性资产交换、偿债以及将货物用于捐赠、偿债、赞助、集资、广告、样品、职工福利和利润分配等用途。均为小企业与外部发生的交易,应视同销售货物,并按照上述规定确认收入。

涉税法规链接及提示

小企业的在建工程、管理部门等内部部门领用小企业所生产的产成品、原材料等,应当作为小企业内部发生的不同资产之间的相互交换事项,不应确认收入,应当按照成本进行结转。

三、销售商品收入的计量及账务处理

小企业应当按照从购买方已收或应收的合同或协议价款,确定销售商品收入金额。

(一) 一般销售业务的核算

一般销售业务主要是小企业经常发生的销售业务,如采用现金、支票、汇兑、信用证、支付宝、微信等方式销售,采用分期收款销售,预收款方式销售等,这几种销售方式下,小

企业应按照《小企业会计准则》规定的时点确认收入,并结转成本。

【例 11-1】 甲小企业向 A 小企业销售产品 30 件,每件售价 500 元(不含应向购买者收取的增值税),单位成本 300 元。甲小企业已按合同发货,并以银行存款代垫运杂费 300 元。货款尚未到。该产品的增值税税率为 13%,消费税税率为 8%,应交城市维护建设税 84 元,应交教育费附加 36 元。甲小企业已开出增税专用发票。假如 A 小企业和甲小企业均为增值税一般纳税人。则甲小企业应编制如下会计分录:

(1)实现主营业务收入时:

借:应收账款	17 250
贷:主营业务收入	15 000
应交税费——应交增值税(销项税额)	1 950
银行存款	300

(2)结转主营业务成本时:

借:主营业务成本	9 000
贷:库存商品	9 000

(3)计算税金及附加时:

借:税金及附加	1 320
贷:应交税费——应交消费税	1 200
——应交城市维护建设税	84
——应交教育费附加	36

【例 11-2】 2020 年 5 月 20 日,甲小企业(实行简易计税)采用委托收款结算方式销售一批商品,根据双方协议甲小企业已经发出商品,并办妥收款手续。增值税专用发票上注明的售价 60 000 元,增值税税额 1 800 元,代垫运杂费 300 元。该批商品的成本为 45 000 元。甲小企业应编制如下会计分录:

(1)发出商品并办妥收款手续时:

借:应收账款	62 100
贷:主营业务收入	60 000
应交税费——简易计税	1 800
银行存款	300

(2)结转销售成本时:

借:主营业务成本	45 000
贷:库存商品	45 000

【例 11-3】 甲小企业为增值税一般纳税人,适用的增值税税率为 13%。2020 年 6 月 1 日采用分期收款方式对外销售 A 设备一台。合同规定,设备售价 500 000 元,分 5 次等额收取,合同约定每年的付款日期为当年 6 月 1 日,并在设备发出支付第 1 期货款。货已发出,第 1 期货款已收存银行。该设备的实际生产成本为 300 000 元。甲小企业应编制如下会计分录:

(1)6 月 1 日,发出商品时在备查簿登记库存商品减少 300 000 元。或者在"库存商品"科目下设置"库存""发出"等明细科目核算。

(2)每年 6 月 1 日:

借:银行存款(或应收账款)	113 000	
贷:主营业务收入		100 000
应交税费——应交增值税(销项税额)		13 000

同时,结转商品成本＝300 000÷500 000×100 000＝60 000(元)

借:主营业务成本	60 000	
贷:库存商品		60 000

【例 11-4】 甲小企业为增值税一般纳税人,适用的增值税税率为 13%。2020 年 5 月 3 日,甲小企业与乙小企业签订协议,采用预收款方式销售一批商品给乙小企业,该批商品的销售价格为 1 000 000 元(不含增值税税额)。协议规定,乙企业应于协议签订之日预付 60% 的货款(按销售价格计算),剩下的部分于 7 月 31 日付清。

假定:(1)5 月 3 日,甲小企业已收到乙企业预付的款项;(2)7 月 31 日,甲小企业收到乙企业支付的剩余货款及增值税税额,并将该批商品交付给了乙企业;(3)该批产品的实际成本为 700 000 元。

甲小企业应编制的会计分录如下:

(1)5 月 3 日,收到乙企业的预付款时:

借:银行存款	600 000	
贷:预收账款		600 000

(2)7 月 31 日,收到剩余的货款及增值税税额:

借:预收账款	600 000	
银行存款	530 000	
贷:主营业务收入		1 000 000
应交税费——应交增值税(销项税额)		130 000

同时,结转商品成本:

借:主营业务成本	700 000	
贷:库存商品		700 000

(二)特殊销售业务的核算

1.收取手续费方式委托代销

收取手续费方式,即受托方根据所代销的商品数量向委托方收取手续费的销售方式。受托方收取的手续费属于劳务收入。这种方式的主要特点是,受托方通常应按照委托方规定的价格销售,不得自行改变售价。在这种代销方式下,委托方应在收到受托方交付的商品代销清单时确认销售商品收入;受托方则按应收取的手续费确认收入。

【例 11-5】 甲小企业委托丙公司销售商品 200 件,商品已经发出,每件成本为 60 元。合同约定丙公司应按每件 100 元(不含税价,增值税税率 13%)对外销售,甲小企业按售价的 10% 向丙公司支付手续费。丙公司对外实际销售 100 件,开出的增值税专用发票上注明的销售价格为 10 000 元,增值税税额为 1 300 元,款项已经收到。甲小企业收到丙公司开具的代销清单时,向丙公司开具一张相同金额的增值税专用发票。假定:甲小企业发出商品时纳税义务尚未发生;甲企业采用实际成本核算,丙公司采用进价核算代销商品;相关专用发票已经认证。

涉税法规链接及提示

（1）甲小企业的会计分录如下：

① 发出商品时：

借：委托代销商品　　　　　　　　　　　　　　　　　　　　　　12 000

　　贷：库存商品　　　　　　　　　　　　　　　　　　　　　　　　12 000

② 收到代销清单时：

借：应收账款　　　　　　　　　　　　　　　　　　　　　　　　11 300

　　贷：主营业务收入　　　　　　　　　　　　　　　　　　　　　　10 000

　　　　应交税费——应交增值税（销项税额）　　　　　　　　　　　 1 300

借：主营业务成本　　　　　　　　　　　　　　　　　　　　　　 6 000

　　贷：委托代销商品　　　　　　　　　　　　　　　　　　　　　　 6 000

借：销售费用　　　　　　　　　　　　　　　　　　　　　　　　　885

　　应交税费——应交增值税（进项税额）　　　　　　　　　　　　　115

　　贷：应收账款　　　　　　　　　　　　　　　　　　　　　　　　 1 000

$$代销手续费金额＝10\ 000×10\%＝1\ 000（元）$$

③ 收到丙公司支付的货款时：

借：银行存款　　　　　　　　　　　　　　　　　　　　　　　　10 300

　　贷：应收账款　　　　　　　　　　　　　　　　　　　　　　　　10 300

（2）丙公司的会计分录如下：

① 收到商品时：

借：受托代销商品　　　　　　　　　　　　　　　　　　　　　　20 000

　　贷：受托代销商品款　　　　　　　　　　　　　　　　　　　　　20 000

② 对外销售时：

借：银行存款　　　　　　　　　　　　　　　　　　　　　　　　11 300

　　贷：应付账款　　　　　　　　　　　　　　　　　　　　　　　　10 000

　　　　应交税费——应交增值税（销项税额）　　　　　　　　　　　 1 300

③ 收到增值税专用发票时：

借：应交税费——应交增值税（进项税额）　　　　　　　　　　　 1 300

　　贷：应付账款　　　　　　　　　　　　　　　　　　　　　　　　 1 300

同时：

借：受托代销商品款　　　　　　　　　　　　　　　　　　　　　10 000

　　贷：受托代销商品　　　　　　　　　　　　　　　　　　　　　　10 000

④ 支付货款并计算代销手续费时：

借：应付账款　　　　　　　　　　　　　　　　　　　　　　　　11 300

　　贷：银行存款　　　　　　　　　　　　　　　　　　　　　　　　10 300

　　　　其他业务收入　　　　　　　　　　　　　　　　　　　　　　　885

　　　　应交税费——应交增值税（销项税额）　　　　　　　　　　　　115

2. 视同买断

视同买断方式的代销指由委托方和受托方签订协议，委托方按协议价收取所代销的货款,实际售价可由受托方自定,实际售价与协议价之间的差额归受托方所有的销售方式。在这种销售方式下,受托方将商品销售后,应按实际售价确认销售收入,并向委托方开具代销清单。委托方收到代销清单时,确认本企业的销售收入。

【例 11-6】 甲小企业委托乙小企业销售甲商品 100 件,合同价为 100 元/件,该商品成本 60 元/件,增值税率 13%。甲小企业收到乙企业开来的代销清单时开具增值税发票,发票上注明售价 10 000 元,增值税税额 1 300 元。乙企业实际销售时开具的增值税专用发票上注明售价 12 000 元,增值税税额 1 560 元。

(1) 甲小企业应编制会计分录如下:

① 甲小企业发出商品时:

借:委托代销商品   6 000

    贷:库存商品   6 000

② 甲小企业收到代销清单时:

借:应收账款——乙企业   11 300

    贷:主营业务收入   10 000

        应交税费——应交增值税(销项税额)   1 300

同时结转成本:

借:主营业务成本   6 000

    贷:委托代销商品   6 000

③ 收到乙企业汇来的货款时:

借:银行存款   11 300

    贷:应收账款——乙企业   11 300

(2) 乙企业应编制会计分录如下:

① 收到甲商品时:

借:受托代销商品   10 000

    贷:受托代销商品款   10 000

② 实际销售商品时:

借:银行存款   13 560

    贷:主营业务收入   12 000

        应交税费——应交增值税(销项税额)   1 560

同时结转成本:

借:主营业务成本   10 000

    贷:受托代销商品   10 000

借:受托代销商品款   10 000

    贷:应付账款——甲企业   10 000

③ 按合同协议价将款项付给甲企业时:

借:应付账款——甲企业   10 000

    应交税费——应交增值税(进项税额)   1 300

    贷:银行存款   11 300

3. 销售退回

销售退回,是指小企业售出的商品,由于质量、品种不符合要求等原因而发生的退货。销售退回应分别不同情况进行处理:

(1) 未确认收入的已发出商品的退回。此种销售退回的处理比较简单,只需在"库存商品"备查登记簿核销,不进行账务处理。

(2) 小企业已经确认收入的售出商品销售退回的,不论是本年度还是以前年度销售的商品,均应冲减退回当期的销售商品收入、销售成本。小企业发生的销售退回,按应冲减的销售收入,借记"主营业务收入"科目,按开具的红字增值税专用发票中允许扣减当期销项税额的增值税税额,借记"应交税费——应交增值税(销项税额)"科目,按已付或应付的金额,贷记"应收账款""银行存款""应付账款"等科目。按退回商品的成本,借记"库存商品"科目,贷记"主营业务成本"科目。如果该项销售已发生现金折扣,应在退回当月一并处理。

涉税法规链接及提示

【例 11-7】 某工业生产小企业 2020 年 12 月份销售甲产品 100 件,单位售价 14 元,单位销售成本 10 元。该批产品于 2021 年 5 月份因质量问题发生退货 10 件,货款已经退回。该企业 2021 年 5 月份销售甲产品 150 件,单位销售成本 11 元。该产品的增值税税率 13%,假如该小企业为增值税一般纳税人,销售退回的增值税已取得有关证明。相关会计分录如下:

(1) 2021 年 5 月份发生销售退回时,根据红字增值税专用发票:

借:主营业务收入   140
   应交税费——应交增值税(销项税额)   18.20
   贷:银行存款   158.20

(2) 在计算退回产品的成本时可以采用两种方法:

① 当月销售数量中扣除已退回产品的数量。

$$2021 年 5 月份实际销售甲产品的数量 = 150 - 10 = 140(件)$$

$$2021 年 5 月份实际销售甲产品的成本 = 140 \times 11 = 1\,540(元)$$

结转 5 月份主营业务成本:

借:主营业务成本   1 540
   贷:库存商品   1 540

② 单独计算本月退回产品的成本,退回产品的销售成本按照退回月份的成本计算。

$$2021 年 5 月份销售甲产品的实际成本 = 150 \times 11 = 1\,650(元)$$

结转 5 月份销售产品成本:

借:主营业务成本   1 650
   贷:库存商品   1 650

$$2021 年 5 月份退回产品的实际成本 = 10 \times 11 = 110(元)$$

借:库存商品   110
   贷:主营业务成本   110

4. 现金折扣、商业折扣与销售折让

现金折扣是指债权人鼓励债务人在规定的期限内付款,而向债务人提供的债务扣除。小企业会计准则要求小企业采用总价法对现金折扣进行会计处理,即小企业在确定销售商品收入金额时,不考虑各种预计可能发生的现金折扣,现金折扣在实际发生时计入当期财务费用。因此,现金折扣不影响销售商品收入的计量。商业折扣是销货方给购货方提供的一种优惠,不构成最终成交价格的一部分,因此商业折扣也不影响销售商品收入的计量。销售折让是指小企业因售出商品的质量不合格等原因在售价上给予的减让。小企业已经确认销售商品收入的售出商品发生的销售折让,不论此销售业务发生在本年度还是以前年度,均应当在该笔折让实际发生时冲减当期(当月)的销售商品收入。

【例 11-8】 某小企业销售一批商品,增值税发票上注明的售价 60 000 元,增值税税额 7 800 元,货到后买方发现商品质量不合格,要求在价格上给予 5% 的折让。相关会计分录如下:

(1)在销售实现时:

借:应收账款	67 800
贷:主营业务收入	60 000
应交税费——应交增值税(销项税额)	7 800

(2)在发生销售折让时:

借:主营业务收入	3 000
应交税费——应交增值税(销项税额)	390
贷:应收账款	3 390

(3)在实际收到款项时:

借:银行存款	64 410
贷:应收账款	64 410

5. 商品需要安装和检验的销售

商品需要安装和检验的销售,是指售出的商品需要经过安装、检验等过程的销售方式。在这种销售方式下,购买方在接受交货以及安装和检验完毕前一般不应确认收入。但如果安装程序比较简单,或检验是为了最终确定合同价格而必须进行的程序,则可以在商品发出时,或在商品装运时确认收入。

涉税法规链接及提示

【例 11-9】 M 小企业为锅炉制造企业,2020 年 5 月 10 日与 B 企业签订协议,销售锅炉 2 台,增值税专用发票列明的价款 100 000 元,增值税税额 13 000 元。该锅炉生产成本 80 000 元。协议规定 M 企业负责上门安装,待政府相关检测部门检验合格后付清全部价款。当日 B 企业预付定金 20 000 元,M 企业已收存银行。相关会计分录如下:

(1)2020 年 5 月 10 日收到定金同时发出锅炉时:

借:银行存款	20 000
贷:预收账款	20 000
借:发出商品	80 000
贷:库存商品	80 000

(2)待政府相关检测部门检验合格后收到剩余价款:

借:银行存款	93 000

预收账款		20 000	
贷:主营业务收入			100 000
应交税费——应交增值税(销项税额)			13 000

同时:

| 借:主营业务成本 | 80 000 | |
| 贷:发出商品 | | 80 000 |

6. 分期收款销售

分期收款销售是指商品已经交付,货款分期收回的销售方式。小企业销售商品采用分期收款方式的,在合同约定的收款日期确认收入。

涉税法规链接及提示

【例 11-10】 2020 年 11 月 1 日,M 小企业采用分期收款销售方式销售产品一批,其售价为 30 000 元(不含增值税),该批产品成本为 18 000 元。合同约定分 3 个月于每月月末等额收取货款。假设每月都收到了货款和增值税款,并开具了增值税专用发票。该批产品适用的增值税税率为 13%。则 M 企业会计分录为:

(1) 2020 年 11 月底:

借:银行存款	11 300	
贷:主营业务收入		10 000
应交税费——应交增值税(销项税额)		1 300
借:主营业务成本	6 000	
贷:库存商品		6 000

(2) 2020 年 12 月底:

借:银行存款	11 300	
贷:主营业务收入		10 000
应交税费——应交增值税(销项税额)		1 300
借:主营业务成本	6 000	
贷:库存商品		6 000

(3) 2021 年 1 月底:

借:银行存款	11 300	
贷:主营业务收入		10 000
应交税费——应交增值税(销项税额)		1 300
借:主营业务成本	6 000	
贷:库存商品		6 000

第三节 劳务与服务收入

小企业提供劳务的收入,是指小企业从事建筑安装、修理修配、交通运输、仓储租赁、邮电通信、咨询经纪、文化体育、科学研究、技术服务、教育培训、餐饮住宿、中介代理、卫生保健、社区服务、旅游、娱乐、加工以及其他劳务服务活动取得的收入。销售服务收入是指小企业提供交通运输服务、邮政服务、电信服务、建筑服务、金融服务、现代服务、生活服务取得的收入。

一、劳务的范围

小企业会计准则所列举的提供劳务收入所涉及的行业也较为广泛,既包括工业,也包括第三产业等。具体的范围包括:①建筑安装;②修理修配;③交通运输;④仓储租赁;⑤邮电通信;⑥咨询经纪;⑦文化体育;⑧科学研究;⑨技术服务;⑩教育培训;⑪餐饮住宿;⑫中介代理;⑬卫生保健;⑭社区服务;⑮旅游;⑯娱乐;⑰加工。

二、销售服务的范围

《营业税改征增值税试点实施办法》规定,销售服务是指小企业提供交通运输服务、邮政服务、电信服务、建筑服务、金融服务、现代服务、生活服务。

(一)交通运输服务

交通运输服务是指小企业利用运输工具将货物或者旅客送达目的地,使其空间位置得到转移的业务活动。包括陆路运输服务、水路运输服务、航空运输服务和管道运输服务。

(二)邮政服务

邮政服务是指中国邮政集团公司及其所属邮政企业提供邮件寄递、邮政汇兑和机要通信等邮政基本服务的业务活动。包括邮政普遍服务、邮政特殊服务和其他邮政服务。

(三)电信服务

电信服务指利用有线、无线的电磁系统或者光电系统等各种通信网络资源,提供语音通话服务,传送、发射、接收或者应用图像、短信等电子数据和信息的业务活动。包括基础电信服务和增值电信服务。

(四)建筑服务

建筑服务指各类建筑物、构筑物及其附属设施的建造、修缮、装饰,线路、管道、设备、设施等的安装以及其他工程作业的业务活动。包括工程服务、安装服务、修缮服务、装饰服务和其他建筑服务。

(五)现代服务

现代服务指围绕制造业、文化产业、现代物流产业等提供技术性、知识性服务的业务活动。包括研发和技术服务、信息技术服务、文化创意服务、物流辅助服务、租赁服务、鉴证咨询服务、广播影视服务、商务辅助服务和其他现代服务。

(六)生活服务

生活服务指为满足城乡居民日常生活需求提供的各类服务活动。包括文化体育服务、教育医疗服务、旅游娱乐服务、餐饮住宿服务、居民日常服务和其他生活服务。

三、劳务与服务收入的确认和计量

涉税法规链
接及提示

小企业同一会计年度内开始并完成的劳务与服务,应当在提供劳务交易或销售服务完成且收到款项或取得收款权利时,确认提供劳务与销售服务收入。提供劳务与销售服务收入的金额为从接受劳务或服务方已收或应收的合同或协议价款。

(一)不跨会计年度劳务与服务收入的确认和计量

不跨会计年度劳务收入的确认需要同时满足两个条件:提供的劳务交易已经完成;收到款项或取得收款权利。由于不跨会计年度劳务与销售商品非常类似,只是提供商品的形态一个具有实物形态,一个不具有实物形态。因此提供劳务收入的金额与销售商品收入的计量完全相同,即提供劳务收入的金额为从接受劳务方已收或应收的合同或协议价款。

对于一次就能完成的劳务,企业应在提供劳务完成时确认收入及相关成本。对于持续一段时间但在同一会计期间内开始并完成的劳务,企业应在为提供劳务发生相关支出时确认劳务成本,劳务完成时再确认劳务收入,并结转相关劳务成本。

小企业销售服务可以参照提供劳务进行确认,具体可以按照销售服务增值税纳税义务发生时间来确认。《营业税改征增值税试点实施办法》规定,销售服务增值税纳税义务发生时间为:

(1)企业发生应税行为并收讫销售款项或者取得索取销售款项凭据的当天;先开具发票的,为开具发票的当天。收讫销售款项指小企业销售服务过程中或者完成后收到款项。取得索取销售款项凭据的当天,是指书面合同确定的付款日期;未签订书面合同或者书面合同未确定付款日期的,为服务完成的当天。

(2)企业提供建筑服务、租赁服务采取预收款方式的,其纳税义务发生时间为收到预收款的当天。

(3)企业从事金融商品转让的,为金融商品所有权转移的当天。

(4)企业向其他单位或者个人无偿提供服务(用于公益事业或者以社会公众为对象的除外)的,其纳税义务发生时间为服务完成的当天。

增值税扣缴义务发生时间为企业增值税纳税义务发生的当天。

【例11-11】 甲小企业于2020年5月1日接受一项维修任务,该维修任务可一次完成,合同总价款为9 040元(包含增值税税额1 040元),以银行存款支付安装成本6 000元。假定维修业务属于甲小企业的主营业务。甲小企业应在维修完成时编制如下会计分录:

借:银行存款	9 040	
贷:主营业务收入		8 000
应交税费——应交增值税(销项税额)		1 040
借:主营业务成本	6 000	
贷:银行存款等		6 000

若上述维修任务需花费一段时间(不超过本年度)才能完成,则应在为提供劳务发生有关支出时,借记"劳务成本"(小企业对外提供劳务,如果不同时进行产品生产,可以将"4001 生产成本"科目,改为"4001 劳务成本"科目)科目,贷记"银行存款"等科目。待安装完成确认所提供劳务收入并结转该项劳务总成本时:

借:银行存款　　　　　　　　　　　　　　　　　　　　9 040
　　贷:主营业务收入　　　　　　　　　　　　　　　　　8 000
　　　　应交税费——应交增值税(销项税额)　　　　　　1 040
借:主营业务成本　　　　　　　　　　　　　　　　　　6 000
　　贷:劳务成本　　　　　　　　　　　　　　　　　　　6 000

(二)跨会计年度劳务与服务收入的确认

跨会计年度的劳务与服务,通常是指小企业受托加工制造大型机械设备,以及从事建筑、安装、装配工程业务或者提供劳务与服务等,持续时间超过 12 个月。

小企业确定提供劳务与服务交易的完工进度,可以选用下列方法:已完工工作量的测量;已经提供的劳务(服务)占应提供劳务(服务)总量的比例;已经发生的成本占估计总成本的比例。

1. 已完工工作量的测量

这是一种比较专业的测量法,由专业测量师对已经完成的工作或工程进行测量,并按一定方法计算劳务(服务)的完成程度。该方法适用于一些特殊的劳务(服务)。需要指出的是,这种技术测量并不是由小企业自行随意测定,而应由专业人员现场进行科学测定。例如,某软件公司承接一笔软件设计项目,在资产负债表日,经专业人员现场测定,已完工作量已达合同总工作量的 80%。则该劳务的完工进度为 80%。

2. 已经提供的劳务(服务)占应提供劳务(服务)总量的比例

这种方法主要以劳务(服务)量为标准确定劳务(服务)的完成程度。用计算公式表示如下:

劳务(服务)完工进度＝已经完成的劳务(服务)工作量÷劳务(服务)预计总工作量×100%

【例 11-12】　某小企业签订了为期 3 年 1 000 小时的服务合同。该企业第 1 年服务了 300 小时,第 2 年服务了 400 小时。根据上述资料,计算该服务完工进度如下:

第 1 年劳务完工进度＝300÷1 000×100%＝30%

第 2 年劳务完工进度＝(300＋400)÷1 000×100%＝70%

3. 已经发生的成本占估计总成本的比例

该方法是确定劳务(服务)完工进度较常用的方法。用计算公式表示如下:

劳务(服务)完工进度＝累计实际发生的劳务(服务)成本÷预计劳务(服务)总成本×100%

【例 11-13】　某小企业签订了一项服务合同总金额为 100 万元(不含税价),合同规定的工期为 3 年。第 1 年,实际发生服务成本 30 万元,年末预计为完成服务尚需发生成本 52 万元;第 2 年,实际发生服务成本为 40 万元,年末预计为完成服务尚需发生成本 15 万元。根据上述资料,计算服务完工进度如下:

第 1 年服务完工进度＝30÷(30＋52)×100％＝37％

第 2 年服务完工进度＝(30＋40)÷(30＋40＋15)×100％＝82％

(三) 跨会计年度劳务与服务收入的计量

劳务(服务)的开始和完成分属不同会计年度的,应当按照完工进度确认提供劳务(服务)收入。年度资产负债表日,按照提供劳务(服务)收入总额乘以完工进度扣除以前会计年度累计已确认提供劳务(服务)收入后的金额,确认本年度的提供劳务(服务)收入;同时,按照估计的提供劳务(服务)成本总额乘以完工进度扣除以前会计年度累计已确认营业成本后的金额,结转本年度营业成本。即跨会计年度劳务(服务)收入使用完工百分比法进行计量。

完工百分比法,就是按照劳务(服务)的完成程度确认收入和结转成本的方法。用完工百分比法确认收入,当劳务(服务)的开始和完成分属不同的会计年度,为准确反映每一会计年度的收入、费用和利润情况,小企业应在资产负债表日按劳务(服务)的完成程度确认收入和结转成本。在这种方法下,确认的提供劳务(服务)收入金额能够提供各个会计期间关于提供劳务(服务)交易及其业绩的有用信息。

(1) 跨会计年度的劳务(服务)收入,只能在年度资产负债表日(12 月 31 日)确认本年度的提供劳务(服务)收入和结转本年度营业成本,平时不需要确认和结转。

(2) 提供劳务(服务)收入总额一般根据交易双方签订的合同或协议注明的交易总金额确定。提供劳务(服务)收入总额通常在合同或协议中规定了明确的金额,即合同金额。但也不排除随着劳务(服务)的提供可能会根据实际情况增加或减少交易总金额。这时小企业应及时调整劳务(服务)收入总额,如果调整的金额相对原合同金额比例较小(一般不超过 10％)也可以将调整金额直接计入最后一个会计年度的收入之中,不需要在不同会计年度之间进行重新分配。反之应将该调整金额在调整所在会计年度和以后剩余的会计年度之间进行重新分配。本年度提供劳务(服务)收入金额可按下列公式计算确定:

本年度确认的劳务(服务)收入金额＝提供劳务(服务)收入总额×截至本年末劳务(服务)的完工程度—以前年度已确认的提供劳务(服务)收入累计金额

(3) 结转劳务(服务)成本按照估计的提供劳务(服务)成本总额进行。提供劳务(服务)成本总额有两种估计方法:①在劳务(服务)开始提供之前,小企业根据有关因素确定的该劳务(服务)的概算成本。②按照至年度资产负债表日止已经实际发生的成本和完成劳务(服务)以后年度将要发生的成本来确定。其中"至年度资产负债表日止已经实际发生的成本"可以根据"生产成本"或"劳务成本"科目的借方发生额分析取得。无论采用哪一种方法确定劳务(服务)成本总额,不排除随着劳务(服务)的提供可能会根据实际情况增加或减少劳务(服务)成本额。这时小企业应及时调整劳务(服务)成本总额,如果调整的金额相对原合同金额比例较小(一般不超过 10％)也可以将调整金额直接计入最后一个会计年度的营业成本之中,不需要在不同会计年度之间进行重新分摊。反之应将该调整金额在调整所在会计年度和以后剩余的会计年度之间进行重新分摊。本年由提供劳务(服务)应结转营业成本的金额可按下列公式计算确定:

本年结转的营业成本金额＝估计的提供劳务(服务)成本总额×截至本年末劳务(服务)的完工程度－以前年度已结转的营业成本累计金额

(4) 由于小企业只能在年度资产负债表日(12月31日)确认本年度的提供劳务(服务)收入和结转本年度营业成本,平时不需要确认和结转。在会计年度中间的各个月份小企业可以采用"表结法"或称"调表不调账"法,即会计年度中间的各个月份可以按照当月收到的合同款项确认收入,计入"主营业务收入"或"其他业务收入"科目,当月发生的劳务(服务)成本计入"生产成本"或"劳务成本"科目,每个月向税务机关报送财务报表时,将当期实际发生的劳务(服务)成本,填入利润表的"营业成本"项目。这种做法保证了"劳务成本"科目统一归集小企业提供该劳务(服务)所发生的成本,能够全貌反映劳务(服务)成本,便于在年末使用完工百分比法计算确定本年度应结转的营业成本,即记入"主营业务成本"或"其他业务成本"科目的金额。但编制年度利润表时,应当做到"账表一致",即利润表中"营业收入"项目与"主营业务收入"(或"其他业务收入")科目的本年发生额一致,"营业成本"项目与"主营业务成本"(或"其他业务成本")科目的本年发生额一致。也就是说,从一个会计年度来看,"主营业务收入"(或"其他业务收入")科目记录的劳务(服务)收入金额与按照完工百分比法计算确定的金额完全相同。

(四) 跨会计年度劳务及服务收入的核算

1. 设置的会计科目

(1) "劳务成本"科目。核算小企业对外提供劳务(服务)发生的成本。本科目为成本类科目,借方归结发生各项劳务(服务)成本,贷方登记期末转入"主营业务成本"或"其他业务成本"的金额,期末借方余额,反映小企业尚未完成劳务(服务)的成本。

(2) "工程施工"科目。核算小企业(建筑业)实际发生的各种工程成本。本科目应按照建造合同项目分别"合同成本"和"间接费用"进行明细核算。小企业进行合同建造时发生的人工费、材料费、机械使用费以及施工现场材料的二次搬运费、生产工具和用具使用费、检验试验费、临时设施折旧费等其他直接费用,借记"工程施工"科目(合同成本),贷记"应付职工薪酬""原材料"等科目。

小企业发生的施工、生产单位管理人员职工薪酬、财产保险费、工程保修费、固定资产折旧费等间接费用,借记"工程施工"科目(间接费用),贷记"累计折旧""银行存款"等科目。期(月)末,将间接费用分配计入有关合同成本,借记"工程施工"科目(合同成本),贷记"工程施工"科目(间接费用)。确认合同收入和合同费用时,借记"应收账款""预收账款"等科目,贷记"主营业务收入"科目;按照应结转的合同成本,借记"主营业务成本"科目,贷记"工程施工"科目(合同成本)。本科目期末借方余额,反映小企业尚未完工的建造合同成本和合同毛利。

(3) "机械作业"科目。核算小企业(建筑业)及其内部独立核算的施工单位、机械站和运输队使用自有施工机械和运输设备进行机械作业(含机械化施工和运输作业等)所发生的各项费用。小企业及其内部独立核算的施工单位,从外单位或本企业其他内部独立核算的机械站租入施工机械发生的机械租赁费,在"工程施工"科目核算,不在本科目核算。本科目应按照施工机械或运输设备的种类等进行明细核算。小企业内部独立核算的机械施工、运输单位使用自有施工机械或运输设备进行机械作业所发生的各项费用,应按照成本核算对象和成本项目进行归集。成本项目一般分为职工薪酬、燃料及动力费、折旧及修理费、其他直接费用和间接费用(为组织和管理机械作业生产所发生的费用)。

小企业发生的机械作业支出,借记"机械作业"科目,贷记"原材料""应付职工薪酬""累计折旧"等科目。期(月)末,小企业及其内部独立核算的施工单位、机械站和运输队为本企业承包的工程进行机械化施工和运输作业的成本,应转入承包工程的成本,借记"工程施工"科目,贷记"机械作业"科目。对外单位、专项工程等提供机械作业(含运输设备)的成本,借记"生产成本(或劳务成本)"科目,贷记"机械作业"科目。本科目期末无余额。

2.核算举例

【例11-14】 甲小企业与Y小企业就某项技术专利的使用权达成如下协议:Y企业使用甲企业拥有的一项技术专利,每月向甲企业支付使用费3 180元(含税价,增值税税率6%),甲小企业负责初期培训工作。2020年10月,甲小企业发生培训支出2 300元。对上述业务,甲小企业应编制的会计分录为:

借:银行存款	3 180
贷:其他业务收入	3 000
应交税费——应交增值税(销项税额)	180
借:其他业务成本	2 300
贷:银行存款	2 300

【例11-15】 甲小企业向B企业转让其商品的商标使用权,合同规定每年年末付款,B企业每年年末按年销售收入的10%支付甲小企业使用费,使用期10年。假定第1年B企业销售收入500 000元(不含税价,增值税率6%),第2年销售收入150 000元(不含税价,增值税税率6%),这两年的使用费按期支付。

则甲小企业应按下列方法确认收入:

第1年年末应确认使用费收入=500 000×10%=50 000(元)

借:银行存款	53 000
贷:其他业务收入	50 000
应交税费——应交增值税(销项税额)	3 000

第2年年末应确认使用费收入=150 000×10%=15 000(元)

借:银行存款	15 900
贷:其他业务收入	15 000
应交税费——应交增值税(销项税额)	900

【例11-16】 A小企业于2020年11月受托为B企业培训一批学员,培训期为6个月,11月1日开学。双方签订的协议注明,B企业应支付培训费总额为60 000元(不含税价,增值税率6%),分3次支付,每期支付20 000元。第1次在开学期预付;第2次在2020年12月31日支付;第3次在培训结束时支付。假设A小企业已将预收的20 000元全部用于培训项目。B企业已在11月1日预付第1期款项,A小企业估计培训成本总额为40 000元。A小企业应编制如下会计分录:

(1) 2020 年 11 月 1 日,收到 B 企业预付的培训费时:

借:银行存款　　　　　　　　　　　　　　　　　　　　　21 200
　　贷:应收账款　　　　　　　　　　　　　　　　　　　　　20 000
　　　　应交税费——应交增值税(销项税额)　　　　　　　　 1 200

(2) A 小企业发生成本时:

借:劳务成本　　　　　　　　　　　　　　　　　　　　　　20 000
　　贷:应付职工薪酬等科目　　　　　　　　　　　　　　　　20 000

(3) 2020 年 12 月 31 日,计算劳务完成进度,确认收入并结转成本:

$$劳务完工进度＝20\,000÷40\,000×100\%＝50\%$$

$$应确认收入＝60\,000×50\%＝30\,000(元)$$

$$确认增值税＝20\,000×6\%＝1\,200(元)$$

$$应结转成本＝40\,000×50\%＝20\,000(元)$$

借:应收账款　　　　　　　　　　　　　　　　　　　　　　31 200
　　贷:主营业务收入　　　　　　　　　　　　　　　　　　　30 000
　　　　应交税费——应交增值税(销项税额)　　　　　　　　 1 200
借:主营业务成本　　　　　　　　　　　　　　　　　　　　20 000
　　贷:劳务成本　　　　　　　　　　　　　　　　　　　　　20 000

【例 11-17】　某咨询小企业于 2020 年 4 月 1 日与客户签订一项咨询合同,合同规定,咨询期 2 年,咨询费为 318 000 元(含税价,其中增值税税额 18 000 元),合同约定咨询费由客户分 3 次等额支付,第 1 次在项目开始时即 2020 年 4 月 1 日支付,第 2 次在项目中期即 2021 年 4 月 1 日支付,第 3 次在项目结束时 2022 年 4 月 1 日支付。估计总成本 180 000 元,2020 年、2021 年、2022 年发生的成本(假设均为咨询人员薪酬)分别为 70 000 元、90 000 元、20 000 元。假定成本估计十分准确,不会发生变化。此项劳务应按时间比例确定劳务的完成程度。该企业相关会计分录如下:

(1) 2020 年实际发生成本时:

借:劳务成本　　　　　　　　　　　　　　　　　　　　　　70 000
　　贷:银行存款、应付职工薪酬等　　　　　　　　　　　　　70 000

4 月 1 日预收账款时:

借:银行存款　　　　　　　　　　　　　　　　　　　　　 106 000
　　贷:应收账款　　　　　　　　　　　　　　　　　　　　100 000
　　　　应交税费——应交增值税(销项税额)　　　　　　　　 6 000

12 月 31 日,按完工百分比法确认收入:

$$劳务的完成程度＝9\,个月÷24\,个月＝37.5\%$$

$$确认收入＝300\,000×37.5\%－0＝112\,500(元)$$

$$结转成本＝180\,000×37.5\%－0＝67\,500(元)$$

借:应收账款　　　　　　　　　　　　　　　　　　　　　 112 500
　　贷:主营业务收入　　　　　　　　　　　　　　　　　　112 500

结转成本：

借：主营业务成本   67 500

  贷：劳务成本   67 500

（2）2021年实际发生成本时：

借：劳务成本   90 000

  贷：银行存款、应付职工薪酬等   90 000

4月1日收款时：

借：银行存款   106 000

  贷：应收账款   100 000

    应交税费——应交增值税（销项税额）   6 000

12月31日，按完工百分比法确认收入：

$$劳务的完成程度＝21个月÷24个月＝87.5\%$$

$$确认收入＝300\,000×87.5\%－112\,500＝150\,000（元）$$

$$结转成本＝180\,000×87.5\%－67\,500＝90\,000（元）$$

借：应收账款   150 000

  贷：主营业务收入   150 000

结转成本：

借：主营业务成本   90 000

  贷：劳务成本   90 000

（3）2022年实际发生成本时：

借：劳务成本   20 000

  贷：银行存款、应付职工薪酬等   20 000

（4）4月1日完工时，确认剩余收入：

借：应收账款   37 500

  贷：主营业务收入   37 500

结转成本：

借：主营业务成本   22 500

  贷：劳务成本   22 500

（5）4月1日，项目完工收到剩余款项时：

借：银行存款   106 000

  贷：应收账款   100 000

    应交税费——应交增值税（销项税额）   6 000

【例11-18】 某小企业于2020年11月1日接受一项产品安装任务，安装期3个月，合同总收入32 700元（含税价，其中增值税2 700元），11月1日已预收款项22 200元，实际发生成本14 000元（均为安装人员薪酬），估计还会发生6 000元。按实际发生的成本占估计总成本的比例确定劳务的完成程度。该企业相关会计分录如下：

$$实际发生的成本占估计总成本的比例＝14\,000÷（14\,000＋6\,000）×100\%＝70\%$$

$$2020年确认收入＝30\,000×70\%－0＝21\,000（元）$$

　　2020 年结转成本＝20 000×70％－0＝14 000(元)

应作分录：

(1) 实际发生成本时：

借：劳务成本　　　　　　　　　　　　　　　　　　14 000

　　贷：应付职工薪酬等　　　　　　　　　　　　　　　　　14 000

(2) 预收账款时：

借：银行存款　　　　　　　　　　　　　　　　　　21 800

　　贷：应收账款　　　　　　　　　　　　　　　　　　　　20 000

　　　　应交税费——应交增值税(销项税额)　　　　　　　　　1 800

(3) 12 月 31 日，确认收入：

借：应收账款　　　　　　　　　　　　　　　　　　21 000

　　贷：主营业务收入　　　　　　　　　　　　　　　　　　21 000

结转成本：

借：主营业务成本　　　　　　　　　　　　　　　　14 000

　　贷：劳务成本　　　　　　　　　　　　　　　　　　　　14 000

　　【例 11-19】　丙建筑公司(小企业)签订了一项合同总金额为 1 090 000 元(含税价，其中增值税 90 000 元)的固定造价合同，合同规定的工期为 3 年。假定经计算，第 1 年完工进度为 30％，第 2 年完工进度已达 80％，合同约定按照工程进度于每年末支付款项。经测定，前两年的合同预计总成本均为 800 000 元。第 3 年工程全部完成，累计实际发生合同成本 750 000 元。丙建筑公司的会计分录如下：

　　(1) 第 1 年小企业进行合同建造时发生的人工费 100 000 元、材料费 90 000 元等直接费用，发生固定资产折旧费 40 000 元等间接费用。平时的会计分录如下：

借：工程施工——合同成本　　　　　　　　　　　　190 000

　　贷：应付职工薪酬　　　　　　　　　　　　　　　　　　100 000

　　　　原材料　　　　　　　　　　　　　　　　　　　　　90 000

借：工程施工——间接费用　　　　　　　　　　　　40 000

　　贷：累计折旧　　　　　　　　　　　　　　　　　　　　40 000

借：工程施工——合同成本　　　　　　　　　　　　40 000

　　贷：工程施工——间接费用　　　　　　　　　　　　　　40 000

　　第 1 年 12 月 31 日，确认的合同收入＝1 000 000×30％＝300 000(元)，结转的合同成本＝800 000×30％＝240 000(元)

借：应收账款　　　　　　　　　　　　　　　　　　300 000

　　贷：主营业务收入　　　　　　　　　　　　　　　　　　300 000

借：主营业务成本　　　　　　　　　　　　　　　　240 000

　　贷：工程施工——合同成本　　　　　　　　　　　　　　240 000

12 月 31 日，收到款项时：

借：银行存款　　　　　　　　　　　　　　　　　　327 000

　　贷：应收账款　　　　　　　　　　　　　　　　　　　　300 000

　　　　应交税费——应交增值税(销项税额)　　　　　　　　　27 000

（2）第 2 年小企业进行合同建造时发生的人工费、材料费、折旧费等直接和间接费用的账务处理省略。12 月 31 日，确认的合同收入＝1 000 000×80％－300 000＝500 000（元），结转的合同成本＝800 000×80％－240 000＝400 000（元）

借：应收账款　　　　　　　　　　　　　　　　　500 000
　　贷：主营业务收入　　　　　　　　　　　　　　　　500 000
借：主营业务成本　　　　　　　　　　　　　　　400 000
　　贷：工程施工——合同成本　　　　　　　　　　　　400 000

12 月 31 日，收到款项时：

借：银行存款　　　　　　　　　　　　　　　　　545 000
　　贷：应收账款　　　　　　　　　　　　　　　　　　500 000
　　　　应交税费——应交增值税（销项税额）　　　　　45 000

（3）第 3 年小企业进行合同建造时发生的人工费、材料费、折旧费等直接和间接费用的账务处理省略。12 月 31 日，确认的合同收入＝1 000 000－300 000－500 000＝200 000（元），结转的合同成本＝750 000－240 000－400 000＝110 000（元）

借：应收账款　　　　　　　　　　　　　　　　　200 000
　　贷：主营业务收入　　　　　　　　　　　　　　　　200 000
借：主营业务成本　　　　　　　　　　　　　　　110 000
　　贷：工程施工——合同成本　　　　　　　　　　　　110 000

收到剩余款项时：

借：银行存款　　　　　　　　　　　　　　　　　218 000
　　贷：应收账款　　　　　　　　　　　　　　　　　　200 000
　　　　应交税费——应交增值税（销项税额）　　　　　18 000

（五）同时销售商品和提供劳务（服务）的处理

小企业与其他企业签订的合同或协议包含销售商品和提供劳务（服务）时，如销售商品的同时负责运输、销售软件后继续提供技术支持、设计产品同时负责生产产品等。销售商品部分和提供劳务（服务）部分能够区分且能够单独计量的，应当将销售商品的部分作为销售商品处理，将提供劳务（服务）的部分作为提供劳务（服务）处理。销售商品部分和提供劳务（服务）部分不能够区分，或虽能区分但不能够单独计量的，应当作为销售商品处理，涉及增值税的按照纳税主营业务确定税率或征收率。

涉税法规链接及提示

【例 11-20】　甲小企业与乙公司签订合同，向乙公司销售一部电梯并负责安装。甲企业销售价款合计为 2 000 000 元（不含税价，电梯销售增值税税率 13％，安装服务增值税税率 9％），其中电梯销售价格为 1 950 000 元，安装费为 50 000 元，电梯的成本为 1 200 000 元；电梯安装过程中发生安装费 31 000 元，均为安装人员薪酬。假定电梯已经安装完成并经验收合格，款项已收到。甲企业的会计分录如下：

（1）电梯发出，结转成本 1 200 000 元时：

借：发出商品　　　　　　　　　　　　　　　　　1 200 000
　　贷：库存商品　　　　　　　　　　　　　　　　　　1 200 000

（2）实际发生安装费用 31 000 元时：

借:劳务成本——安装劳务　　　　　　　　　　　　　　　　31 000

　　贷:应付职工薪酬　　　　　　　　　　　　　　　　　　　　　31 000

（3）确认销售电梯收入和提供劳务收入，合计 2 000 000 元：

借:应收账款——乙公司　　　　　　　　　　　　　　　　2 203 500

　　贷:主营业务收入——电梯　　　　　　　　　　　　　　　1 950 000

　　　应交税费——应交增值税（销项税额）　　　　　　　　　253 500

借:应收账款——乙公司　　　　　　　　　　　　　　　　　54 500

　　贷:其他业务收入——电梯安装　　　　　　　　　　　　　　50 000

　　　应交税费——应交增值税（销项税额）　　　　　　　　　　4 500

（4）结转销售商品成本 1 200 000 元和安装成本 31 000 元时：

借:主营业务成本——电梯　　　　　　　　　　　　　　　1 200 000

　　贷:发出商品——电梯　　　　　　　　　　　　　　　　　1 200 000

借:其他业务成本——安装服务　　　　　　　　　　　　　　31 000

　　贷:劳务成本——安装服务　　　　　　　　　　　　　　　　31 000

假如上例甲小企业没有将电梯销售和安装服务分别核算，则开出的增值税专用发票上注明的价款合计为 2 000 000 元，其中电梯销售价格为 1 950 000 元，安装费为 50 000 元，增值税税额为 260 000 元。其他均同上。则甲企业的会计分录如下：

（1）电梯发出结转成本 1 200 000 元时：

借:发出商品　　　　　　　　　　　　　　　　　　　　　1 200 000

　　贷:库存商品　　　　　　　　　　　　　　　　　　　　　1 200 000

（2）实际发生安装费用 31 000 元时：

借:劳务成本——安装劳务　　　　　　　　　　　　　　　　31 000

　　贷:应付职工薪酬　　　　　　　　　　　　　　　　　　　　31 000

（3）确认销售电梯收入和提供劳务收入合计 2 000 000 元时：

借:应收账款——乙公司　　　　　　　　　　　　　　　　2 260 000

　　贷:主营业务收入——电梯　　　　　　　　　　　　　　　1 950 000

　　　　　　　　——安装劳务　　　　　　　　　　　　　　　50 000

　　　应交税费——应交增值税（销项税额）　　　　　　　　　260 000

（4）结转销售商品成本 1 200 000 元和安装成本 31 000 元时：

借:主营业务成本——电梯　　　　　　　　　　　　　　　1 200 000

　　贷:发出商品——电梯　　　　　　　　　　　　　　　　　1 200 000

借:主营业务成本——安装服务　　　　　　　　　　　　　　31 000

　　贷:劳务成本——安装服务　　　　　　　　　　　　　　　　31 000

第四节　费　用

一、费用的范围

小企业的费用包括:营业成本、税金及附加、销售费用、管理费用、财务费用和所得税费用等。本节主要阐述前几项费用,所得税费用见第十二章第二节。

（一）营业成本

营业成本是指小企业所销售商品的成本和所提供劳务的成本。

营业成本是小企业计算企业所得税应纳税所得额的重要项目。小企业"营业成本"的内涵等同于企业所得税法中"成本"的概念。是指小企业在生产经营活动中发生的销售成本、销货成本、业务支出以及其他耗费。

（1）销售成本。主要是针对以制造业为主的生产性企业而言。生产性小企业在生产产品过程中,将耗费产品所需的原材料、直接人工以及耗费在产品上的辅助材料、物料等,都属于销售成本的组成部分。

（2）销货成本。主要是针对以商业企业为主的流通性企业而言。流通性小企业本身并不直接制造可见的成品,而是通过向生产性企业购买成品或者经过简单包装、处理就能出售的产品,通过购入价与售出价的差额等,来获取相应的利润。所以,此类小企业的成本主要是所销售货物的成本,而所销售的货物是购置于生产性企业,应以购买价（包括了生产性企业所获取的利润）为主体部分,加上可直接归属于销售货物所发生的支出,就是销货成本。

（3）业务支出。主要是针对服务业企业而言的成本概念。服务业小企业提供的服务往往是无形的劳务,虽然在提供服务过程中也可能需要一定的辅助材料,但是它必须借助于服务业企业特有的人工或者技术,所以服务业小企业的成本就称为业务支出,以区别于制造业企业和商业企业,它的成本主要包括提供服务过程中直接耗费的原材料、服务人员的工资、薪金等直接可归属于服务的其他支出。

（4）其他耗费。这是一个兜底的规定,保证企业发生的与取得收入有关、合理的支出得以税前扣除。它适用于销售成本、销货成本和业务支出,凡是企业生产产品、销售商品、提供劳务等过程中耗费的直接相关支出,如果没有列入费用的范畴,则将被允许列入成本的范围,准予税前扣除。

（二）税金及附加

税金及附加,是指小企业开展日常生产经营活动应负担的消费税、城市维护建设税、资源税、土地增值税、城镇土地使用税、房产税、车船税、印花税、环境保护税和教育费附加等。

（1）税金及附加指小企业生产经营活动中除企业所得税、增值税以外的各种税金及附加,企业所得税在"所得税费用"中反映,增值税通过"应交税费"及其相关明细科目反映。

（2）税金及附加通常反映小企业与税务机关或财政部门之间的关系,但小企业向税务机关交纳的税收滞纳金及罚款不属于税金及附加,应作为营业外支出。

（三）销售费用

销售费用,是指小企业在销售商品或提供劳务过程中发生的各种费用。包括销售人员的职工薪酬、商品维修费、运输费、装卸费、包装费、保险费、广告费、业务宣传费、展览费等费用。

　　小企业(批发业、零售业)在购买商品过程中发生的费用(包括:运输费、装卸费、包装费、保险费、运输途中的合理损耗和入库前的挑选整理费等)也构成销售费用。

　　小企业所生产出来的产品,在出售前,其经济利益只能说是潜在的,而尚未得到正式的社会承认,只有等产品真正售出后,才能实现现实的经济利益,而企业为销售商品,必然将发生一定的支出,这部分支出是企业为获取收入而产生的必要与正常的支出,包括广告费、运输费、装卸费、包装费、展览费、保险费、销售佣金、代销手续费、经营性租赁费及销售部门发生的差旅费、工资、福利费等费用。从事商品流通业务的纳税人购入存货抵达仓库前发生的包装费、运杂费、运输存储过程中的保险费、装卸费、运输途中的合理损耗和入库前的挑选整理费用等购货费用可直接计入销售费用。从事房地产开发业务的纳税人的销售费用还包括开发产品销售之前的改装修复费、看护费、采暖费等。从事邮电等其他业务的纳税人发生的销售费用已计入营运成本的不得再计入销售费用。此外需要注意,广告费和业务宣传费在规定的标准限额内的部分当年准予扣除;超过部分,准予在以后纳税年度结转扣除。小企业可以设置"广告费和业务宣传费税前扣除台账",为各年度申报企业所得税做好基础工作。

涉税法规链接及提示

　　小企业会计中"销售费用"的内涵与企业所得税法实施条例规定的内涵一致。

（四）管理费用

　　管理费用,是指小企业为组织和管理生产经营发生的其他费用。包括小企业在筹建期间内发生的开办费、行政管理部门发生的费用(包括:固定资产折旧费、修理费、办公费、水电费、差旅费、管理人员的职工薪酬等)、业务招待费、研究费用、技术转让费、相关长期待摊费用摊销、财产保险费、聘请中介机构费、咨询费(含顾问费)、诉讼费等费用。

　　《小企业会计准则》中的管理费用指小企业为组织和管理生产经营发生的其他费用,这其实是一个兜底概念,即小企业发生的费用,凡不属于营业成本、税金及附加、销售费用和财务费用的,均属于管理费用。管理费用具体包括以下几个方面。

　　(1)小企业在筹建期间内发生的开办费。《小企业会计准则》规定小企业在筹建期间内发生的开办费直接计入筹建当期的管理费用,不得分期摊销。

　　(2)行政管理部门发生的费用,包括行政管理人员的职工薪酬、差旅费、办公费、固定资产折旧费、修理费、水电费等。

　　(3)管理费用中聘请中介机构费指小企业聘请会计师事务所或资产评估事务所进行查账、验资、资产评估、清账等发生的费用。

　　(4)相关长期待摊费用摊销,指小企业按照《小企业会计准则》对长期待摊费用摊销计入管理费用的金额。小企业会计准则规定,长期待摊费用包括已提足折旧的固定资产的改建支出、经营租入固定资产的改建支出、固定资产的大修理支出和其他长期待摊费用等。长期待摊费用应当在其摊销期限内采用年限平均法进行摊销,根据其受益对象计入相关资产的成本或者管理费用。即为了生产产品的其摊销额应计入生产成本或制造费用,为了销售机构服务的其摊销额应计入销售费用。为了小企业行政管理部门服务的其摊销额应计入管理费用。

　　(5)业务招待费,指小企业发生的与生产经营活动有关的业务招待费支出。

　　需要注意的是,税法准予所得税税前扣除的业务招待费的基数包括主营业务收入、其他业务收入和视同销售收入。增值税的视同销售和企业所得税的视同销售范围不同,计算业务招待费的基数是企业所得税上的视同销售,在增值税上视同销售的项目,如将自产产品用于不动产在建工程等非增值税应税项目,企业所得税上不视同销售,不是计算业务招待费、广告费业务宣传费的基数。

　　(6) 研究费用,指小企业研究开发活动实际发生费用。

　　研究费用主要包括:新产品设计费、新工艺规程制定费以及与研发活动直接相关的技术图书资料费、资料翻译费;从事研发活动直接消耗的材料、燃料和动力费用;在职直接从事研发活动人员的工资、薪金、奖金、津贴、补贴;专门用于研发活动的仪器、设备的折旧费或租赁费;专门用于研发活动的软件、专利权、非专利技术等无形资产的摊销费用;专门用于中间试验和产品试制的模具、工艺装备开发及制造费;勘探开发技术的现场试验费;研发成果的论证、评审、验收费用。

　　(7) 技术转让费,指小企业购买或使用专有技术而支付的费用。

　　(8) 财产保险费,指小企业参加保险时,根据其投保时所订的保险费率,向保险人交付的费用。

　　(9) 法律、会计方面的费用,包括聘请中介机构费、咨询费(含顾问费)、诉讼费等。咨询费指小企业向有关咨询机构进行生产技术经营管理所支付的费用或支付给其经济顾问、法律顾问、技术顾问的费用。诉讼费指小企业向人民法院起诉或应诉而支付的费用。

　　对于小企业发生的绿化费、物料消耗、低值易耗品摊销等也计入管理费用。

　　特别说明的是,小企业(批发业、零售业)管理费用不多的,可不设置"管理费用"科目,管理费用可并入"销售费用"科目核算。

涉税法规链接及提示

（五）财务费用

　　财务费用,是指小企业为筹集生产经营所需资金发生的筹资费用。包括:利息费用(减利息收入)、汇兑损失、银行相关手续费、小企业给予的现金折扣(减享受的现金折扣)等费用。

　　(1) 小企业的利息费用既包括小企业向金融企业借款的利息费用,也包括向非金融企业或个人借款的利息费用。既包括短期借款,也包括长期借款的利息费用,还包括小企业将持有的未到期商业汇票向银行贴现支付的贴现利息。

　　(2) 小企业从金融企业或非金融企业取得的存款和欠款利息收入,应冲减财务费用。小企业的债券利息收入应计入投资收益,不冲减财务费用。因此小企业最终计入当期财务费用的是利息净支出。另外,小企业存款和欠款利息收入都应当在合同约定的债权人应付利息日确认利息收入的实现。

　　(3) 财务费用中的银行相关手续费,是指小企业与银行开展中间业务而向银行支付的手续费。如小企业向银行支付承兑汇票手续费。

　　(4) 汇兑损失计入财务费用,如果产生汇兑收益则计入营业外收入。

　　《企业所得税法实施条例》规定,财务费用是企业筹集经营性资金而发生的费用。实践中,一个企业很少能做到不借助外来资金来满足自身生产经营的需要,企业发生的资金拆借行为较为普遍,为此企业要发生一定的费用,这些费用就是被计入财务费用的,包括利息净支出、汇兑净损失、金融机构手续费以及其他非资本化支出等。

二、费用的确认和计量

《小企业会计准则》规定,小企业的费用应当在发生时按照其发生额计入当期损益。

《企业所得税法》规定小企业的费用应当按照实际发生额或者"据实列支"的原则予以确认和计量。

(一)营业成本的确认和计量

《小企业会计准则》规定,小企业销售商品收入和提供劳务收入已予确认的,应当将已销售商品和已提供劳务的成本作为营业成本结转至当期损益。

营业成本的确认和计量的前提条件是小企业销售商品收入和提供劳务收入已经实现,如果虽然对外销售了商品和提供了劳务,但只要不符合收入确认条件,不能计入"主营业务收入"或"其他业务收入",也就不能结转该商品的成本。

小企业出租固定资产取得租金收入和出租专利权等无形资产时,应将固定资产折旧和无形资产的摊销作为营业成本,计入"其他业务成本"科目。

对零售业小企业,采用售价核算所购入的商品,在符合营业成本结转条件时,应将与所销售商品相关的进销差价一并进行结转,由"商品进销差价"科目,结转至"主营业务成本"。

小企业可以在确认收入时结转营业成本,也可以在实现收入的当月月末结转营业成本,但是在编制年度财务报表时必须将当年发生的营业成本全部登记入账。

(二)其他费用的确认和计量

根据《小企业会计准则》规定,小企业的费用(包括税金及附加、销售费用、管理费用、财务费用等)应当在实际发生时按照其发生额进行确认和计量,分别计入"税金及附加""销售费用""管理费用"和"财务费用"科目的借方,待期末和"主营业务成本"等科目一并转入"本年利润"科目借方,结转后费用类科目没有余额。

三、费用的核算

(一)设置的会计科目

1. 税金及附加

"税金及附加"科目核算小企业开展日常生产经营活动应负担的消费税、城市维护建设税、资源税、土地增值税、城镇土地使用税、房产税、车船税、印花税、环境保护税和教育费附加等相关税费。与最终确认营业外收入或营业外支出相关的税费,在"固定资产清理""无形资产"等科目核算,不在本科目核算。本科目应按照税费种类进行明细核算。小企业按照规定计算确定的与其日常生产经营活动相关的税费,借记"税金及附加"科目,贷记"应交税费"等科目。月末将本科目余额转入"本年利润"科目,结转后本科目应无余额。

2. 销售费用

"销售费用"科目核算小企业在销售商品或提供劳务(服务)过程中发生的各种费用。包括:销售人员的职工薪酬、商品维修费、运输费、装卸费、包装费、保险费、广告费和业务宣传费、展览费等费用。小企业(批发业、零售业)在购买商品过程中发生的费用(包括:运输费、装卸费、包装费、保险费、运输途中的合理损耗和入库前的挑选整理费等),也在本科目核算。本科目应按照费用项目进行明细核算。

小企业在销售商品或提供劳务(服务)过程中发生的销售人员的职工薪酬、商品维修费、运输费、装卸费、包装费、保险费、广告费、业务宣传费、展览费等费用,借记"销售费用"科目,贷记"库存现金""银行存款"等科目。

小企业(批发业、零售业)在购买商品过程中发生的运输费、装卸费、包装费、保险费、运输途中的合理损耗和入库前的挑选整理费等,借记"销售费用"科目,贷记"库存现金""银行存款""应付账款"等科目。月末将本科目余额转入"本年利润"科目,结转后本科目应无余额。

3. 管理费用

"管理费用"科目核算小企业为组织和管理生产经营发生的其他费用。包括:小企业在筹建期间内发生的开办费、行政管理部门发生的费用(包括:固定资产折旧费、修理费、办公费、水电费、差旅费、管理人员的职工薪酬等)、业务招待费、研究费用、技术转让费、相关长期待摊费用摊销、财产保险费、聘请中介机构费、咨询费(含顾问费)、诉讼费等费用。小企业(批发业、零售业)管理费用不多的,可不设置本科目,本科目的核算内容可并入"销售费用"科目核算。本科目应按照费用项目进行明细核算。

小企业在筹建期间内发生的开办费(包括:相关人员的职工薪酬、办公费、培训费、差旅费、印刷费、注册登记费以及不计入固定资产成本的借款费用等费用),在实际发生时,借记"管理费用"科目,贷记"银行存款"等科目。

行政管理部门人员的职工薪酬,借记"管理费用"科目,贷记"应付职工薪酬"科目。行政管理部门计提的固定资产折旧费和发生的修理费,借记"管理费用"科目,贷记"累计折旧""银行存款"等科目。行政管理部门发生的办公费、水电费、差旅费,借记"管理费用"科目,贷记"银行存款"等科目。

小企业发生的业务招待费、相关长期待摊费用摊销、技术转让费、财产保险费、聘请中介机构费、咨询费(含顾问费)、诉讼费等,借记"管理费用"科目,贷记"银行存款""长期待摊费用"等科目。小企业自行研究无形资产发生的研究费用,借记"管理费用"科目,贷记"研发支出"科目。月末将本科目的余额转入"本年利润"科目,结转后本科目应无余额。

4. 财务费用

"财务费用"科目核算小企业为筹集生产经营所需资金发生的筹资费用。包括:利息费用(减利息收入)、汇兑损失、银行相关手续费、小企业给予的现金折扣(减享受的现金折扣)等费用。小企业为购建固定资产、无形资产和经过 1 年期以上的制造才能达到预定可销售状态的存货发生的借款费用,在"在建工程""研发支出""制造费用"等科目核算,不在本科目核算。小企业发生的汇兑收益,在"营业外收入"科目核算,不在本科目核算。本科目应按照费用项目进行明细核算。小企业发生的利息费用、汇兑损失、银行相关手续费、给予的现金折扣等,借记"财务费用"科目,贷记"应付利息""银行存款"等科目。

持未到期的商业汇票向银行贴现,应当按照实际收到的金额(即减去贴现息后的净额),借记"银行存款"科目,按照贴现息,借记"财务费用"科目,按照商业汇票的票面金额,贷记"应收票据"科目(银行无追索权情况下)或"短期借款"科目(银行有追索权情况下)。

发生的应冲减财务费用的利息收入、享受的现金折扣等,借记"银行存款"等科目,贷记"财务费用"科目。月末,将本科目余额转入"本年利润"科目,结转后本科目应无余额。

(二)费用的账务处理

【例 11-21】 甲小企业 2020 年 3 月发生广告费 40 000 元(不含税,增值税率 6%),销售人员薪酬 50 000 元,销售部专用办公设备折旧费 60 000 元,业务费 10 000 元,销售产品过程中发生运输费 4 000 元(不含税,增值税率 9%),均用银行存款支付。假设增值税专用发票已认证,甲小企业会计分录如下:

借:销售费用	164 000	
应交税费——应交增值税(进项税额)	2 760	
贷:应付职工薪酬		50 000
累计折旧		60 000
银行存款		56 760

【例 11-22】 甲小企业当月按规定计算确定的应交房产税为 3 100 元、应交车船使用税为 2 800 元、应交城镇土地使用税为 4 100 元。会计分录如下:

借:税金及附加	10 000	
贷:应交税费——应交房产税		3 100
——应交车船使用税		2 800
——应交城镇土地使用税		4 100

【例 11-23】 某小企业(小规模纳税人)筹建期间发生办公费、差旅费等开办费 28 000 元,均用银行存款支付。会计分录如下:

借:管理费用	28 000	
贷:银行存款		28 000

【例 11-24】 甲小企业(小规模纳税人)2020 年 8 月份行政管理部门发生业务招待费 20 000 元,行政人员薪酬 52 000 元,行政部门办公设备折旧费 15 300 元,其他费用 2 700 元,相关费用均用银行存款支付。甲小企业会计分录如下:

借:管理费用	90 000	
贷:应付职工薪酬		52 000
累计折旧		15 300
银行存款		22 700

【例 11-25】 甲小企业于 2020 年 1 月 1 日向银行借入生产经营用短期借款 200 000 元,期限 6 个月,年利率 5%,该借款本金到期后一次归还,利息按季支付。假定 1 季度其

中 70 000 元暂时作为闲置资金存入银行,并获得利息收入 290 元,假定所有利息均不符合利息资本化条件。1 季度末相关利息的会计分录如下:

$$预提季度应计利息＝200 000×5\%÷4＝2 500(元)。$$

借:财务费用   2 500

 贷:应付利息   2 500

同时,当月取得的利息收入 290 元应作为冲减财务费用处理。

借:银行存款   290

 贷:财务费用   290

【例 11-26】 某工业小企业生产甲、乙两种产品,均为本月开工,材料均为开始时一次性投入,本月发生的经济业务如下:

(1) 仓库发出材料 290 000 元,35%用于甲产品,30%用于乙产品,25%用于该生产车间,10%用于管理部门;

(2) 本月应付职工薪酬为 160 000 元,其中 40%用于甲产品,30%用于乙产品,15%用于该生产车间,15%用于管理部门;

(3) 本月计提固定资产折旧 870 000 元,其中生产车间负担 80%,管理部门负担 20%;

(4) 生产车间的费用按生产工人的工资比例进行分配,全部分配给甲、乙两种产品;

(5) 甲产品本期生产 120 件,月末全部完工入库,乙产品本月投入 150 件的材料,完工 110 件,月末在产品完工程度为 50%,用约当产量法计算在产品成本;

(6) 本月完工的甲产品销售 100 件,每件售价 2 500 元,乙产品售出 60 件,每件售价 1 700 元(增值税税率 13%,增值税已经认证);

(7) 月末,将产品销售收入、成本和期间费用转入本年利润。

据此资料,该小企业应编制如下会计分录:

(1) 发出材料时:

借:生产成本——甲   101 500

    ——乙   87 000

 制造费用   72 500

 管理费用   29 000

 贷:原材料   290 000

(2) 分配职工薪酬时:

借:生产成本——甲   64 000

    ——乙   48 000

 制造费用   24 000

 管理费用   24 000

 贷:应付职工薪酬   160 000

(3) 计提折旧时:

借:制造费用   696 000

 管理费用   174 000

 贷:累计折旧   870 000

（4）分配制造费用时：

甲产品应负担的制造费用＝（72 500＋24 000＋696 000）×64 000÷（64 000＋48 000）

＝452 857（元）。

乙产品应负担的制造费用＝339 643（元）。

借：生产成本——甲	452 857
——乙	339 643
贷：制造费用	792 500

（5）结转完工产品成本时：

乙产品成本的计算：

原材料＝87 000÷150×110＝63 800（元）。

制造费用和职工薪酬＝（48 000＋339 643）÷（110＋40×50％）×110＝328 006（元）。

借：库存商品——甲	618 357
——乙	391 806
贷：生产成本——甲	618 357
——乙	391 806

（6）销售产品时：

借：应收账款	397 760
贷：主营业务收入	352 000
应交税费——应交增值税（销项税额）	45 760

结转成本时：

甲产品的销售成本＝618 357÷120×100＝515 298（元）。

乙产品的销售成本＝391 806÷110×60＝213 712（元）。

借：主营业务成本	729 010
贷：库存商品——甲	515 298
——乙	213 712

（7）结转本年利润时：

借：本年利润	956 010
贷：主营业务成本	729 010
管理费用	227 000
借：主营业务收入	352 000
贷：本年利润	352 000

练 习 题

一、单项选择题

1. 下列不属于《小企业会计准则》所规范的收入的是（ 　　 ）。

A. 销售商品收入　　　　　　　　　　B. 提供劳务收入

C. 出租固定资产取得的租金收入　　　D. 出租包装物取得的租金收入

2. 下列有关小企业收入的表述中,正确的是(　　)。

A. 向银行借入款项,增加了银行存款,因而增加收入

B. 取得收入导致所有者权益的增加,是指收入扣除相关成本费用后的净额增加所有者权益

C. 取得收入一定能增加所有者权益,但不会增加"实收资本"

D. 销售产品时代税务机关向客户收取的增值税应增加收入

3. 2020 年 11 月 1 日某小企业自行研究开发一项新产品,在研究过程中发生材料费 18 万元、研发人员的工资薪金 6 万元,用于研发活动的仪器、设备的折旧费 12 万元,总计 36 万元,全部不符合资本化条件。则该企业 2020 年应确认的管理费用与可税前扣除的金额分别为(　　)万元。

A. 36；36　　　　B. 36；54　　　　C. 18；36　　　　D. 54；54

4. 小企业应当按照(　　)确定销售商品收入金额。

A. 从购买方已收或应收的合同或协议价款

B. 合同或协议价款的现值

C. 公允价值

D. 全部价款和价外费用

5. 小企业发生的下列行为应当作为财务费用处理的是(　　)。

A. 现金折扣　　　B. 商业折扣　　　C. 销售折让　　　D. 销售退回

6. 销售商品涉及商业折扣时,以下各项中说法不正确的是(　　)。

A.《小企业会计准则》规定,按照扣除商业折扣后的金额确定销售商品收入金额

B.《企业所得税法》规定,按照扣除商业折扣后的金额确定销售商品收入金额

C. 增值税法规定,销售额和折扣额在同一张发票上的"金额"栏或"备注"栏分别注明的,可按折扣后的销售额征收增值税

D. 增值税法规定,销售额和折扣额在同一张发票上的"金额"栏分别注明的,可按折扣后的销售额征收增值税

7. 关于小企业销售折让、商业折扣和现金折扣,下列理解中不正确的是(　　)。

A. 已经确认为收入的售出商品发生的销售折让,作为财务费用处理

B. 按照扣除商业折扣后的金额作为销售商品收入金额

C. 按照未扣除现金折扣前的金额确定收入金额,现金折扣在实际发生时计入当期损益

D. 享受的现金折扣应冲减当期财务费用

8. A 小企业 2020 年 5 月 1 日委托 B 商店代销一批零配件,代销价款 100 万元。2020 年 6 月 1 日收到 B 商店交来的代销清单,代销清单列明已销售代销零配件的 80%,A 小企业收到代销清单时向 B 商店开具增值税专用发票。B 商店按代销价款的 10% 收取手续费。另 20% 零配件的代销清单到 2020 年 12 月 31 日仍未收到。该批零配件的实际成本为 60 万元。则 A 小企业 2020 年度应确认的会计收入、企业所得税收入和增值税销售额分别为(　　)万元。

A. 100；100；100   B. 80；80；80   C. 80；80；88   D. 77；77；77

9. 工业小企业结转销售原材料的实际成本,应计入( )科目。

A. 主营业务成本   B. 销售费用   C. 其他业务成本   D. 营业外支出

10. 某小企业于 2020 年 11 月接受一项产品安装任务,安装期 5 个月,合同总收入 20 万元(不含税价),年度预收款项 8 万元,余款在安装完成时收回,当年实际发生成本 5 万元,预计还将发生成本 7 万元。2020 年末经过专业测量,产品安装程度为 40%。该项劳务收入对 2020 年度利润总额的影响为( )。

A. 不影响当年利润   B. 当年利润增加 3.2 万元

C. 当年利润增加 8 万元   D. 当年利润增加 3 万元

11. 下列行为按《小企业会计准则》和《企业所得税法》规定均不作为销售(含视同销售)的是( )。

A. 将自产或者委托加工的货物用于简易计税项目

B. 将自产、委托加工或者购进的货物作为投资

C. 将自产、委托加工的货物用于职工福利

D. 将自产、委托加工的货物用于职工奖励

12. 下列项目中,符合小企业费用定义的是( )。

A. 用银行存款偿还应付账款   B. 向所有者分配利润

C. 生产耗用材料   D. 处置固定资产发生的损失

13. 下列不属于小企业费用的是( )。

A. 小型饭店在菜市场购买蔬菜的金额

B. 小企业使用电话应支付的电话费

C. 自制薪酬分配表列明的职工薪金

D. 小企业业主到超市为自己购买日常用品的支出

14. 小企业超过企业所得税税前扣除标准的业务招待费,应当计入"( )"。

A. 管理费用   B. 财务费用   C. 销售费用   D. 其他业务成本

15. 某小企业 2020 年 3 月份发生的费用有:计提车间用固定资产折旧 30 万元,发生车间管理人员工资 40 万元,支付广告费 30 万元,预提短期借款利息 10 万元,支付劳动保险费 20 万元。则该小企业当期的期间费用总额为( )万元。

A. 90   B. 80   C. 70   D. 60

16. 工业小企业结转销售原材料实际成本,应入"( )"科目。

A. 主营业务成本   B. 销售费用   C. 其他业务成本   D. 营业外支出

17. 下列项目中,不在"税金及附加"科目核算的是( )。

A. 小企业销售应税消费品应缴纳的消费税

B. 房地产开发小企业销售房地产应缴纳的土地增值税

C. 销售不动产应缴纳的增值税

D. 教育费附加

18. 某小企业 2020 年度取得主营业务收入 400 万元,出租包装物租金收入 6 万元,接受捐赠收入 4 万元,政府补贴 10 万元,出租无形资产收入 30 万元,当年实际发生业务招待费 5 万元。则该小企业当年计入"管理费用"科目的业务招待费与可在税前扣除的

业务招待费金额分别为(　　　)万元。

　　A. 5；5　　　　　　　　B. 5；3　　　　　　　C. 5；2.15　　　　　　D. 2.15；2.15

19. 下列项目中,不属于小企业销售费用的是(　　　)。

　　A. 购买商品过程中发生的运输途中合理损耗

　　B. 在销售中发生的销售佣金

　　C. 销售部门的差旅费

　　D. 销售部门的业务招待费

20. 下列不属于小企业"财务费用"科目核算内容的是(　　　)。

　　A. 经过1年期以上的制造才能达到预定可销售状态的存货发生的借款费用

　　B. 汇兑损失

　　C. 银行相关手续费

　　D. 小企业给予的现金折扣

二、多项选择题

1. 下列各项企业所得税收入,不应作为小企业会计上的收入来认定的有(　　　　　)。

　　A. 出租包装物取得的租金收入　　　　　B. 接受捐赠收入

　　C. 企业资产溢余收入　　　　　　　　　D. 逾期未退包装物押金收入

2.《小企业会计准则》与企业所得税法在收入界定上的区别主要体现在以下几个方面(　　　　　)。

　　A. 企业所得税法中的收入总额,比《小企业会计准则》收入内容更加广泛

　　B.《小企业会计准则》与《企业所得税法》界定收入的来源不同

　　C.《企业所得税法》有不征税收入,《小企业会计准则》没有

　　D.《企业所得税法》有免税收入,《小企业会计准则》没有

3. 小企业销售商品时,确认收入的标志有(　　　　　)。

　　A. 已将商品所有权上的主要风险和报酬转移给购货方

　　B. 已发出商品

　　C. 收入的金额能够可靠地计量

　　D. 已收到货款或取得收款权利

4.《小企业会计准则》与增值税法确认销售商品收入实现的时点可能不一致的有(　　　　　)。

　　A. 委托收款方式销售　　　　　　　　　B. 预收货款方式销售

　　C. 委托代销货物　　　　　　　　　　　D. 分期收款方式销售

5. 下列属于小企业销售佣金及手续费税前扣除条件的有(　　　　　)。

　　A. 小企业发生与生产经营有关的手续费及佣金支出

　　B. 与具有合法经营资格中介服务企业或个人签订代办协议或合同,并按国家有关规定支付手续费及佣金

　　C. 签订合同或协议的单位或个人,包括小企业雇员的人员

　　D. 支付手续费及佣金的形式,除委托个人代理外,不得以现金等非转账方式支付

6. 下列各项中,影响小企业销售商品收入金额的有(　　　　　)。

　　A. 从购货方应收的合同或协议价款　　　B. 现金折扣

C. 商业折扣　　　　　　　　　　　　　　D. 代垫购货方的运杂费

7. 下列属于小企业"其他业务收入"科目核算内容的有(　　　)。

A. 出租固定资产取得的收入　　　　　　B. 出租无形资产取得的收入

C. 出租包装物取得的收入　　　　　　　D. 销售材料取得的收入

8. 小企业进行会计核算应确认收入的有(　　　)。

A. 以自产产品用于利润分配

B. 以自产产品发给职工

C. 通过非货币性资产交换取得的长期股权投资

D. 将自产产品用于职工食堂在建工程

9. 下列需要调整增加小企业应纳税所得额的项目有(　　　)。

A. 已计入投资收益的国债利息收入

B. 超过税法规定扣除标准,但已计入当期费用的工资支出

C. 支付并已计入当期损失的各种税收滞纳金

D. 超标的业务招待费支出

10. 下列项目中,应确认为小企业费用的有(　　　)。

A. 因违约支付罚款　　　　　　　　　　B. 因借款支付银行借款利息

C. 对外捐赠　　　　　　　　　　　　　D. 支付水电费

11. 小企业的费用应当在发生时计入当期损益。这里所讲的发生包括(　　　)。

A. 实际支付相关费用

B. 虽然没有实际支付,但是小企业应当承担相应义务

C. 虽然没有实际支付,但是小企业为与收入相配比,结转以销售的商品成本或以提供劳务的成本

D. 小企业准备将来购买材料,支付相关费用

12. 下列在小企业"税金及附加"科目核算的有(　　　)。

A. 资源税　　　　　B. 房产税　　　　　C. 印花税　　　　　D. 环境保护税

13. 下列属于小企业管理费用的有(　　　)。

A. 筹建期间内发生的开办费　　　　　　B. 业务招待费

C. 长期待摊费用摊销　　　　　　　　　D. 聘请中介机构费

14. 下列在小企业"财务费用"科目核算的有(　　　)。

A. 利息费用　　　　B. 利息收入　　　　C. 汇兑损失　　　　D. 享受的现金折扣

15. 下列费用中,应当作为销售费用核算,但按企业所得税法规定不得扣除或按规定的标准和限额在税前扣除的有(　　　)。

A. 零售业小企业在购买商品过程中发生的费用保险费

B. 销售过程中发生的手续费

C. 广告费和业务宣传费

D. 展览费

三、判断题

1.《小企业会计准则》将收入分为销售商品收入、提供劳务收入和让渡资产使用权收入。　　　　　　　　　　　　　　　　　　　　　　　　　　　　　　(　　　)

2. 企业所得税法中的其他收入,包括企业资产溢余收入、逾期未退包装物押金收入、确实无法偿付的应付款项、已作坏账损失处理后又收回的应收款项、债务重组收入、补贴收入、违约金收入、汇兑收益等,应统一作为小企业的营业外收入进行会计处理。( )

3. 小企业已作坏账损失处理后又收回的应收款项,会计处理不增加利润,按《企业所得税法》规定应确认为收入,因此,进行企业所得税汇算时应调整增加应纳税所得额。

( )

4. 不同结算方式下,《小企业会计准则》与《企业所得税法》对销售商品收入确认实现的时点规定一致。( )

5. 《小企业会计准则》所称的销售商品收入与企业所得税法所规定的销售货物收入在构成上是一致的。( )

6. 通常小企业应当在发出商品且收到货款或取得收款权利时,确认销售商品收入。

( )

7. 销售需要安装的商品,只能在安装和检验完毕后确认收入。( )

8. 以分期收款方式销售货物的,《小企业会计准则》、企业所得税法、增值税法均规定按照合同约定的收款日期确认收入的实现,三者规定完全一致。( )

9. 小企业在销售商品时如有商业折扣,在确认收入时应将商业折扣的部分扣除。

( )

10. 小企业在销售收入确认之后发生的销售折让,应在实际发生时冲减发生当期的收入,并同时冲减已结转的成本。( )

11. 小企业销售商品时向购买方收取的手续费、补贴、基金、集资费、返还利润、奖励费、违约金、滞纳金等价外费用,进行会计处理时不一定确认为收入,但在进行增值税处理时应并入销售额。( )

12. 小企业已经确认销售商品收入的售出商品发生的销售退回,不论此销售业务属于本年度还是属于以前年度,均应当在发生时冲减退回当期销售商品收入。( )

13. 小企业提供劳务取得的收入,均应通过"其他业务收入"科目核算。( )

14. 小企业与其他企业签订的合同或协议包含销售商品和提供劳务时,销售商品部分和提供劳务部分不能够区分,或虽能区分但不能够单独计量的,应当作为销售商品处理。进行税务处理时,应视为销售货物缴纳增值税。( )

15. 小企业内部管理部门领用本企业生产的产品,应按其销售价格确认为收入。

( )

16. 小企业的费用应当在支付时按照实际支付额计入当期损益。( )

17. 管理费用和制造费用都是本期发生的费用,期末均应直接计入当期损益。

( )

18. 小企业销售商品收入和提供劳务收入已予确认的,应当将已销售商品和已提供劳务的成本作为营业成本结转至当期损益。( )

19. 小企业向税务机关缴纳税收滞纳金及罚款应在"税金及附加"科目核算。( )

20. 小企业出售不动产应向税务机关缴纳的增值税应在"固定资产清理"科目核算。

( )

21. 小企业(批发业、零售业)在购买商品过程中发生的费用(包括:运输费、装卸费、

包装费、保险费、运输途中的合理损耗和入库前的挑选整理费等），应计入所购入商品的成本。 （　　）

22. 小企业发生的超过企业所得税税前扣除标准的业务招待费，应计入管理费用，但在进行企业所得税汇算时，应调整增加应纳税所得额。 （　　）

23. 小企业发生的汇兑收益，应贷记"财务费用"科目。 （　　）

24. 小企业向非金融企业或个人借款的利息费用也应计入"财务费用"科目。 （　　）

25. 小企业在筹建期间发生的开办费计入管理费用，企业所得税法要求在 3 年内摊销。 （　　）

四、业务题

1. 甲小企业属增值税一般纳税人，税率为 13％。2020 年 12 月发生经济业务如下：

（1）1 日，甲小企业采用预收款方式销售产品一批，合同约定售价 5 万元，12 月 5 日收到购货方付款 5.65 万元，并向购货方开出增值税专用发票，当月未向购货方发货。

（2）13 日，甲小企业与某单位签订以旧换新业务合同，按合同销售某产品 10 台，单价为 1 万元，增值税 0.13 万元，单位成本为 0.6 万元，甲小企业已经开具增值税专用发票，同时收回 10 台同类旧商品入库，每件回收价为 0.1 万元。

（3）5 日，甲小企业销售产品 1 批，价款 5 万元，成本为 3 万元。甲小企业当日开出增值税专用发票，并将提货单交给购货单位，甲小企业同日收到购货单位开出的一张为期 6 个月的商业承兑汇票。经甲小企业同意，购货企业产品推迟 10 天提货。

要求：（1）根据上述业务编制甲小企业 2020 年 12 月的会计分录与税务处理。

（2）分析计算甲小企业 2020 年 12 月应确认的收入。

（3）分析计算上述业务对甲企业 2020 年 12 月资产负债表上存货及负债的影响金额。

2. 甲、乙两企业均为增值税一般纳税人，增值税税率均为 13％。2020 年 3 月 6 日，甲小企业与乙企业签订代销协议，甲小企业委托乙企业销售 A 商品 500 件，A 商品的单位成本为每件 350 元。代销协议规定，乙企业应按每件 A 商品 565 元(含增值税)的价格售给顾客，甲小企业按不含增值税售价的 10％向乙企业支付手续费。4 月 1 日，甲小企业收到乙企业交来的代销清单，代销清单中注明：实际销售 A 商品 400 件，商品售价为 200 000 元，增值税税额为 26 000 元。当日甲小企业向乙企业开具金额相等的增值税专用发票。4 月 6 日，甲小企业收到乙企业支付的已扣除手续费的商品代销款。

要求：（1）编制甲小企业发出商品的会计分录。

（2）编制甲小企业收到代销清单时确认销售收入、增值税、手续费支出，以及结转销售成本的会计分录。

（3）编制甲小企业收到商品代销款的会计分录。

3. 2020 年 5 月 26 日，甲小企业根据合同，采用委托收款结算方式销售商品一批成本为 20 000 元，开出的增值税专用发票上注明售价为 30 000 元，增值税税额为 3 900 元，已经办妥收款手续。6 月 5 日，购货方验货时发现该批商品的质量严重不合格，全部拒绝付款并退回给甲企业。甲小企业按规定向购货方开具了红字增值税专用发票。

要求：根据上述经济业务编制会计分录。

4. 2020 年 12 月 15 日，甲小企业与乙软件公司签订一项为期 4 个月的软件设计合同,合同总收入为 50 万元(不含税价,增值税税率 6％),12 月 15 日预收劳务款 20 万元(不含税价)。至 12 月 31 日,实际发生劳务成本 10 万元(以银行存款支付),估计为完成合同还将发生劳务成本 30 万元。假定甲小企业按实际发生的劳务成本占估计总成本的比例确定劳务的完工进度。

要求:根据上述经济业务编制会计分录。

5.某咨询公司于 2020 年 4 月 1 日与客户签订一项咨询合同。合同规定,咨询期为 2年,咨询费为 12 万元(不含税价,增值税税率 6％),客户分 3 次等额支付,第 1 次在项目开始时支付,第 2 次在项目中期支付,第 3 次在项目结束时支付。估计总成本为 8 万元(假定均为咨询人员薪酬),其中,2020 年发生成本 1.9 万元,2021 年发生成本 4 万元,2022 年发生成本 2.1 万元。假定成本估计十分准确,咨询费也很可能收回,该公司按照已提供的劳务占应提供劳务总量的比例(按时间比例)确定该项劳务的完工程度。

要求:编制该公司相关会计分录。

第十二章 利润与利润分配

【学习目标】

1. 了解利润的构成、政府补助的特征与主要形式、税收返还的核算；

2. 理解营业外收入与营业外支出的范围和概念、所得税费用的计算原则与计算方法；

3. 掌握营业外收入与营业外支出的确认和计量、政府补助的确认和计量、所得税费用的计算及核算。

第一节 利润的形成

一、利润的构成

利润，是指小企业在一定会计期间的经营成果。利润是小企业盈利能力的重要体现，如果小企业实现了利润，表明企业的所有者权益增加，业绩得到提升。利润包括：营业利润、利润总额和净利润。

（一）营业利润

小企业的营业利润，是指营业收入减去营业成本、税金及附加、销售费用、管理费用、财务费用，加上投资收益（或减去投资损失）后的金额。

其中：营业收入＝主营业务收入＋其他业务收入＝销售商品收入＋提供劳务收入

营业成本＝主营业务成本＋其他业务成本＝销售商品成本＋提供劳务成本

投资收益＝现金股利（利润）＋债券利息收入±处置股权投资和债券投资取得的价款与成本或账面余额、相关税费后的净额

（二）利润总额和净利润

利润总额，是指小企业营业利润加上营业外收入，减去营业外支出后的金额。

净利润,是指小企业利润总额减去所得税费用后的净额。

二、营业外收入

营业外收入,是指小企业非日常生产经营活动形成的、应当计入当期损益、会导致所有者权益增加、与所有者投入资本无关的经济利益的净流入。

小企业的营业外收入包括:非流动资产处置净收益、政府补助、捐赠收益、盘盈收益、汇兑收益、出租包装物和商品的租金收入、逾期未退包装物押金收益、确实无法偿付的应付款项、已作坏账损失处理后又收回的应收款项、违约金收益等。通常,小企业的营业外收入应当在实现时按照其实现金额计入当期损益。

(一)营业外收入的范围及内涵

1. 非流动资产处置净收益

非流动资产处置净收益包括处置固定资产、无形资产、生产性生物资产、长期待摊费用等。

处置固定资产净收益指小企业处置固定资产所取得价款扣除固定资产的账面价值、清理费用、处置相关税费后的净收益,如为净损失,则为营业外支出。处置无形资产和生产性生物资产净收益同固定资产。处置长期待摊费用应计入营业外支出。处置经营租入固定资产的改建支出,如果已经对其摊销完毕,取得残料收入也计入营业外收入。

2. 政府补助

政府补助是指小企业从政府无偿取得货币性资产或非货币性资产,但不包括政府作为企业所有者投入的资本。政府补助对应于《企业所得税法实施条例》中的"补贴收入"。

3. 捐赠收益

捐赠收益指小企业接受的来自其他企业、组织或者个人无偿给予的货币性资产、非货币性资产。

捐赠的特点包括:①捐赠是无偿给予小企业的资产;②捐赠人是其他企业、组织或者个人。其他组织,包括事业单位、社会团体等;③捐赠财产范围,包括货币性资产和非货币性资产。

4. 盘盈收益

盘盈收益指小企业在财产清查过程中查明的各种财产盘盈。包括材料、产成品、商品、现金、固定资产等溢余。即小企业各种资产在盘点过程中发生的多于账面数额的资产。

5. 汇兑收益

指小企业在汇兑人民币和外汇时可能因为汇率变化而产生差价收益。

小企业的"盘盈收益"和"汇兑收益"对应于《企业所得税法实施条例》规定的"企业资产溢余收入"和"汇兑收益",是营业外收入的一种类型,也应当作为收入依法缴纳企业所得税。

6. 出租包装物和商品的租金收入

指小企业由于暂时闲置,将不用的包装物或产成品、商品出租给第三方使用并取得的租金收入。小企业持有包装物或产成品、商品的目的是通过用于生产或用于销售取得收入实现经济利益,而将包装物或产成品、商品出租仅仅是利用它们暂时闲置取得非经常性收入或偶然性收入。因此出租包装物和商品的租金收入应计入营业外收入。

该项目内涵与《企业所得税法实施条例》中"租金收入"的相关规定相同。

7. 逾期未退包装物押金收益

包装物押金是指小企业为销售商品而向购买方出租或出借包装物所收取的押金。当小企业按照合同或协议约定向购买方收取包装物押金时不构成销售收入,而作为一项负债,计入"其他应付款"科目,一旦小企业收取的包装物押金逾期没有返还购买方,这一偶发性活动应增加小企业的营业外收入。

该项目内涵与企业所得税法实施条例中"逾期未退包装物押金收入"的相关规定相同。

8. 确实无法偿付的应付款项

小企业发生的应付款项(包括应付票据、应付账款、预收账款、应付工资薪酬、其他应付款、长期应付款等)应按期偿还给债权人,但是如果小企业债权人放弃了收款的权利、小企业的债权人按照债务重组协议作出了让步或者小企业债权人丧失了相关权利等情况下,会导致小企业的应付款项确实无法偿付,从而构成营业外收入的一项内容。

该项目内涵与企业所得税法实施条例中"确实无法偿付的应付款项"的相关规定相同。

9. 已作坏账损失处理后又收回的应收款项

小企业的应收款项(包括应收票据、应收账款、预付账款、应收利息、其他应收款等)发生坏账损失应计入营业外支出。但是如果以后期间,小企业又收回全部或部分该笔已核销作为坏账损失的应收款项,应作为小企业资产的增加,同时增加营业外收入。该项目内涵与企业所得税法实施条例中"已作坏账损失处理后又收回的应收款项"的相关规定相同。

10. 违约金收益

违约金是指按照当事人的约定或者法律直接规定,合同一方当事人不履行合同或者履行合同不符合约定时,应向另一方当事人支付的用于赔偿损失的金额。小企业取得对方支付的用于赔偿损失的金额(违约金)应作为营业外收入。

该项目内涵与企业所得税法实施条例中"违约金收入"的相关规定相同。

需要说明的是,除了上述 10 项外,小企业如果发生了非货币性资产交换、偿债收益、小企业将应收款项转让其他企业或个人,且不承担追索责任的转让收益也应计入营业外收入,此外小企业经税务机关同意不需要交纳相关税费,原已确认的税费也应计入营业外收入。

涉税法规链
接及提示

(二)营业外收入的确认和计量

1. 营业外收入的确认

《小企业会计准则》规定,小企业的营业外收入应当在实现时计入当期损益。这里的"实现"包括以下几种情况:①有关交易完成之时。如固定资产清理完毕时、实际收到捐赠资产日、财产清查完成日、已作坏账损失核销又收回的日期等等。②所要求的相关条件满足之时。如小企业已收取了另一方定金,但对方违约;小企业收到财政补贴资金符合财政部门规定的条件时;小企业收取的包装物押金按照双方约定逾期未返还购买方的等等。③在约定或特定的日期。如小企业将包装物或商品出租给他人使用,按照合同约定的承租人应付租金的日期,将租金收入确认为营业外收入。

2. 营业外收入的计量

《小企业会计准则》规定,小企业的营业外收入应当按照实现的金额计入当期损益。"实现的金额"包括以下几种情况:①实际收到或应收的金额,如盘盈收益的现金、逾期未退包装物的押金等;②市场价格或评估价值,如政府补助中的非货币性资产等;③根据小企业会计准则规定计算确定的金额,如汇兑收益等。

【例 12-1】 甲小企业将无法支付的应付账款 9 000 元转做营业外收入,期末结转本年利润。会计分录如下:

　　　借:应付账款　　　　　　　　　　　　　　　　　　　　9 000
　　　　　贷:营业外收入　　　　　　　　　　　　　　　　　　　9 000
　　　期末结转本年利润,会计分录如下:
　　　借:营业外收入　　　　　　　　　　　　　　　　　　　　9 000
　　　　　贷:本年利润　　　　　　　　　　　　　　　　　　　　9 000

三、政府补助

政府补助,是指小企业从政府无偿取得货币性资产或非货币性资产,但不含政府作为小企业所有者投入的资本。其中,"政府"包括各级人民政府以及政府组成部门(如财政、卫生部门)、政府直属机构(如税务、环保部门)等。联合国、世界银行等国际类似组织,也视同为政府。

(一) 政府补助的特征

1. 政府补助是无偿的

政府向小企业提供补助属于非互惠交易,政府并不因此而享有小企业的所有权,小企业未来也不需要以提供服务、转让资产等方式偿还。无偿性是政府补助的基本特征,将其与政府资本性投入、政府采购等政府与企业之间双向、互惠的正常商业行为区分开来。

2. 政府补助通常附有条件

政府补助通常附有一定的条件,主要包括政策条件和使用条件。

(1) 政策条件。政府补助是政府为了鼓励或扶持某个行业、区域或领域的发展而给与企业的一种财政支持,具有很强的政策性。因此,政府补助的政策条件(即申报条件)是不可缺少的。企业只有符合相关政府补助政策的规定,才有资格申报政府补助。符合政策规定的,不一定都能够取得政府补助;不符合政策规定、不具备申报政府补助资格的,不能取得政府补助。例如,政府向小企业提供的产业技术研究与开发资金补助,其政策条件为小企业申报的产品或技术必须是符合国家产业政策的新产品、新技术。

（2）使用条件。小企业已获批准取得政府补助的,应当按照政府相关文件等规定的用途使用政府补助。否则,政府有权按规定责令其改正、终止资金拨付,甚至收回已拨付的资金。例如,小企业从政府无偿取得的农业产业化资金,必须用于相关政策文件中规定的农业产业化项目。

3. 政府补助不包括政府的资本性投入

政府以小企业所有者身份向企业投入资本,享有小企业相应的所有权,小企业有义务向投资者分配利润,政府与小企业之间是投资者与被投资者的关系,属于互惠交易。这与其他单位或个人对小企业的投资在性质上是一致的。政府的资本性投入无论采用何种形式,均不属于政府补助的范畴。

（二）政府补助的主要形式

政府补助通常为货币性资产形式,最常见的就是通过银行转账的方式,但由于历史原因也存在无偿划拨非货币性资产的情况。以下介绍几种常见的货币性政府补助。

1. 财政拨款

财政拨款是政府为了支持小企业而无偿拨付的款项。为了体现财政拨款的政策引导作用,这类拨款通常具有严格的政策条件,只有符合申报条件的小企业才能申请拨款;同时附有明确的使用条件,政府在批准拨款时就规定了资金的具体用途。财政拨款可以是事前支付,也可以是事后支付。

2. 财政贴息

财政贴息是指政府为支持特定领域或区域发展,根据国家宏观经济形势和政策目标,对承贷小企业的银行贷款利息给予的补贴。财政贴息的补贴对象通常是符合申报条件的某类项目,例如农业产业化项目、中小企业技术创新项目等。贴息项目通常是综合性项目,包括设备购置、人员培训、研发费用、人员开支、购买服务等;也可以是单项的,比如仅限于固定资产贷款项目。财政贴息主要有两种方式:一是财政将贴息资金直接支付给受益小企业;二是财政将贴息资金直接拨付贷款银行,由贷款银行以低于市场利率的政策性优惠利率向小企业提供贷款。

3. 税收返还

税收返还是政府向小企业返还的税款。属于以税收优惠形式给予的一种政府补助。税收返还主要包括先征后返的所得税和先征后退、即征即退的流转税,其中,流转税包括增值税、消费税等。实务中,还存在税收奖励的情况,若采用先据实征收、再以现金返还的方式,在本质上也属于税收返还。

（三）政府补助的确认和计量

政府补助根据其政策效应可以划分为与资产相关的政府补助和其他政府补助两类。与资产相关的政府补助,是指小企业取得的、用于购建或以其他方式形成长期资产(固定资产、无形资产等)的政府补助。这类政府补助的政策效应会惠及小企业多个会计年度,是一种长期效应,通过小企业对长期资产的使用逐步实现。其他政府补助是指与资产相关的政府补助以外的政府补助,通常这类政府补助的政策效应会惠及小企业某个会计年度,是一种短期效应。

1. 与资产相关的政府补助的确认和计量

小企业应该在收到政府以货币性或非货币性形式补助的资产时,确认政府补助。小企业通常在收到政府部门审批之后开始确认。与资产相关的政府补助应在固定资产开始折旧或相关的无形资产开始摊销之时使用直线法开始分配,分配的期限为固定资产折旧期或相关的无形资产摊销期,也就是政府补助惠及的期间。需要特别说明的是,相关的资产在使用寿命结束前被处置的,应将尚未分配的递延收益余额一次性转入资产处置当期的营业外收入,不再继续进行分配。

小企业收到的政府补助为货币性资产的应按照实际收到的金额计量。小企业收到的政府补助为非货币性资产的,政府提供了有关凭据的,应当按照凭据上标明的金额计量;政府没有提供有关凭据的,应当按照同类或类似资产的市场价格或评估价值计量。

【例 12-2】　2020 年 1 月 1 日,甲小企业收到政府拨付的 100 万元财政拨款存入银行,要求用于购买 1 台大型设备。同时规定若有结余,留归小企业自行支配。2020 年 1 月 21 日,甲小企业购入不需安装的生产用大型设备,增值税专用发票列明价款 84 万元,增值税税额 10.92 万元,使用寿命 5 年,预计净残值为零,清理时不考虑相关税费。2023 年 7 月 26 日,甲小企业以 14 万元出售了这台设备。甲小企业的会计分录如下:

(1) 2020 年 1 月 1 日,实际收到财政拨款,确认政府补助时:

借:银行存款　　　　　　　　　　　　　　　　　　1 000 000
　　贷:递延收益　　　　　　　　　　　　　　　　　　　1 000 000

(2) 2020 年 1 月 21 日,购入设备时:

借:固定资产　　　　　　　　　　　　　　　　　　　840 000
　　应交税费——应交增值税(进项税额)　　　　　　109 200
　　贷:银行存款　　　　　　　　　　　　　　　　　　　949 200

(3) 在该项固定资产的使用期间,每个月计提折旧和分配递延收益时:

借:制造费用　　　　　　　　　　　　　　　　　　　 14 000
　　贷:累计折旧　　　　　　　　　　　　　　　　　　　　14 000
借:递延收益　　　　　　　　　　　　　　　　　　　 16 667
　　贷:营业外收入　　　　　　　　　　　　　　　　　　　16 667

(4) 2023 年 7 月 26 日,出售该设备时:

借:固定资产清理　　　　　　　　　　　　　　　　　252 000
　　累计折旧　　　　　　　　　　　　　　　　　　　588 000
　　贷:固定资产　　　　　　　　　　　　　　　　　　　840 000
借:银行存款　　　　　　　　　　　　　　　　　　　140 000
　　贷:固定资产清理　　　　　　　　　　　　　　　　　140 000
借:营业外支出　　　　　　　　　　　　　　　　　　112 000
　　贷:固定资产清理　　　　　　　　　　　　　　　　　112 000

同时将尚未分配的递延收益余额一次性转入营业外收入:

借:递延收益　　　　　　　　　　　　　　　　　　　300 000
　　贷:营业外收入　　　　　　　　　　　　　　　　　　　300 000

2. 其他政府补助的确认和计量

小企业收到的其他政府补助，用于补偿本企业以后期间的相关费用或亏损的，确认为递延收益，并在确认相关费用或发生亏损的期间，计入营业外收入；用于补偿本企业已发生的相关费用或亏损的，直接计入营业外收入。

小企业应该在收到政府以货币性或非货币性形式补助时，一次性确认政府补助。政府补助惠及的期间包括以前期间、当期和未来期间都有可能。用于补偿以前期间的费用或亏损的政府补助，一次性计入收到当期的营业外收入，不调整以前年度的利润表。用于补偿当期的费用或亏损的政府补助，一次性计入当期的营业外收入，在当年内可以在各个月份之间进行平均分配。用于补偿以后期间的费用或亏损的政府补助，应当在收到时作为负债计入递延收益，在以后期间符合政府补助所规定条件时，一次性计入营业外收入。

其他政府补助的计量问题同与资产相关的政府补助的计量。

【例 12-3】 甲小企业 2020 年 1 月 1 日为建造一项环保工程向银行贷款 400 万元，期限 2 年，年利率为 6%。当年 12 月 31 日，甲小企业向当地政府提出财政贴息申请。经审核，当地政府批准按照实际贷款额 400 万元给予甲小企业年利率 4% 的财政贴息，共计 32 万元，分两次支付。2021 年 1 月 10 日，第一笔财政贴息资金 14 万元到账。2021 年 7 月 1 日，工程完工，第二笔财政贴息资金 18 万元到账，该工程预计使用寿命 10 年。甲小企业的会计分录如下：

（1）2021 年 1 月 10 日，实际收到财政贴息，确认政府补助时：

借：银行存款   140 000

    贷：递延收益   140 000

（2）2021 年 7 月 1 日，实际收到财政贴息，确认政府补助时：

借：银行存款   180 000

    贷：递延收益   180 000

（3）2021 年 7 月 1 日工程完工，开始分配递延收益，自 2021 年 7 月 1 日起，每个资产负债表日：

借：递延收益   2 667

    贷：营业外收入   2 667

涉税法规链接及提示

3. 税收返还的确认和计量

税收返还是政府向小企业返还的税款。属于以税收优惠形式给予的一种政府补助。税收返还主要包括先征后返的所得税和先征后退、即征即退的流转税等。实务中，还存在税收奖励的情况，若采用先据实征收、再以现金返还的方式，在本质上也属于税收返还。

小企业按照规定实行企业所得税、增值税、消费税等先征后返的，应当在实际收到返还的企业所得税、增值税（不含出口退税）、消费税时，计入营业外收入。

除了税收返还之外，税收优惠包括直接减征、免征、增加计税抵扣额、抵免部分税额等形式不作为《小企业会计准则》的政府补助处理。

企业取得的由国务院财政、税务主管部门规定专项用途并经国务院批准的财政性资金，税法规定准予作为不征税收入，在计算应纳税所得额时应从收入总额中减除。对于企业取得的即征即退、先征后退、先征后返的各种税收,一般应计入企业取得当年的收入总额,征收企业所得税。但如果有专项规定,应按专项规定处理。企业取得的政府补助如果属于《企业所得税法》的不征税收入,该政府补助用于支出所形成的费用,不得在计算应纳税所得额时扣除;用于支出所形成的资产,其计算的折旧、摊销不得在计算应纳税所得额时扣除。

会计上"财政拨款、财政贴息和税收返还"等概念范围基本上相当于税法中的"财政性资金"。

【例 12-4】　甲小企业生产一种先进的模具产品,按照国家相关规定,该企业的这种产品适用增值税先征后返政策,即先按规定征收增值税,然后按实际缴纳增值税税额返还 60%。2020 年 1 月,该企业实际缴纳增值税税额 90 万元。2020 年 2 月,该企业实际收到返还的增值税税额 54 万元。甲小企业实际收到返还的增值税税额的会计分录如下:

借:银行存款　　　　　　　　　　　　　　　　　　　　540 000
　　贷:营业外收入　　　　　　　　　　　　　　　　　　　　540 000

涉税法规链接及提示

四、营业外支出

营业外支出,是指小企业非日常生产经营活动发生的、应当计入当期损益、会导致所有者权益减少、与向所有者分配利润无关的经济利益的净流出。

小企业的营业外支出包括:存货的盘亏、毁损、报废损失,非流动资产处置净损失,坏账损失,无法收回的长期债券投资损失,无法收回的长期股权投资损失,自然灾害等不可抗力因素造成的损失,税收滞纳金,罚金,罚款,被没收财物的损失,捐赠支出,赞助支出等。

(一)营业外支出的范围和内涵

1. 存货的盘亏、毁损、报废损失

存货盘亏损失指小企业在清查财产过程中查明的存货账存数大于实存数形成的存货短缺。存货的毁损净损失指小企业因工人操作过程中的操作和使用失误等所引起的损失。存货的报废净损失是指因磨损、技术进步等原因引发的报废存货产生的损失。存货的盘亏、毁损、报废损失最终计入营业外支出的是存货盘亏、毁损、报废成本扣除残料(或残值)收入后的净额。

该项目的内涵与《企业所得税法实施条例》中"存货的盘亏、毁损、报废损失"的相关规定相同。

2. 非流动资产处置净损失

小企业处置非流动资产净损失包括处置固定资产、无形资产、生产性生物资产、长期待摊费用等,但不包括无法收回的长期债券投资损失和无法收回的长期股权投资损失,后者分别单独作为一项损失计入营业外支出。

固定资产处置净损失指小企业处置固定资产所取得的价款扣除固定资产账面价值、相关税费和清理费用后的净损失,如为净收益,则为营业外收入。

无形资产处置净损失、生产性生物资产处置净损失同固定资产。

该项目的内涵与《企业所得税法实施条例》中"固定资产的盘亏、毁损、报废损失,转让财产损失中的转让固定资产、无形资产、生物资产等财产发生的净损失"的相关规定相同。

3. 坏账损失和无法收回的长期债券投资损失

坏账损失是指小企业无法收回或者收回的可能性极小的应收及预付款项。无法收回的长期债券投资损失是由于小企业债务人无法偿还而不得不承担的损失。具体内容参见"第三章第五节"和"第五章第三节"相关内容。

该项目的内涵与《企业所得税法实施条例》中"坏账损失"的相关规定相同。

4. 无法收回的长期股权投资损失

无法收回的长期股权投资损失指由于被投资单位依法宣告破产、关闭、解散、被撤销,或者被依法注销、吊销营业执照,以及被投资单位财务状况严重恶化等情况导致长期股权投资无法收回造成的损失。长期股权投资损失的具体内容参见"第五章第四节"相关内容。

该项目的内涵与《企业所得税法实施条例》中"其他损失"的相关规定相同。

5. 自然灾害等不可抗力因素造成的损失

自然灾害等不可抗力因素造成的损失指小企业因非人力所能抗拒或阻止的原因等发生的资产损失,如地震造成房屋塌陷造成的损失。

该项目的内涵与《企业所得税法实施条例》中"自然灾害等不可抗力因素造成的损失"的相关规定相同。

6. 税收滞纳金

税收滞纳金是纳税人或者扣缴义务人不及时履行纳税义务而产生的连带义务。国家对滞纳税款的纳税人、扣缴义务人征收滞纳金,目的是保证纳税人、扣缴义务人及时履行缴纳或者解缴税款的义务。从经济角度讲,滞纳金是纳税人、扣缴义务人因占用国家税款所做的补偿;从行政角度讲,滞纳金是国家对不及时履行缴纳或者解缴税款义务的纳税人、扣缴义务人采用课以财产上新的给付义务,也就是加重给付义务,具有执行罚的性质。执行罚不同于行政处罚,行政处罚是因公民、法人或者其他组织违反行政法上的义务,而受到的行政制裁。执行罚的目的不在于制裁,而在于促使违反行政法上的义务的公民、法人和其他组织尽快履行义务。因此,不能将滞纳金作为行政处罚对待,在税法上更加倾向于将滞纳金与税款同等对待。

该项目的内涵与《企业所得税法》第十条规定的税收滞纳金相同。

7. 罚金与罚款

罚金是指强制犯罪人向国家缴纳一定数额金钱的刑罚方法。罚金主要适用于破坏经济秩序和其他谋取非法利益有联系的犯罪,以及少数较轻的犯罪。罚金这种刑罚的犯罪,一般都是贪财、图利,或者是有关财产的。对这些犯罪分子,从金钱上加以剥夺,使他们在经济上得不到好处,是一种有效的惩罚和教育。罚金的数额由犯罪情节决定,犯罪分子缴纳罚金,可借债缴纳,数额较大的,还可分期缴纳,对于不能全部缴纳的罚金,人民法院在任何时候发现犯罪人有可以执行的财产,随时可以追缴,如果被判罚金,在遭遇到不能抗拒的灾祸,缴纳罚金确有困难,可以向人民法院申请减或者免缴。

罚款,是行政处罚,是指行为人的行为没有违反刑法的规定,而是违反了治安管理、工商、行政、税务等各行政法规的规定,行政执法部门依据行政法规的规定和程序决定罚款数额,他不由人民法院判决,因此在性质上与罚金有本质上的区别。罚款不是在行政或民事赔偿里使用的,而是对于违反法律强制性规定,但尚未构成犯罪的时候(如扰乱法庭、拒不执行、违法治安管理等),由司法机关或行政机关做出的处罚,不属于刑法范畴。

罚金与罚款的内涵与《企业所得税法》第十条规定的罚金与罚款相同。

8. 被没收财物的损失

没收财产是将犯罪分子个人所有财产的一部或者全部强制无偿地收归国有的刑罚方法。没收财产也是一种财产刑,但它不同于罚金,是适用于罪行严重的犯罪分子的刑罚方法。根据刑事诉讼法的规定,没收财产的判决,无论附加适用或者独立适用,都由人民法院执行;在必要的时候,可以会同公安机关执行。该项目的内涵与《企业所得税法》第十条规定的被没收财物的损失相同。

9. 捐赠支出

捐赠支出是指小企业对外进行捐赠发生的支出,不论其是否符合企业所得税法税前扣除条件。小企业计入营业外支出的捐赠支出包括:《企业所得税法》允许税前扣除和不允许税前扣除的公益性和非公益性捐赠支出。捐赠支出的内涵包含《企业所得税法》第九条规定的公益性捐赠支出和第十条规定的捐赠支出。

10. 赞助支出

赞助支出是指小企业发生的与生产经营活动无关的各种非广告性质支出。认定赞助支出,主要是要区别它与公益性捐赠和广告支出的差别。所谓公益性捐赠,是指小企业用于公益事业的捐赠,不具有有偿性,所捐助范围也是公益性质,而赞助支出具有明显的商业目的,所捐助范围一般也不具有公益性质,两者容易区分。广告支出,是小企业为了推销或者提高其产品、服务等的知名度和认可度为目的,通过一定的媒介,公开地对不特定公众所进行的宣传活动所发生的支出,与小企业的生产经营活动密切相关,而赞助支出是与小企业的生产经营活动无关。

赞助支出的内涵与《企业所得税法》第十条规定的赞助支出相同。

此外小企业发生的非货币性资产交换、偿债损失,也应计入营业外支出。

涉税法规链接及提示

(二) 营业外支出的确认和计量

1. 营业外支出的确认

小企业的营业外支出应当在发生时按照其发生额计入当期损益。这里的"发生"包括两种情况,即有关交易完成之时和所要求的相关条件满足时。前者如小企业财产清查完成时、固定资产清理完毕时、小企业按照规定实际支付税收滞纳金、罚金、罚款和赞助款项时等等。后者如小企业发生的坏账损失等。

2. 营业外支出的计量

小企业的营业外支出应当按照其发生额计入当期损益。对于税收滞纳金、罚金、罚款等应按照其发生额计量。对存货的盘亏、毁损、报废损失,非流动资产处置净损失等均以其账面价值计量。

特别说明的是,小企业已经作为营业外支出处理的资产,在以后会计年度全部或部分收回时,应当计入收回当期的营业外收入,不得冲减当期的营业外支出。另外,小企业将固定资产、无形资产等用于捐赠、赞助、广告、样品、职工福利和利润分配等,会计上确认为营业外支出,但在税法上可能无法全额扣除。

【例 12-5】 甲小企业用银行存款支付税款滞纳金 10 000 元。会计分录如下:

借:营业外支出　　　　　　　　　　　　　　　　　　　　　10 000
　　贷:银行存款　　　　　　　　　　　　　　　　　　　　　　10 000

【例 12-6】 甲小企业 2020 年 12 月 31 日将拥有的一项专利权出售,取得价款 100 000 元(不含税价),应交的增值税为 6 000 元。该专利权的账面余额为 120 000 元,累计摊销额为 10 000 元。另甲小企业本月营业外支出总额为 110 000 元,期末结转本年利润。甲小企业会计分录如下:

借:银行存款　　　　　　　　　　　　　　　　　　　　　106 000
　　累计摊销　　　　　　　　　　　　　　　　　　　　　　10 000
　　营业外支出　　　　　　　　　　　　　　　　　　　　　10 000
　　贷:无形资产　　　　　　　　　　　　　　　　　　　　　120 000
　　　　应交税费——应交增值税(销项税额)　　　　　　　　　6 000

同时:

借:本年利润　　　　　　　　　　　　　　　　　　　　　110 000
　　贷:营业外支出　　　　　　　　　　　　　　　　　　　　110 000

第二节 所得税费用

《小企业会计准则》规定,小企业应当按照《企业所得税法》规定计算当期应纳税额,确认所得税费用。小企业应当在利润总额的基础上,按照《企业所得税法》规定进行纳税调整,计算出当期应纳税所得额,按照应纳税所得额与适用所得税税率为基础计算确定当期应纳税额。

一、所得税费用的计算原则

(一)以企业所得税法为计算依据

由于会计与税法的目的不同,在计算小企业所得税费用时不是以会计计量结果为依据,《小企业会计准则》规定小企业应当按照《企业所得税法》规定计算当期应纳税额。

(二)应纳税额等于所得税费用

应纳税额是一个税法概念,相当于会计上应交所得税,即将当期应纳税额直接确认为所得税费用,或者描述为,本期所得税费用等于本期应交所得税。

二、所得税费用的计算方法

（一）以利润总额作为所得税费用的计算基础

小企业在计算所得税费用时,不得因为《企业所得税法》的规定与《小企业会计准则》的规定不同而调整会计账簿记录的结果。税务机关也不得依据《企业所得税法》的规定要求小企业对会计账簿记录的利润总额进行调整。

（二）纳税调整

由于税法和小企业会计准则实现的目的不同,在计算应纳税所得额时需要对税法与会计不一致的项目进行调整。《企业所得税法》第二十一条规定"在计算应纳税所得额时,企业财务、会计处理办法与税收法律、行政法规的规定不一致的,应当依照税收法律、行政法规的规定计算。"

1.纳税调整事项

根据国家税务总局制定的《企业所得税年度纳税申报表》附表三《纳税调整项目明细表》的要求,构成小企业纳税调整的事项主要包括收入类和扣除类计 15 个项目。即收入类的免税收入、减计收入和减、免税项目所得 3 项;扣除类的职工福利支出,职工教育经费支出,工会经费支出,业务招待费支出,广告费和业务宣传费支出,捐赠支出,利息支出,罚金、罚款和被没收财物的损失,税收滞纳金,赞助支出,与取得收入无关的支出和加计扣除等 12 项。

2.纳税调整采用调表不调账的方式

以小企业的会计账簿记录为基础,在《企业所得税年度纳税申报表》上,调整计算出应纳税额。这一过程不改变也不影响会计账簿记录的结果。

3.在年度汇算清缴时纳税调整

我国的企业所得税实行按年计征,分月或分季预缴,年终汇算清缴的方式。企业所得税法第五十四条规定,"企业所得税分月或者分季预缴。企业应当自月份或者季度终了之日起十五日内,向税务机关报送预缴企业所得税纳税申报表,预缴税款。企业应当自年度终了之日起五个月内,向税务机关报送年度企业所得税纳税申报表,并汇算清缴,结清应缴应退税款。企业在报送企业所得税纳税申报表时,应当按照规定附送财务会计报告和其他有关资料。"

汇算清缴是指纳税人在纳税年度终了后规定时期内,依照税收法律、法规、规章及其他有关企业所得税的规定,自行计算全年应纳税所得额和应纳所得税额,根据月度或季度预缴的所得税数额,确定该年度应补或者应退税额,并填写年度企业所得税纳税申报表,向主管税务机关办理年度企业所得税纳税申报、提供税务机关要求提供的有关资料、结清全年企业所得税税款的行为。

实行查账征收和实行核定应税所得率征收企业所得税的纳税人,无论是否在减税、免税期间,也无论盈利或亏损,都应根据《企业所得税法》第五十四条规定办理年度企业所得税申报。实行核定定额征收企业所得税的纳税人,不进行汇算清缴。

三、所得税费用的计算

（一）所得税费用的计算步骤

所得税费用＝应纳税额

应纳税额＝应纳税所得额×适用税率－减免税额－抵免税额

根据上面计算公式，所得税费用的计算步骤为：

（1）计算出小企业的应纳税所得额。

根据《企业所得税法》第五条的规定，应纳税所得额的计算公式为：

应纳税所得额＝收入总额－不征税收入－免税收入－扣除额－允许弥补的以前年度亏损

根据《企业所得税年度纳税申报表》的要求，小企业应纳税所得额的计算可以用下式表示：

应纳税所得额＝利润总额＋纳税调整增加额－纳税调整减少额－弥补以前年度亏损

（2）计算出扣除减免税额和抵免税额前的应纳税所得额。

扣除减免税额和抵免税额前的应纳税所得额＝应纳税所得额×适用税率

（3）计算出小企业享受的减免所得税额和抵免所得税额等优惠税额。

（4）计算出应纳税额，即所得税费用。

（二）纳税调整项目

1.扣除类纳税调整项目

扣除类纳税调整项目主要包括职工福利支出，职工教育经费支出，工会经费支出，业务招待费支出，广告费和业务宣传费支出，捐赠支出，利息支出，罚金、罚款和被没收财物的损失，税收滞纳金，赞助支出，与取得收入无关的支出和加计扣除等12项。

（1）职工福利支出。小企业当年实际发生的职工福利费支出数，如果不超过小企业工资薪金总额14％的，可以在税前全额扣除，不需要纳税调整。超过14％的部分应作为纳税调整增加额计入应纳税所得额中，不得在税前扣除。本项目数据可以从小企业"应付职工薪酬"科目贷方发生额分析取得。

（2）职工教育经费支出。小企业当年发生的职工教育经费，不超过工资薪金总额8％的，可以在税前金额扣除，超过8％的部分，允许在以后纳税年度扣除。本项目数据可以从小企业"应付职工薪酬"科目贷方发生额分析取得。

（3）工会经费支出。工会经费支出与职工教育经费支出不同的是工会经费支出超过2％的部分不准扣除。本项目数据可以从小企业"应付职工薪酬"科目贷方发生额分析取得。

【例12-7】 甲小企业2020年实际支付职工工资薪金总额300万元，发生职工福利费支出45万元，职工工会经费6万元、职工教育经费22万元，为职工支付商业保险费20

万元。要求:计算工资与职工福利费、工会经费、职工教育经费、职工保险费纳税调整金额。

分析:本例中,职工工资薪金实际支付 300 万元,认为是合理的职工薪酬允许扣除,税法与会计之间没有差异,不需要纳税调整;职工福利费的税前扣除限额是 42 万元(300×14%),实际发生 45 万元,超过规定的扣除标准 3 万元,则应该依税法调增所得额 3 万元;工会经费的税前扣除限额是 6 万元(300×2%),会计上实际列支也是 6 万元,会计与税法之间没有差异,不需要纳税调整;职工教育经费的税前扣除限额是 24 万元(300×8%),会计上实际发生支出为 22 万元,在税法规定的列支限额内,可以据实扣除,不需要纳税调整;则工资和三费用调整合计为 3 万元。商业保险费 20 万元按照税法的规定不得税前扣除。所以合计纳税调整增加金额为 23 万元。

本例中假如职工教育经费实际发生额为 26.5 万元,则超过税法规定标准 2.5 万元,该项影响应该调增本年所得额 2.5 万元,这个 2.5 万元可以递延扣除。若甲小企业 2021 年实际支付职工工资薪金总额 500 万元,实际发生职工教育经费 36 万元,则 2021 年可以扣除的职工教育经费为 40 万元(500×8%)。所以甲小企业 2021 年允许扣除的职工教育经费为 38.5 万元(2021 年实际发生职工教育经费 36 万元+2020 年结转的职工教育经费 2.5 万元)。

(4) 业务招待费支出。小企业发生的与生产经营活动有关的业务招待费支出,按照发生额的 60% 扣除,但最高不得超过当年销售(营业)收入的 5‰。税法对业务招待费支出要求与经营活动"直接相关"。由于商业招待与个人消费的界线不好掌握,所以一般情况下必须证明业务招待与经营活动的直接相关性。比如是因小企业销售业务的真实的商谈而发生的费用。必须有大量足够有效凭证证明小企业相关性的陈述,如费用金额、招待、娱乐旅行的时间和地点、商业目的、企业与被招待人之间的业务关系等。此外小企业开支的业务招待费必须是正常和必要的。可以通过一般商业常规做参考,如小企业对某个客户业务员的礼品支出与所成交的业务额或业务的利润水平严重不相吻合;再比如,小企业向无业务关系的特定范围人员所赠送礼品,而且不属于业务宣传性质(业务宣传的礼品支出一般是随机的或与产品销售相关联的)。本项目数据可以从小企业"管理费用""销售费用"科目借方发生额分析取得。

【例 12-8】 甲小企业 2020 年发生主营业务收入为 2 700 万元,发生现金折扣 100 万元;其他业务收入 200 万元,国债利息收入 5 万元。用自产产品对外投资,产品成本 70 万元,不含税销售价格 100 万元,该项业务未反映在账务中。"管理费用"科目列支 100 万元,其中:业务招待费 30 万元。

要求:计算业务招待费应调整的应纳税所得额。

分析:甲小企业 2020 年的销售收入=2 700+200+100=3 000(万元)

税法允许扣除的业务招待费=3 000×5‰=15(万元)

30×60%=18>15,准予税前扣除 15 万元

纳税调整调增应纳税所得额=30-15=15(万元)

(5) 广告费和业务宣传费支出。小企业在某些纳税年度发生的数额较大的广告费和业务宣传费支出具有资本性支出性质,不应该在发生的纳税年度全部直接扣除,而应在受益期内均衡摊销。《企业所得税法实施条例》规定,小企业每一纳税年度可扣除的广告

费用支出限制在销售(营业)收入的15%以内,但超过部分可以无限期向以后纳税年度结转,实际上就是这一政策精神的体现。2025年以前对化妆品制造或销售、医药制造和饮料制造(不含酒类制造)企业发生的广告费和业务宣传费支出,不超过当年销售(营业)收入30%的部分,准予扣除;超过部分,准予在以后纳税年度结转扣除。对签订广告费和业务宣传费分摊协议(以下简称分摊协议)的关联企业,其中一方发生的不超过当年销售(营业)收入税前扣除限额比例内的广告费和业务宣传费支出可以在本企业扣除,也可以将其中的部分或全部按照分摊协议归集至另一方扣除。另一方在计算本企业广告费和业务宣传费支出企业所得税税前扣除限额时,可将按照上述办法归集至本企业的广告费和业务宣传费不计算在内。本项目数据可以从小企业"销售费用"科目借方发生额分析取得。

【例12-9】 甲小企业2020年商品销售收入2 900万元,设备出租收入100万元,转让技术使用权收入200万元,广告费支出400万元,业务宣传费90万元,则计算应纳税所得额时调整所得是多少?

分析:广告费和业务宣传费扣除标准=(2 900+100+200)×15%=480(万元)

广告费和业务宣传费实际发生额=400+90=490(万元)

超过税法规定列支标准490-480=10(万元)

应纳税所得额调整金额=10(万元)

(6) 捐赠支出。包括公益性捐赠和非公益性捐赠两个部分。《企业所得税法》第十条规定,非公益性捐赠支出不得在税前扣除。本项目数据可以从小企业"营业外支出"科目借方发生额分析取得。

【例12-10】 甲小企业2020年度利润总额为40万元,未调整捐赠前的应纳税所得额为50万元。当年"营业外支出"科目中列支了通过当地教育部门向农村义务教育的捐赠支出5万元。若甲小企业所得税率25%,则2020年甲小企业应缴纳的企业所得税为多少?

分析:公益捐赠的扣除限额为利润总额×12%,即4.8万元(40×12%),实际公益性捐赠为5万元,税前准予扣除的公益性捐赠为4.8万元,纳税调整额为0.2万元(5-4.8)。

则甲小企业2020年应纳税额=(50+0.2)×25%=12.55(万元)。

(7) 利息支出。本项目数据可以从小企业"财务费用"科目借方发生额分析取得。

【例12-11】 甲小企业2020年度实现会计利润总额25万元。经某注册税务师审核,"财务费用"科目中列支有两笔利息费用:向银行借入生产用资金200万元,借用期限6个月,支付借款利息5万元;经过批准向本企业职工借入生产用资金60万元,借用期限10个月,支付借款利息3.5万元。甲小企业2020年度的应纳税所得额为多少万元(假设不考虑其他项目调整)?

分析:银行借款的年利率=(5×2)÷200=5%

可以税前扣除的职工借款利息=60×5%÷12×10=2.5(万元)

超过税法规定标准的利息金额=3.5-2.5=1(万元)

甲小企业2020年度的应纳税所得额=25+1=26(万元)。

(8) 罚金、罚款和被没收财物的损失。

(9) 税收滞纳金。

（10）赞助支出。

（11）与取得收入无关的支出。

《企业所得税法》第十条规定，"在计算应纳税所得额时，下列支出不得扣除：（一）向投资者支付的股息、红利等权益性投资收益款项；（二）企业所得税税款；（三）税收滞纳金；（四）罚金、罚款和被没收财物的损失；（五）本法第九条规定以外的捐赠支出；（六）赞助支出；（七）未经核定的准备金支出；（八）与取得收入无关的其他支出。"

这4个项目数据可以从小企业"营业外支出"科目借方发生额分析取得。

（12）加计扣除。

① 小企业开展研发活动中实际发生的研发费用，未形成无形资产计入当期损益的，在按规定据实扣除的基础上，按照本年度实际发生额的75％（工业企业100％），从本年度应纳税所得额中扣除；形成无形资产的，按照无形资产成本的175％（工业企业100％）在税前摊销。研发活动指企业为获得科学与技术新知识，创造性运用科学技术新知识，或实质性改进技术、产品（服务）、工艺而持续进行的具有明确目标的系统性活动。

这个项目数据可以从小企业"管理费用""无形资产"科目借方发生额和"累计摊销"科目贷方发生额分析取得。

② 安置残疾人员所支付的工资。小企业安置残疾人员的，在按照支付给残疾职工工资据实扣除的基础上，按照支付给残疾职工工资的100％加计扣除。残疾人员的范围适用《中华人民共和国残疾人保障法》的有关规定。"这个项目数据可以从小企业"应付职工薪酬"科目贷方发生额分析取得。

③ 国家鼓励安置的其他就业人员所支付的工资。主要包括小企业安置国家鼓励安置的其他就业人员包括安置城镇待业人员的劳动就业服务企业，安置下岗再就业人员的企业，以及安置自主择业的军队转业干部、自谋职业的城镇退役士兵、随军家属就业的企业等等。这个项目数据可以从小企业"应付职工薪酬"科目贷方发生额分析取得。

2. 收入类纳税调整项目

收入类纳税调整项目主要包括免税收入、减计收入和减、免税项目所得3项。

（1）免税收入。

免税收入是指属于小企业的应税所得但按照税法规定免予征收企业所得税的收入。包括：国债利息收入；符合条件的居民企业之间的股息、红利等权益性投资收益；在中国境内设立机构、场所的非居民企业从居民企业取得与该机构、场所有实际联系的股息、红利等权益性投资收益；符合条件的非营利组织的收入。

免税收入与不征税收入属于不同的概念，免税收入属于税收优惠，而不征税收入不属于税收优惠。免税收入是纳税人应税收入的重要组成部分，只是国家为了实现某些经济和社会目标，在特定时期或对特定项目取得的经济利益给予的税收优惠照顾，而在一定时期又有可能恢复征税的收入范围。如国债利息收入，符合条件的居民企业之间的股息、红利收入等。而不征税收入是由于从根源和性质上，不属于营利性活动带来的经济利益，是专门从事特定目的的收入，这些收入从企业所得税原理上讲应永久不列为征税范围的收入范畴。如政府预算拨款，依法收取并纳入财政管理的行政事业性收费、政府性基金等。这个项目数据可以从小企业"投资收益"账户贷方发生额分析取得。

（2）减计收入。

减计收入是指按照税法规定准予对企业某些经营活动取得的应税收入,按一定比例减少计入收入总额,进而减少应纳税所得额的一种税收优惠措施。企业以《资源综合利用企业所得税优惠目录》规定的资源作为主要原材料,生产国家非限制和禁止并符合国家和行业相关标准的产品取得的收入,减按90％计入收入总额。这个项目数据可以从小企业"主营业务收入"或"其他业务收入"账户贷方发生额分析取得。

（3）减、免税项目所得。

小企业的下列所得,可以免征、减征企业所得税:从事农、林、牧、渔业项目的所得;从事国家重点扶持的公共基础设施项目投资经营的所得;从事符合条件的环境保护、节能节水项目的所得;符合条件的技术转让所得;《企业所得税法》第三条第三款规定的所得。

① 免税所得。享受免税优惠的农、林、牧、渔业项目的具体内容包括:蔬菜的种植;谷物的种植;薯类的种植;油料的种植;豆类的种植;麻类的种植;糖料的种植;水果、坚果的种植;农作物新品种的选育;中药材的种植;林木的培育和种植;牲畜、家禽的饲养;林产品的采集;灌溉服务;农产品初加工服务;兽医服务;农技推广;农机作业和维修;远洋捕捞。

企业从事国家限制和禁止发展的项目,不得享受本条规定的企业所得税优惠。

这个项目数据可以从小企业(农、林、牧、渔业)"主营业务收入"或"其他业务收入"账户贷方发生额分析取得。

② 减税所得。享受减税所得的具体内容包括:花卉的种植;茶及其他饮料作物的种植;香料作物的种植;海水养殖;内陆养殖。

这个项目数据可以从小企业(农、林、牧、渔业)"主营业务收入"或"其他业务收入"账户贷方发生额分析取得。

③ 符合条件的环境保护、节能节水项目的所得。企业从事公共污水处理、公共垃圾处理、沼气综合开发利用、节能减排技术改造、海水淡化等项目的所得,自项目取得第1笔生产经营收入所属纳税年度起,第1年至第3年免征企业所得税,第4年至第6年减半征收企业所得税。

这个项目数据可以从小企业(农、林、牧、渔业)"主营业务收入"或"其他业务收入"账户贷方发生额分析取得。

④ 符合条件的技术转让所得。1个纳税年度内,居民企业技术转让所得不超过500万元的部分,免征企业所得税;超过500万元的部分,减半征收企业所得税。这里需要注意的是,居民企业1个纳税年度内技术转让所得的总和,而不管享受减免税优惠的转让所得是通过几次技术转让行为所获取的,只要居民企业技术转让所得总和在1个纳税年度内不到500万元的,这部分所得全部免税;超过500万元的部分,减半征收企业所得税。

这个项目数据可以从小企业(农、林、牧、渔业)"主营业务收入""其他业务收入"或"营业外收入"账户贷方发生额分析取得。

（三）减免所得税额的确定

1. 小型微利企业减按20％的税率缴纳企业所得税

对小型微利企业年应纳税所得额不超过100万元的部分,减按25％计入应纳税所得额,按 20％的税率缴纳企业所得税,在此基础上再减半征收;对年应纳税所得额超过 100 万元但不超过 300 万元的部分,减按 50％计入应纳税所得额,按 20％的税率缴纳企业所得税。小型微利企业是指从事国家非限制和禁止行业,且同时符合年度应纳税所得额不超过 300 万元、从业人数不超过 300 人、资产总额不超过 5 000 万元等三个条件的企业。

2. 国家需要重点扶持的高新技术企业

根据科技部、财政部、国家税务总局《高新技术企业认定管理办法》(国科发火〔2016〕32 号)、《高新技术企业认定管理工作指引》(国科发火〔2016〕195 号)规定,国家需要重点扶持的高新技术企业,按照 15％的税率征收企业所得税。

3. 民族自治地方的小企业应缴纳的企业所得税中属于地方分享的部分

民族自治地方的自治机关对本民族自治地方的企业应缴纳的企业所得税中属于地方分享的部分,可以决定减征或者免征。自治州、自治县决定减征或者免征的,须报省、自治区、直辖市人民政府批准。对民族自治地方内国家限制和禁止行业的企业,不得减征或者免征企业所得税。

（四）抵免所得税额的确定

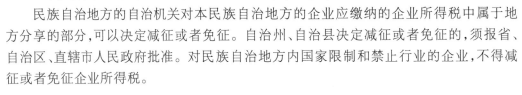

小企业购置用于环境保护、节能节水、安全生产等专用设备的投资额,可以按一定比例实行税额抵免。这个项目数据可以从小企业"固定资产"账户借方发生额分析取得。

（五）同时从事适用不同企业所得税待遇项目的处理

(1) 小企业同时从事适用不同企业所得税待遇的项目的,其优惠项目应当单独计算所得,没有单独计算的,不得享受企业所得税优惠。

《企业所得税法》和实施条例规定了涉及促进技术创新和科技进步、鼓励基础设施建设、鼓励农业发展及环境保护与节能、支持安全生产、促进公益事业和照顾弱势群体等诸多方面的税收优惠,小企业可能同时从事适用不同企业所得税待遇的项目。为了保证企业所得税优惠政策真正落到国家鼓励发展、需要税收扶持的项目上,小企业对该优惠项目有关的收入、成本、费用应单独核算,向税务机关提供单独的生产、财务核算资料,并计算相应的应纳税所得额和应纳税额,而对于不享受企业所得税优惠的项目,则另行计算其应纳税所得额。如果小企业没有单独计算的,很难区分哪些收入和支出属于优惠项目,则不得享受企业所得税优惠。

(2) 在优惠项目和非优惠项目之间合理分摊企业的期间费用。

由于期间费用没有一个明确的归属,往往是小企业经营管理的需要和将带来整体效益的提升,为了防止小企业以分摊期间费用为名,行逃避税负之实,税法明确规定可以在税前扣除的期间费用必须是合理分摊的费用。这就需要将这些期间费用根据企业、行业的特点,根据经营收入、职工人数或工资总额、资产总额等因素在各生产经营项目之间进行分摊,否则不得扣除。

四、所得税费用的核算

小企业应设置"所得税费用"科目核算小企业根据《企业所得税法》确定的应从当期

利润总额中扣除的所得税费用。小企业根据《企业所得税法》规定补交的所得税,也通过本科目核算。小企业按照规定实行企业所得税先征后返的,实际收到返还的企业所得税,在"营业外收入"科目核算,不在"所得税费用"科目核算。

年度终了,小企业按照《企业所得税法》规定计算确定的当期应纳税税额,借记"所得税费用"科目,贷记"应交税费——应交企业所得税"科目。年度终了,应将"所得税费用"科目的余额转入"本年利润"科目,结转后本科目应无余额。

【例 12-12】　甲县城小企业(工业)2020 年度自行核算取得产品销售收入 9 000 万元,非产品销售的其他业务收入总额 600 万元,应扣除的成本、费用、税金等共计 8 800 万元,实现会计利润 800 万元。年末封账前聘请会计师事务所审核其记账情况,发现企业自行核算中存在以下问题:

(1) 直接销售产品给某使用单位,取得含税销售额 79.1 万元、与销售产品有关的送货收入 10.17 万元和包装费 4.52 万元,均未列入收入总额,也未缴纳相关流转税;

(2) 发生的与生产经营相关的业务招待费 100 万元、广告费 500 万元、新产品开发费 50 万元,已据实扣除;

(3) 12 月接受某公司捐赠货物一批,取得增值税专用发票,注明价款 50 万元、增值税 6.5 万元,企业负担运输费用 2 万元,增值税 0.18 万元,甲企业因会计人员业务水平问题未抵扣增值税进项;

(4) 甲企业账面合理工资总额 300 万元,当年实际发生了 50 万元的福利费、6 万元工会经费、25 万元职工教育经费;

(5) 在"营业外支出"账户中,发生的通过民政局向灾区捐赠 200 万元全部作了扣除。

假定甲企业上述相关发票均经过认证符合税法要求。要求按下列顺序回答问题并进行企业所得税的账务处理:

① 计算审核应补缴的流转税(费)总和;

② 销售产品应调增的收入额;

③ 发生的业务招待费、广告费和技术开发费加计扣除后应调增应纳税所得额;

④ 接受捐赠应调增应纳税所得额;

⑤ 福利费等三项费用应调增的应纳税所得额;

⑥ 对外捐赠应调增应纳税所得额;

⑦ 计算 2020 年甲企业应缴纳的企业所得税并进行账务处理。

分析:

(1) 应补缴的流转税(费)总和 4.11 万元

增值税 $=(79.1+10.17+4.52)\div(1+13\%)\times 13\%-6.5$(受赠货物进项税)$-0.18$
$\qquad =10.79-6.5-0.18=4.11$(万元)

城建税和教育费附加 $=4.11\times(5\%+3\%)=0.33$(万元)

应补缴的流转税(费)总和 $=4.11+0.33=5.82$(万元)

(2) 销售产品应调增的收入额 $=(79.1+10.17+4.52)\div(1+13\%)=83$(万元)

(3) 发生的交际应酬费、广告费和技术开发费加计扣除后应调增应纳税所得额交际应酬费扣除标准：$100×60\%=60$（万元）；

限额$=(9\,000+83+600)×5‰=48.42$（万元）

交际应酬费超限额$=100-48.42=51.58$（万元）

广告费限额$=(9\,000+83+600)×15\%=1\,452.45$（万元），广告费未超限额，不用调整。

新产品开发费可加计100%扣除，加计扣除数$=50×100\%=50$（万元）

所以，发生的交际应酬费、广告费和技术开发费加计扣除后应调增应纳税所得额$=51.58+(-50×100\%)=1.58$（万元）

(4) 捐赠应调增应纳税所得额$=50+6.5=56.5$（万元）

(5) 职工福利费限额$=300×14\%=42$（万元）

工会经费限额$=300×2\%=6$（万元）

职工教育经费$=300×8\%=24$（万元）

三项费用超支合计$=50-42+25-24=9$（万元）

(6) 对外捐赠应调增应纳税所得额

调整利润总额$=800+83$（调增销售）-0.33（城建税及教育费附加）$+56.5$（捐赠调账）
$$=939.17（万元）$$

捐赠限额$=939.17×12\%=112.70$（万元）

捐赠超支$=200-112.70=87.3$（万元）

(7) 2020年甲企业应缴纳的企业所得税

应纳税所得额的合计数$=939.17+1.58+9$（三项费用）$+87.3=1\,037.05$（万元）

应缴纳的企业所得税$=1\,037.05×25\%=259.262\,5$（万元）

借：所得税费用　　　　　　　　　　　　　　　2 592 625
　　贷：应交税费——应交所得税　　　　　　　　　　　2 592 625

第三节　利润分配

小企业以当年净利润弥补以前年度亏损等剩余的税后利润，可用于向投资者进行分配。小企业（公司制）在分配当年税后利润时，应当按照《公司法》的规定提取法定公积金和任意公积金。

《公司法》第一百六十七条规定"公司分配当年税后利润时，应当提取利润的10%列入公司法定公积金。公司的法定公积金不足以弥补以前年度亏损的，在依照前款规定提取法定公积金之前，应当先用当年利润弥补亏损。公司从税后利润中提取法定公积金后，经股东会或者股东大会决议，还可以从税后利润中提取任意公积金。公司弥补亏损和提取公积金后所余税后利润，有限责任公司依照本法第三十五条的规定分配；股份有限公司按照股东持有的股份比例分配，但股份有限公司章程规定不按持股比例分配的除外。股东会、股东大会或者董事会违反前款规定,在公司弥补亏损和提取法定公积金之前向股东分配利润的,股东必须将违反规定分配的利润退还公司。公司持有的本公司股份不得分配利润。"

一、利润分配的顺序

小企业当年实现净利润在进行利润分配前,需要弥补以前年度亏损,弥补后剩余的税后利润,方可用于向投资者进行分配。按照相关法律法规,小企业利润分配顺序如下:

(一)公司制小企业按照当年净利润进行利润分配的顺序

(1)弥补以前年度亏损;
(2)提取法定公积金;
(3)提取任意公积金。

(二)外资小企业按照当年净利润进行利润分配的顺序

(1)提取职工奖励及福利基金;
(2)提取储备基金;
(3)弥补以前年度亏损。

(三)中外合资经营小企业按照当年净利润进行利润分配的顺序

(1)提取职工奖励及福利基金;
(2)提取储备基金;
(3)提取企业发展基金;
(4)弥补以前年度亏损。

(四)中外合作经营小企业按照当年净利润进行利润分配的顺序

(1)分配利润或分配产品;
(2)弥补以前年度亏损;
(3)外国合作者在合作企业缴纳所得税前回收投资。
根据有关法律法规的规定,各类小企业的利润分配综合如下:
第一步:计算可供分配的利润

$$可供分配的利润＝本年净利润＋年初未分配利润＋其他转入$$

第二步:计算可供投资者分配的利润

可供投资者分配的利润＝可供分配的利润－提取法定盈余公积－提取任意盈余公积－提取职工奖励及福利基金(仅适用于外商投资小企业)－提取储备基金(仅适用于外商投资小企业)－提取企业发展基金(仅适用于外商投资小企业)－利润归还投资(仅适用于中外合作经营小企业)

第三步:计算年末未分配利润

$$年末未分配利润＝可供投资者分配的利润－应付利润$$

利润分配的具体内容参见第十三章第五节利润分配表。

二、利润分配的核算

为了反映小企业的利润分配情况,在会计实务中,小企业应设置"利润分配"科目核算实现利润的分配(或亏损的弥补)和历年分配(或弥补)后的积存余额。并在"利润分配"科目下分别设置"提取法定盈余公积""提取任意盈余公积""盈余公积补亏""应付利润"和"未分配利润"等明细科目,进行分项明细核算。

小企业用盈余公积弥补亏损,借记"盈余公积"科目,贷记"利润分配(盈余公积补亏)"科目。按规定从净利润中提取盈余公积时,借记"利润分配(提取法定盈余公积,提取任意盈余公积)"科目,贷记"盈余公积——法定盈余公积、任意盈余公积"科目。

【例 12-13】 甲小企业 2020 年的税后利润为 24 万元。根据规定,按 10％提取法定盈余公积,同时小企业章程规定,按 5％计提任意盈余公积。该小企业编制如下会计分录:

借:利润分配——提取法定盈余公积　　　　　　　　　24 000
　　　　　　——提取任意盈余公积　　　　　　　　　12 000
　　贷:盈余公积——法定盈余公积　　　　　　　　　24 000
　　　　　　　——任意盈余公积　　　　　　　　　12 000
借:利润分配——未分配利润　　　　　　　　　　　　36 000
　　贷:利润分配——提取法定盈余公积　　　　　　　24 000
　　　　　　　——提取任意盈余公积　　　　　　　12 000

应当分配给投资者的利润,借记"利润分配(应付利润)"科目,贷记"应付利润"科目。

【例 12-14】 甲小企业于 2020 年 3 月 15 日根据股东大会决议,分配利润 5.2 万元。4 月 15 日为实际发放日。甲企业的会计分录如下:

(1)股利宣布日(2020 年 3 月 15 日):

借:利润分配——应付利润　　　　　　　　　　　　　52 000
　　贷:应付利润　　　　　　　　　　　　　　　　　52 000

(2)发放日(2020 年 4 月 15 日):

借:应付利润　　　　　　　　　　　　　　　　　　　52 000
　　贷:银行存款　　　　　　　　　　　　　　　　　52 000

(3)期末转账

借:利润分配——未分配利润　　　　　　　　　　　　52 000
　　贷:利润分配——应付利润　　　　　　　　　　　52 000

练 习 题

一、单项选择题

1. 甲小企业本期主营业务收入为 100 万元,主营业务成本为 80 万元,其他业务收入为 20 万元,其他业务成本为 11 万元,销售费用为 5 万元,管理费用为 6 万元,财务费用 3 万元,营业外收入为 5 万元,营业外支出为 2 万元,投资收益为 2 万元,假定不考虑其他因素,甲小企业本期营业利润为( )万元。

  A. 17   B. 15   C. 20   D. 25

  2. 甲小企业 2020 年度营业利润为 280 万元,主营业务收入为 452 万元,销售费用为 12 万元,管理费用 10 万元,财务费用为 8 万元,营业外收入为 40 万元,营业外支出为 20 万元,所得税税率为 25%。假定不考虑其他因素,该小企业 2020 年度的净利润应为( )万元。

  A. 225   B. 255   C. 235.5   D. 200

  3. 某工业小企业本期营业利润为 200 万元,管理费用为 15 万元,投资收益为 30 万元,营业外支出 5 万元,所得税费用为 30 万元。假定不考虑其他因素,该企业本期净利润为( )万元。

  A. 160   B. 165   C. 200   D. 210

  4. 某小企业 2020 年发生亏损 200 万元,2021 年实现税前利润 500 万元,其中包括国债利息收入 20 万元;在营业外支出中有税收滞纳金罚款 30 万元;所得税率为 25%。则企业 2021 年的所得税费用为( )万元。

  A. 127.5   B. 75   C. 70   D. 77.5

  5. 甲小企业获得财政专项资金拨款 300 万元,拨款文件列明其中 100 万元用于弥补企业当期费用和损失,200 万元作为政府以所有者身份的专项投入。甲小企业应确认( )。

  A. 递延收益 300 万元   B. 营业外收入 300 万元

  C. 递延收益 100 万元   D. 营业外收入 100 万元

  6. 2020 年 12 月 20 日,甲小企业收到财政部门先征后退退还的增值税 10 万元存入银行。甲企业编制的会计分录为( )。

  A. 借:银行存款   100 000

    贷:资本公积   100 000

  B. 借:银行存款   100 000

    贷:其他应付款   100 000

  C. 借:银行存款   100 000

    贷:营业外收入   100 000

  D. 借:银行存款   100 000

    贷:递延收益   100 000

  7. 下列不属于小企业营业利润项目的是( )。

  A. 投资收益   B. 出租无形资产收入

  C. 管理费用   D. 出售无形资产收入

  8. 下列不属于小企业营业外收入的是( )。

  A. 接受捐赠收益   B. 出租固定资产的租金收入

  C. 确实无法偿付的应付款项   D. 汇兑收益

  9. 下列不属于小企业营业外支出的是( )。

A. 税收滞纳金　　　　B. 坏账损失　　　　C. 赞助支出　　　　D. 汇兑损失

10. 下列说法正确的是(　　　)。

A. 政府补助都是有偿的

B. 政府补助都是货币性资产

C. 政府补助都是非货币性资产

D. 政府补助可以是货币性资产,也可以是非货币性资产

11. 下列属于政府补助的是(　　　)。

A. 政府与小企业间的债务豁免　　　　B. 直接减免的增值税

C. 即征即退的增值税　　　　D. 增值税出口退税

12. 小企业收到其他政府补助,用于补偿本企业已发生的相关费用或损失的,取得时(　　　)。

A. 冲减营业外支出　　　　B. 冲减营业外收入

C. 计入递延收益　　　　D. 计入营业外收入

13. 小企业收到与资产相关的政府补助,应当确认为递延收益,并在相关资产的使用寿命内平均分配,计入(　　　)。

A. 管理费用　　　　B. 财务费用　　　　C. 营业外收入　　　　D. 营业外支出

14. 小企业收到用于补偿已发生的政策性损失的财政拨款,应贷记"(　　　)"科目。

A. 实收资本　　　　B. 资本公积　　　　C. 长期借款　　　　D. 营业外收入

15. 某小企业 2020 年 4 月主营业务收入为 150 万元,主营业务成本为 80 万元,管理用固定资产计提折旧 5 万元,固定资产盘亏损失为 2 万元,投资收益为 10 万元、罚款支出 10 万元。假定不考虑其他因素,该企业当月的营业利润为(　　　)万元。

A. 43　　　　B. 65　　　　C. 68　　　　D. 75

二、多项选择题

1. 下列各项业务应通过"营业外收入"科目核算的有(　　　　)。

A. 汇兑收益　　　　B. 政府补助

C. 接受现金捐赠　　　　D. 固定资产报废净收益

2. 下列会影响小企业营业利润项目的有(　　　　)。

A. 管理费用　　　　B. 劳务收入　　　　C. 出售原材料收入　　　　D. 投资收益

3. 下列应计入营业外收入的项目有(　　　)。

A. 即征即退的增值税返还　　　　B. 教育费附加返还

C. 出售固定资产净收益　　　　D. 处置长期股权投资净收益

4. 下列属于营业外收入的项目有(　　　)。

A. 转让无形资产使用权收入　　　　B. 出售旧设备的收入

C. 出售股票收入　　　　D. 接受捐赠收入

5. 下列属于营业外支出的有(　　　)。

A. 捐赠支出　　　　B. 罚款支出　　　　C. 坏账损失　　　　D. 汇兑损失

6. 下列计入"营业外支出"但不得在企业所得税前扣除的有(　　　)。

A. 税收滞纳金

B. 非广告性赞助支出

C. 非常损失

D. 按照经济合同规定支付的违约金、罚款和诉讼费

7. 下列属于政府补助的有(　　　　)。

A. 财政拨款 　　　　　　　　　　B. 税收返还

C. 直接减免的税款 　　　　　　　D. 增值税出口退税

8. 下列关于政府补助的表述中,正确的有(　　　　)。

A. 小企业收到的其他政府补助,直接计入当期损益

B. 政府补助是无偿的、有条件的

C. 政府资本性投入不属于政府补助

D. 政府补助为非货币性资产的,应当按照实际收到的金额计量

9. 2020 年 12 月,甲小企业收到政府无偿拨入的一幢办公楼(相关手续已办妥,补助没有任何附加条件),公允价值为 50 万元。假设该固定资产使用寿命为 10 年,按直线法计提折旧,不考虑残值。则下列说法正确的有(　　　　)。

A. 甲小企业收到产权过户手续后,应借记"固定资产",贷记"递延收益"

B. 甲小企业每年计提折旧时,应借记"管理费用"科目,贷记"累计折旧"科目;同时借记"递延收益"科目,贷记"营业外收入"科目

C. 甲小企业在 2020 年所得税汇算时,调整增加应纳税所得额 50 万元,以后每年摊销递延收益时调整减少应纳税所得额 50 万元

D. 甲小企业在 2020 年所得税汇算时,调整减少应纳税所得额 50 万元,以后每年摊销递延收益时调整增加应纳税所得额 50 万元

10. 下列科目中,期末余额应转入本年利润科目的有"(　　　　)"。

A. 财务费用 　　　B. 主营业务收入 　　　C. 营业外收入 　　　D. 递延收益

11. 下列影响小企业利润总额的有(　　　　)。

A. 管理费用 　　　B. 财务费用 　　　C. 所得税费用 　　　D. 商品的销售成本

三、判断题

1. 小企业确认的已作坏账损失处理后又收回的应收款项,借记"银行存款"等科目,贷记"营业外收入"科目。 (　　　)

2. 小企业按照规定实行企业所得税、增值税(不含出口退税)、消费税等先征后返的,应当在实际收到返还的企业所得税、增值税、消费税等时,借记"银行存款"科目,贷记"所得税费用""营业外收入""税金及附加"等科目。 (　　　)

3. 政府向小企业提供补助具有无偿性的特点。政府并不因此而享有企业的所有权,企业未来也不需要以提供服务、转让资产等方式偿还。 (　　　)

4. 政府与小企业间的债务豁免,属于政府补助。 (　　　)

5. 政府补助包括与资产相关的政府补助的其他政府补助。 (　　　)

6. 小企业取得的各类财政性资金,除属于国家投资和资金使用后要求归还本金的以外,均应计入企业当年所得税收入总额,计算缴纳企业所得税。 (　　　)

7. 对小企业取得的由国务院财政、税务主管部门规定专项用途并经国务院批准的财政性资金,准予作为不征税收入,在计算应纳税所得额时从收入总额中减除。企业的不征税收入用于支出所形成的费用,在计算应纳税所得额时允许扣除;用于支出所形成的

资产,其计算的折旧、摊销也允许在计算应纳税所得额时扣除。　　　　　　　（　　）

8. 尽管目前企业所得税有查账征收与核定征收两种征收方式。但不同的征收方式下,应纳所得税额的确定是相同的。　　　　　　　　　　　　　　　　　（　　）

9. 小企业利润表中的"所得税费用"的金额等于《中华人民共和国企业所得税年度纳税申报表》中第33行"实际应纳所得税额"的金额。　　　　　　　　　　　（　　）

10. 某小企业2020年初未分配利润借方余额为30万元(系2018年亏损10万元和2021年亏损20万元的累计数),2020年实现利润总额20万元。则该小企业当年需要交纳企业所得税5万元。　　　　　　　　　　　　　　　　　　　　　　　　（　　）

11. 表结法下,每月月末均需编制转账凭证,将在账上结计出的各损益类科目的余额结转入本年利润科目。　　　　　　　　　　　　　　　　　　　　　　　（　　）

12. 会计期末结转本年利润的方法有表结法和账结法两种。　　　　　　　（　　）

13. 小企业发生毁损的固定资产的净损失,应计入营业外支出科目,最终影响净利润的计算。　　　　　　　　　　　　　　　　　　　　　　　　　　　　　（　　）

14. 年度终了,本年利润科目的本年累计余额即为净利润的金额。　　　　（　　）

15. 小企业的所得税费用应根据应纳税所得额的一定比例确定。应纳税所得额是在企业税前会计利润(即利润总额)的基础上调整确定的。　　　　　　　　　　（　　）

四、业务题

1. 甲小企业2020年12月份发生如下经济业务:

(1) 销售A产品1 000件,每件售价200元,货款200 000元,增值税税率13%,已收到货款和增值税款。A产品的单位成本为160元。

(2) 销售B产品10件,每件售价3 000元,每件单位成本为1 000元,收到商业汇票一张。

(3) 企业转让无形资产所有权一项,该项无形资产账面价值20 000元,转让收入30 000元(不含税价),增值税税率为6%。

(4) 发现无法支付的应付账款50 000元。

(5) 本月发生管理费用8 000元,销售费用4 000元,财务费用50 000元,均用银行存款支付。

(6) 本月固定资产盘亏净损失为10 000元。

要求:根据上述资料编制会计分录,并计算甲小企业营业利润和利润总额。

2. 2020年1月10日,政府拨付甲小企业450万元财政拨款(同日到账),要求用于购买大型科研设备1台;并规定若有结余,留归企业自行支配。2020年2月1日,甲小企业购入不需要安装的大型设备专门用于一科研项目——再生能源发电,研制成功后向国家申请专利。价款为360万元,增值税税额61万元,使用寿命为5年,采用直线法计提折旧,净残值为零。2023年2月1日,甲企业以120万元出售了这台设备。

要求:编制与政府补助相关的会计分录。（金额单位为万元）

3. 甲小企业2020年实现的利润总额为100万元,所得税税率为25%。本年度收到国债利息收入2万元,发生赞助支出5万元;固定资产折旧采用双倍余额递减法,本年折旧额为6万元,按照税法规定采用直线法,本年折旧额为3万元。假设无其他纳税调整因素。

要求:计算甲小企业 2020 年应交所得税和本年所得税费用,并编制会计分录。

4. 甲小企业 2020 年实现税后利润 67 万元,按规定,甲小企业用 2020 年税后利润弥补 2018 年亏损 8.04 万元,2021 年 2 月按以下方案分配:①按净利润的 10% 提取法定盈余公积。②按净利润的 5% 提取任意盈余公积金。③分配投资者利润 20 万元。

要求:根据上述经济业务编制有关的会计分录。

5. 甲小企业所得税税率为 25%。2020 年度利润总额为 210 万元,其中包括本年收到的国债利息收入 70 万元。当年按税法核定允许在税前扣除的职工薪酬为 200 万元;当年的营业外支出中,有 20 万元为税款滞纳金支出。除上述事项外,甲小企业无其他纳税调整事项。

要求:(1) 计算甲小企业 2020 年度应纳税所得额和应交所得税。

(2) 编制甲小企业确认所得税费用和结转所得税费用的会计分录。(答案中的金额单位用万元表示)

第十三章　财务报表

【学习目标】

1. 了解资产负债表和利润表的作用与报表格式、现金流量表的编制基础、现金流量的分类、外币报表折算的原因；

2. 理解资产负债表的结构与内容、利润表的结构和组成项目、财务报表附注的内容；

3. 掌握资产负债表的编制方法及报表项目的填列、利润表的编制方法、现金流量表的格式及编制方法、现金流量表项目的填列、外币报表折算方法、财务报表附注的内容。

财务报表，是指对小企业财务状况、经营成果和现金流量的结构性表述。一套完整的小企业的财务报表至少应当包括下列组成部分：资产负债表、利润表、现金流量表和财务报表附注。

资产负债表反映小企业在某一特定日期所拥有的资产、需偿还的债务以及投资者拥有的净资产情况；利润表反映小企业在一定会计期间的经营成果，即利润或亏损的情况，表明小企业运用所拥有的资产的获利能力；现金流量表反映小企业在一定会计期间现金流入和流出的情况。

财务报表附注，是指对在资产负债表、利润表和现金流量表等报表中列示项目的文字描述或明细资料，以及对未能在这些报表中列示项目的说明等。《小企业会计准则》规定的财务报表种类如表13-1所示。

表 13-1　财务报表种类

编　　号	报表名称	编报期
会小企 01 表	资产负债表	月报、年报
会小企 02 表	利润表	月报、年报
会小企 03 表	现金流量表	月报、年报

小企业编制财务报表的目的，是向税务部门、投资者、银行和其他债权人等提供与小企业财务状况、经营成果和现金流量等有关的会计信息，有助于税务部门进行税收优惠

政策、征税方式、确定应征税额等决策,银行和其他债权人信贷决策,小企业投资者和管理当局作出生产经营决策。

　　小企业编制财务报表,应当根据实际发生的交易和事项以及完整、准确的账簿记录为依据,并遵照《小企业会计准则》规定的编制基础、编制依据、编制原则和方法。

　　小企业的财务报表分为年度、季度和月度财务报表。月、季和年度财务报表应分别于月、季和年度终了时编制和提供。一般情况下,一个会计年度内小企业应按月编制财务报表,按月编制有困难或外部信息使用者不要求按月提供财务报表的,可以按季编制财务报表。小企业必须按年编制财务报表。除国家另有规定外,小企业对外提供财务报表的频率由财务报表外部使用者确定。如税务机关、银行等债权人、工商登记机关等。

　　小企业应当按照《小企业会计准则》规定的会计报表格式和内容,根据登记完整、核对无误的会计账簿记录和其他有关资料编制会计报表,做到内容完整、数字真实、计算准确、不得漏报或者任意取舍。会计报表之间、会计报表各项目之间,凡有对应关系的数字,应当相互一致。会计报表中本期与上期的有关数字应当相互衔接。财务报表中相关项目所反映的交易和事项,小企业没有发生的,不得在该项目中按"0"填列,而应空置。因为"0"表示该项目本期发生了交易或事项但余额(发生额)为"0","空置"表明没有发生。会计报表附注应当对会计报表中需要说明的事项作出真实、完整、清楚的说明。

第一节　资产负债表

一、资产负债表的作用

　　资产负债表是反映小企业在某一特定日期财务状况的报表。例如,月报反映每个月末最后一天,季报反映每个季末最后一天,年报反映每年 12 月 31 日的财务状况,由于资产负债表反映的是某一时点的情况,所以又称为静态报表。

　　资产负债表主要提供有关小企业财务状况方面的信息。通过资产负债表,可以提供某一日期资产总额及其结构,表明小企业拥有或控制的资源及其分布情况;可以提供某一日期的负债总额及其结构,表明企业未来需要用多少资产或劳务清偿债务以及清偿时间;可以反映所有者所拥有的权益,据以判断资本保值、增值的情况以及对负债的保障程度。资产负债表还可以提供进行财务分析的基本资料,如将流动资产与流动负债进行比较,计算出流动比率;将速动资产与流动负债进行比较,计算出速动比率等,可以表明企业的变现能力、偿债能力和资金周转能力,从而有助于会计报表使用者作出经济决策。

二、资产负债表的结构

　　我国小企业的资产负债表采用账户式结构。账户式资产负债表分左右两方,左方为资产项目,按资产的流动性大小排列,流动性大的资产如"货币资金""短期投资""应收票据"等排在前面,流动性小的资产如"长期股权投资""固定资产""无形资产""开发支出"等排在后面。右方为负债及所有者权益项目,一般按要求清偿时间的先后顺序排列,"短期借款""应付票据""应付账款""应付职工薪酬"等需要在 1 年以内或者长于 1 年的一个正常营业周期内偿还的流动负债排在前面,"长期借款""长期应付款"等在 1 年以上才需偿还的非流动负债排在中间,在企业清算之前不需要偿还的"实收资本""资本公积"等所有者权益项目排在后面。

账户式资产负债表中的资产各项目的合计等于负债和所有者权益各项目的合计,即资产负债表左方和右方平衡。因此,通过账户式资产负债表,可以反映资产、负债、所有者权益之间的内在联系,即"资产＝负债＋所有者权益"。

三、资产负债表的格式

资产负债表一般有表首、正表两部分。其中,表首概括地说明报表名称、编制单位、编制日期、报表编号、货币名称、计量单位等。正表是资产负债表的主体,列示了用以说明小企业财务状况的各个项目。每个项目又分为"期末余额"和"年初余额"两栏分别填列。资产负债表的格式如表 13-2 所示。

表 13-2 资产负债表

编制单位: 　　　　　　　年　月　日　　　　　　单位:元　　会小企 01 表

资　产	行次	期末余额	年初余额	负债和所有者权益	行次	期末余额	年初余额
流动资产:				流动负债:			
货币资金	1			短期借款	31		
短期投资	2			应付票据	32		
应收票据	3			应付账款	33		
应收账款	4			预收账款	34		
预付账款	5			应付职工薪酬	35		
应收股利	6			应交税费	36		
应收利息	7			应付利息	37		
其他应收款	8			应付利润	38		
存货	9			其他应付款	39		
其中:原材料	10			其他流动负债	40		
在产品	11			流动负债合计	41		
库存商品	12			非流动负债:			
周转材料	13			长期借款	42		
其他流动资产	14			长期应付款	43		
流动资产合计	15			递延收益	44		
非流动资产:				其他非流动负债	45		
长期债券投资	16			非流动负债合计	46		
长期股权投资	17			负债合计	47		
固定资产原价	18						

资　　产	行次	期末余额	年初余额	负债和所有者权益	行次	期末余额	年初余额
减:累计折旧	19						
固定资产账面价值	20						
在建工程	21						
工程物资	22						
固定资产清理	23						
生产性生物资产	24			所有者权益(或股东权益):			
无形资产	25			实收资本(或股本)	48		
开发支出	26			资本公积	49		
长期待摊费用	27			盈余公积	50		
其他非流动资产	28			未分配利润	51		
非流动资产合计	29			所有者权益(或股东权益)合计	52		
资产总计	30			负债和所有者权益(或股东权益)总计	53		

四、资产负债表的编制

资产负债表各项目均需填列"期末余额"和"年初余额"两栏。其中"年初余额"栏内各项数字,应根据上年末资产负债表的"期末余额"栏内所列数字填列。

"期末余额"栏主要有以下几种填列方法:

(1) 根据总账科目余额填列。如"短期投资""应收票据""应收股利""应收利息""其他应收款""其他流动资产""长期债券投资""长期股权投资""固定资产原价""累计折旧""在建工程""工程物资""固定资产清理""开发支出""长期待摊费用""短期借款""应付票据""应付账款""应付职工薪酬""应交税费""应付利息""应付利润""其他应付款""其他流动负债""长期借款""长期应付款""递延收益""实收资本""资本公积""盈余公积"等项目,应根据各有关总账科目的余额直接填列;有些项目则需根据几个总账科目的期末余额计算填列,如"货币资金"项目,需根据"库存现金""银行存款""其他货币资金"三个总账科目的期末余额的合计数填列。

(2) 根据明细账科目余额计算填列。如"应付账款"项目,需要根据"应付账款"和"预付账款"两个科目所属的相关明细科目的期末贷方余额计算填列;"应收账款"项目,需要根据"应收账款"和"预收账款"两个科目所属的相关明细科目的期末借方余额计算填列。

(3) 根据总账科目和明细账科目余额分析计算填列。如"长期借款"项目,需要根据"长期借款"总账科目余额扣除"长期借款"科目所属的明细科目中将在1年内到期且小企业不能自主地将清偿义务展期的长期借款后的金额计算填列。

(4) 根据有关科目余额减去其备抵科目余额后的净额填列。如"生产性生物资产""无形资产"项目,应当根据"生产性生物资产""无形资产"科目的期末余额减去"生产性生物资产累计折旧""累计摊销"备抵科目余额后的净额填列。

（5）综合运用上述填列方法分析填列。如"存货"项目，应根据"材料采购""在途物资""原材料""生产成本""库存商品""委托加工物资""周转材料""消耗性生物资产"等科目期末余额合计数填列，材料采用计划成本或商品采用售价金额核算的，还应按照加或减"材料成本差异""商品进销差价"后的金额填列。

（6）根据有关项目合计数填列。如"流动资产合计""非流动资产合计""资产总计""流动负债合计""非流动负债合计""负债合计""所有者权益（或股东权益）合计""负债和所有者权益（或股东权益）总计"等项目，应根据表中的相关项目合计数填列。

（7）不得填列的项目。资产负债表中"流动资产""非流动资产""流动负债""非流动负债""所有者权益（或股东权益）"5个项目不得填列。

五、资产负债表项目的填列

资产负债表"期末余额"各项目的内容和填列方法：

（1）"货币资金"项目，反映小企业库存现金、银行存款、其他货币资金的合计数。本项目应根据"库存现金""银行存款"和"其他货币资金"科目的期末余额合计填列。

（2）"短期投资"项目，反映小企业购入的能随时变现并且持有时间不准备超过1年的股票、债券和基金投资的余额。本项目应根据"短期投资"科目的期末余额填列。

（3）"应收票据"项目，反映小企业收到的未到期收款也未向银行贴现的应收票据（银行承兑汇票和商业承兑汇票）。本项目应根据"应收票据"科目的期末余额填列。

（4）"应收账款"项目，反映小企业因销售商品、提供劳务等日常生产经营活动应收取的款项。本项目应根据"应收账款"的期末余额分析填列。如"应收账款"科目期末为贷方余额，应当在"预收账款"项目列示。

（5）"预付账款"项目，反映小企业按照合同规定预付的款项。包括根据合同规定预付的购货款、租金、工程款等。本项目应根据"预付账款"科目的期末借方余额填列；如"预付账款"科目期末为贷方余额，应当在"应付账款"项目列示。属于超过1年期以上的预付账款的借方余额应当在"其他非流动资产"项目列示。

（6）"应收股利"项目，反映小企业应收取的现金股利或利润。本项目应根据"应收股利"科目的期末余额填列。

（7）"应收利息"项目，反映小企业债券投资应收取的利息。小企业购入一次还本付息债券应收的利息，不包括在本项目内。本项目应根据"应收利息"科目的期末余额填列。

（8）"其他应收款"项目，反映小企业除应收票据、应收账款、预付账款、应收股利、应收利息等以外的其他各种应收及暂付款项。包括各种应收的赔款、应向职工收取的各种垫付款项等。本项目应根据"其他应收款"科目的期末余额填列。

（9）"存货"项目，反映小企业期末在库、在途和在加工中的各项存货的成本。包括各种原材料、在产品、半成品、产成品、商品、周转材料（包装物、低值易耗品等）、消耗性生物资产等。本项目应根据"材料采购""在途物资""原材料""材料成本差异""生产成本""库存商品""商品进销差价""委托加工物资""周转材料""消耗性生物资产"等科目的期末余额分析填列。

(10)"其他流动资产"项目,反映小企业除以上流动资产项目外的其他流动资产(含1年内到期的非流动资产)。本项目应根据有关科目的期末余额分析填列,"应交税费——应交增值税"等科目期末借方余额应当在本项目列示。

(11)"长期债券投资"项目,反映小企业准备长期持有的债券投资的本息。本项目应根据"长期债券投资"科目的期末余额分析填列。

(12)"长期股权投资"项目,反映小企业准备长期持有的权益性投资的成本。本项目应根据"长期股权投资"科目的期末余额填列。

(13)"固定资产原价"和"累计折旧"项目,反映小企业固定资产的原价(成本)及累计折旧。这两个项目应根据"固定资产"科目和"累计折旧"科目的期末余额填列。

(14)"固定资产账面价值"项目,反映小企业固定资产原价扣除累计折旧后的余额。本项目应根据"固定资产"科目的期末余额减去"累计折旧"科目的期末余额后的金额填列。

(15)"在建工程"项目,反映小企业尚未完工或虽已完工,但尚未办理竣工决算的工程成本。本项目应根据"在建工程"科目的期末余额填列。

(16)"工程物资"项目,反映小企业为在建工程准备的各种物资的成本。本项目应根据"工程物资"科目的期末余额填列。

(17)"固定资产清理"项目,反映小企业因出售、报废、毁损、对外投资等原因处置固定资产所转出的固定资产账面价值以及在清理过程中发生的费用等。本项目应根据"固定资产清理"科目的期末借方余额填列;如"固定资产清理"科目期末为贷方余额,以"一"号填列。

(18)"生产性生物资产"项目,反映小企业生产性生物资产的账面价值。本项目应根据"生产性生物资产"科目的期末余额减去"生产性生物资产累计折旧"科目的期末余额后的金额填列。

(19)"无形资产"项目,反映小企业无形资产的账面价值。本项目应根据"无形资产"科目的期末余额减去"累计摊销"科目的期末余额后的金额填列。

(20)"开发支出"项目,反映小企业正在进行的无形资产研究开发项目满足资本化条件的支出。本项目应根据"研发支出"科目的期末余额填列。

(21)"长期待摊费用"项目,反映小企业尚未摊销完毕的已提足折旧的固定资产的改建支出、经营租入固定资产的改建支出、固定资产的大修理支出和其他长期待摊费用。本项目应根据"长期待摊费用"科目的期末余额分析填列。

(22)"其他非流动资产"项目,反映小企业除以上非流动资产以外的其他非流动资产。本项目应根据有关科目的期末余额分析填列。

(23)"短期借款"项目,反映小企业向银行或其他金融机构等借入的期限在1年内的、尚未偿还的各种借款本金。本项目应根据"短期借款"科目的期末余额填列。

(24)"应付票据"项目,反映小企业因购买材料、商品和接受劳务等日常生产经营活动开出、承兑的商业汇票(银行承兑汇票和商业承兑汇票)尚未到期的票面金额。本项目应根据"应付票据"科目的期末余额填列。

(25)"应付账款"项目,反映小企业因购买材料、商品和接受劳务等日常生产经营活动尚未支付的款项。本项目应根据"应付账款"科目的期末余额填列。如"应付账款"科目期末为借方余额,应当在"预付账款"项目列示。

(26)"预收账款"项目,反映小企业根据合同规定预收的款项。包括预收的购货款、工程款等。本项目应根据"预收账款"科目的期末贷方余额填列;如"预收账款"科目期末为借方余额,应当在"应收账款"项目列示。属于超过1年期以上的预收账款的贷方余额应当在"其他非流动负债"项目列示。

(27)"应付职工薪酬"项目,反映小企业应付未付的职工薪酬。本项目应根据"应付职工薪酬"科目期末余额填列。

(28)"应交税费"项目,反映小企业期末未交的各种税费。本项目应根据"应交税费"科目的期末贷方余额填列;但是"应交税费"科目下的"未交增值税""简易计税""转让金融商品应交增值税""代扣代交增值税"等科目期末贷方余额应在资产负债表中本项目列示(企业应缴未缴的税金),"应交税费"科目下的"应交增值税""未交增值税""待抵扣进项税额""待认证进项税额""增值税留抵税额"等明细科目期末借方余额应根据情况,在资产负债表中的"其他流动资产"或"其他非流动资产"项目列示(这些余额代表的是一种权益,所以应该为一项资产);"应交税费——待转销项税额"等科目期末贷方余额应根据情况,在资产负债表中的"其他流动负债"或"其他非流动负债"项目列示(贷方余额,代表了一种预计的负债)。

(29)"应付利息"项目,反映小企业尚未支付的利息费用。本项目应根据"应付利息"科目的期末余额填列。

(30)"应付利润"项目,反映小企业尚未向投资者支付的利润。本项目应根据"应付利润"科目的期末余额填列。

(31)"其他应付款"项目,反映小企业除应付账款、预收账款、应付职工薪酬、应交税费、应付利息、应付利润等以外的其他各项应付、暂收的款项。包括应付租入固定资产和包装物的租金、存入保证金等。本项目应根据"其他应付款"科目的期末余额填列。

(32)"其他流动负债"项目,反映小企业除以上流动负债以外的其他流动负债(含1年内到期的非流动负债)。本项目应根据有关科目的期末余额填列。

(33)"长期借款"项目,反映小企业向银行或其他金融机构借入的期限在1年以上的、尚未偿还的各项借款本金。本项目应根据"长期借款"科目的期末余额分析填列。

(34)"长期应付款"项目,反映小企业除长期借款以外的其他各种应付未付的长期应付款项。包括应付融资租入固定资产的租赁费、以分期付款方式购入固定资产发生的应付款项等。本项目应根据"长期应付款"科目的期末余额分析填列。

(35)"递延收益"项目,反映小企业收到的、应在以后期间计入损益的政府补助。本项目应根据"递延收益"科目的期末余额分析填列。

(36)"其他非流动负债"项目,反映小企业除以上非流动负债项目以外的其他非流动负债。本项目应根据有关科目的期末余额分析填列。

(37)"实收资本(或股本)"项目,反映小企业收到投资者按照合同协议约定或相关规定投入的、构成小企业注册资本的部分。本项目应根据"实收资本(或股本)"科目的期末余额分析填列。小企业(中外合作经营)根据合同规定在合作期间归还投资者的投资,应在"实收资本(或股本)"项目下增加"减:已归还投资"项目单独列示。

(38)"资本公积"项目,反映小企业收到投资者投入资本超出其在注册资本中所占份额的部分。本项目应根据"资本公积"科目的期末余额填列。

(39)"盈余公积"项目,反映反映小企业(公司制)的法定公积金和任意公积金,小企业(外商投资)的储备基金和企业发展基金。本项目应根据"盈余公积"科目的期末余额填列。

(40)"未分配利润"项目,反映小企业尚未分配的历年结存的利润。本项目应根据"利润分配"科目的期末余额填列。未弥补的亏损,在本项目内以"—"号填列。

六、资产负债表编制举例

【例 13-1】　中华机械制造有限公司(小企业)2020 年 12 月 31 日有关科目的余额如表 13-3 所示。根据所给资料编制该企业 2020 年 12 月 31 日资产负债表(年初数省略)如表 13-4 所示。

表 13-3　科目余额表　　　　　　　　　　　　　　　　单位:元

科目名称	借方余额	科目名称	贷方余额
库存现金	2 000	短期借款	50 000
银行存款	805 831	应付票据	100 000
其他货币资金	7 300	应付账款	953 800
短期投资	0	其他应付款	50 000
应收票据	66 000	应付职工薪酬	180 000
应收账款	598 200	应交税费	219 231
预付账款	100 000	应付利息	0
其他应收款	5 000	应付利润	32 215.85
材料采购	275 000	一年内到期的长期负债	0
原材料	45 000	长期借款	1 160 000
周转材料	38 050	实收资本	5 000 000
库存商品	2 122 400	盈余公积	124 770.40
材料成本差异	4 250	利润分配(未分配利润)	218 013.75
其他流动资产	100 000		
长期股权投资	250 000		
固定资产	2 371 000		
累计折旧	−170 000		
工程物资	300 000		
在建工程	428 000		
无形资产	600 000		
累计摊销	−60 000		
其他长期资产	200 000		
合　　计	8 088 031	合　　计	8 088 031

表 13-4　资产负债表

编制单位:中华机械制造有限公司　　　　2020 年 12 月 31 日　　　　单位:元　　会小企 01 表

资　　产	行次	期末余额	年初余额	负债和所有者权益	行次	期末余额	年初余额
流动资产:				流动负债:			
货币资金	1	815 131		短期借款	31	50 000	
短期投资	2	0		应付票据	32	100 000	
应收票据	3	66 000		应付账款	33	953 800	
应收账款	4	598 200		预收账款	34	0	
预付账款	5	100 000		应付职工薪酬	35	180 000	
应收股利	6	0		应交税费	36	219 231	
应收利息	7	0		应付利息	37	0	
其他应收款	8	5 000		应付利润	38	32 215.85	
存货	9	2 484 700		其他应付款	39	50 000	
其中:原材料	10	49 250		其他流动负债	40	0	
在产品	11	0		流动负债合计	41	1 585 246.85	
库存商品	12	2 122 400		非流动负债:			
周转材料	13	38 050		长期借款	42	1 160 000	
其他流动资产	14	100 000		长期应付款	43		
流动资产合计	15	4 169 031		递延收益	44		
非流动资产:				其他非流动负债	45		
长期债券投资	16	0		非流动负债合计	46	1 160 000	
长期股权投资	17	250 000		负债合计	47	2 745 246.85	
固定资产原价	18	2 371 000					
减:累计折旧	19	170 000					
固定资产账面价值	20	2 201 000					
在建工程	21	428 000					
工程物资	22	300 000					
固定资产清理	23						
生产性生物资产	24			所有者权益(或股东权益):			
无形资产	25	540 000		实收资本(或股本)	48	5 000 000	
开发支出	26			资本公积	49		
长期待摊费用	27			盈余公积	50	124 770.4	
其他非流动资产	28	200 000		未分配利润	51	218 013.75	
非流动资产合计	29	3 919 000		所有者权益(或股东权益)合计	52	5 342 784.15	
资产总计	30	8 088 031		负债和所有者权益(或股东权益)总计	53	8 088 031	

第二节 利润表

利润表,是指反映小企业在一定会计期间的经营成果的报表。由于它反映的是某一期间的情况,所以又称为动态报表。

利润表把一定期间的营业收入与其同一会计期间相关的营业费用(营业成本、税金及附加、销售费用、管理费用和财务费用等)进行配比,以计算出小企业一定时期的净利润(或净亏损)。通过利润表反映的收入、费用等情况,能够反映小企业生产经营的收益和成本耗费情况,表明小企业生产经营成果。由于利润是小企业经营业绩的综合体现,因此,利润表是会计报表中的主要报表。

一、利润表的结构和组成项目

小企业利润表一般有表首、正表两部分。其中表首说明报表名称编制单位、编制日期、报表编号、货币名称、计量单位等;正表是利润表的主体,反映形成经营成果的各个项目和计算过程。小企业利润表格式如表 13-5 所示。

利润表的格式采用多步式,即通过对当期的收入、费用、支出项目按功能加以归类,按利润形成的主要环节列示一些中间性利润指标,如营业利润、利润总额、净利润,分步计算当期净损益。小企业会计准则规定,小企业利润表至少应当单独列示反映下列信息的项目:营业收入;营业成本;税金及附加;销售费用;管理费用;财务费用;所得税费用;净利润。

小企业利润表主要反映以下几方面的内容:

第一部分:计算营业利润。从营业收入出发,减去营业成本、销售费用、管理费用、财务费用、投资收益(减投资损失)后得出。

第二部分:计算利润总额。以营业利润为基础,加营业外收入,减营业外支出后得出。

第三部分:计算净利润。以利润总额为基础,减去所得税费用后得出。

表 13-5 利润表

编制单位: 年 月 单位:元 会小企 02 表

项 目	行次	本年累计金额	本月金额
一、营业收入	1		
减:营业成本	2		
税金及附加	3		
其中:消费税	4		
城市维护建设税	5		
资源税	6		

续　表

项　　　目	行次	本年累计金额	本月金额
土地增值税	7		
城镇土地使用税、房产税、车船税、印花税	8		
教育费附加、环境保护税	9		
销售费用	10		
其中:商品维修费	11		
广告费和业务宣传费	12		
管理费用	13		
其中:开办费	14		
业务招待费	15		
研究费用	16		
财务费用	17		
其中:利息费用(收入以"－"号填列)	18		
加:投资收益(损失以"－"号填列)	19		
二、营业利润(亏损以"－"号填列)	20		
加:营业外收入	21		
其中:政府补助	22		
减:营业外支出	23		
其中:坏账损失	24		
无法收回的长期债券投资损失	25		
无法收回的长期股权投资损失	26		
自然灾害等不可抗力因素造成的损失	27		
税收滞纳金	28		
三、利润总额(亏损总额以"－"号填列)	29		
减:所得税费用	30		
四、净利润(净亏损以"－"号填列)	31		

二、利润表的编制

(一)本年累计金额的填列

利润表反映小企业在一定会计期间内利润(亏损)的实现情况。本表"本年累计金额"栏反映各项目自年初起至报告期末止的累计实际发生额。本表"本月金额"栏反映各项目的本月实际发生额;在编报年度财务报表时,应将"本月金额"栏改为"上年金额"栏,填列上年全年实际发生额。如果上年度利润表与本年度利润表的项目名称和内容不相一致,则按编报当年的口径对上年度利润表项目的名称和数字进行调整,填入本表"上年金额"栏。在编报中期和年度财务会计报告时,将"本月金额"栏改成"上年金额"栏。

（二）利润表各项目内容及填列方法

利润表各项目的内容及其填列方法如下:

(1)"营业收入"项目,反映小企业销售商品和提供劳务(服务)所实现的收入总额。本项目应根据"主营业务收入"科目和"其他业务收入"科目的发生额合计填列。

(2)"营业成本"项目,反映小企业所销售商品的成本和所提供劳务(服务)的成本。本项目应根据"主营业务成本"科目和"其他业务成本"科目的发生额合计填列。

(3)"税金及附加"项目,反映小企业开展日常生产活动应负担的消费税、城市维护建设税、资源税、土地增值税、城镇土地使用税、房产税、车船税、印花税、环境保护税和教育费附加等。本项目应根据"税金及附加"科目的发生额填列。

(4)"销售费用"项目,反映小企业销售商品或提供劳务(服务)过程中发生的费用。本项目应根据"销售费用"科目的发生额填列。

(5)"管理费用"项目,反映小企业为组织和管理生产经营发生的其他费用。本项目应根据"管理费用"科目的发生额填列。

(6)"财务费用"项目,反映小企业为筹集生产经营所需资金发生的筹资费用。本项目应根据"财务费用"科目的发生额填列。

(7)"投资收益"项目,反映小企业股权投资取得的现金股利(或利润)、债券投资取得的利息收入和处置股权投资和债券投资取得的处置价款扣除成本或账面余额、相关税费后的净额。本项目应根据"投资收益"科目的发生额填列;如为投资损失,以"-"号填列。

(8)"营业利润"项目,反映小企业当期开展日常生产经营活动实现的利润。本项目应根据营业收入扣除营业成本、税金及附加、销售费用、管理费用和财务费用,加上投资收益后的金额填列。如为亏损,以"-"号填列。

(9)"营业外收入"项目,反映小企业实现的各项营业外收入金额。包括非流动资产处置净收益、政府补助、捐赠收益、盘盈收益、汇兑收益、出租包装物和商品的租金收入、逾期未退包装物押金收益、确实无法偿付的应付款项、已作坏账损失处理后又收回的应收款项、违约金收益等。本项目应根据"营业外收入"科目的发生额填列。

(10)"营业外支出"项目,反映小企业发生的各项营业外支出金额。包括存货的盘亏、毁损、报废损失,非流动资产处置净损失,坏账损失,无法收回的长期债券投资损失,无法收回的长期股权投资损失,自然灾害等不可抗力因素造成的损失,税收滞纳金,罚金,罚款,被没收财物的损失,捐赠支出,赞助支出等。本项目应根据"营业外支出"科目的发生额填列。

(11)"利润总额"项目,反映小企业当期实现的利润总额。本项目应根据营业利润加上营业外收入减去营业外支出后的金额填列。如为亏损总额,以"-"号填列。

(12)"所得税费用"项目,反映小企业根据企业所得税法确定的应从当期利润总额中扣除的所得税费用。本项目应根据"所得税费用"科目的发生额填列。

(13)"净利润"项目,反映小企业当期实现的净利润。本项目应根据利润总额扣除所得税费用后的金额填列。如为净亏损,以"-"号填列。

三、利润表的编制举例

【例 13-2】　新华工业制造有限公司（小企业）为一般纳税人，所得税税率为 25%。其销售收入不含应向购买者收取的增值税税额，增值税税率为 13%。库存材料采用实际成本核算。该小企业 2020 年年初未分配利润为 67 万元。该小企业 2020 年度内发生如下有关经济业务：

（1）销售产品一批，销售价款为 200 万元，该产品销售成本为 120 万元。应收的款项尚未收到。

（2）收到返还的教育费附加 2 万元，存入银行。

（3）结转固定资产清理净损失 6 万元。

（4）以银行存款支付违反税收规定的罚款 1 万元，非公益性捐赠支出 3 万元。

（5）以银行存款支付广告费 1 万元。

（6）销售材料一批，该批材料实际成本为 80 万元，销售价格为 150 万元，款项已经收到并存入银行。

（7）计提本年销售应负担的城市维护建设税 3 万元。

（8）计提本年销售应负担的教育费附加 1.2 万元。

（9）计提短期借款利息 4 万元。

（10）被投资企业宣告分配现金股利 80 万元。

（11）计提管理用固定资产年折旧，该固定资产系 2019 年 12 月份投入使用，其原价为 44 万元，折旧年限为 4 年，预计净残值为零，采用直线法计提折旧。税法规定该固定资产的折旧年限为 2 年。

（12）小企业本年度发生其他管理费用 2 万元，已用银行存款支付。

（13）计算本年所得税费用和应交所得税，结转本年利润和利润分配（未分配利润）。

要求：针对以上业务，编制 2020 年度有关经济业务的会计分录如下（金额以万元为单位）：

（1）借：应收账款　　　　　　　　　　　　　　　　　　226

　　　贷：主营业务收入　　　　　　　　　　　　　　　　　　200

　　　　　应交税费——应交增值税（销项税额）　　　　　　　26

　　　借：主营业务成本　　　　　　　　　　　　　　　　120

　　　贷：库存商品　　　　　　　　　　　　　　　　　　　　120

（2）借：银行存款　　　　　　　　　　　　　　　　　　2

　　　贷：营业外收入　　　　　　　　　　　　　　　　　　　2

（3）借：营业外支出　　　　　　　　　　　　　　　　　6

　　　贷：固定资产清理　　　　　　　　　　　　　　　　　　6

（4）借：营业外支出　　　　　　　　　　　　　　　　　4

　　　贷：银行存款　　　　　　　　　　　　　　　　　　　　4

（5）借：销售费用　　　　　　　　　　　　　　　　　　1

　　　贷：银行存款　　　　　　　　　　　　　　　　　　　　1

（6）借：银行存款 169.5

贷：其他业务收入 150

应交税费——应交增值税（销项税额） 19.5

借：其他业务成本 80

贷：原材料 80

（7）借：税金及附加 3

贷：应交税费——应交城市维护建设税 3

（8）借：税金及附加 1.2

贷：应交税费——应交教育费附加 1.2

（9）借：财务费用 4

贷：应付利息 4

（10）借：应收股利 80

贷：投资收益 80

（11）借：管理费用 11(44÷4)

贷：累计折旧 11

（12）借：管理费用 2

贷：银行存款 2

（13）利润总额＝432－232.2＝199.8（万元）

应交所得税＝（199.8－11＋1＋3－80）×25％＝112.8×25％＝28.2（万元）

净利润＝199.8－28.2＝171.6（万元）

借：所得税费用 28.2

贷：应交税费——应交所得税 28.2

借：本年利润 260.4

贷：主营业务成本 120

营业外支出 10

其他业务成本 80

销售费用 1

财务费用 4

税金及附加 4.2

管理费用 13

所得税费用 28.2

借：主营业务收入 200

营业外收入 2

其他业务收入 150

投资收益 80

贷：本年利润 432

借：本年利润 171.6

贷：利润分配——未分配利润 171.6

根据上述资料编制利润表如表 13-6 所示(上年累计金额略)。

表 13-6　利润表

编制单位:新华工业制造有限公司　　　　2020 年度　　　　　单位:元　会小企 02 表

项　　　目	行次	本年累计金额	上年累计金额
一、营业收入	1	3 500 000	
减:营业成本	2	2 000 000	
税金及附加	3	42 000	
其中:消费税	4		
城市维护建设税	5	30 000	
资源税	6		
土地增值税	7		
城镇土地使用税、房产税、车船税、印花税	8		
教育费附加、环境保护税	9	12 000	
销售费用	10	10 000	
其中:商品维修费	11		
广告费和业务宣传费	12	10 000	
管理费用	13	130 000	
其中:开办费	14		
业务招待费	15		
研究费用	16		
财务费用	17	40 000	
其中:利息费用(收入以"一"号填列)	18	40 000	
加:投资收益(损失以"一"号填列)	19	800 000	
二、营业利润(亏损以"一"号填列)	20	2 078 000	
加:营业外收入	21	20 000	
其中:政府补助	22		
减:营业外支出	23	100 000	
其中:坏账损失	24		
无法收回的长期债券投资损失	25		
无法收回的长期股权投资损失	26		
自然灾害等不可抗力因素造成的损失	27		
税收滞纳金	28		
三、利润总额(亏损总额以"一"号填列)	29	1 998 000	
减:所得税费用	30	282 000	
四、净利润(净亏损以"一"号填列)	31	1 716 000	

第三节　现金流量表

小企业的现金流转情况在很大程度上影响着小企业的生存和发展。现金管理已经成为小企业财务管理的一个重要方面,受到小企业管理当局、债权人以及税务监管等部门的高度关注。

现金流量表反映小企业一定期间内有关现金的流入和流出的信息,表明小企业获得现金的能力。现金流量表是一张反映某一特定会计期间而不是某一特定时点现金流量的会计报表。

现金流量表的作用主要体现在以下几个方面:一是有助于评价小企业支付能力、偿债能力和周转能力;二是有助于预测企业未来现金流量;三是有助于分析小企业收益质量及影响现金净流量的因素,掌握小企业经营活动、投资活动和筹资活动的现金流量,可以从现金流量的角度了解净利润的质量,为分析和判断小企业的财务前景提供信息。

一、现金流量表的编制基础

现金流量表是以现金为基础编制的,所谓现金是指小企业的库存现金以及可以随时用于支付的存款和其他货币资金。具体包括:

(1) 库存现金。与会计核算中"库存现金"科目所包括的内容一致。

(2) 银行存款。与会计核算中"银行存款"科目所包括的内容一致。

(3) 其他货币资金。与会计核算中"其他货币资金"科目所包括的内容一致。

二、现金流量的分类

现金流量表应按照经营活动产生的现金流量、投资活动产生的现金流量和筹资活动产生的现金流量分别反映。现金流量应当分别按现金流入和现金流出总额列报。

(1) 经营活动产生的现金流量。经营活动是指小企业投资活动和筹资活动以外的所有交易和事项。

(2) 投资活动产生的现金流量。是指小企业固定资产、无形资产、其他非流动资产的购建和短期投资、长期债券投资、长期股权投资及其处置活动。

(3) 筹资活动产生的现金流量。筹资活动,是指导致小企业资本及债务规模和构成发生变化的活动。

三、现金流量表的格式及编制方法

（一）现金流量表的格式

小企业现金流量表一般有表首、正表两部分。其中表首说明报表名称编制单位、编制日期、报表编号、货币名称、计量单位等;正表是现金流量表的主体,反映小企业经营活动、投资活动和筹资活动列报现金的流入量、流产量和净流量。现金流量表的格式如表13-7所示。

表 13-7 现金流量表

编制单位:　　　　　　　　　　年　　月　　　　　　　单位:元　　会小企 03 表

项　　　　目	行次	本年累计金额	本月金额
一、经营活动产生的现金流量:			
销售产成品、商品、提供劳务收到的现金	1		
收到其他与经营活动有关的现金	2		
购买原材料、商品、接受劳务支付的现金	3		
支付的职工薪酬	4		
支付的税费	5		
支付其他与经营活动有关的现金	6		
经营活动产生的现金流量净额	7		
二、投资活动产生的现金流量:			
收回短期投资、长期债券投资和长期股权投资收到的现金	8		
取得投资收益收到的现金	9		
处置固定资产、无形资产和其他非流动资产收回的现金净额	10		
短期投资、长期债券投资和长期股权投资支付的现金	11		
购建固定资产、无形资产和其他非流动资产支付的现金	12		
投资活动产生的现金流量净额	13		
三、筹资活动产生的现金流量:			
取得借款收到的现金	14		
吸收投资者投资收到的现金	15		
偿还借款本金支付的现金	16		
偿还借款利息支付的现金	17		
分配利润支付的现金	18		
筹资活动产生的现金流量净额	19		
四、现金净增加额	20		
加:期初现金余额	21		
五、期末现金余额	22		

（二）现金流量表的编制方法

小企业在编制现金流量表时，可以采用工作底稿法或 T 形账户法编制，也可以直接根据有关科目记录分析填列。

1. 工作底稿法

采用工作底稿法编制现金流量表，是以工作底稿为手段，以利润表和资产负债表数据为基础，对每一项目进行分析并编制调整分录，从而编制出现金流量表。

整个现金流量表工作底稿纵向分成三段，第一段是资产负债表项目；其中又分为借方项目和贷方项目两部分；第二段是利润表项目；第三段是现金流量表项目。工作底稿横向分为五栏，在资产负债表部分，第一栏是项目栏，填列资产负债表各项目名称；第二栏期初数，用来填列资产负债表项目的期初数；第三栏是调整分录的借方；第四栏是调整分录的贷方；第五栏是期末数，用来填列资产负债表项目的期末数。在利润表和现金流量表部分，第一栏也是项目栏，用来填列利润表和现金流量表项目名称；第二栏空置不填；第三、第四栏分别是调整分录的借方和贷方；第五栏是本期数，利润表部分这一栏数字应和本期利润表数字核对相符，现金流量表部分这一栏数字可直接用来编制正式的现金流量表。

工作底稿法的程序是：

第一步，将资产负债表的期初数和期末数过入工作底稿的期初数栏和期末数栏；

第二步，对当期业务进行分析并编制调整分录。调整分录一般有这样几类：第一类涉及利润表中的收入、成本和费用项目以及资产负债表中的资产、负债及所有者权益项目，通过调整，将权责发生制下的收入费用转换为现金基础；第二类是涉及资产负债表和现金流量表中的投资、筹资项目，反映投资和筹资活动的现金流量；第三类是涉及利润表和现金流量表中的投资和筹资项目，目的是将利润表中有关投资和筹资方面的收入和费用列入现金流量表投资、筹资现金流量。此外，还有一些调整分录并不涉及现金收支，只是为了核对资产负债表项目的期末变动。

在调整分录中，有关现金的事项，并不直接借记或贷记现金，而是分别记入"经营活动产生的现金流量""投资活动产生的现金流量""筹资活动产生的现金流量"有关项目，借记表明现金流入，贷记表明现金流出；

第三步，将调整分录过入工作底稿中的相应部分；

第四步，核对调整分录，借贷合计应当相等，资产负债表项目期初数加减调整分录中的借贷金额以后，应当等于期末数；

第五步，根据工作底稿中的现金流量表项目部分编制正式的现金流量表。

2. T 形账户法

T 形账户法是以 T 形账户为手段，以利润表和资产负债表数据为基础，对每一项目进行分析并编制调整分录，从而编制出现金流量表。

采用 T 形账户法编制现金流量表的程序如下：

第一步，为所有的非现金项目（包括资产负债表项目和利润表项目）分别开设 T 形账户，并将各自的期末、期初变动数过入各该项目；

第二步，开设一个大的"现金"T 形账户，每边分为经营活动、投资活动和筹资活动三

个部分,左边记现金流入,右边记现金流出。与其他账户一样,过入期末期初变动数;

第三步,以利润表项目为基础,结合资产负债表分析每一个非现金项目的增减变动,并据此编制调整分录;

第四步,将调整分录过入各 T 形账户,并进行核对,该账户借贷相抵后的余额与原先过入的期末、期初变动数应当一致;

第五步,根据大的"现金"T 形账户编制正式现金流量表。

四、现金流量表项目的填列

(一) 本年累计金额的填列

现金流量表"本年累计金额"栏反映各项目自年初起至报告期末止的累计实际发生额。

现金流量表"本月金额"栏反映各项目的本月实际发生额;在编报年度财务报表时,应将"本月金额"栏改为"上年金额"栏,填列上年全年实际发生额。如果上年度现金流量表与本年度现金流量表的项目名称和内容不相一致,则按编报当年的口径对上年度现金流量表项目的名称和数字进行调整,填入本表"上年金额"栏。

(二) 现金流量表各项目的内容及填列方法

现金流量表各项目的内容及填列方法如下:

1. 经营活动产生的现金流量

(1)"销售产成品、商品、提供劳务收到的现金"项目,反映小企业本期销售产成品、商品、提供劳务(服务)收到的现金。该项目的金额主要由以下 5 个部分构成:①本期销售产成品(含半成品、材料)收到的现金;②本期销售商品收到的现金;③本期提供劳务(服务)收到的现金;④本期收到前期销售产成品、商品、提供劳务(服务)收到的现金;⑤本期预收的货款。

需要说明的是,代购代销业务收到的现金也构成该项目的内容。销售产成品、商品、提供劳务(服务)收到的增值税不在本项目填列,应在"收到其他与经营活动有关的现金"项目填列。如果本期因销售退回产成品、商品而支付现金应从本项目扣除。

本项目可以根据"库存现金""银行存款"和"主营业务收入"等科目的本期发生额分析填列。

(2)"收到其他与经营活动有关的现金"项目,反映小企业本期收到除"本期销售产成品、商品、提供劳务收到的现金"以外的其他与经营活动有关的现金。该项目的金额主要由以下 6 个部分构成:①收到的增值税销项税额;②收到的各种税费返还及政府补助的其他现金;③收到经营租赁的租金;④由个人赔偿的现金收入和保险理赔的现金收入;⑤收到捐赠的现金;⑥收到的押金、保证金、违约金等。

本项目可以根据"库存现金"和"银行存款"等科目的本期发生额分析填列。

(3)"购买原材料、商品、接受劳务支付的现金"项目,反映小企业本期购买原材料、商品、接受劳务(服务)支付的现金。该项目的金额主要由以下 5 个部分构成:①本期购买原材料、周转材料、委托加工材料支付的现金;②购买商品支付的现金(含委托加工商品);③本期接受劳务(服务)支付的现金;④本期支付前期购买原材料、商品、接受劳务(服务)未付的款项;⑤本期支付的预付款项等。

需要说明的是,购买原材料、商品、接受劳务或服务支付的增值税不在本项目填列,在"支付的税费"项目填列。如果发生购货退回收到现金应从本项目扣除。代购代销业务支付的现金也在本项目填列。小企业支付的计入存货中的借款费用不在本项目填列,而应在"偿还借款利息支付的现金"项目填列。

本项目可以根据"库存现金""银行存款""其他货币资金""原材料""库存商品"等科目的本期发生额分析填列。

(4)"支付的职工薪酬"项目,反映小企业本期向职工支付的薪酬。该项目的金额主要由以下7个部分构成:①支付给职工的工资、奖金、津贴和补贴;②支付给职工或用于职工的福利费;③支付给社会保险机构的医疗保险费、养老保险费、失业保险费、工伤保险费和生育保险费等社会保险费;④支付给住房公积金管理机构的住房公积金;⑤支付或用于职工的工会经费和职工教育经费;⑥因解除与职工劳动关系给予的现金补偿(辞退福利);⑦其他与获得职工提供的服务相关而支付的现金。

需要说明的是,这里的"职工"既包括小企业生产经营人员,也包括从事在建工程和无形资产开发项目的人员。

本项目可以根据"库存现金""银行存款""应付职工薪酬"科目的本期发生额填列。

(5)"支付的税费"项目,反映小企业本期支付的税费。包括增值税、消费税、城市维护建设税、企业所得税、资源税、土地增值税、城镇土地使用税、房产税、车船税和教育费附加、印花税、环境保护税等。该项目的金额主要有以下3个部分构成:①本期发生并支付的税费;②本期支付以前各期发生的税费;③本期预交的税金等。

需要说明的是,小企业支付的税收滞纳金和代扣代缴的个人所得税也在本项目填列。本期退回的增值税、所得税等税费不构成本项目内容,在"收到其他与经营活动有关的现金"项目填列。

本项目可以根据"库存现金""银行存款""应交税费"等科目的本期发生额填列。

(6)"支付其他与经营活动有关的现金"项目,反映小企业除"购买原材料、商品、接受劳务支付的现金""支付的职工薪酬""支付的税费"以外的本期支付的其他与经营活动有关的现金。该项目的金额主要有以下10个部分构成:①支付的商品维修费;②支付销售过程中发生的运输费、装卸费、包装费、保险费;③支付的广告费和业务宣传费、展览费;④支付的开办费;⑤支付的行政管理部分发生的费用;⑥支付的业务招待费、研究费用、技术转让费、财产保险费、聘请中介机构费、咨询费(含顾问费)、诉讼费;⑦支付的罚金、罚款;⑧经营租赁支付的租金;⑨对外捐赠的现金;⑩对外赞助的现金等。

需要说明的是,批发和零售业小企业购买商品过程中支付的运输费、装卸费、包装费、保险费也在本项目填列。

本项目可以根据"库存现金""银行存款"等科目的本期发生额分析填列。

2. 投资活动产生的现金流量

(1)"收回短期投资、长期债券投资和长期股权投资收到的现金"项目,反映小企业出售、转让或到期收回短期投资、长期股权投资而收到的现金,以及收回长期债券投资本金而收到的现金,不包括长期债券投资收回的利息。该项目的金额主要由以下4个部分构成:①本期出售短期权益性投资收到的现金;②本期出售或到期收回短期债券投资收到的现金;③本期转让长期股权投资收到的现金;④本期转让或到期收回长期债券投资本金收到的现金。需要说明的是,到期收回短期债权性投资和长期债券投资的利息收入不在本项目填列,而在"取得投资收益收到的现金"项目填列。本项目可以根据"库存现金""银行存款""短期投资""长期股权投资""长期债券投资"等科目的本期发生额分析填列。

(2)"取得投资收益收到的现金"项目,反映小企业因权益性投资和债权性投资取得的现金股利或利润和利息收入。该项目的金额主要由以下3个部分构成:①本期取得被投资单位发放的现金股利收到的现金;②本期取得被投资单位分配的利润收到的现金;③本期取得短期债权性投资和长期债券投资的利息收入收到的现金等。

需要说明的是,取得的股票股利由于不影响现金流量,所以不在本项目填列。

本项目可以根据"库存现金""银行存款""投资收益"等科目的本期发生额分析填列。

(3)"处置固定资产、无形资产和其他非流动资产收回的现金净额"项目,反映小企业处置固定资产、无形资产和其他非流动资产取得的现金,减去为处置这些资产而支付的有关税费等后的净额。该项目的金额主要由以下4个部分构成:①本期处置固定资产收到的现金;②本期处置无形资产收到的现金;③本期处置生产性生物资产等其他非流动资产收到的现金;④本期处置固定资产、无形资产、其他非流动资产支付的相关税费等,如支付的契税、运输费等。

需要说明的是,本期处置固定资产、无形资产、其他非流动资产等收回的现金净额如为负数,也在本项目填列。但是由于自然灾害等原因造成的固定资产等非流动资产报废、毁损而收到的保险理赔收入不在本项目填列,应在"收到其他与经营活动有关的现金"项目填列。

本项目可以根据"库存现金""银行存款""固定资产清理""无形资产""生产性生物资产"等科目的本期发生额分析填列。

(4)"短期投资、长期债券投资和长期股权投资支付的现金"项目,反映小企业进行权益性投资和债权性投资支付的现金。包括企业取得短期股票投资、短期债券投资、短期基金投资、长期债券投资、长期股权投资支付的现金。该项目的金额主要由以下6个部分构成:①本期取得短期股票投资支付的现金;②本期取得短期债券投资支付的现金;③本期取得短期基金投资支付的现金;④本期取得长期债券投资支付的现金;⑤本期取得股权投资支付的现金;⑥本期取得短期投资、长期债券投资、长期股票投资支付的相关税费等,如交纳的印花税、佣金、手续费等。

需要说明的是,小企业购买股票和债券时,实际支付的价款中包含的已宣告但尚未领取的现金股利或已到付息期但尚未领取的债券利息,不在本项目填列,应填入"支付其他与经营活动有关的现金"项目。本项目可以根据"库存现金""银行存款""短期投资""长期债券投资""长期股权投资"等科目的本期发生额分析填列。

(5)"购建固定资产、无形资产和其他非流动资产支付的现金"项目,反映小企业购建固定资产、无形资产和其他非流动资产支付的现金。包括:购买机器设备、无形资产、生产性生物资产支付的现金、建造工程支付的现金等现金支出,不包括为购建固定资产、无形资产和其他非流动资产而发生的借款费用资本化部分和支付给在建工程和无形资产开发项目人员的薪酬。该项目的金额主要由以下 6 个部分构成：①本期外购机器设备等固定资产支付的现金(含融资租入固定资产支付的各期租赁费)；②本期外购无形资产支付的现金；③本期外购生产性生物资产支付的现金；④本期建造工程支付的现金；⑤本期自行开发无形资产支付的现金；⑥本期自行营造和繁殖生产性生物资产支付的现金。

需要说明的是，为购建固定资产、无形资产和其他非流动资产而发生借款费用资本化部分，在"偿还借款利息支付的现金"项目反映；支付给在建工程和无形资产开发项目人员的薪酬，在"支付的职工薪酬"项目反映。

本项目可以根据"库存现金""银行存款""固定资产""在建工程""无形资产""研发支出""生产性生物资产""应付职工薪酬"等科目的本期发生额分析填列。

3. 筹资活动产生的现金流量

(1)"取得借款收到的现金"项目，反映小企业举借各种短期、长期借款收到的现金。该项目的金额主要由以下两个部分构成：①本期取得短期借款收到的现金；②本期取得长期借款收到的现金。

本项目可以根据"库存现金""银行存款""短期借款""长期借款"等科目的本期发生额分析填列。

(2)"吸收投资者投资收到的现金"项目，反映小企业收到的投资者作为资本投入的现金。该资本既可以体现为实收资本也可以体现为资本公积，但必须是以现金形式投入小企业的。

本项目可以根据"库存现金""银行存款""实收资本""资本公积"等科目的本期发生额分析填列。

(3)"偿还借款本金支付的现金"项目，反映小企业以现金偿还各种短期、长期借款的本金。该项目的金额主要由以下两个部分构成：①本期偿还短期借款本金支付的现金；②本期偿还长期借款本金支付的现金。

需要说明的是，本项目偿还的借款不考虑借入款项的用途，也不考虑偿还的借款是前期到期还是本期到期，即不管借入款项用于生产经营还是工程建设、无形资产研发，只要在本期实际偿还借款的本金均在本项目反映。

本项目可以根据"库存现金""银行存款""短期借款""长期借款"等科目的本期发生额分析填列。

(4)"偿还借款利息支付的现金"项目，反映小企业以现金偿还各种短期、长期借款的利息。该项目的金额主要由以下两个部分构成：①本期偿还短期借款利息支付的现金；②本期偿还长期借款利息支付的现金。

需要说明的是，小企业以现金偿还的除借款利息以外的借款辅助费用也在本项目填列。小企业偿还的借款利息不考虑借入款项的用途，也不考虑偿还的利息是前期到期还是本期到期，即不管是为生产经营还是工程建设、无形资产研发而发生的利息，只要这些借款的利息在本期以现金实际偿还均在本项目反映。

本项目可以根据"库存现金""银行存款""应付利息"等科目的本期发生额分析填列。

(5)"分配利润支付的现金"项目，反映小企业向投资者实际支付的利润。该项目的金额主要由以下两个部分构成：①本期以现金向投资者支付本期分配的利润；②本期以现金向投资者支付前期分配的利润。

本项目可以根据"库存现金""银行存款""应付利润"等科目的本期发生额分析填列。

五、现金流量表编制方法举例

【例 13-3】　2020 年度中华机械制造有限公司有关资料如表 13-8、表 13-9 所示：

表 13-8　中华有限公司资产负债表（简表）

2020 年 12 月 31 日　　　　　　　　　　　　　　　　　　　单位:元

项　　目	年末余额	年初余额	项　　目	年末余额	年初余额
货币资金	54 000	37 000	应付账款	33 000	40 000
应收账款	68 000	26 000	长期借款	110 000	150 000
存货	54 000	0	实收资本	220 000	60 000
固定资产	438 000	338 000	未分配利润	206 000	136 000
减:累计折旧	49 000	21 000			
无形资产	4 000	6 000			
资产合计	569 000	386 000	负债及权益合计	569 000	386 000

表 13-9　中华机械制造有限公司利润表（简表）

2020 年度　　　　　　　　　　　　　　　　　　　　　　　单位:元

项　　目	本年累计金额	项　　目	本年累计金额
营业收入	890 000	减:营业外支出	2 000
减:营业成本	465 000	利润总额	190 000
管理费用	221 000	减:所得税费用	65 000
财务费用	12 000	净利润	125 000
营业利润	192 000		

其他有关资料如下：

（1）本年度对外分配利润 55 000 元。

（2）管理费用 221 000 元中,包括：

①支付给职工的薪酬 160 000 元,全部以现金支付;②折旧费用 33 000 元;③无形资产累计摊销 2 000 元;④其他管理费用 26 000 元,全部以现金支付。

（3）财务费用 12 000 元系利息费用,全部以现金支付。

（4）以现金购买固定资产 166 000 元（不考虑增值税）。

（5）出售固定资产一批,账面原值 66 000 元,已提折旧 5 000 元,取得现金 59 000 元。

（6）偿还长期借款 40 000 元,以现金支付。

（7）接受现金投资 160 000 元。

根据以上资料,中华机械制造有限公司现金流量表的编制方法如下：

1. 确定现金的期初期末的变动

从比较资产负债表中可见，中华机械制造有限公司期初现金余额 37 000 元，期末现金余额为 54 000 元。故本期现金期初期末的变动为增加 17 000 元。

2. 确定经营活动产生的现金流量净额

（1）销售产成品、商品、提供劳务收到的现金。

从年度的利润表中可见，主营业务收入为 890 000 元，但是由于中华机械制造有限公司在 2020 年度中应收账款增加了 42 000 元，所以销售产成品、商品、提供劳务收到的现金为 848 000 元（890 000－42 000）。调整分录为：

借：经营活动现金流量——销售产成品、商品、提供劳务收到的现金

　　　　　　　　　　　　　　　　　　　　　　　　848 000

　　　应收账款　　　　　　　　　　　　　　　　42 000

　　　贷：营业收入　　　　　　　　　　　　　　　　　890 000

（2）购买原材料、商品、接受劳务支付的现金。

中华机械制造有限公司 2020 年度主营业务成本为 465 000 元，由于本年度应付账款减少了 7 000 元，存货增加了 54 000 元，因此，购买原材料、商品、接受劳务支付的现金为 526 000 元（465 000＋7 000＋54 000）。调整分录为：

借：营业成本　　　　　　　　　　　　　　　　465 000

　　存货　　　　　　　　　　　　　　　　　　54 000

　　应付账款　　　　　　　　　　　　　　　　7 000

　　贷：经营活动现金流量——购买原材料、商品、接受劳务支付的现金

　　　　　　　　　　　　　　　　　　　　　　　　526 000

（3）支付的职工薪酬。

2020 年度以现金支付给职工的薪酬为 160 000 元。调整分录为：

借：管理费用　　　　　　　　　　　　　　　　160 000

　　贷：经营活动现金流量——支付的职工薪酬　　　　160 000

（4）支付的税费。

2020 年年末没有应交所得税，故本年度发生的所得税费用系全部用现金支付。本年度支付的所得税款为 65 000 元。调整分录为：

借：所得税费用　　　　　　　　　　　　　　　65 000

　　贷：经营活动现金流量——支付的税费　　　　　　65 000

（5）支付的其他与经营活动有关的现金。

2020 年度其他管理费用 26 000 元已在当年度全部以现金支付。

调整分录为：

借：管理费用　　　　　　　　　　　　　　　　26 000

　　贷：经营活动现金流量——支付的其他与经营活动有关的现金　26 000

（6）调整管理费用。

利润表中的管理费用总计为 221 000 元，除上述付现金部分以外，还有不付现金的费用，包括累计折旧 33 000 元，累计摊销 2 000 元。

借：管理费用　　　　　　　　　　　　　　　　35 000

　　　　贷：累计折旧 33 000
　　　　　　无形资产（累计摊销） 2 000

　　根据上述分析,计算中华机械制造有限公司 2020 年度经营活动产生的现金流量净额如下：

　　销售产成品、商品、提供劳务收到的现金 848 000
　　购买原材料、商品、接受劳务支付的现金 526 000
　　支付的职工薪酬 16 000
　　支付的其他与经营活动有关的现金 26 000
　　支付的税费 65 000
　　经营活动产生的现金流量净额 71 000

　　（7）固定资产变动。

　　2020 年度固定资产增加了 100 000 元,是因为以现金购买了 166 000 元的固定资产,以及出售了账面原值 66 000 元的固定资产之综合结果。调整分录为：

　　借：固定资产 166 000
　　　　贷：投资活动现金流量
　　　　　　——购建固定资产、无形资产和其他非流动资产支付的现金　166 000
　　借：投资活动现金流量
　　　　——处置固定资产、无形资产和其他非流动资产收回的现金净额
　　　　　　　　　　　　　　　　　　　　　　　　　　　　　　59 000
　　　　营业外支出 2 000
　　　　累计折旧 5 000
　　　　贷：固定资产 66 000

　　（8）长期借款变动。

　　2020 年度长期借款减少了 40 000 元,系以现金偿还。调整分录为：

　　借：长期借款 40 000
　　　　贷：筹资活动现金流量——偿还借款本金支付的现金 40 000

　　（9）实收资本变动。

　　2020 年度接受股东投资 160 000 元,收到现金。调整分录为：

　　借：筹资活动现金流量——吸收投资者投资收到的现金 160 000
　　　　贷：实收资本 160 000

　　（10）未分配利润变动。

　　2020 年度未分配利润增加了 70 000 元,是由两个因素引起的：一是本年度净利润增加 125 000 元,二是现金分配利润 55 000 元。本年度净利润这一因素已在计算经营活动产生的现金流量净额时分析过,分配利润则属于筹资活动产生的现金流出。调整分录为：

　　借：净利润 125 000
　　　　贷：未分配利润 125 000
　　借：未分配利润 55 000
　　　　贷：筹资活动现金流量——分配利润支付的现金 55 000

(11) 支付的利息费用。

2020 年度支付的利息费用 12 000 元,应列入筹资活动现金流量。调整分录为:

借:财务费用——利息费用   12 000

    贷:筹资活动现金流量——偿还借款利息支付的现金   12 000

(12) 最后,调整本期现金净增加额 17 000 元。

借:货币资金   17 000

    贷:现金净增加额   17 000

根据上述方法和步骤,中华机械制造有限公司现金流量表工作底稿和现金流量表如表 13-10 和表 13-11 所示。

表 13-10 中华机械制造有限公司现金流量表工作底稿

项　目	年初余额	调整分录 借方	调整分录 贷方	年末余额
一、资产负债表项目				
借方项目				
货币资金	37 000	(12) 17 000		54 000
应收账款	26 000	(1) 42 000		68 000
存货	0	(2) 54 000		54 000
固定资产原价	338 000	(7) 166 000	(7) 66 000	438 000
减:累计折旧	21 000	(7) 5 000	(6) 33 000	49 000
无形资产	6 000		(6) 2 000	4 000
借方项目合计	386 000			569 000
贷方项目				
应付账款	40 000	(2) 7 000		33 000
长期借款	150 000	(8) 40 000		110 000
实收资本	60 000		(9) 160 000	220 000
未分配利润	136 000		(10) 70 000	206 000
贷方项目合计	386 000			569 000
二、利润表项目				本期累计数
营业收入			(1) 890 000	890 000
营业成本		(2) 465 000		465 000
管理费用		(3) 160 000		
		(5) 26 000		
		(6) 35 000		221 000
财务费用		(11) 12 000		12 000
营业外支出		(7) 2 000		2 000

项　　目	年初余额	调整分录		年末余额
		借方	贷方	
所得税费用		(4) 65 000		65 000
净利润		(10) 125 000		125 000
三、现金流量表项目				
（一）经营活动产生的现金流量：				
销售产成品、商品、提供劳务收到的现金		(1) 848 000		848 000
收到其他与经营活动有关的现金				
购买原材料、商品、接受劳务支付的现金			(2) 526 000	526 000
支付的职工薪酬			(3) 160 000	160 000
支付的税费			(4) 65 000	65 000
支付其他与经营活动有关的现金			(5) 26 000	26 000
经营活动产生的现金流量净额				71 000
（二）投资活动产生的现金流量：				
收回短期投资、长期债券投资和长期股权投资收到的现金				
取得投资收益收到的现金				
处置固定资产、无形资产和其他非流动资产收回的现金净额		(7) 59 000		59 000
短期投资、长期债券投资和长期股权投资支付的现金				
购建固定资产、无形资产和其他非流动资产支付的现金			(7) 166 000	166 000
投资活动产生的现金流量净额				−107 000
（三）筹资活动产生的现金流量：				
取得借款收到的现金				
吸收投资者投资收到的现金		(9) 160 000		160 000
偿还借款本金支付的现金			(8) 40 000	40 000
偿还借款利息支付的现金			(11) 12 000	12 000
分配利润支付的现金			(10) 55 000	55 000
筹资活动产生的现金流量净额				53 000
（四）现金净增加额				17 000

表 13-11 现金流量表

编制单位:中华机械制造有限公司　　　　2020 年度　　　　　　　单位:元　　会小企 03 表

项　　目	行次	本年累计金额	上年累计金额
一、经营活动产生的现金流量:			
销售产成品、商品、提供劳务收到的现金	1	848 000	
收到其他与经营活动有关的现金	2		
购买原材料、商品、接受劳务支付的现金	3	526 000	
支付的职工薪酬	4	160 000	
支付的税费	5	65 000	
支付其他与经营活动有关的现金	6	26 000	
经营活动产生的现金流量净额	7	71 000	
二、投资活动产生的现金流量:			
收回短期投资、长期债券投资和长期股权投资收到的现金	8		
取得投资收益收到的现金	9		
处置固定资产、无形资产和其他非流动资产收回的现金净额	10	59 000	
短期投资、长期债券投资和长期股权投资支付的现金	11		
购建固定资产、无形资产和其他非流动资产支付的现金	12	166 000	
投资活动产生的现金流量净额	13	−107 000	
三、筹资活动产生的现金流量:			
取得借款收到的现金	14		
吸收投资者投资收到的现金	15	160 000	
偿还借款本金支付的现金	16	40 000	
偿还借款利息支付的现金	17	12 000	
分配利润支付的现金	18	55 000	
筹资活动产生的现金流量净额	19	53 000	
四、现金净增加额	20	17 000	
加:期初现金余额	21	37 000	
五、期末现金余额	22	54 000	

第四节　外币报表折算

外币报表折算是指为了特定目的将以某一货币表示的财务报表换用为另一种货币表述。一般来讲,外币报表折算只是改变表述的货币单位,并不改变报表项目之间的关系。

一、外币报表折算的原因

小企业在日常的会计核算中,如果选择人民币以外的货币作为记账本位币,如美元、英镑、欧元等,在资产负债表日(月末、季末、年末的最后一天)除了对外币货币性项目(库存现金、银行存款、应收账款、其他应收款、短期借款、应付账款、其他应付款、长期借款、长期应付款等),采用资产负债表日的即期汇率折算,对存货、长期股权投资、固定资产、无形资产等非货币性项目,采用交易发生日的即期汇率折算外,还涉及外币财务报表的折算或转换问题。因为由于这些小企业以非人民币作为记账本位币记账,其资产负债表、利润表、现金流量表也均以外币形式反映,而我国小企业财务报表的主要使用者为税务机关、银行等债权人,这些信息使用者都需要以人民币编制的报表信息。所以这部分小企业在资产负债表日需要将以某一货币表示的财务报表换用为人民币表述。

我国的相关法律法规对外币报表折算问题也都有明确的规定。

《会计法》规定,"会计核算以人民币为记账本位币。业务收支以人民币以外的货币为主的单位,可以选定其中一种货币作为记账本位币,但是编报的财务会计报告应当折算为人民币。"

《企业所得税法》规定,"依照本法缴纳的企业所得税,以人民币计算。所得以人民币以外的货币计算的,应当折合成人民币计算并缴纳税款。"《企业所得税法实施条例》规定,"企业所得以人民币以外的货币计算的,预缴企业所得税时,应当按照月度或者季度最后一日的人民币汇率中间价,折合成人民币计算应纳税所得额。年度终了汇算清缴时,对已经按照月度或者季度预缴税款的,不再重新折合计算,只就该纳税年度内未缴纳企业所得税的部分,按照纳税年度最后一日的人民币汇率中间价,折合成人民币计算应纳税所得额。经税务机关检查确认,企业少计或者多计前款规定的所得的,应当按照检查确认补税或者退税时的上一个月最后一日的人民币汇率中间价,将少计或者多计的所得折合成人民币计算应纳税所得额,再计算应补缴或者应退的税款。"

二、外币报表折算方法

《小企业会计准则》第七十八条规定,"小企业对外币财务报表进行折算时,应当采用资产负债表日的即期汇率对外币资产负债表、利润表和现金流量表的所有项目进行折算。"由于外币财务报表折算均采用资产负债表日的即期汇率,相当于把外币资产负债表、利润表和现金流量表的所有项目统一乘以一个系数,这样三张表中的项目均扩大一定的倍数,也不存在差额问题。

【例 13-4】 乙小企业产品全部出口美国,95％的经济业务均以美元反映,乙小企业选择以美元作为记账本位币。根据税务机关要求,纳税申报过程中的财务报表必须要用人民币反映。乙小企业以美元表示的财务报表及资料如表 13-12、表 13-13 所示(现金流量表略)。2020 年 12 月 31 日即期汇率为 1∶7.0。要求:将该乙小企业外币财务报表折算为人民币表示的财务报表。折算后的报表如表 13-14、表 13-15 所示。

表 13-12 利润表(折算前)

编制单位:乙小企业 　　　　　2020 年度 　　　　单位:美元 　　会小企 02 表

项　　　目	行次	本年累计金额
一、营业收入	1	30 000
减:营业成本	2	24 500
税金及附加	3	500
其中:消费税	4	
城市维护建设税	5	
资源税	6	
土地增值税	7	
城镇土地使用税、房产税、车船税、印花税	8	
教育费附加、环境保护税	9	
销售费用	10	600
其中:商品维修费	11	
广告费和业务宣传费	12	
管理费用	13	400
其中:开办费	14	
业务招待费	15	
研究费用	16	
财务费用	17	200
其中:利息费用(收入以"-"号填列)	18	
加:投资收益(损失以"-"号填列)	19	300
二、营业利润(亏损以"-"号填列)	20	4 100
加:营业外收入	21	200
其中:政府补助	22	
减:营业外支出	23	300
其中:坏账损失	24	
无法收回的长期债券投资损失	25	
无法收回的长期股权投资损失	26	
自然灾害等不可抗力因素造成的损失	27	
税收滞纳金	28	
三、利润总额(亏损总额以"-"号填列)	29	4 000
减:所得税费用	30	1 200
四、净利润(净亏损以"-"号填列)	31	2 800

表 13-13 资产负债表(折算前)

编制单位:乙小企业 　　　　　2020 年 12 月 31 日 　　　　　会小企 01 表 　　单位:美元

资　产	行次	期末余额	负债和所有者权益	行次	期末余额
流动资产:			流动负债:		
货币资金	1	400	短期借款	31	1 400
短期投资	2		应付票据	32	
应收票据	3		应付账款	33	1 300
应收账款	4	1 600	预收账款	34	
预付账款	5		应付职工薪酬	35	
应收股利	6		应交税费	36	
应收利息	7		应付利息	37	
其他应收款	8		应付利润	38	
存货	9	1 700	其他应付款	39	300
其中:原材料	10		其他流动负债	40	
在产品	11		流动负债合计	41	3 000
库存商品	12		非流动负债:		
周转材料	13		长期借款	42	1 400
其他流动资产	14	100	长期应付款	43	600
流动资产合计	15	3 800	递延收益	44	
非流动资产:			其他非流动负债	45	
长期债券投资	16	700	非流动负债合计	46	2 000
长期股权投资	17		负债合计	47	5 000
固定资产原价	18	3 600			
减:累计折旧	19	600			
固定资产账面价值	20	3 000			
在建工程	21				
工程物资	22	500			
固定资产清理	23				
生产性生物资产	24		所有者权益:		
无形资产	25	500	实收资本	48	2 000
开发支出	26	500	资本公积	49	400
长期待摊费用	27		盈余公积	50	900
其他非流动资产	28		未分配利润	51	700
非流动资产合计	29	5 200	所有者权益合计	52	4 000
资产总计	30	9 000	负债和所有者权益总计	53	9 000

表 13-14 利润表(折算计算表)

编制单位:乙小企业　　　　　　2020 年 12 月　　　　　　单位:元　　会小企 02 表

项　　目	行次	本年累计金额	折算汇率	人民币数
一、营业收入	1	30 000	7.0	210 000
减:营业成本	2	24 500	7.0	171 500
税金及附加	3	500	7.0	3 500
其中:消费税	4			
城市维护建设税	5			
资源税	6			
土地增值税	7			
城镇土地使用税、房产税、车船税、印花税	8			
教育费附加、环境保护税	9			
销售费用	10	600	7.0	4 200
其中:商品维修费	11			
广告费和业务宣传费	12			
管理费用	13	400	7.0	2 800
其中:开办费	14			
业务招待费	15			
研究费用	16			
财务费用	17	200	7.0	1 400
其中:利息费用(收入以"－"号填列)	18			
加:投资收益(损失以"－"号填列)	19	300	7.0	2 100
二、营业利润(亏损以"－"号填列)	20	4 100		28 700
加:营业外收入	21	200	7.0	1 400
其中:政府补助	22			
减:营业外支出	23	300	7.0	2 100
其中:坏账损失	24			
无法收回的长期债券投资损失	25			
无法收回的长期股权投资损失	26			
自然灾害等不可抗力因素造成的损失	27			
税收滞纳金	28			
三、利润总额(亏损总额以"－"号填列)	29	4 000		28 000
减:所得税费用	30	1 200	7.0	8 400
四、净利润(净亏损以"－"号填列)	31	2 800		19 600

表 13-15　资产负债表（折算计算表）

编制单位:乙小企业　　　　　　　　2020 年 12 月 31 日　　　　　会小企 01 表　　单位:元

资　　产	行次	美元数	折算汇率	人民币数	负债和所有者权益	行次	美元数	折算汇率	人民币数
流动资产:					流动负债:				
货币资金	1	400	7.0	2 800	短期借款	31	1 400	7.0	9 800
短期投资	2				应付票据	32			
应收票据	3				应付账款	33	1 300	7.0	9 100
应收账款	4	1 600	7.0	11 200	预收账款	34			
预付账款	5				应付职工薪酬	35			
应收股利	6				应交税费	36			
应收利息	7				应付利息	37			
其他应收款	8				应付利润	38			
存货	9	1 700	7.0	11 900	其他应付款	39	300	7.0	2 100
其中:原材料	10				其他流动负债	40			
在产品	11				流动负债合计	41	3 000		21 000
库存商品	12				非流动负债:				
周转材料	13				长期借款	42	1 400	7.0	9 800
其他流动资产	14	100	7.0	700	长期应付款	43	600	7.0	4 200
流动资产合计	15	3 800		26 600	递延收益	44			
非流动资产:					其他非流动负债	45			
长期债券投资	16	700	7.0	4 900	非流动负债合计	46	2 000		14 000
长期股权投资	17				负债合计	47	5 000		35 000
固定资产原价	18	3 600	7.0	25 200					
减:累计折旧	19	600	7.0	4 200					
固定资产账面价值	20	3 000	7.0	21 000					
在建工程	21								
工程物资	22	500	7.0	3 500					
固定资产清理	23								
生产性生物资产	24				所有者权益:				
无形资产	25	500	7.0	3 500	实收资本	48	2 000	7.0	14 000
开发支出	26	500	7.0	3 500	资本公积	49	400	7.0	2 800
长期待摊费用	27				盈余公积	50	900	7.0	6 300
其他非流动资产	28				未分配利润	51	700	7.0	4 900
非流动资产合计	29	5 200		36 400	所有者权益合计	52	4 000		28 000
资产总计	30	9 000		63 000	负债和所有者权益总计	53	9 000		63 000

第五节　财务报表附注

财务报表附注是为了便于财务报表使用者理解财务报表的内容而对财务报表的编制基础、编制依据、编制原则和方法及主要项目等所作的解释。财务报表附注是财务报表的重要组成部分。

一、财务报表附注的内涵

小企业财务报表附注是对资产负债表、利润表、现金流量表等报表中列示项目的文字描述或明细资料，以及对未能在这些报表中列示项目的说明等。报表使用者如果要系统地了解小企业的财务状况、经营成果、现金流量和纳税情况，应当全面地阅读财务报表附注。财务报表附注的要求包括以下三个方面。

（1）附注的信息应是定量、定性信息的结合，从而能从量和质两个角度对小企业经济事项完整的进行反映，才能满足信息使用者的决策需求。

（2）附注应当按照一定的结构进行系统合理的排列和分类。由于附注的内容繁多，因此，更应按逻辑顺序排列，分类披露，条理清晰，具有一定的组织结构，以便于使用者理解和掌握，也更好地实现财务报表的可比性。

（3）附注相关信息应当与资产负债表、利润表、现金流量表等报表中列示的项目相互参照，以有助于使用者联系相关联的信息，并由此从整体上更好地理解小企业财务报表。

二、财务报表附注的内容

小企业应当按照《小企业会计准则》规定披露附注信息。财务报表附注主要包括下列内容：

（一）遵循小企业会计准则的声明

小企业应当声明编制的财务报表符合《小企业会计准则》的要求，真实、完整地反映了小企业的财务状况、经营成果和现金流量等有关信息。以此明确小企业编制财务报表所依据的制度基础。如果《小企业会计准则》对部分会计事项没有规范，小企业按照《企业会计准则》的相关规定进行了会计处理，则小企业应当在这部分披露下列信息：

（1）发生交易的情况；

（2）参照执行《企业会计准则》的原因；

（3）所依据《企业会计准则》的相关规定；

（4）该交易的处理结果给小企业带来的影响，包括财务状况和经营成果的影响。

（二）短期投资、应收账款、存货、固定资产项目的说明

短期投资、应收账款、存货、固定资产是小企业重要的资产，这几项资产的期末市场

价值信息、持有时间的长短和新旧程度信息有利于信息使用者尤其是债权人了解小企业资产的质量。短期投资、应收账款、存货、固定资产项目需要披露的信息分别如表 13-16、表 13-17、表 13-18、表 13-19 所示。

需要说明的是,表 13-16、表 13-17、表 13-18、表 13-19 中,"期末"是指小企业财务报表对外报告的当期期末,包括月末、季末和年末。"期末账面余额"是指"短期投资""应收账款""存货""固定资产"明细账的期末借方余额,其合计数应分别与资产负债表中"短期投资""应收账款""存货""固定资产"项目的金额一致,不得出现差异。"期末市价"指"短期投资"和"存货"项目在期末的市场价值(收盘价)。

1. 短期投资应披露的信息

表 13-16　短期投资明细表

项　　目	期末账面余额	期末市价	期末账面余额与市价的差额
1. 股票			
2. 债券			
3. 基金			
4. 其他			
合计			

2. 应收账款应披露的信息

表 13-17　应收账款账龄结构明细表

账龄结构	期末账面余额	年初账面余额
1 年以内(含 1 年)		
1 年至 2 年(含 2 年)		
2 年至 3 年(含 3 年)		
3 年以上		
合计		

3. 存货应披露的信息

表 13-18　存货信息明细表

存货种类	期末账面余额	期末市价	期末账面余额与市价的差额
1. 原材料			
2. 在产品			
3. 库存商品			
4. 周转材料			
5. 消耗性生物资产			
……			
合计			

4. 固定资产应披露的信息

表 13-19　固定资产信息明细表

项　　目	原　　价	累计折旧	期末账面价值
1. 房屋、建筑物			
2. 机器			
3. 机械			
4. 运输工具			
5. 设备			
6. 器具			
7. 工具			
……			
合计			

（三）应付职工薪酬、应交税费项目的说明

应付职工薪酬、应交税费情况是小企业职工、债权人、税务部门及政府其他部门重点关注的内容。小企业应根据"应付职工薪酬"和"应交税费"明细账，填列"应付职工薪酬明细表"和"应交税费明细表"。这两个明细表均为小企业资产负债表的附表，其格式分别如表 13-20、表 13-21 所示。

1. 应付职工薪酬应披露的信息

表 13-20　应付职工薪酬明细表

会小企 01 表附表 1

编制单位：　　　　　　　　　　　　年　　月　　　　　　　　　　单位:元

项　　目	期末账面余额	年初账面余额
1. 职工工资		
2. 奖金、津贴和补贴		
3. 职工福利费		
4. 社会保险费		
5. 住房公积金		
6. 工会经费		
7. 职工教育经费		
8. 非货币性福利		
9. 辞退福利		
10. 其他		
合计		

2. 应交税费应披露的信息

表 13-21 应交税费明细表

会小企 01 表附表 2

编制单位： 年 月 单位:元

项 目	期末账面余额	年初账面余额
1. 增值税		
2. 消费税		
3. 城市维护建设税		
4. 企业所得税		
5. 资源税		
6. 土地增值税		
7. 城镇土地使用税		
8. 房产税		
9. 车船税		
10. 教育费附加		
11. 环境保护税		
12. 代扣代缴的个人所得税		
……		
合计		

（四）利润分配的说明

小企业的利润分配应当遵循国家的相关法规,小企业应结合自己的具体情况,适用相应的利润分配法律法规。小企业利润分配主要通过编制利润分配表形式对外披露。利润分配表是资产负债表的附表,小企业在填列时,如果有些项目不适用,可不填任何数字,空置即可。利润分配表的格式如表 13-22 所示。

表 13-22 利润分配表

会小企 01 表附表 3

编制单位： 年度 单位:元

项 目	行次	本年金额	上年金额
一、净利润	1		
加:年初未分配利润	2		
其他转入	3		
二、可供分配的利润	4		
减:提取法定盈余公积	5		
提取任意盈余公积	6		

项　　目	行次	本年金额	上年金额
提取职工奖励及福利基金*	7		
提取储备基金*	8		
提取企业发展基金*	9		
利润归还投资**	10		
三、可供投资者分配的利润	11		
减:应付利润	12		
四、未分配利润	13		

　　* 提取职工奖励及福利基金、提取储备基金、提取企业发展基金这 3 个项目仅适用于小企业(外商投资)按照相关法律规定提取的 3 项基金。

　　** 利润归还投资这个项目仅适用于小企业(中外合作经营)根据合同规定在合作期间归还投资者的投资。

　　利润分配表是按照"利润分配"科目所属的各明细科目的发生额编制。报表中的"本年金额"栏,根据本年的"本年利润"及"利润分配"科目所属明细科目的记录分析填列。"上年金额"栏,根据上年度利润分配表中的"本年金额"栏所填列的数据填列。如果上年度利润分配表与本年度利润分配表的项目名称和内容不相一致,应对上年度报表项目的名称和数字按本年度的规定进行调整,填入报表的"上年金额"栏内。报表各项目主要根据"本年利润"科目和"利润分配"科目所属有关明细科目的发生额分析填列。利润分配表具体项目填列方法如下:

　　(1)"净利润"项目,反映小企业全年实现的净利润,根据"本年利润"科目年终结转入"利润分配——未分配利润"账户的发生额填列。如为净亏损,则以"—"号填列。本项目的数字应与利润表中"净利润"项目的"本年累计金额"一致。

　　(2)"年初未分配利润"项目,反映小企业上年年末的未分配利润。如为未弥补的亏损,则以"—"号填列。本项目的数字应与上年利润分配表中"未分配利润"项目的"本年实际金额"数一致。

　　(3)"其他转入"项目,反映小企业按规定用盈余公积弥补亏损等转入的数额。

　　(4)"提取法定盈余公积"项目和"提取任意盈余公积"项目,分别反映小企业按照规定提取的法定盈余公积和任意盈余公积金。

　　(5)"提取职工奖励及福利基金"项目,反映外商投资小企业按规定提取的职工奖励及福利基金。

　　(6)"提取储备基金"项目和"提取企业发展基金"项目,分别反映外商投资小企业按照规定提取的储备基金和企业发展基金。

　　(7)"利润归还投资"项目,反映中外合作经营小企业按规定在合作期间以利润归还投资者的投资。

　　(8)"应付利润"项目,反映小企业按规定应分配给投资者的利润。

　　(9)"未分配利润"项目,反映小企业年末尚未分配的利润。如为未弥补的亏损,则以"—"号填列。本项目的数字应与资产负债表中"未分配利润"项目的"期末余额"一致。

（五）对外担保和未决诉讼、未决仲裁的信息

1. 对外担保

债务担保在小企业中是较为普遍的现象。作为提供担保的一方，在被担保方无法履行合同的情况下，常常承担连带责任。从保护投资者、债权人的利益出发，客观、充分地反映小企业因担保义务而承担的潜在风险是十分必要的。

《小企业会计准则》要求，小企业对外担保时需要披露用于对外担保的资产名称、账面余额及形成的原因。对外担保的资产名称是指具体名称，如位于什么具体位置的100亩土地使用权等；账面余额通常是指科目余额，对于固定资产、无形资产、生产性生物资产还应扣除累计折旧和累计摊销；用资产担保的原因是指为什么要用这一资产担保，如银行的要求等。

此外，小企业还应披露对外担保的事由、目前进展情况、对外提供担保所涉及的金额。实际工作中小企业的出资人或业主可能会以个人财产代小企业向债权人提供担保，尽管这些财产不属于小企业资产，但也会给小企业带来不利影响，小企业也应视同企业资产进行披露。

2. 未决诉讼、未决仲裁

诉讼，是指当事人不能通过协商解决争议，因而在人民法院起诉、应诉，请求人民法院通过审判程序解决纠纷的活动。诉讼尚未裁决之前，对于被告来说，可能形成一项或有负债或者预计负债；对于原告来说，则可能形成一项或有资产。

仲裁，是指经济业务的各方当事人依照事先约定或事后达成的书面仲裁协议，共同选定仲裁机构并由其对争议依法作出具有约束力裁决的一种活动。作为当事人一方，仲裁的结果在仲裁决定公布以前是不确定的，会构成一项潜在义务或现时义务，或者潜在资产。

小企业在日常生产经营活动中有时会发生一些法律纠纷、合同争议，需要诉诸法律和仲裁机构进行审理和裁决。这类事件最终可能给小企业带来损失或收益，因此需要披露事由、未决诉讼或未决仲裁目前进展情况和所涉及的金额。

（六）严重亏损情况的披露

小企业在日常生产经营活动中，由于规模小、抗风险能力弱，可能会出现资不抵债等严重亏损，甚至会出现破产清算的情况。如果破产清算，就会对职工、税务机关、债权人、投资者等造成不利影响。在这种情况下，小企业需要披露持续经营的计划、未来经营的方案等补救和改进措施。

（七）会计与税法的差异及调整过程

由于会计和税法的目的不同，两者之间不可避免的存在差异，并在纳税申报过程中调整。如国债利息收入、无形资产研究开发费用、业务招待费、广告费和业务宣传费等。小企业要对已在资产负债表和利润表中列示项目与企业所得税法规定存在差异的纳税调整过程进行披露。会计和税法的具体差异及纳税调整参见第十五章企业所得税纳税申报。

（八）其他需要说明的事项

这是一个兜底条款,如小企业应收票据、长期应收款等也可以比照应收账款按账龄结构进行披露等。

练 习 题

一、单项选择题

1. 小企业用自有资金购入一台机器设备,这项活动属于( )产生的现金流量。

A. 经营活动　　　　B. 投资活动　　　　C. 筹资活动　　　　D. 汇率变动

2. 以下各项中,属于小企业利润表中销售费用的是( )。

A. 开办费　　　　B. 研究费用　　　　C. 业务招待费　　　　D. 业务宣传费

3. 小企业支付的在建工程人员的薪酬属于( )产生的现金流量。

A. 筹资活动　　　　B. 经营活动　　　　C. 汇率变动　　　　D. 投资活动

4. 小企业因购进一条生产线而支付的借款利息属于( )产生的现金流量。

A. 经营活动　　　　B. 投资活动　　　　C. 筹资活动　　　　D. 汇率变动

5. 小企业利润表中的净利润表示的是( )。

A. 利润总额扣除营业外收支后的金额　　　B. 利润总额扣除消费税后的金额

C. 利润总额扣除增值税后的金额　　　　D. 利润总额扣除所得税费用后的金额

6. 小企业取得的用于补偿已发生费用的政府补贴,反映在利润表的( )项目中。

A. 营业收入　　　B. 营业成本　　　C. 营业外收入　　　D. 营业外支出

7. 现金流量表的编制以( )为基础。

A. 权责发生制　　　B. 收付实现制　　　C. 历史成本　　　D. 重置成本

8. 下列不应在利润表"营业收入"项目列示的是( )。

A. 政府补助收入　　　　　　　　B. 设备安装劳务收入

C. 代修品销售收入　　　　　　　D. 无形资产出租收入

9. 下列属于小企业资产负债表中流动资产项目的是( )。

A. 长期借款　　　B. 长期应付款　　　C. 预收账款　　　D. 预付账款

10. 下列属于小企业资产负债表中流动负债项目的是( )。

A. 长期借款　　　B. 长期应付款　　　C. 预收账款　　　D. 预付账款

11. 小企业预付账款明细账中若有贷方余额,应将其填入资产负债表中的( )项目。

A. 应收账款　　　B. 预收款项　　　C. 应付账款　　　D. 其他应付款

12. 小企业应收账款明细账中若有贷方余额,应将其填入资产负债表中的( )项目。

A. 应收票据　　　B. 预收款项　　　C. 应付账款　　　D. 其他应付款

13. 小企业资产负债表"货币资金"项目中包含的内容有( )。

A. 银行本票存款　　　B. 银行承兑汇票　　　C. 商业承兑汇票　　　D. 短期投资

14. 甲小企业 2020 年 12 月 31 日"无形资产"科目余额为 100 万元,"累计摊销"科目余额为80万元。该企业2020年12月31日资产负债表中无形资产项目的金额为(   )万元。

    A. 20   B. 80   C. 100   D. 180

15. 以下会引起小企业现金流量净额变动的项目是(   )。

    A. 将现金存入银行   B. 取出可以随时支取的银行定期存款

    C. 用固定资产抵偿债务   D. 用银行存款清偿20万元的债务

16. 某小企业应收账款科目月末借方余额2万元,其中:应收甲公司账款明细科目借方余额3.5万元,应收乙公司账款明细科目贷方余额1.5万元,预收账款科目月末贷方金额1.5万元,其中:预收A公司账款明细科目贷方余额2.5万元,预收B公司账款明细科目借方余额1万元。该企业月末资产负债表中应收账款项目的金额为(   )万元。

    A. 4   B. 2.5   C. 1.5   D. 4.5

17. 某小企业"原材料"科目借方余额120万元,"生产成本"科目借方余额50万元,"材料采购"科目借方余额20万元,"材料成本差异"科目贷方余额2万元,该企业期末资产负债表中"存货"项目金额为(   )万元。

    A. 150   B. 170   C. 188   D. 190

18. 支付给在建工程人员的工资应列示在现金流量表(   )项目中。

    A. 支付的职工薪酬   B. 支付其他与经营活动有关的现金

    C. 购建固定资产、无形资产和其他非流动资产支付的现金

    D. 短期投资、长期债券投资和长期股权投资支付的现金

19. 某小企业2020年发生的营业收入为100万元,营业成本为63万元,销售费用为2万元,管理费用为5万元,财务费用为1万元,投资收益为4万元,营业外收入为2.5万元,营业外支出为1.5万元。该企业2020年利润表中的营业利润为(   )万元。

    A. 36   B. 34   C. 33   D. 29

20. 小企业利润表中的"税金及附加"项目反映的是(   )。

    A. 个人所得税   B. 城市维护建设税   C. 所得税   D. 增值税

二、多项选择题

1. 小企业的财务报表至少应当包括(   )。

    A. 资产负债表   B. 利润表   C. 现金流量表   D. 应交税费明细表

2. 小企业资产负债表中的"货币资金"项目包括(   )。

    A. 库存现金   B. 银行存款   C. 应收账款   D. 应交税金

3. 小企业资产负债表中的"存货"项目的范围包括(   )。

    A. 原材料   B. 低值易耗品   C. 在产品   D. 库存商品

4. 下列属于小企业现金流量表中投资活动产生的现金流量的有(   )。

    A. 购建固定资产支付的现金   B. 转让无形资产所有权收到的现金

    C. 处置固定资产收回的现金净额   D. 收到分派的现金股利

5. 下列各资产负债表项目中,应根据明细科目余额计算填列的有(   )。

    A. 应收票据   B. 预收款项   C. 应收账款   D. 应付账款

6. 下列项目中,属于资产负债表"应付账款"项目填列依据的有(   )。

    A. 应付账款所属明细账借方余额合计数   B. 应付账款总账余额

C. 预付账款所属明细账贷方余额合计数　　D. 应付账款所属明细账贷方余额合计数

7. 资产负债表中"存货"项目的金额,应根据"(　　　)"科目的余额分析填列。

A. 生产成本　　　　B. 商品进销差价　　　C. 发出商品　　　　D. 材料采购

8. 下列影响小企业营业利润的项目有(　　　)。

A. 销售费用　　　　B. 管理费用　　　　C. 投资收益　　　　D. 所得税费用

9. 小企业发生的以下收入,同时作为增值税和企业所得税计税收入的有(　　　)。

A. 生产企业销售自产的产品取得的收入

B. 生产企业将自产的产品用于本企业的职工福利

C. 生产企业购买国债取得的利息收入

D. 生产企业在销售货物后对客户违反合同规定收取的收入

10. 小企业的现金流量分为(　　　)。

A. 经营活动产生的现金流量　　　　　　　B. 投资活动产生的现金流量

C. 筹资活动产生的现金流量　　　　　　　D. 汇率变动产生的现金流量

11. 下列属于小企业筹资活动产生的现金流量的有(　　　)。

A. 固定资产建设取得的长期借款　　　B. 分配利润支付的现金

C. 收到投资人投入的资金　　　　　　D. 偿还借款支付的利息

12. 下列不影响小企业经营活动现金流量的有(　　　)。

A. 收到经营租赁的租金　　　　　　　B. 用现金支付管理人员薪酬

C. 收到被投资单位分派的现金股利　　D. 用银行存款缴纳各项税费

13. 下列内容需要在小企业会计报表附注中说明的是(　　　)。

A. 短期投资、应收账款、存货、固定资产项目的说明

B. 利润分配的说明

C. 应付职工薪酬、应交税费项目的说明

D. 严重亏损情况的披露

14. 下列内容需要在小企业会计报表附注中说明的是(　　　)。

A. 用于对外担保的资产名称、账面余额及形成的原因

B. 未决诉讼、未决仲裁以及对外提供担保所涉及的金额

C. 遵循《小企业会计准则》的声明

D. 会计与税法差异及调整过程

15. 小企业现金流量表中的投资活动包括(　　　)。

A. 短期投资的购买与处置　　　　　　B. 固定资产的购建与处置

C. 无形资产的购建与处置　　　　　　D. 长期投资的购买与处置

三、判断题

1. 小企业资产负债表中的"存货"不包括正在生产过程中的产品。　　　　　　(　　)

2. 小企业发生严重亏损的,应当通过财务报表附注的形式披露持续经营的计划、未来经营的方案。　　　　　　(　　)

3. 资产负债表中的"应付职工薪酬"项目,反映小企业根据有关规定应付给职工的工资、职工福利、社会保险费、住房公积金、工会经费、职工教育经费,但不包括非货币性福利、辞退福利等支付项目。　　　　　　(　　)

4. 资产负债表中"预收账款"项目应根据"预收账款"和"应付账款"所属明细账贷方余额合计填列。 （　　）

5. 小企业资产负债表中的"在建工程"项目，反映小企业尚未完工或虽已完工，但尚未办理竣工决算的工程成本。 （　　）

6. 小企业资产负债表中的"无形资产"项目，应根据"无形资产"科目的期末余额减去累计摊销科目的期末余额后的金额填列。 （　　）

7. 小企业资产负债表中的"开发支出"项目，反映小企业正在进行的无形资产研究开发项目满足资本化条件的支出。该项目的金额是否正确与税收无关。 （　　）

8. 小企业资产负债表中的"长期待摊费用"项目，反映小企业尚未摊销完毕的已提足折旧的固定资产的改建支出、经营租入固定资产的改建支出、固定资产的大修理支出和其他长期待摊费用。该项目的金额是否正确，关系到企业所得税的计算是否正确。

（　　）

9. 利润分配总账的年末余额不一定与相应的资产负债表中"未分配利润"项目的数额一致。 （　　）

10. 资产负债表中的"年初余额"栏内各项数字，应根据上年年末资产负债表期末数栏内所列数字填列。如果本年度资产负债表规定的各个项目的名称和内容同上年度不相一致，可直接把上年年末资产负债表各项目的名称和数字填入本表年初数栏内。

（　　）

11. 小企业利润表中的"税金及附加"项目不包括土地增值税、资源税、车船税、印花税。

（　　）

12. 小企业销售货物时需要缴纳增值税，销售货物属于小企业的经营活动，所以小企业缴纳的增值税应计入税金及附加。 （　　）

13. 小企业对外币财务报表进行折算时，应当采用资产负债表日的即期汇率对外币资产负债表、利润表和现金流量表的所有项目进行折算。（　　）

14. 小企业利润表里的所得税费用项目，反映小企业根据企业所得税法确定的应从当期利润总额中扣除的所得税费用。 （　　）

15. 小企业购建固定资产、无形资产支付的现金计入固定资产和无形资产的原值，不属于现金流量表反映的内容。 （　　）

第十四章　特殊会计业务

【学习目标】

1. 了解会计政策的概念、会计估计的概念及特点；

2. 理解会计政策的变更、会计估计变更、会计差错的概念及原因；

3. 掌握会计政策变更的处理、会计估计变更的会计处理、会计差错更正的会计处理方法、会计账簿记录错误的更正。

第一节　会计政策变更

一、会计政策的概念

会计政策，是指小企业在会计确认、计量和报告中所采用的原则、基础和会计处理方法。在实际工作中，小企业只能在国家法律、法规和《小企业会计准则》所允许采用的会计政策中选择适用的会计政策。

原则，是指小企业按照《小企业会计准则》规定的、适合于小企业会计核算所采用的特定会计原则，如收入确认原则、资产损失确认原则、长期股权投资持有期间收益的确认原则、自行研发支出资本化原则、借款费用资本化原则等等。

基础，是指为了将会计原则应用于交易或者事项而采取的会计基础，主要是计量基础（计量属性），指历史成本这一计量基础。

会计处理方法，是指小企业在会计核算中从诸多可选择的会计处理方法中所选择的、适合于本企业的具体会计处理方法。如确定发出存货的计价方法等。

小企业在会计核算中常见的会计政策主要有以下几项。

(1) 短期投资、存货、长期债券投资、长期股权投资、固定资产、无形资产、生产性生物资产等取得时按照成本计量。

(2) 发出存货的计价方法。如小企业发出存货成本的计量是采用先进先出法，还是采用加权平均法、个别计价法。

（3）将土地使用权与房屋分开核算。

（4）小企业内部研究开发项目开发阶段的支出符合资本化条件确认为无形资产。

（5）债券的溢价或折价在债券存续期间内于确认相关债券利息收入时进行摊销。

（6）长期股权投资在持有期间采用成本法核算。

（7）投资者投入的非货币性资产按照评估价值计量。

（8）资产损失实际发生时予以确认。

（9）收入确认的原则。

（10）符合资本化条件的借款费用资本化。

二、会计政策的变更

会计政策变更，是指小企业对相同的交易或事项由原来采用的会计政策改用另一会计政策的行为。为保证会计信息的可比性、使财务报告使用者在比较小企业一个以上期间的会计报表时，能够正确判断小企业的财务状况、经营成果和现金流量的趋势，一般情况下，小企业应在每期采用相同的会计政策，不应也不能随意变更会计政策。如果允许小企业随意变更会计政策，一是容易造成小企业利用会计政策随意操纵利润，使会计信息缺乏可靠性；二是势必削弱会计信息的可比性，使会计报表使用者在比较小企业的经营业绩时发生困难。但是，在符合下列条件之一时，应改变原采用的会计政策。

（1）法律、行政法规或国家统一的会计制度等要求变更。这种情况是指，按照国家统一的会计制度以及其他法规、规章的规定，要求小企业采用新的会计政策，则应按照法规、规章的规定改变原会计政策，按新的会计政策执行。如按照规定，自 2013 年 1 月 1 日起所有小企业必须执行《小企业会计准则》。

（2）会计政策的变更能够提供有关小企业财务状况、经营成果和现金流量等更可靠、更相关的会计信息。这一情况是指，由于经济环境、客观情况的改变，使小企业采用原来的会计政策所提供的会计信息，已不能恰当地反映小企业的财务状况、经营成果和现金流量等情况。在这种情况下，应改变原有会计政策，采用新的会计政策进行核算，以对外提供更可靠、更相关的会计信息。例如，在价格比较稳定的情况下，小企业对存货的计价一直采用加权平均法，近期由于小企业对存货采用计算机管理，会计信息化程度大大提高，如果再用加权平均法核算，可能不能正确反映小企业存货及损益的情况，则应将存货的计价方法由加权平均法改为个别计价法。

下列情况不属于会计政策变更。

（1）本期发生的交易或事项与以前相比具有本质差别而采用新的会计政策。例如，某小企业以往租入的设备均为临时需要而租入的，小企业按经营租赁会计处理方法核算，但自本年度起租入的设备均采用融资租赁方式，则该小企业自本年度起对新租赁的设备采用融资租赁会计处理方法核算。由于经营租赁和融资租赁有着本质区别，由此改变会计政策不属于会计政策的变更。

（2）对初次发生的或不重要的交易或事项采用新的会计政策。

三、会计政策变更的处理

按照《小企业会计准则》的规定,小企业会计政策变更采用未来适用法进行会计处理。

未来适用法,是指对某项交易或事项变更会计政策时,新的会计政策适用于变更当期及未来期间发生的交易或事项的方法。通俗地说即"老业务老办法,新业务新办法。不追溯,如果原业务延续到本期的按本期办法处理"。例如,甲小企业 2020 年 1 月 1 日起将存货的计价方法由加权平均法改为个别计价法时,对甲小企业 2019 年之前结转存货的成本不进行调整,2020 年 1 月 1 日起对新发出存货统一按照个别计价法直接结转成本即可。又如,小企业如果因账簿、凭证超过法定保存期限而销毁,或因不可抗力而毁坏、遗失,如火灾、水灾等,或因人为因素,如盗窃、故意毁坏等,在这种情况下,会计政策的变更也采用未来适用法进行处理。

第二节　会计估计变更

一、会计估计的概念与特点

会计估计,是指小企业对其结果不确定的交易或事项以最近可利用的信息为基础所作的判断。会计估计具有以下特点:

（一）会计估计的存在是由于经济活动中内在的不确定因素的影响

在会计核算和信息披露过程中,会计估计是不可避免的,会计估计的存在是由于经济活动中内在的不确定性因素的影响所造成的。例如,对于固定资产折旧,需要根据固定资产消耗方式、性能、技术发展等情况进行估计。

（二）会计估计应当以最近可利用的信息或资料为基础

由于经营活动内在的不确定性,小企业在会计核算中,不得不经常进行估计。某些估计主要用于确定资产或负债的账面价值,例如,法律诉讼可能引起的赔偿等;另一些估计主要用于确定将在某一期间记录的收入或费用的金额,例如,某一期间的折旧费用、摊销费用的金额、在某一期间内采用完工百分比法核算建造合同已实现收入的金额等。小企业在进行会计估计时,通常应根据当时的情况和经验,以最近可利用的信息或资料为基础进行。但是,随着时间的推移、环境的变化,进行会计估计的基础可能会发生变化,因此,进行会计估计所依据的信息或资料不得不进行更新。由于最新的信息是最接近目标的信息,以其为基础所作的估计最接近实际,所以,进行会计估计时应以最近可利用的信息或资料为基础。

（三）进行会计估计并不会削弱会计核算的可靠性

进行合理的会计估计是会计核算中必不可少的部分,它不会削弱会计核算的可靠性。小企业为了定期、及时地提供有用的会计信息,将延续不断的经营活动人为划分为一定的期间,并在权责发生制的基础上对企业的财务状况和经营成果进行定期确认和计量。例如,在会计分期的情况下,许多企业的交易跨越若干个会计年度,以至于需要在一定程度上作出决定;哪些支出可以在利润表中作为当期费用处理,哪些支出符合资产定义应当递延至以后各期等。由于存在会计分期和货币计量的假设,在确认和计量过程中,不得不对许多尚在延续中、其结果不确定的交易或事项予以估计入账。如小企业估计固定资产预计使用寿命,应当考虑该项固定资产的技术性能、历史资料、同行业同类固定资产的预计使用年限、本企业经营性质等诸多因素,并掌握确凿证据后确定。小企业根据当时所掌握的可靠证据作出的最佳估计,不会削弱会计核算的可靠性。

下列各项属于常见的需要进行估计的项目:

(1) 固定资产的预计使用寿命与净残值,固定资产的折旧方法;

(2) 生产性生物资产的预计使用寿命与净残值,生产性生物资产的折旧方法;

(3) 无形资产的预计使用寿命;

(4) 长期待摊费用摊销期的确定;

(5) 建造合同或劳务合同完工进度的确定;

(6) 市场价格或评估价值的确定。

二、会计估计变更的原因

由于小企业经营活动中内在不确定因素的影响,某些财务报表项目不能精确地计量,而只能加以估计。如果赖以进行估计的基础发生了变化,或者由于取得新的信息、积累更多的经验以及后来的发展变化,需要对会计估计进行修正。

会计估计变更,是指由于资产和负债的当前状况及预期经济利益和义务发生了变化,从而对资产或负债的账面价值或者资产的定期消耗金额进行调整。通常情况下,小企业可能由于以下原因而发生会计估计变更:

(1) 赖以进行估计的基础发生了变化。小企业进行会计估计,总是要依赖于一定的基础,如果其所依赖的基础发生了变化,则会计估计也应相应作出改变。例如,小企业某项无形资产的摊销年限原定为 15 年,以后获得了国家专利保护,该资产的受益年限已变为 10 年,则应相应调减摊销年限。

(2) 取得了新的信息,积累了更多的经验。小企业进行会计估计是就现有资料对未来所作的判断,随着时间的推移,小企业有可能取得新的信息、积累更多的经验,在这种情况下,也需要对会计估计进行修订。例如,小企业原先对固定资产采用年限平均法按 15 年计提折旧,后来根据新得到的信息——使用 5 年后对该固定资产所能生产的产品的产量有了比较准确的证据,小企业改按工作量法计提固定资产折旧。

三、会计估计变更的会计处理

会计估计变更应采用未来适用法,变更会计估计时,在变更日之前发生的交易和事项按照原会计估计进行处理,在变更日或变更日后发生的以及原先已发生延续到本期的均采用变更后的会计估计处理。即"老业务老办法,新业务新办法,不追溯,如果原业务延续到本期的按本期办法处理"。

【例 14-1】 甲小企业于 2020 年 1 月 1 日起计提折旧的管理用设备一台,价值 84 000 元(不含税价),估计使用年限为 8 年,净残值为 4 000 元,按直线法计提折旧。至 2024 年初,由于新技术的发展等原因,需要对原估计的使用年限和净残值作出修正,修改后该设备的耐用年限为 6 年,净残值为 2 000 元。甲小企业对上述估计变更的处理方式如下:

变更日以后发生的经济业务改按新估计提取折旧。

按原估计,每年折旧额为 10 000 元,已提折旧 4 年,共计 40 000 元,固定资产净值为 44 000 元,则第五年相关科目的期初余额如下:

固定资产 84 000
减:累计折旧 40 000
固定资产账面价值 44 000

改变估计使用年限后,2024 年起每年计提的折旧费用为 21 000 元[(44 000－2 000) ÷(6－4)]。2024 年不必对以前年度已提折旧进行调整,只需按重新预计的使用年限和净残值计算确定的年折旧费用,编制会计分录如下:

借:管理费用 21 000
贷:累计折旧 21 000

第三节 会计差错更正

一、会计差错的概念与原因

会计差错,是指小企业在会计核算时,由于计量、确认、记录等出现的错误。会计差错的产生有诸多原因,以下是常见的会计差错产生的原因:

(1) 采用法律或国家统一的会计制度等行政法规、规章所不允许的会计政策。例如,按照我国小企业会计准则规定,存货发出不准采用后进先出法,则属于采用法律或国家统一的会计制度等行政法规、规章所不允许的会计政策。

(2) 账户分类以及计算错误。例如,小企业购入的 5 年期国债,意图长期持有。但在记账时记入了短期投资,导致账户分类上的错误,并导致在资产负债表上流动资产和非流动资产的分类也有误。

(3) 会计估计错误。例如,小企业在估计某项固定资产的预计使用年限时,多估计或少估计了预计使用年限,而造成会计估计错误。

(4) 在期末应计项目与递延项目未予调整。例如,小企业应在本期摊销的期末时未予摊销。

(5) 漏记已完成的交易。例如,小企业采用预收款方式销售一批商品,商品已发出,开出增值税专用发票,商品销售收入确认条件均已满足,但小企业在期末时未将已实现的销售收入入账。

(6) 对事实的忽视和误用。例如,小企业对跨年度劳务应按完工百分比法确认营业收入,但该小企业按确认商品销售收入的原则确认收入。

(7) 提前确认尚未实现的收入或不确认已实现的收入。例如,在采用委托代销销售方式下,应在收到代销单位的代销清单时,确认营业收入的实现,如小企业在发出委托代销商品时即确认为收入,则为提前确认尚未实现的收入。

(8) 资本性支出与收益性支出划分差错等。例如,工业小企业发生的管理人员的薪酬一般作为收益性支出,而发生的工程人员薪酬一般作为资本性支出。如果小企业将发生的工程人员薪酬计入了当期损益,则属于资本性支出与收益性支出的划分差错。

二、会计差错更正的会计处理方法

为了保证经营活动的正常进行,小企业应当建立健全内部稽核制度,保证会计资料的真实、合法和完整。但是,在日常会计核算中也可能因各种原因造成会计差错,如抄写差错,可能对事实的疏忽和误解以及对会计政策的误用。小企业发现会计差错时,应当根据差错的性质及时纠正。会计差错的更正应按以下方法处理:

(1) 本期发现的,属于本期的会计差错,应调整本期相关项目。例如,小企业将本年度工程人员的薪酬计入了管理费用,则应将计入管理费用的工程人员薪酬调整计入工程成本。调整时间取决于财务报表编报时间。按月编报则在发现差错的当月月末更正,按季编报则在发现差错的当季季末更正,按年编报则在发现差错的当年年末更正即可。

(2) 本期发现的,属于以前年度的会计差错。如果会计差错当前没有发现(包括自己发现和外部如税务机关发现),本期发现属于以前年度的会计差错也和本期发现本期差错一样处理。例如,某小企业 2020 年发现 2018 年管理用设备的折旧费用少提 10 000 元,小企业应将少提的 10 000 元折旧费用计入 2020 年的管理费用,同时,调整累计折旧的账面余额。

三、会计账簿记录错误的更正

(一)错账的查找

在日常的会计核算中,发生差错的现象时有发生。如果发现错误:一是要确认错误的金额;二是要确认错在借方还是贷方;三是根据产生差错的具体情况,分析产生差错的原因,并采取相应的查找方法,以便缩短查找差错的时间,减少查账工作量。查找错误的方法有很多,现将常用的几种方法介绍如下:

1. 顺查法(亦称正查法)

顺查法是按照账务处理的顺序,从原始凭证到账簿再到会计报表进行查找的一种方法。即首先检查记账凭证是否正确,然后将记账凭证、原始凭证同有关账簿记录一笔一笔地进行核对,最后检查有关账户的发生额和余额。这种检查方法,可以发现重记、漏记、错记科目和错记金额等情况。这种方法的优点是查的范围大,不易遗漏;缺点是工作量大,需要的时间比较长。所以在实际工作中,只有在采用其他方法查找不出错误时采用这种方法。

2. 逆查法(亦称反查法)

这种方法与顺查法相反,是按照账务处理的相反顺序,从会计报表到账簿再到原始凭证进行查找的一种方法。即先检查各有关账户的余额是否正确,然后将有关账簿按照记录的顺序由后向前同有关记账凭证或原始凭证进行逐笔核对,最后检查有关记账凭证的填制是否正确。这种方法的优缺点与顺查法相同。所不同的是,这种方法主要针对由于某种原因可能造成后期产生差错的情况才采用的。

3. 抽查法

抽查法是对整个账簿记录抽取其中某部分进行局部检查的一种方法。当出现差错时,可根据具体情况分段、重点查找,将某一部分账簿记录同有关记账凭证或原始凭证进行核对,还可以根据差错发生的位数,有针对性地查找。如果差错是角、分,只要查找元以下尾数即可;如果差错是整数的千位、万位,只需查找千位、万位数即可,其他的位数就不要逐项或逐笔地查找了。这种方法的优点是查的范围小,可以节省时间,减少工作量。

4. 偶合法

偶合法是根据出现账簿记录差错的规律,推测与差错有关的记录而进行查找的一种方法。这种方法主要适用于漏记、重记、错记的查找。

(1) 漏记的查找。①总账一方漏记。在试算平衡时,借贷双方发生额不平衡,出现差额。在总账与明细账核对时,会发现某一总账所属明细账的借(或贷)方发生额与合计数大于总账的借(或贷)方发生额,也出现一个差额,并与总账的差额正好相等,而且,在总账与明细账中有与这个差额相等的发生额。这说明总账一方的借(或贷)方漏记,借(或贷)方哪一方的数额小,漏记就可能在哪一方。②明细账一方漏记。这在总账与明细账核对时可以发现。总账已经试算平衡,但在进行总账与明细账核对时,发现某一总账借(或贷)方发生额大于其所属各明细账借(或贷)方发生额之和,这说明在明细账一方可能漏记,于是可对该明细账的有关凭证进行查找。③如果整张的记账凭证漏记,则没有明显的错误特征,只有通过顺查法或逆查法逐笔查找。

(2) 重记的查找。①如果总账一方重记,在试算平衡时,借贷双方发生额不平衡,出现差额。在总账与明细账核对时,会发现某一总账所属明细账的借(或贷)方发生额合计数小于该总账的借(或贷)方发生额,也出现一个差额,并与总账的差额正好相等,而且,在总账与明细账中有这个差额相等的发生额记录。这说明总账借(或贷)方重记,借(或贷)方哪一方的数额大,重记就可能在哪一方。②如果明细账一方重记,在总账与明细账核对时可以发现,总账已经试算平衡,与明细账核对时,某一总账借(或贷)方发生额小于其所属明细账借(或贷)方发生额之和,则可能是明细账一方重记,可对与该明细账有关的记账凭证查对。③如果整张的记账凭证重复记账,则没有明显的错误特征,那么只能用顺查法或逆查法逐笔查找。

(3) 记反账的查找。记反账是指在记账时把发生额的方向弄错,将借方发生额记入贷方,或者将贷方发生额记入借方。总账一方记反账,则在试算平衡时会发现借贷双方发生额不平衡,出现差额。这个差额是偶数,能被 2 整除,所得的商数在账簿上应有记录,如果借方大于贷方,则说明将贷方错记为借方;反之,则说明发生额试算是正确的,可用总账与明细账核对的方法查找。

(4) 错记账的查找。在实际工作中,错记账是指把数字写错,常见的有两种。

第一种是数字错位,即应记的位数不是前移就是后移,即小记大或大记小。例如,把千位数变成百位数(大变小),把1 600记成160(大变小);把百位数变成千位数(小变大),把3.43记成343(小变大)。如果是大变小,在试算平衡或者总账与明细账核对时,正确数字与错误数字的差额是一个正数,这个差额除以9后所得的商与账上错误的数额正好相等。查账时,如果差额能够除以9,所得商恰是账上的数,可能是记错了位。如果是小变大,在试算平衡或者总账与明细账核对时,正确数与错误数的差额是一个负数,这个差额除以9后所得商数再乘以10,得到的绝对数与账上错误的数额恰好相等。查账时,负数差额除以9,商数乘以10的数账上有,可能是记错了位。

第二种是错记,即在登记账簿中把数字误写。对于错记的查找,可根据由于错记而形成的差数,分别确定查找方法。查找时不仅要查找发生额,同时也要查找余额。一般情况下,由于错记而形成的差数有以下几种情况:

① 邻数颠倒。指在登记账簿时把相邻的两个数字互换了位置。如43错记为34,或把34错记为43。如果前大后小颠倒为后大前小,在试算平衡时,正确数与错误数的差额是一个正数,这个差额除以9后所得商数中的有效数字正好与相邻颠倒两数的差额相等,并且不大于9。可以根据这个特征在差值相同的两个邻数范围内查找。如果前小后大颠倒为前大后小,在试算平衡或者总账与明细账核算时,正确数与错误数的差额是一个负数,其他特征同上。在上述情况下查账时,如果用差额能除以9,有效数字不过9,可能是记账数颠倒,应根据差值确定查找目标。

【例14-2】 甲小企业2020年8月应收账款的总账科目余额合计数应为881.34万元,而明细账合计数为944.34万元,总账与明细账不等。甲小企业有关明细账的资料如表14-1所示。

表14-1 甲小企业应收账款明细账情况表

序号	户 名	金额(万元)
1	A	623.45
2	B	103.68
3	C	45.79
4	D	81.18
5	E	90.24
合 计		944.34

查找步骤:

第一,求正误差值:881.34万元－944.34万元＝－63万元。

第二,判断差值可否用9整除,差值63万元,正好可以被9整除(63万元÷9＝7万元)。

第三,求差值系数:－63÷9＝－7。

第四,在错误表中查找有无相邻两数相差为7的数字。差值系数为负值时,查前大后小;反之,查前小后大。经查,该表中第4行"81.18"中的"8"－"1"＝7,前大后小。据此,可以判断为属于数字倒置的错误,即可能是将18.18误写成81.18。

第五,试将第4行按18.18予以更正,重新加总,其合计数则为881.34,与总账一致,错记问题查找到了。

② 隔位数字倒置。如把 425 记成 524,把 701 记成 107 等等。这种倒置所产生的差数的有效数字是 3 位以上,而且中间数字必然是 9,差数以 9 除之,所得的商数必然是两位相同的数,如 22,33,44……,商数中的一个数又正好是两个隔位倒置数字之差。如把 802 误记为 208,差数是 594,以 9 除之则商数为 66,两个倒置数 8 与 2 的差也是 6。于是,可采用就近邻位数字倒置差错的查找方法来查找账簿记录中百位和个位两数之差为 6 的数字,即 600 与 006、701 与 107、802 与 208、903 与 309 四组数,即可查到隔位数字倒置的差错。

采用上述方法时应注意:一要正确选择作为对比标准的基数;二要保证对比指标口径的可比性;三要同时分析相对数和绝对数的变化,并计算其对总量的影响。

出纳员在日常填制会计凭证和登记账簿过程中,可能会出现一些差错,在查找错误时,对以上方法切忌生搬硬套,要从具体的实际工作出发,灵活运用查找的方法,有时还要几种方法结合起来运用,通过反复核实,一定会得出正确的结果。

(二)错账更正方法

按照《会计基础工作规范》的规定,在记账和对账过程中如果发现账簿记录有错误,不得在账簿上刮擦、挖补、涂抹或用化学药水更改数字。对所出现的错误,应根据其不同性质,按规定办法进行更改。错账更正方法一般有 3 种:划线更正法、红字更正法和补充登记法。

1. 划线更正法

凡在结账前,发现账簿记录有错误,而记账凭证无错误,可用划线更正法予以更正。更正时先在错误的文字或数字上划一条红线,以表示予以注销,然后将正确的文字或数字用蓝字写在被注销的文字或数字的上方,并由记账人员在更正处盖章。应当注意的是,更正时,必须将错误数字全部划销,而不能只划销更正其中个别数码,并应保持原有字迹仍可辨认,以备查考。例如,记账员张立误将 456.2 记作 546.2,应做如下更正:

456.2   45

~~546.2~~ 张立章 ,而不能将 546.2 只划掉"54"并改成"45",如 ~~546.2~~ 张立章

2. 红字更正法

红字更正法又称红字冲销法。在会计上,以红字记录表明对记录的冲减。红字更正法适用于以下两种情况:

(1)记账以后发现记账凭证中的应借、应贷会计科目或记账方向有错误,且记账凭证同账簿记录的金额相吻合,应采用红字更正法。更正时先用红字填制一张与原错误记账凭证内容完全相同的记账凭证,并据以用红字登记入账,冲销原有错误的账簿记录,然后再用蓝字填制一张正确的记账凭证,据以用蓝字登记入账。

【例 14-3】 某小企业 2020 年 5 月接受现金捐赠收入 1 200 元,应作为营业外收入入账,编制会计分录如下:

借:库存现金   1 200
    贷:营业外收入   1 200
但记账员误记为:

　　借：库存现金　　　　　　　　　　　　　　　　　　　　　　　　　1 200
　　　　贷：资本公积　　　　　　　　　　　　　　　　　　　　　　　　　　1 200

　　更正时用红字填制一张与原错误记账凭证内容完全相同的记账凭证,并据以用红字金额登记入账,冲销原有错误的账簿记录：

　　借：库存现金　　　　　　　　　　　　　　　　　　　　　　　　　1 200
　　　　贷：资本公积　　　　　　　　　　　　　　　　　　　　　　　　　　1 200

　　然后,再用蓝字填制一张正确的记账凭证,据以用蓝字登记入账：

　　借：库存现金　　　　　　　　　　　　　　　　　　　　　　　　　1 200
　　　　贷：营业外收入　　　　　　　　　　　　　　　　　　　　　　　　　1 200

　　(2) 记账以后发现,记账凭证中应借、应贷的会计科目、记账方向都没有错误,记账凭证和账簿记录的金额相吻合,只是所记金额大于应记的正确金额,应采用红字更正法。更正时将多记的金额用红字填制一张与原错误记账凭证所记载的借贷方向、应借应贷会计科目相同的记账凭证,并据以登记入账。

　　【例 14-4】 某小企业(小规模纳税人)购入材料 500 元,误记为 5 000 元。

　　借：原材料　　　　　　　　　　　　　　　　　　　　　　　　　5 000
　　　　贷：银行存款　　　　　　　　　　　　　　　　　　　　　　　　　5 000

　　更正时按多记的 4 500 元,用红字填制一张与原错误记账凭证所记载的借贷方向、应借应贷会计科目相同的记账凭证,并据以登记入账：

　　借：原材料　　　　　　　　　　　　　　　　　　　　　　　　　4 500
　　　　贷：银行存款　　　　　　　　　　　　　　　　　　　　　　　　　4 500

　　3.补充登记法

　　记账以后,虽然记账凭证中应借、应贷科目没有错误,但所填金额小于应填金额,可用此方法更正。更正时按正确数字与错误数字差额,用蓝字填制一张记账凭证,并据以记账。

　　【例 14-5】 某小企业 2020 年 3 月 2 日交纳电话费 700 元,误记作 70 元。

　　借：管理费用　　　　　　　　　　　　　　　　　　　　　　　　　70
　　　　贷：银行存款　　　　　　　　　　　　　　　　　　　　　　　　　70

　　更正时按其差额 630 元,用蓝字填制一张记账凭证,并据以记账：

　　借：管理费用　　　　　　　　　　　　　　　　　　　　　　　　　630
　　　　贷：银行存款　　　　　　　　　　　　　　　　　　　　　　　　　630

练 习 题

一、单项选择题

　　1. 下列属于小企业会计政策变更的是( )。

　　A. 管理用固定资产的预计使用年限由 10 年改为 8 年

　　B. 发出存货成本的计量由先进先出法改为个别计价法

　　C. 本期发生的交易或事项与以前相比具有本质差别而采用新的会计政策

D. 对初次发生的或不重要的交易或事项采用新的会计政策

2. 小企业对下列会计差错更正的会计处理,说法不正确的是( )。

A. 对不重要的前期差错,应作为本期事项处理

B. 确定前期差错影响数不切实可行的,只能采用未来适用法

C. 应当在重要的前期差错发现当期的财务报表中,调整前期比较数据

D. 对不重要的前期差错,不调整财务报表相关项目的期初数,但应调整发现当期的相关项目

3. 下列事项不属于小企业会计估计变更的是( )。

A. 存货发出计价方法由加权平均法改为个别计价法

B. 固定资产折旧方法由年限平均法变更为加速折旧法

C. 无形资产摊销期限由 10 年改为 6 年

D. 固定资产净残值率由 5% 改为 4%

4. 下列项目中,属于小企业会计估计项目的是( )。

A. 固定资产的使用年限和折旧方法

B. 建造合同的收入确认采用完成合同法还是完工百分比法

C. 内部研发项目开发阶段的支出资本化还是费用化

D. 存货发出计价方法采用加权平均法还是个别计价法

5. 甲小企业发生的下列交易或事项中,属于会计政策变更的是( )。

A. 无形资产摊销年限由 10 年缩短为 6 年

B. 存货发出计价方法由加权平均法改为个别计价法

C. 因固定资产改良将其折旧年限由 8 年延长为 12 年

D. 固定资产折旧方法由直线法改为双倍余额递减法

二、多项选择题

1. 以下各种情况,小企业可以变更会计政策的有( )。

A. 因原采用的会计政策不能可靠地反映企业的真实情况而改变会计政策

B. 《小企业会计准则》要求变更会计政策

C. 因更换了董事长而改变会计政策

D. 因小企业成长壮大,由适用《小企业会计准则》改为适用《企业会计准则》

2. 下列各项中,小企业采用未来适用法处理会计政策变更的情况有( )。

A. 因账簿超过法定保存期限而销毁导致部分事项无法确定

B. 小企业账簿因不可抗力而毁坏,引起会计事项无法确定

C. 法律或行政法规要求对会计政策的变更采用未来适用法

D. 法律或行政法规要求对会计政策的变更采用其他处理方法

3. 下列有关会计估计变更的表述中,正确的有( )。

A. 会计估计变更,不改变以前期间的会计估计,也不调整以前期间的报告结果

B. 小企业难以对某项变更区分为会计政策变更或会计估计变更的,应当将其作为会计估计变更处理

C. 小企业难以对某项变更区分为会计政策变更或会计估计变更的,应当将其作为会计政策变更处理

D. 对于会计估计变更,小企业应采用未来适用法进行会计处理

4. 下列各项中,属于小企业会计估计变更的有( )。

A. 固定资产的净残值率由 9% 改为 7%

B. 存货发出计价方法由加权平均法改为个别计价法

C. 无形资产摊销年限由 15 年改为 10 年

D. 任意盈余公积的提取比例由 10% 降低为 8%

5. 小企业发生的如下情形中,属于会计差错的有( )。

A. 固定资产盘亏
B. 以前期间会计舞弊

C. 以前期间漏提折旧
D. 漏计固定资产

三、判断题

1. 小企业某项固定资产的折旧年限原预计使用寿命为 10 年,由于市场中新设备的出现,该资产总的使用寿命不足 8 年,该事项属于会计差错,应按差错更正的规定进行会计处理。 ( )

2. 小企业误将资本性支出作为收益性支出入账会导致本期应纳税所得额减少。 ( )

3. 小企业应对固定资产预计使用寿命、预计净残值的调整按照会计估计变更的有关规定进行会计处理,而对于固定资产折旧方法的变更,则应作为会计政策变更处理。 ( )

4. 小企业凡在结账前,发现账簿记录有错误,而记账凭证无错误,可用划线更正法予以更正。 ( )

5. 小企业记账以后发现记账凭证中的应借、应贷会计科目或记账方向有错误,且记账凭证同账簿记录的金额相吻合,可以采用红字更正法。 ( )

6. 小企业记账以后,虽然记账凭证中应借、应贷科目没有错误,但所填金额小于应填金额,可用补充登记法更正。 ( )

第十五章 纳税申报

【学习目标】

1. 了解纳税申报的概念、纳税申报的对象；理解纳税申报的内容；
2. 掌握增值税一般纳税人网上申报流程、企业所得税纳税申报表的填列方法。

第一节 纳税申报概述

一、纳税申报的概念

纳税申报是指纳税人、扣缴义务人在发生法定纳税义务后，按照税法或税务机关相关行政法规所规定的内容，在申报期限内，以书面形式向主管税务机关提交有关纳税事项及应缴税款的法律行为。是界定纳税人、扣缴义务人法律责任的主要依据。

小企业经济活动发生后，取得原始凭证，经过审核编制记账凭证，再登记账簿，最后编制会计报表。由于小企业必须定期向税务部门申报与缴纳各种税款，小企业需要根据会计账簿、报表等资料填列纳税申报表，并进行办理纳税申报。税务机关受理纳税申报后，通知银行划转税款。银行凭《税收缴款书》通知小企业已缴纳税款。小企业会计核算与纳税申报如图 15-1 所示。

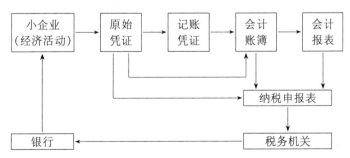

图 15-1 小企业会计核算与纳税申报流程图

二、纳税申报的对象

纳税申报的对象是指依照国家法律、行政法规的规定,负有纳税义务的纳税人或者是负有代扣代缴义务的扣缴义务人。它主要包括:

(1) 应当正常履行纳税义务的纳税人。在正常情况下,纳税人必须按税收法律、行政法规规定的申报期限、申报内容如实办理纳税申报。

(2) 应当履行扣缴税款义务的扣缴义务人。扣缴义务人必须依照法律、行政法规的规定或者税务机关依照法律、行政法规的规定确定的申报期限、申报内容如实报送代扣代缴、代收代缴税款报告表以及税务机关根据实际需要要求扣缴义务人报送的其他有关资料。

(3) 享受减税、免税待遇的纳税人。纳税人享受减税、免税待遇的,在减税、免税期间也应当按照规定办理纳税申报手续,填报纳税申报表,以便于进行减免税的统计与管理。

三、纳税申报的内容

纳税申报的内容主要包括两个方面,一是纳税申报表或者代扣代缴、代收代缴税款报告表;二是与纳税申报有关的资料或证件。

(一) 填写纳税申报表等报告表

纳税人和扣缴义务人在填报纳税申报表或代扣代缴、代收代缴税款报告时,应将税种、税目,应纳税项目或者应代扣代缴、代扣代收税款项目,适用税率或单位税额,计税依据,扣除项目及标准,应纳税额或应代扣、代收税款,税款所属期限等内容逐项填写清楚。

(二) 纳税人应提交的资料

纳税人办理纳税申报时,要报送如下资料:

(1) 纳税申报表。它是由税务机关统一负责印制的由纳税人进行纳税申报的书面报告,其内容因纳税依据、计税环节、计算方法的不同而有所区别。

(2) 财务会计报表。它是根据会计账簿记录及其他有关反映生产、经营情况的资料,按照规定的指标体系、格式和序列编制的用以反映企业或其他经济组织在一定的时期内经营活动情况或预算执行情况结果的报告文件。不同纳税人由于其生产经营的内容不同,所使用的财务会计报表也不一样,需向税务机关报送的种类也不相同。

(3) 其他纳税资料。比如,与纳税有关的经济合同、协议书;固定工商业户外出经营税收管理证明;境内外公证机关出具的有关证件;个人工资及收入证明等。

(三) 扣缴义务人应提交的资料

扣缴义务人纳税申报时,要报送的资料有:

(1) 代扣代缴、代收代缴税款报告表。

(2) 其他有关资料。通常包括:代扣代缴、代收代缴税款的合法凭证;与代扣代缴、代收代缴税款有关的经济合同、协议书、公司章程等。

第二节　常见税种的申报

小企业涉及的税种主要有流转税类(增值税,消费税,关税),所得税类(企业所得税,个人所得税),资源税类(资源税,城镇土地使用税和耕地占用税),行为税类(印花税,车船使用税),财产税类(房产税,契税)等。受篇幅所限,本章只介绍增值税、消费税、企业所得税的申报,重点介绍企业所得税纳税申报表项目的填列。

一、增值税

(一) 增值税纳税义务发生时间

(1) 采取直接收款方式销售货物,不论货物是否发出,均为收到销售额或取得索取销售额的凭据的当天。

(2) 采取委托银行收款方式销售货物,为发出货物并办妥托收手续的当天。

(3) 采取赊销和分期收款方式销售货物,为书面合同约定的收款日期的当天。无书面合同的或者书面合同没有约定收款日期的,为货物发出的当天。

(4) 采取预收货款方式销售货物,为货物发出的当天。但生产销售、生产工期超过12个月的大型机械设备、船舶、飞机等货物,为收到预收款或者书面合同约定的收款日期的当天。

(5) 委托其他纳税人代销货物,为收到代销单位销售的代销清单或者收到全部或者部分货款的当天;未收到代销清单及货款的,其纳税义务发生时间为发出代销货物满180天的当天。

(6) 销售应税劳务,为提供劳务同时收讫销售额或取得索取销售额的凭据的当天。

(7) 发生视同销售货物行为,为货物移送的当天。

《营业税改征增值税试点实施办法》第四十五条规定,增值税纳税义务、扣缴义务发生时间为:

(1) 纳税人发生应税行为并收讫销售款项或者取得索取销售款项凭据的当天;先开具发票的,为开具发票的当天。收讫销售款项,是指纳税人销售服务、无形资产、不动产过程中或者完成后收到款项。

取得索取销售款项凭据的当天,是指书面合同确定的付款日期;未签订书面合同或者书面合同未确定付款日期的,为服务、无形资产转让完成的当天或者不动产权属变更的当天。

(2) 纳税人提供建筑服务、租赁服务采取预收款方式的,其纳税义务发生时间为收到预收款的当天。

(3) 纳税人从事金融商品转让的,为金融商品所有权转移的当天。

(4) 纳税人发生本办法第十四条规定情形的,其纳税义务发生时间为服务、无形资产转让完成的当天或者不动产权属变更的当天。

（5）增值税扣缴义务发生时间为纳税人增值税纳税义务发生的当天。

（二）纳税期限

1.纳税期限

增值税纳税期限分别为 1 日、3 日、5 日、10 日、15 日、1 个月、1 季度。纳税人的具体纳税期限，由主管税务机关根据纳税人应纳税额的大小分别核定。以 1 个季度为纳税期限的规定适用于小规模纳税人以及财政部和国家税务总局规定的其他纳税人。不能按照固定期限纳税的，可以按次纳税。

2.报缴税款期限

纳税人以 1 个月或者 1 个季度为 1 个纳税期的，自期满之日起 15 日内申报纳税；以 1 日、3 日、5 日、10 日或者 15 日为 1 个纳税期的，自期满之日起 5 日内预缴税款，于次月 1 日起 15 日内申报纳税并结清上月应纳税款。如遇最后一日为法定节假日的，顺延 1 日；在申报期限内有连续 3 日以上法定休假日的，按休假日天数顺延。

3.进口货物

进口货物的纳税期限应自海关填发缴款书之日起 15 日内申报。

（三）纳税地点

1.固定业户

向其机构所在地或者居住地主管税务机关申报纳税。总机构和分支机构不在同一县（市）的，应当分别向各自所在地的主管税务机关申报纳税；经财政部和国家税务总局或者其授权的财政和税务机关批准，可以由总机构汇总向总机构所在地的主管税务机关申报纳税。

固定业户到外县（市）销售货物或者提供应税劳务（服务），应当向其机构所在地的主管税务机关申请开具外出经营活动税收管理证明，并向其机构所在地的主管税务机关申报纳税；未开具证明的，应当向销售地或者劳务（服务）发生地的主管税务机关申报纳税；未向销售地或者劳务（服务）发生地的主管税务机关申报纳税的，由其机构所在地的主管税务机关补征税款。

2.非固定业户

向销售地或者劳务（服务）发生地的主管税务机关申报纳税；未向销售地或者劳务（服务）发生地的主管税务机关申报纳税的，由其机构所在地或者居住地的主管税务机关补征税款。

3.进口货物

向报关地海关申报纳税。

4.扣缴义务人

向其机构所在地或者居住地的主管税务机关申报缴纳其扣缴的税款。

（四）增值税一般纳税人网上申报流程

增值税纳税人在纳税申报期截止日期前，通过互联网登录到网上申报系统，填写增值税纳税申报表主表、附表及其他附列资料,审核确认无误后通过"纳税申报"模块在线提交电子报表。纳税人跨县(市)提供建筑服务、房地产开发企业预售自行开发的房地产项目、纳税人出租与机构所在地不在同一县(市)的不动产,按规定需要在项目所在地或不动产所在地主管国税机关预缴税款的,需填写《增值税预缴税款表》。

纳税申报表及其附列资料如下:

1. 增值税一般纳税人纳税申报表及其附列资料

包括:①《增值税纳税申报表(一般纳税人适用)》;②《增值税纳税申报表附列资料(一)》(本期销售情况明细);③《增值税纳税申报表附列资料(二)》(本期进项税额明细);④《增值税纳税申报表附列资料(三)》(服务、不动产和无形资产扣除项目明细)。一般纳税人销售服务、不动产和无形资产,在确定服务、不动产和无形资产销售额时,按照有关规定可以从取得的全部价款和价外费用中扣除价款的,需填报《增值税纳税申报表附列资料(三)》。其他情况不填写该附列资料;⑤《增值税纳税申报表附列资料(四)》(税额抵减情况表);⑥《增值税纳税申报表附列资料(五)》(不动产分期抵扣计算表);⑦《固定资产(不含不动产)进项税额抵扣情况表》;⑧《本期抵扣进项税额结构明细表》;⑨《增值税减免税申报明细表》;⑩财务会计报表。

2. 增值税小规模纳税人纳税申报表及其附列资料

包括:①《增值税纳税申报表(小规模纳税人适用)》;②《增值税纳税申报表(小规模纳税人适用)附列资料》。小规模纳税人销售服务,在确定服务销售额时,按照有关规定可以从取得的全部价款和价外费用中扣除价款的,需填报《增值税纳税申报表(小规模纳税人适用)附列资料》。其他情况不填写该附列资料;③《增值税减免税申报明细表》;④财务会计报表。

纳税申报其他资料如下:

(1) 已开具的税控机动车销售统一发票和普通发票的存根联。

(2) 符合抵扣条件且在本期申报抵扣的增值税专用发票(含税控机动车销售统一发票)的抵扣联。

(3) 符合抵扣条件且在本期申报抵扣的海关进口增值税专用缴款书、购进农产品取得的普通发票的复印件。

(4) 符合抵扣条件且在本期申报抵扣的税收完税凭证及其清单,书面合同、付款证明和境外单位的对账单或者发票。

(5) 已开具的农产品收购凭证的存根联或报查联。

(6) 纳税人销售服务、不动产和无形资产,在确定服务、不动产和无形资产销售额时,按照有关规定从取得的全部价款和价外费用中扣除价款的合法凭证及其清单。

(7) 主管税务机关规定的其他资料。

二、消费税

(一) 纳税期限

《消费税暂行条例》第十四条、第十五条规定,消费税的纳税期限分别为 1 日、3 日、5

日、10日、15日、1个月或者1个季度。纳税人的具体纳税期限,由主管税务机关根据纳税人应纳税额的大小分别核定;不能按照固定期限纳税的,可以按次纳税。纳税人以1个月或者1个季度为1个纳税期的,自期满之日起15日内申报纳税;以1日、3日、5日、10日或者15日为1个纳税期的,自期满之日起5日内预缴税款,于次月1日起15日内申报纳税并结清上月应纳税款。纳税人进口应税消费品,应当自海关填发海关进口消费税专用缴款书之日起15日内缴纳税款。

(二) 消费税纳税地点

(1) 纳税人销售应税消费品,以及自产自用的应税消费品,应当向纳税人核算地主管税务机关申报纳税。纳税人到外县(市)销售或委托外县(市)代销应税消费品的,于应税消费品销售后回纳税人核算地或所在地缴纳消费税。纳税人的总机构与分支机构不在同一县(市)的,应在生产应税消费品的分支机构所在地缴纳消费税。但经国家税务总局和省、自治区、直辖市国家税务局批准,纳税人分支机构应纳消费税税款,也可由总机构汇总向总机构所在地主管税务机关缴纳。

(2) 工业企业受托加工的应税消费品,纳税地点确定在受托方所在地,由受托方向所在地主管税务机关解缴代收的税款。个体经营者受托加工的应税消费品,纳税地点确定在委托方所在地,由委托方在收回应税消费品后向其所在地主管税务机关申报纳税。

(3) 进口应税消费品,由进口人或者其代理人向报关地海关申报纳税。

(4) 出口应税消费品办理退税后,发生退关,或者国外退货,进口时已予以免税的,报关出口者必须及时向其所在地主管税务机关申报补缴已退的消费税税款。

三、企业所得税

(一) 征收管理

1. 纳税年度

是从公历1月1日起至12月31日止。纳税人在一个纳税年度中间开业,或者由于合并、关闭等原因,使该纳税年度的实际经营期不足12个月的,应当以其实际经营期为一个纳税年度;纳税人清算时,应当以清算期间为一个纳税年度。

2. 税款缴纳方式

企业所得税按年计算,但为了保证税款及时、均衡入库,对企业所得税采取分期(按月或季)预缴、年终汇算清缴的办法。纳税人预缴所得税时,应当按纳税期限的实际数预缴,按实际数预缴有困难的,可以按上一年度应纳税所得额的1/12或1/4,或者经当地税务机关认可的其他方法分期预缴所得税。预缴方法一经确定,不得随意改变。

3. 纳税期限

按月份或季度预缴税款的纳税人,应在月份或季度终了后15日内向主管税务机关进行纳税申报并预缴税款。其中,第4季度的税款也应于季度终了后15日内先进行预缴,然后在年度终了后45日内进行年度申报,税务机关在5个月内进行汇算清缴,多退少补。

4. 纳税地点

除国家另有规定者外,企业所得税由纳税人在其所在地主管税务机关就地缴纳。所谓"所在地"是指纳税人的实际经营管理所在地。

(二)年度纳税申报

企业所得税法第五十四条规定:企业所得税分月或者分季预缴。企业应当自月份或者季度终了之日起 15 日内,无论盈利或亏损,都应向税务机关报送预缴企业所得税纳税申报表,预缴税款。企业应当自年度终了之日起 5 个月内,向税务机关报送年度企业所得税纳税申报表,并汇算清缴,结清应缴应退税款。企业在报送企业所得税纳税申报表时,应当按照规定附送财务会计报告和其他有关资料。纳税人在规定的申报期申报确有困难的,可报经主管税务机关批准,延期申报。

(三)纳税申报表的填列

(1)小企业应当根据实际情况选择需要填表的表单。查账征收企业所得税的小企业《中华人民共和国企业所得税年度纳税申报表(A 类)》(A100000)为必填表单。《企业所得税年度纳税申报基础信息表》(A000000)中的"基本经营情况"为小企业必填项目;"有关涉税事项情况"为选填项目,存在或者发生相关事项时小企业必须填报;"主要股东及分红情况"为小企业免填项目。小企业免于填报《一般企业收入明细表》(A101010)、《金融企业收入明细表》(A101020)、《一般企业成本支出明细表》(A102010)、《金融企业支出明细表》(A102020)、《事业单位、民间非营利组织收入、支出明细表》(A103000)、《期间费用明细表》(A104000)。上述表单相关数据在《中华人民共和国企业所得税年度纳税申报表(A 类)》(A100000)中直接填写。除此外,小企业可结合自身经营情况,选择表单填报。未发生表单中规定的事项,无需填报。

(2)小企业在填报申报表前,首先填报基础信息表,为后续申报提供指引。

(3)企业所得税年度纳税申报表格式及填写内容省略。

练 习 题

一、单项选择题

1. 小企业发生法定纳税义务后,在纳税申报期限内必须以( )向主管税务机关提交有关纳税事项。

　　A. 书面形式　　　　B. 口头形式　　　　C. 网络或口头　　　D. 书面或口头形式

2. 小企业采取邮寄方式办理纳税申报的,应当使用统一的纳税申报专用信封,并以邮政部门收据作为申报凭据。邮寄申报以( )为实际申报日期。

　　A. 寄出的邮戳日期　　　　　　　　B. 收到邮件日期

　　C. 邮政部门收据日期　　　　　　　D. 邮件送达日期

3. 以下不属于小企业增值税纳税期限的是( )。

　　A. 5 日　　　　　　B. 10 日　　　　　　C. 20 日　　　　　D. 1 个月

4. 以下属于小企业消费税纳税期限的是( )。

A. 10 日   B. 20 日   C. 25 日   D. 半年

5. 企业所得税由纳税人在其所在地主管税务机关就地缴纳。"所在地"是指小企业的( )。

  A. 实际经营管理所在地   B. 注册地

  C. 经营地   D. 注册地或者经营地

二、多项选择题

1. 小企业发生的以下业务既是利润表的扣除项目,也是企业所得税的扣除项目,但是在计算企业所得税时可能需要进行纳税调整的项目有( )。

  A. 小企业生产经营过程中发生的业务招待费

  B. 小企业销售人员出差的差旅费

  C. 小企业对外宣传自己的产品发生的业务宣传费

  D. 小企业季节性生产支付的临时人员的劳动报酬

2. 小企业发生以下项目,编制财务报表时作为扣除项目,计算企业所得税时也可以扣除的有( )。

  A. 非流动资产处置净损失   B. 自然灾害等不可抗力因素造成的损失

  C. 税收滞纳金、罚金、罚款   D. 捐赠支出,赞助支出

3. 下列属于小企业纳税申报对象的有( )。

  A. 享受减免税的企业   B. 正常生产经营的企业

  C. 已经终止经营的企业   D. 有代扣代缴义务的企业

4. 纳税人办理纳税申报时,需要报送的材料有( )。

  A. 纳税申报表   B. 财务会计报表   C. 其他纳税资料   D. 营业执照

5. 经税务机关批准,小企业可以采取( )方式办理纳税申报或者报送代扣代缴、代收代缴税款报告表。

  A. 邮寄   B. 数据电文   C. 口头   D. 委托

三、判断题

1. 《企业所得税年度纳税申报表》(A 类)中营业收入与小企业《利润表》中的营业收入相同。   ( )

2. 小企业的非流动资产处置净收益和捐赠收入在利润表的营业外收入项目体现,也包含在《企业所得税年度纳税申报表》(A 类)附表一的营业外收入中。 ( )

3. 小企业支付的税收滞纳金、罚款在《利润表》中的营业外支出反映,也包含在《企业所得税年度纳税申报表》(A 类)附表二的营业外支出中。 ( )

4. 《企业所得税年度纳税申报表》(A 类)中营业成本与小企业《利润表》中的营业成本相同。   ( )

5. 小企业因不可抗力,不能按期办理纳税申报或者报送代扣代缴、代收代缴税款报告表的,可以延期办理;但应当在不可抗力情形消除后立即向税务机关报告。 ( )

6. 小企业在纳税期内没有应纳税款的,也应当按照规定办理纳税申报。 ( )

7. 小企业享受减税、免税待遇的,在减税、免税期间应当按照规定办理纳税申报。

                                                ( )

主要参考文献

[1] 卢新国.小企业会计[M].北京:高等教育出版社,2014.

[2] 卢新国.小企业会计实务[M].徐州:中国矿业大学出版社,2012.

[3] 国家税务总局教材编写组.小企业会计必读[M].北京:中国税务出版社,2012.

[4] 国家税务总局教材编写组.小企业会计必读习题集[M].北京:中国税务出版社,2012.

[5] 中华人民共和国财政部.小企业会计准则[M].北京:经济科学出版社,2011.

[6] 财政部会计司.小企业会计准则释义[M].北京:中国财政经济出版社,2011.

[7] 卢新国.小企业会计[M].北京:中国商业出版社,2004.

[8] 卢新国.个体工商户会计[M].徐州:中国矿业大学出版社,2001.

[9] 财政部会计资格评价中心.初级会计实务[M].北京:中国财政经济出版社,2020.

[10] 财政部.会计基础工作规范[M].北京:经济科学出版社,1996.

[11] 财政部会计司.会计基础工作规范培训教材[M].北京:经济科学出版社,1998.

[12] 中国注册会计师协会.会计[M].北京:中国财政经济出版社,2020.

[13] 全国税务师资格考试教材编写组.财务与会计[M].北京:中国税务出版社,2020.

[14] 卢新国等.企业会计制度操作指南[M].徐州:中国矿业大学出版社,2001.

[15] 中国注册会计师协会.税法[M].北京:经济科学出版社,2020.

[16]《中华人民共和国企业所得税法实施条例》立法起草小组.中华人民共和国企业所得税法实施条例释义及适用指南[M].北京:中国财政经济出版社,2007.

[17] 财政部会计资格评价中心.中级会计实务[M].北京:经济科学出版社,2020.

[18] 财政部会计司.企业会计准则讲解[M].北京:人民出版社,2010.

[19] 孙茂竹,王艳茹.成本管理会计[M].大连:东北财经大学出版社,2011.

[20] 裘宗舜.财务会计[M].大连:东北财经大学出版社,2010.

[21] 裘宗舜.小企业财务会计[M].大连:东北财经大学出版社,2012.

[22] 李敏.小企业会计[M].上海:上海财经大学出版社,2013.